예수의 해석학

장미창 안에서 주목하는 예수의 해석학

지은이　이상훈
발행인　이선교
초판 1쇄　2009년 6월 10일
발행처　도서출판 현대사포럼
주소　서울특별시 강북구 수유2동 277-12 (우: 132-887)
　　　전화: (02)993-2023, 011-320-2019
　　　홈페이지: http://www.625war.kr
　　　E-Mail: ssiloam@empal.com, adsunlight@hanmail.net
등록번호　제7-340호 (2007년 5월 14일)
ISBN　978-89-959647-4-3　　03230
값　22,000원

ⓒ　도서출판 현대사포럼

◆ 잘못된 책은 바꿔드립니다.
◆ 무단 복사 및 불법 복제를 금합니다.
◆ 저자와의 계약으로 검인을 생략합니다.

총판처 :　선교횃불
　　　주소: 서울시 송파구 삼전동 103번지
　　　전화: (02)2203-2739, 팩스: (02)2203-2738
　　　홈페이지: www.ccm2u.com

예수의 해석학

이 상 훈 박사지음

목 차

이 책을 꾸민 사람의 생각

어떤 대상을 주목하고 인지하는 입장은 불가피하게 둘로 나누어진다. 하나는 외곽인의 입장에서 많은 사람의 상식이 후원하는 입장에 선 시각이다. 이 시각의 특징은 다수의 공감이다. 그런 공감이 이끄는 대로 판단이 좌우된다. 그리고 언필칭 과학적이고 비평적이라는 명분과 일치한다.

다른 또 하나의 시각은 전여 상반된 입장이다. 그 입장은 내부적으로 밀착된 소수의 증언이 판단의 기초가 된다. 이 내부적 맥락의 특징은 문제의 본질을 중시하고 그 본질에 동정과 공감으로 접근한다. 그리고 이것이 지배하는 지식이다. 이런 밀착된 지식과 동정이 공감을 낳아 소유하게 된 판단은 반드시 객관적인 고증을 필요로 하는 것은 아니다. 중요한 사실은 본질에의 의지와 집착이다.

만일 외곽인의 주장이 객관성을 주장한다면. 내부적으로 본질과 같은 자리에 자신을 둔 이해와 지식은 그 지식을 소유하고 지켜나가는 동안 그 지식이 나의 본질을 조용히 채워 주고 그 본질과 하나로 동질화하게 한다.

기독교인의 예수 지식과 예수 증언도 두 가지 시각으로 갈라지게 한다. 하나는 보편성과 일반성이라는 공평성이 지배하는 국면으로서, 여기에서는 대화가 행동양태이며 심지어는 타종교의 입장을 전 이해(前 理解)로 그리고 그 조건에서 기독교 신앙을 조명하기까지 한다. 나의 절친한 친구 중에 그런 교수 활동으로 이름을 얻은 학자가 상당수 있다.

그러나 그러한 입장 이상으로 현대인에게 중요한 선택은 내부적 본질적 증언적 예수 지식이다. 초기 기독교의 사역자들은 이 본질적 증언이 무엇보다 소중했다. 그래서 그런 처지가 불러들인 고통과 고난을 감수한 것이다.

마가의 이야기 맥락에서 예증을 들면, 십자가의 예수께서 고함을 치시니 성전 휘장이 위 아래로 찢어지고 그 다음 본문에서 예수의 운명을 지켜 본 백부장의 "이는 진실로 하나님의 아들이었도다"라는 고백으로 이어진다 (막 15:37~39). 이러한 문맥의 순서는 고난의 복음인 마가복음의 특징이다. 이것을 외곽적 보편성으로 해석하면 휘장이 찢어지고 모든 죄인들을 지성소 안으로 허락한 표증이라고 본다. 그러나 당시 고난의 맥락에서 이 맥락을 읽은 (또는 귀로 들은) 성도들은 휘장 뒤에 계신 하나님이 휘장을 찢고 나온 이미지를 제일 먼저 백부장이 보고 증언한 것으로 듣는다. 그 만큼 차이가 있다.

현대의 지평에서 말하면 교회의 장미창을 애써 열고 밖으로 객관적 타당성을 찾으려는 요구가 멈추는 일이 없고, 반대로 교회의 채색 창문을 그대로 두고 종교의 분위기에 싸인 채로 내부에서 주를 찾는 명상이 또한 존재한다. 이 후자의 탐구를 질책해서는 안 되고 냉소해선 안 된다.

이 책은 바로 내부에서 주를 찾는 시각으로 전개되는 예수 연구이다. 그러므로 이 예수 연구의 출발은 베들레헴 이전의 우주론의 그리스도이다.

이 책의 작업을 정확하게 읽기 위해서는 역으로 부록 I과 II를 먼저 읽어 두는 것을 권한다. 끝으로 필자가 80년도에 클레오먼 신학교에 연구교수로 가 있는 동안 성공회 신학자인 원저자 잭 마일스(Jack Miles)와 보석 같은 교우를 맺을 기회가 있었다. 여기에 꾸민 이 책은 그분의 것이고 다만 사정이 있어서 번안 형식으로 꾸민 것임을 미리 밝혀 둔다. 이 책을 서둘러 출판하도록 필자에게 용기를 준 발행인 이선교 씨와 도서출판 현대사포럼에 깊은 감사를 드린다.

2009년 5월
신촌 연구실에서

제 1 부

우주론적 그리스도

우주론적 그리스도

The Cosmic Christ

요한복음의 서언은 "태초에 말씀이 계시니라 이 말씀이 하나님과 함께 계셨으니....만물이 그로 말미암아 지은 바 되었으니 지은 것이 하나도 그가 없이는 된 것이 없느니라"고 나오며, 초기 교회의 모든 성도는 이 말씀을 읽을 때에 반드시 창세기 1장에 나오는 말씀 "태초에 하나님이 천지를 창조하시니라....하나님이 가라사대"라고 하신 말씀과 병행적으로 비교하여 읽었다고 한다.

초기 기독교에서 오늘에 이르는 전통은 하나님이 창조주(創造主)이시고 그리고 이 창조(創造)는 무(無, nothing)에서 존재를 창조하신 창조이므로, 이러한 개념을 명확하게 라틴어로 **크레아티오 엑스 니힐로**(creatio ek nihilo)라고 못 박고 있다.

당시(當時)에 이미 두 가지의 사실, 하나는 "하나님의 창조가 무에서"라고 확실하게 해야 할 필요가 있었다는 것, 그래서 창조란 질서를 의미하고 존재 이전에는 무가 아닌 혼돈과 무질서 상태의 물질이 있었다는 헬라와 이교철학이 물질과 하나님을 이원론적으로 보는 시각에 대한 명백한 선을 긋는 선언이고, 다른 하나는 로고스 하나님은 첫 번째의 피조가 아닌 하나님 자신이라는 기독론의 교리적 선언이다.

내가 1950년에 신학교에서 강의를 받을 때 일본의 가가와 도요히고(賀川)의 영향도 가미되어 하나님의 창조는 "하나님이 혼돈 속에 운행하시더라"의 서술을 놓고 혼돈은 이미 어떤 상태의 물질을 전제하는 언급이라는 해석을 신기하게 여겨 신학문을 접한 것처럼 반우(班友)들이 이 창세기의 창조 맥락은 '제 2의 창조'이니 '재창조'이니 하면서 흥분하던 기억이 난다.

우리말 "혼돈"을 혼돈하지 않도록 명확하게 무(nothing)에서 존재되게 창조라는 교리와 고백은 요한복음의 서언에 나오는 말씀, 로고스(Logos)의 정체론적 의미와 해석에 있어서 매우 중요한 것이다.

우리는 다시 요한복음의 서언으로 돌아가 요한 저자의 증언을 집중적으로 생각할 필요가 있다.

태초에 말씀이 계시니라. 이 말씀이 하나님과 함께 계셨
으니 이 말씀은 곧 하나님이시니라. 그가 태초에 하나님

과 함께 계셨고 만물이 그로 말미암아 지은 바 되었으니
지은 것이 하나도 그가 없이는 된 것이 없느니라. 그 안
에 생명이 있었으니 이 생명은 사람들의 빛이라. 빛이
어두움에 비취되 어두움이 깨닫지 못하더라.

요한복음 1:1~5

"만물이 그로 말미암아 지은 바 되었고 그가 없이는 된 것이
하나도 없다"라고 천명한 요한의 증언은 로고스, 즉 말씀이 처
음부터 계신 하나님이시고 그리고 모든 존재는 그로 말미암아
무에서 지은 바 되었기 때문에(creation ex nihilo), 그러므로 말씀
-로고스이시고, 성육신이신 그리스도는 첫 번째로 존재하게
된 존재가 아닌 "스스로 있는 자"(be of themselves)이시며 다른
표현으로 무시무종(無始無終) 같은 저자의 글인 요한계시록에
의하면 "알파와 오메가"이시다.

그러므로 요한복음은 1장 4, 5절, "그 안에 생명이 있었으니
이 생명은 사람들의 빛이라. 빛이 어두움에 비취되 어두움이
깨닫지 못하더라"(the light shines in the darkness, and the darkness
has not overcome it)에서, 그 말씀인 하나님의 로고스를 존재와
기능을 정체론적(正體論的)으로 설명하고 있다.

이와 같이 하나님이 창조주이심과 로고스-말씀은 그 창조의
의지와 계시임을 주목하면, 요한복음 1장 5절에서 "그 안에 생

명이 있었으니 이 생명은 사람들의 빛이라. 빛이 어두움에 비취되 어두움이 깨닫지 못하더라"의 언급이 다시 중요한 의미로 다가온다.

그 말씀-로고스가 처음 존재(存在)와 질서(秩序)되게 하였음으로 이 말씀-로고스가 아니면 즉시 모든 것은 비존재(非存在, non-being)와 공허(空虛, abyss)로 후퇴하고 마는 것이다. 이것을 막기 위해서 그리고 우주가 무(無)로 해체(解體)되지 않도록 하나님은 모든 창조를 영원하신 로고스로 지으셨고 그리고 이 로고스로 말미암아 통제(統制)하시고 섭리(攝理)하시고 그리고 종결(終結)지으신다. 성서는 이러한 의지를 일관되게 언급한다.

죄(罪)는 하나님과 로고스로부터 눈을 돌리는 것이며 죄인(罪人)은 로고스가 나오라고 불러내신 그 비존재의 공허(空虛)로 빠지는 것이다.

이러한 위협을 대처하기 위하여 우주를 구하는 자로서 로고스가 예수 그리스도로 성육신하신 것이다. 그리고 고난을 당하시고 십자가에서 죽임을 당하시고 죄와 사망과 지옥을 이기신 승리의 부활로 일어나시었다.

우주(宇宙)의 구주(救主)로서의 로고스의 개입이 왜 필요한 것이 되었는가? 처음 로고스의 창조는 로고스의 의지로 구성이 된 세상이었으나 지금은 타락한 세상(a fallen world)이기 때문이다.

그러므로 세상과 우주의 건축자인 로고스(the Logos as the Structure of the cosmos)이신 그리스도 안에서 만물이 "하나로 함께 서 있는 것"(all things hold together, 골 1:17)만이 아니라 이제는 구주이신 로고스(Logos as the Savior)로 말미암아 전 우주가 "그 피조물도 썩어짐의 종 노릇 한 데서 해방되어 하나님의 자녀들의 영광의 자유에 이르는 것이" 소망하는 바가 되었다 (롬 8:21).

요한복음도 이 사실과 이 진리를 일관되게 선언한다. 근본적으로 죄는 이 로고스 예수 그리스도의 빛을 떠나 흑암으로 되돌아가는 행위이다. 예수 인지의 표본으로 니고데모는 밤에 빛이신 선생을 찾아와 실패한 인지의 표본으로 다시 밤으로 되돌아간다. 그와 같은 시각에서는 로고스 예수 지향의 결단은 지성(知性)과 감정(感情)을 넘어서는 존재론적(存在論的)인 질문(質問)이고 그리고 인간의 원죄와 온 세상의 타락은 바로 존재되게 하신 로고스에 등을 돌려 존재에서 비존재(非存在)로의 몰락(沒落)이다.

우리는 여기에서 두 가지의 흐름, 하나는 개인과 집단의식에 작용하는 감성적(感性的)인 죄책(罪責)이 죽음의 병이라는 것과 다른 하나는 창조론의 근본에 의존하여 로고스 그리스도를 주목해야 하는 우리의 시선이 다른 것으로 옮겨지는 행위가 즉시 죽음이요 죄라는 정당한 의미, 이 두 가지가 양극화되어 서로 아무런 관련이 없는 것으로 여기는 일반 상식에서 이 두 가지가 지평이 서로를 필요로 하는 협력으로 의식 전환을 해야 한다는 지적이다. 죄는 죄책(罪責)이라는 감성적인 도덕의 차원만이 아니라 존재론적(存在論的)인 무관심(無關心)이 심각한 파멸(破滅)의 길인 것을 잊어서는 안 된다. 바로 오늘의 교회가 당당(堂堂)함을 상실하고 현대의 물질주의적인 탈선과 도전(挑戰) 앞에서 뒷걸음질하는 이유가 개인의 감성과 죄책의 교정에만 매달려 있어 존재론적인 구원 의지에 전혀 눈을 감으려는 여기에 기인한다.

허무와 혼돈으로 되돌아가는 타락이 인간의 경우는 다른 존재보다 더 비극이고 그리고 심각한 비극이라는 사실은 인간 아담과 하와만이 지음을 받을 때에 하나님의 형상, 곧 창조주 로고스의 형상으로 지음 받았기 때문이다. 많은 다른 주석이 있기는 하지만 이러한 로고스 상실의 퇴락이 개인 도덕의 시행착오만이 아닌 우주의 썩어짐과 신음이라는 존재론적인 죽음을 가리킴이고, "죄 삯은 사망이요 하나님의 선물은 그리스도 예수 우리 주 안에 있는 영생이니라"의 정당한 해석이라고 생각된다(롬 6:23).

이러한 우주론적으로 설명하는 인간 타락(人間墮落)의 견해

(the view of the human fall in the context of the cosmic fall)와 병행하여, 구원(救援)이 무엇인가? 곧 로고스 예수의 구원은 율법을 지키지 못한 개인의 죄책(罪責)만이 아닌, 하나님을 이탈한 원인 때문에 일어난 썩어질 구조(構造)의 근본적인 회복, 즉 존재론적(存在論的)인 구원의 의미이다.

예수로 성육신하심으로 로고스는 인간이 자신을 초월하여 바로 신약의 놀라운 표현 그대로 "세상에서 썩어질 것을 피하여 신의 성품에 참여하는 자가 되게" 하시는 것이다 (벧후 1:4).

세상의 썩어질 것을 피하여 신(神)의 성품에 참여하게 하는 것이 로고스 안에서 성취되는 창조의 회복만이 아닌 로고스로 성취될 완성을 의미한다. 그러므로 "교회를 세우심은 재창조이다." "그리하여 새 하늘과 새 땅"의 영원한 완성의 표적이다.

그러므로 성서정전의 맥락에서 로고스 그리스도는 창조의 시작이고 완성의 종말이다. 시작이고 끝이요 알파와 오메가이다.

이러한 창조와 구원론은 불가피하게 필연으로 또 하나의 철학과 신학의 기본 문제를 정의 내리게 한다. 그것은 세속 사회와 종교와 철학이 예상하는 것과 같이 시간이 영원한 연속이 아니라 시작과 끝이 있음을 말하고, 그러한 시각에서 캘린더의 보편적인 시각 측정이 의미가 있고, 그리고 로고스 그리스도의 구원론에 의하면 그 종말이 무한한 연기가 아닌 신

속한 종말이며 또한 로고스 그리스도의 오심이 심판(審判)이라는 것이다.

로고스가 우주의 목적(telos)이며, 그러한 세계와 우주사(宇宙史)라는 드라마가 고린도전서 15장 20~28절에 서술이 되어 나온다. 예수님은 둘째 아담으로 오셨다. "아담 안에서 모든 사람이 죽은 것 같이 그리스도 안에서 모든 사람이 삶을 얻으리라"(22절). "그 후에는 나중이니 저가 모든 정사와 모든 권세와 능력을 멸하시고 나라를 아버지 하나님께 바칠 때라"(24절)고 역사(歷史)와 세계(世界)와 우주(宇宙)를 종결짓는 그리스도를 증언한다.

이 우주적 드라마를 사실로 믿고, 그 선언을 진리로 주장하는 성서 종교에서는, 궁극적으로 내려야 할 필연의 결론이 나온다. 그것은 우주창조와 구원의 목적이 하나님의 사랑이라는 결론이다. 그러할진대, 위대한 요한복음의 주제, "하나님이 세상을 이처럼 사랑하자 독생자를 주셨으니 이는 저를 믿는 자마다 멸망치 않고 영생을 얻게 하려 하심이니라"는 이 위대한 선언은 구성상 문학적 화자의 선언이고, 예수의 사랑 받은 제자 요한의 증언이고, 그리고 요한 공동체와 초기 교회의 교리 신학이었다.

(2009. 5. 14. 作)

십자가에 달리신 하나님의 아들

그리고 서구인의 양심

Crucifixion and the Conscience of the West

니체는 완전히 회복이 안 되는 정신병으로 넘어가기 몇 개월 전에 집필한 〈적그리스도〉(The Anti-Christ)에서 다음과 같이 인간 본능의 절규를 적었다:

선이란 무엇인가?

(선이란) 인간에게 힘의 의식을 높여 주는 모든 것,

힘을 향한 의지, 힘 자체이다.

악이란 무엇인가? 모든 약한 것에서 비롯되는 것이다.

행복이란 무엇인가? 힘이 자라고 있다는 느낌, 반대가 극복이 되고 있다는 느낌이다.

순응이 아니라 더 강해지는 힘이다. 평화가 아니라 전쟁이다. 덕이 아니라 적응이다.

약자와 실패자는 마땅히 멸망해야 한다. 이것이 우리 인간애

의 첫째이어야 하는 원리이다. 사람에게는 약자가 되지 않게
실패자가 되지 않게 모든 도움을 주어야 한다.

악보다 더 악한 것이 무엇인가?

모든 실패자와 약자에게 능동적으로 동정하는 것.

곧 기독교이다.

이것이 니체의 글이었다. 니체가 처음 기독교에 대하여 노골
적인 적대적 감정으로 반발한 에피소드는 다음과 같다.

뒷자리에서 예배에 참석한 니체는, 설교자가 "나중 된 자가
먼저 되고." 마치 최면(催眠)을 거는 것처럼 말하자 미친 사람처
럼 벌떡 일어나 고함을 쳤다. "나중 된 자가 먼저라니! 왜 첫째
가 첫째가 아니란 말인가? 첫째는 첫째의 자격이 있는 법, 꼴찌
가 슬쩍 첫째와 바꾸다니 될 말인가? 패배자는 마땅히 바닥에
쳐 두어야 한다. 그것이 정당한 질서가 아닌가."

미친 사람의 고함소리는 경건한 예배를 대혼란이 되게 만들
었고, 안내자는 니체를 어거하느라고 영락없는 씨름 같은 소란
이 되었다.

그러나 설교자가 반복하는 "나중 된 자가 먼저 되고"의 가히
혁명적인 선언을 대부분의 예배자(禮拜者)들은 절반 수면 상태
에서 수사학처럼 매끄럽게 넘겨 버리는 말을 오히려 니체는 정

색하여 반응을 한 것이다. 진실로 선(善)하므로 그래서 맨 뒤에 처진 자가 과연 존재하는가? 앞서 나가고 뒤에 처지는 서열 형성에는 누구도 예외 없이 경합자의 마찰 심리가 있는 법이고 앞서가는 자는 "무스 소리냐!"의 승자의 심리, 그리고 뒤에 처진 자의 가슴에는 순수하지 못한 분노의 불길이 타고 있지 않는가? 니체는 이런 말도 했을 것이다.

그 후 니체는 그의 〈적그리스도〉를 집필한 후 몇 개월이 지나 그의 정신병이 바른 의식을 오락가락하게 하던 때, 트린(Turin)을 가던 길에서 말을 끄는 자가 무거운 짐 때문에 전진을 못하는 말을 미친 듯이 때리자, 그 광경을 본 니체는 길에 누운 말에게 소리치며 달려가 두 팔로 가로막았다고 한다. 니체의 판단은 아무 말 없이 부리는 대로 살아온 말이 마부보다 순수하다고 판단한 것이다. 그 후 얼마 뒤에 완전히 정신병자가 된 니체는 병동에 인도되었고, 병동에서 오락가락하는 정신으로 마지막 남겨 놓은 편지는 "십자가에 처형된 자"(The Crucified)라고 서명을 남겼고, 그 후 치유되지 못한 채 10년 후 운명하고 말았다.

예부터 서구 사회에서 수고만 하고 불공정하게 학대 받은 말과 비교되는 상징의 동물이 이스라엘에서는 양이고 그리고 순수하고 순결한 상징이 어린양이다.

아주 오래 된 고전은 애굽에서 죽음의 천사가 모든 주민의 장자만을 쳐 생명을 빼앗아 가는 사건에서 이스라엘의 집은 문설주에 어린양의 피를 발라 그 죽음의 천사를 경고하여 이 집은 여호와의 선민의 집임을 경고하였다. 말하자면 아무 말이 없는 가장 순진한 어린양이 장자의 목숨을 대신한 것이다.

신약에 넘어와 사도행전 8장에 구시 내시의 이야기가 나온다. 이 내시는 예루살렘으로 순례의 길을 마치고 돌아가는 도중이다. 그 내시는 에티오피아의 간다게 여왕의 왕실에서 섬기는 재무담당의 고관 관리이다. 귀국의 행로에서 그는 말이 끄는 고관 어차에 앉아 이사야의 글을 읽고 있는 중이다.

성령이 빌립에게 빨리 그 어차를 쫓아가라 지시하신다. 그가 뛰어 따라 잡으니 그 관리가 이사야의 두루마리를 큰 소리로 읽고 있는 중이었다. 그래서 빌립이 큰 소리로 묻는다. 그 내시는 "지도하는 사람이 없으니 어찌 이해하리요" 하고 청하여 동석하니, 그가 읽고 있던 본문은 이것이다.

저가 사지로 가는 양과 같이 끌리었고
털 깎는 자 앞에 있는 어린양의 잠잠함과
그 입을 열지 아니하였도다.
낮을 때에 공평한 판단을 받지 못하였으니

누가 가히 그 세대를 말하리요.
그 생명이 땅에서 빼앗김이로다.

내시는 빌립에게 질문한다. "선지자가 이 말한 것이 누구를 말인가? 자기인가 아니면 타인인가?" 그러므로 빌립은 가리킨 이 본문에서 시작하여 예수를 가르쳐 복음을 전했다 (행 8:32~38).

달리는 어차의 앞에 물이 고인 곳이 나타나자, 먼저 내시가 입을 연다. "보라 물이 있으니 내가 세례를 받음에 무슨 거리낌이 있는가?" 내시는 말 부리는 자에게 명하여 세우고 빌립과 함께 물로 들어가, 그리하여 빌립은 내시에게 세례를 집전한다. 얼마 전 내시가 읽던 본문은 이사야 53장 7~8절이었다.

이 에티오피아의 내시가 상기 본문을 읽으면서 자기가 내시가 되기 위해서 당한 견디기 어려운 신체적인 수술과 아픔이 마치 어린양에게 시술하는 수술과 겹쳐 기억이 너무나 생생하게 되살아나게 하는 이 맥락에서 그는 오래 생각이 머물러 눈을 뗄 수가 없었다. 어린양이 거침없는 수술의 손에서 비명조차 내지 않았는가? 나의 경우는 무엇인가? 나의 단절된 후손의 통곡소리에 대한 공정한 심판은 무엇인가?

"선지자가 자기를 말하는가? 다른 이를 말하는가?" 내시의 떨리는 목소리가 들리는 것 같다. 이 내시가 지금 누구를 생각하며 질문을 하는 것인가? 원초적인 맥락에서 이러한 상상을 불식할 수가 없다. 이미 우리는 그 내시의 의중을 알 길이 없다.

그러나 선열하게 부각이 되는 바는 저자 누가의 의중이다. 그가 사도행전의 진행을 엮으면서, 바로 이 시점 이 계제에서 최초로 팔레스틴 밖에 속하는 흑인 내시 고관에게 빌립이 예수 신앙을 소개하는 숨 막히는 시점에서 저자 누가가 분명 의식하며 그리고 표출하고 있는 엄청난 사실은, 바로 현대 지성과 현대문화와 사상의 선구자 니체가 교회의 설교를 들으면서 도저히 생길 수 없는, 그 비합리성에 고함을 칠 수밖에 없었던 눌린 자의 변호, 무력하게 짓눌려 비명도 내지 못하는 그 상황에서 오히려 드러난 인류의 구원을 위한 하나님의 사랑의 예언이요. 누가가 참으로 절묘하게 매듭을 지음으로 그것이 교회 신앙의 전통이 되게 한 세례와의 연계이다.

현대 지성 니체는 반발하여 광인이 되어 생을 마감했으나 누가가 증언하는 이 맥락에서는, 하나님의 어린양의 아픔과 죽음을 통하여 하나님의 사랑을 깨달은 것만이 아니라 물에 들어가 세례를 받음으로 십자가의 죽음과 부활의 승리에 동참함으로 감사와 사랑과 승리의 신앙의 전혀 새로운 지평에 들어 갈 수가 있었다는 초기 교회의 예수 신앙이다.

하나님은 영원하시다. 하나님은 순간이라도 비존재라는 죽음이 있어서는 안 된다. 그러나 그리스도이신 로고스 하나님은 우리의 저주를 경험하시어 우리의 영원한 구원이 되시었다. 바울은 고린도후서 5장 19절에서, "이는 하나님께서 그리스도 안에 계시사 세상을 자기와 화목하게 하시며 저희의 죄를 저희에게 돌리지 아니하시고 화목하게 하는 말씀을 우리에게 부탁하셨느니라."

위대한 서언

선재하시는 말씀

태초에 말씀이 계시니라.
이 말씀이 하나님과 함께 계셨으니
이 말씀은 곧 하나님이시니라.
요한복음 1:1

"빛이 있으라." 이 세상을 창조하시기 시작하는 이 첫 말씀을 하나님이 말씀하시기 전 하나님은 무엇을 생각하시고 있었을까? 이 세상이 아직 형태가 없고 공허하고 깊은 곳 위에 어둠이 덮고 있을 때 (창 1:1) 하나님의 신이 물위에 바람으로 운행하시는 때, 그 영원한 침묵만이 있는 동안 하나님은 무엇을 생각하시고 계셨을까? 요한복음은 서언에서 명백하게 의도적으로 창세기의 서언인 "태초에 하나님이 천지를 창조하시니라"를 되울림으로 인용한다. 그러나 요한복음은 그 유명한 창세기의 "태초에"의 이전으로 소급하는 "태초에"라는 시간을 설정한다. 그리고 요한은 진정 이야기는 거기부터 시작된다고 말한다.

출생 이전의 말씀의 존재
(His life before He was born)

하나님은 무엇을 생각하고 계셨을까?(What was God thinking?) 하나님이 어떤 존재를 존재되게 말씀하시기 전 하나님은 얼마간 (상당한 시간 동안) 침묵으로, 다른 표현으로 스스로의 생각에 잠겨 계셨음을 요한복음은 신탁의 형식으로 선언한다. 이것이 하나님과 함께 계신 말씀이었고 그리고 시작 이전(始作以前)의 시작의 때의 하나님이셨다(and was God at the beginning before the beginning). 그 이후에 연속적인 하나님의 자기 계시와 함께 모든 말씀과 행위는 일어났고 또 일어나게 하시었고 그리하여 그 다음의 일체의 모든 역사와 실제가 발생하며, 요한의 선언에 의하면 그들 이후의 모든 말씀들은 최초의 자의식인 위대한 말씀에서 연유된 것이다. 그리고 그 모든 말씀은 각양각색으로 모든 인류에게 하나님이 어떤 하나님이신가를 계도하였고 그리고 그 모든 것은 빛을 주신 생명이었다.

만물이 그로 말미암아 지은 바 되었으니

지은 것이 하나도 그가 없이는 된 것이 없느니라.

그 안에 생명이 있었으니

이 생명은 사람들(인류)의 빛이라.

요한복음 1:3~4

이 서언은 드디어 이 시점에서 요한복음 자체의 주제(the premise of the Gospel itself)를 피력한다. 시간의 어느 시점에서 이 침묵의 하나님의 자인식(自認識) 스스로가 표현으로 제시된다(At a certain point in time, this unspoken divine self-consciousness itself came to expression). 포괄적으로 전체의 하나님의 말씀 자체가 "육신이 되어 우리 가운데 거하셨다" (요 1:14). 하나님이 친히 인류 가운데 생존한 인간의 삶을 사는 인간의 형성으로 (오시어) 큰 소리로 외치신 것이다.

왜, 하나님이 그와 같이 행하셨는가? (Why did God do this?) 왜냐하면 모든 생물과 온 세상을 다스리라고 위임한 인간이 하나님은 떠났기 때문이다. 하나님과 소외된 것이다. "세상이 그를 알지 못하였고" (요 1:10). 하나님은 선민을 택하시어 자기의 백성이 되게 하였으나 그들도 많이 하나님을 거부하였다. "자기 백성이 영접치 아니하였으나" (요 1:11).

끝내 선민과 그리고 인류 전체와의 화해를 위한 최후의 방법으로, 하나님은 자신의 형상 그러므로 친밀한 자기 자신의 형상인 인간과의 화해를 위한 노력으로 하나님이 친히 사람 가운데 한 사람이 되신 것이다. 그러나 이번에도 하나님의 거부당한다. 그런데 놀라운 역전으로 이 거부당하심을 통한 결과로 영광된 무엇을 성취하신 것이다. 그러한 위대한 역전, 어떤 영광된 성취가 전과 같은 피조(被造) 인간 대 창조주 하나님이라는 영원히 만날 수 없는 평행선이 아닌 하나님의 품속으로 포용이 되고 하나가 됨으로 풍성한 데 이르게 하고 더욱 "충만한 데서" 받게 하는 놀라운 새 국면이다 (요 1:16). 말하자면 처음 태초 이전의 하나님이시며 그리고 영원히 그와 같이 종결이 나게 되는 그러한 충만한 품안이다. 요한복음은 이러한 새로운 모든 상충과 대치를 품속에 수용하는 관계의 시작이 어떻게 가능하게 되었는가를 일러 주는 이야기이고 요한은 그러한 경이의 증언은 "우리가 그 영광을 보니"라고 말한다.

말씀이 육신이 되어
우리 가운데 거하시매
우리가 그 영광을 보니
아버지의 독생자의 영광이요

은혜와 진리가 충만하더라.

요한복음 1:14

요한복음의 서언은 십자가와 부활에 관하여 한 마디도 언급이 없고 그리고 예수의 이름도 언급하지 않는다. 말하자면 "하늘의 서언"(prologues in heaven)이라고 할 수 있는 신비한 서문 형식으로 우리가 모두 잘 아는 이야기의 진수를 시적으로 우리에게 들려 준다. 그러나 이 문장의 인상은 마치 뒤에 이어질 주인공의 생애의 이야기만으로는 언급이 되지 않으므로 누락이 되는 주인공에 관한 중요 사실을 미리 일러 주는 동기가 엿보이게 하는 논조이다.

"이미 키질을 하는 손"

(the winnowing-fork is in his hand)

말씀이 육신이 되신 사실로 하나님임 자신을 표현한 행위는 출생이나 사망 언급을 필요로 하지 않는다. 하나님에게는 시작과 끝이 없기 때문에 이러한 인간 실존의 두 가지 결정적인 요소가 바로 하나님의 자기 계시에서는 절대로 해당이 안 된다.

구약의 이야기에 친숙한 독자들은 오히려 하나님의 등장이 졸지에 완전한 성인의 형상으로 예고 없이 다가온다는 서술을 상기할 것이다. 예를 들어, 여호수아에 보면, 여리고 성의 공략이 있기 직전 하나님은 칼을 빼든 전사로 나타나신다.

> 여호수아가 여리고로 가까웠을 때에 눈을 들어본즉 한 사람이 칼을 배어 손에 들고 마주 섰는지라. 여호수아가 나아가서 그에게 묻되 너는 우리를 위하느냐. 우리의 대적을 위하느냐. 그가 가로되 아니라 나는 여호와의 군대 장관으로 이제 왔느니라. 여호수아가 땅에 엎드려 절하고 나의 주여 종에게 무슨 말씀을 하려 하시나이까? 여호와의 군대장관이 여호수아에게 이르되 네 발에서 신을 벗으라. 네가 선 곳은 거룩하니라. 여호수아가 그대로 행하니라.
>
> 여호수아 5:13~15

여호수아의 반사행위는 여호와의 군대장관이 여호와 자신이며 전사의 인격으로 나타나심을 말한다. 이러한 확증으로서 모세에게 하나님이 불타는 덤불로 나타나시어 "네가 선 곳은 거룩하니 네 신을 벗어라" 같은 명령을 하신 사실을 상기한다. 사람의 형상을 넘어 하나님이 나타나심이 아님은 불타는 가시덤불이 하나님의 나타나심이라는 사실이 증거한다. 다시 말해서, 불타는 가시덤불은 정황조건이 아닌 보이지 않으시는 여호와의 형상으로 나타난 것이다. 우리는 이 점을 혼돈하지 말아야 한다.

정확하게 설명하자면, 여기에 정황처럼 서술이 된 가시덤불은 하나님이 친히 가시나무의 덤불이 씨앗에서 자라 왕성한 생명력의 덤불로 성장하였고 그리고 타버리지 않는 불타는 가시나무 덤불이 실제로 모세에게 다가온 것은 실제이며 환상이 아니며 또한 우연한 여건의 사용도 아니라는 것이다. 다시 말해서, 군대장관의 모습으로 여호수아에게 찾아온 하나님의 형상은 환상이 아닌 완전한 전사라는 사실로 수용해야 한다. 이러한 실제는 인간의 경우 출생과 성장과 장부가 되는 과정의 포괄이다. 이러한 하나님의 자기 계시의 신비는 아직 훗날에 그 진상이 구체적으로 계시로 표시되는 그 결정적인 계기를 지향한 동일 방향이다. 말하자면 인간의 지식과 사상과 사변으로 미처 짐작도 못할 극점으로 지향한 한 발자국이다(is a step in a unknown direction).

어찌하여 하나님이 이와 같은 인간으로 하나님의 아들의 출생과 성장과 그리고 죽음을 밟는 길을 선택하시었는가의 설명과 이해는 뒤에 가서 충분히 나온다. 지금 언급할 수 있는 것은 성인이 된 예수가 비로소 메시야와 하나님의 성육신임을 인지하였다는 사실이다. 네 복음서는 모두 실제적으로 예수의 이야기를 요단강에서 세례 요한에게 세례를 받은 성인 예수에게서 시작한다. 네 복음서가 모두 하나님의 영이 그에게 내려오신 그 순간을 비록 성육신의 시작이라고는 하지 않았으나 그의 생애의 출발이라고 인정한다. 이 순간을 진정 복음서 이야기의 시작으로 모두 인정한다. 족보나 크리스마스의 이야기를 회상적인 추가 부분으로 생각이 되고 성육신의 완전한 인격으로 마치 여호수아 앞에 등장한 주 하나님의 군대장관 같이(여호수아 5장) 그러나 이번에는 칼을 뽑아 들지 않은 본격적인 복음서 이야기 안에 들어서는 것이다.

예수는 그 지혜와 그 키가 자라가며 하나님과 사람에게
더 사랑스러워 가시더라.

누가복음 2:52

위대한 행동

그의 손에 키를 들고

디베료 가이사가 위에 있은 지 열다섯 해 곧 본디오 빌라도가 유대의 총독으로, 헤롯이 갈릴리의 분봉왕으로, 그 동생 빌립이 이두래와 드라고닛 지방의 분봉왕으로, 루사니아가 아빌레네의 분봉왕으로, 안나스와 가아바가 대제사장으로 있을 때에 하나님의 말씀이 빈들에서 사가랴의 아들 요한에게 임한지라. 요한이 요단강 부근 각처에 와서 죄 사함을 얻게 하는 회개의 세례를 전하니, 선지자 이사야의 책에 쓴 바

광야에 외치는 자의 소리가 있어 가로되,
너희는 주의 길을 예비하라.
그의 첩경을 평안케 하라.
모든 골짜기가 메워지고
모든 산과 작은 산이 낮아지고
굽은 것이 곧아지고

험한 길이 평탄하여질 것이라.
모든 육체가 하나님의 구원하심을 보리라.

누가복음 3:1~6; 이사야 40:3~5

신약성서의 행동(The action of the New Testament)은 깨어진 약속을 회상하면서 시작한다(begins with the memory of a broken promise). 이사야의 약속은 황홀할 정도로 아름답다. 그러나 그가 언급한 왕의 개선 같은 행진은 결코 일어나지 않았다. 산과 작은 산이 낮아지고 모든 골짜기가 메워져 바벨론 포로에서 돌아오는 이스라엘을 위해서 퍼레이드를 전개할 길을 준비할 것이라고 한 예언, 그러나 그 퍼레이드는 취소되었다. 포로로 끌려간 자들에 대하여 하나님이 이사야를 통해서 주신 약속은 영광의 귀국이 아니었다. 상당수는 그대로 머물러 귀환하지 않았고, 겨우 귀한 자들은 왕의 대권자들을 하나 둘 교체해야 했다. 페르시아가 바벨론을 멸망시킨 계기에서 이스라엘은 전쟁 노획물의 일부일 뿐이었다(just one part of the spoils of war). 하기야 페르시아 통치의 한 지방 야흐드(Yahud)에 이름만의 작은 새 성전 하나를 세웠으나 그러나 결코 이 성전을 찬양하는 시편 하나가 제작이 된 일이 없다. 나이 든 세대는 이 제 2성전을 눈으로 본 경험이 기쁨이 아니라 오히려 더 슬프게 하는 기억이

되었다. "제사장들과 레위 사람들과 족장들 중에 여러 노인은
첫 성전을 보았던 고로 이제 이전 지대 놓임을 보고 대성통곡
하며 여러 사람은 기뻐하며 즐거이 부르니 백성의 크게 외치는
소리가 멀리 들리므로 즐거이 부르는 소리와 통곡하는 소리를
백성들이 분변치 못하였느니라" (스 3:12~13). 하나님이 친히 이
제 2성전의 초라함을 언짢게 여기신 말씀을 주신다.

> 너희 중에 남아 있는 자 곧 이 전의 이전 영광을 본 자가
> 누구냐. 이제 이것이 너희에게 어떻게 보이느냐. 이것이
> 너희에게 보잘 것이 없지 아니하냐. 그러나 나 여호와가
> 이르노라. 스룹바벨아 스스로 굳세게 할지어다. 여호사
> 닥의 아들 대제사장 여호수아야 스스로 굳세게 할지어다.
> 나 여호와의 말이니라. 이 땅 모든 백성아 스스로 굳세
> 게 하여 일할지어다. 내가 너희와 함께 하노라....이 전
> 의 나중 영광이 이전보다 크리라.
>
> 학개 2:3~4, 9

그러나 제 2성전의 영광은 그 후에 결코 더 나아진 일이 없
고 더구나 제 1성전의 영광과 비교는 어림도 없는 일이었다. 하
나님이 학개를 통하여 격려해 주신 스룹바벨은 다윗의 아들이
며 기름 부음을 받은 아들, 곧 메시야, 그러나 실패한 메시야이

고 그리고 그의 이름은 역사 기록에서 절반은 삭제가 되는 상태이다.

세례 요한이 행한 이 설교의 맥락은 이미 그 정황 이후 500년이 경과하였고 지금은 웅대한 제 3의 성전이 예루살렘에서 진행 중이고 거의 완성이 되어가고 있는 중이다. 그러나 이 제 3의 성전은 로마제국의 괴뢰(傀儡)인 유대인과 결혼한 이두메 사람 헤롯 왕의 건축물이고 현재도 그 일부가 남아 있다. 이 성전이 여호와 하나님이 바라시던 그 약속의 성취인가? 세례 요한의 시간에 생존한 많은 유대인들이 그 성전의 웅장함만으로 인상을 받은 것이 사실이고 그 건축미에 당시 온 세계가 매료된 것이 사실이다. 그러나 현대 유대주의 선구자인 바리새인이나 사해 두루마리의 근원인 에세네파는 그 성전과 거리를 두고 근접하지 않았다. 요한도 그와 같이 거리를 두는 사람이고, 헤롯의 기념관으로 생각되는 그 건축의 계단에서 설교하느니 보다는 차라리 광야에서 설교하는 중이었다.

과거의 회상과 오늘의 실제, 다시 말해서 위대하고 거룩한 성전의 약속은 깨어진 환상이고 지금의 위대한 건축 그러나 거룩하지 못한 성전, 이 두 가지의 모순은 이사야의 글을 읽고 고양이 되는 것과는 반대의 감정을 만들어 낸다. 최초의 환국(還國)에서 그것은 약속의 개선은 아니었다. 그러면 그 승리의 개선이 지금 이번에는 실현될 것인가?

하나님이 세례 요한을 통해서 주시는 말씀은 다시 한 번 섭섭하게 만드는 언급이다. 요한이 세례 받으러 나오는 무리에게 이르되 "독사의 자식들아 누가 너희를 가르쳐 장차 올 진노를 피하라 하더냐. 그러므로 회개에 합당한 열매를 맺고 속으로 아브라함이 우리 조상이라 말하지 말라 내가 너희에게 이르노니 하나님이 능히 이 돌들로도 아브라함의 자손이 되게 하시리라. 이미 도끼가 나무뿌리에 놓였으니 좋은 열매 맺지 아니하는 나무마다 찍혀 불에 던지우리라" (눅 3:7~9).

여기에 언급이 된 격렬한 수사학 "독사의 자식들아 누가 너희를 가르쳐 장차 올 진노를 피하라 하더냐"가 우리를 불안하게 하는 것이 아니다. 우리를 심히 불안하게 하는 이유를 정시해야 한다. 예언자들이 대상에게 회개를 촉구하며 초대할 때에 의례히 이 수사학을 서두에 사용한다. 우리를 불안하게 하는 문제의 초점은 이스라엘이 자주 그리고 여러 번 스스로의 민족성과 자존을 걸어 사용하는 주장에 시정(是正)을 걸고 지금 심히 노하시고 있다는 사실, 다시 말해서 "하나님이 능이 이 돌들로도 아브라함의 자손이 되게 하신다"의 언명이다.

누가복음은 이 세례 요한을 가리켜 구약의 말씀 중 제일 마지막 문절에 나오는 약속의 성취로 이 땅에 찾아올 마지막 구약의 예언자라고 설명한다.

> 보라 여호와의 크고 두려운 날이 이르기 전에 선지자 엘
> 리야를 너희에게 보내리니 그가 아비의 마음을 자녀에게
> 로 돌이키게 하고 자녀들의 마음을 그들의 아비에게로
> 돌이키게 하리라. 돌이키지 아니하면 두렵건대 내가 와
> 서 저주로 그 땅을 칠까 하노라 하시니라
>
> 말라기 4:5, 6

세례 요한이 엘리야가 행한 것처럼 여호와의 이름으로 예언
을 행할 때 그는 하나님이 전자에 말씀하신 바와 거의 동일한
내용이다. 전자에도 하나님은 이스라엘이 민족의 긍지만을 내
세워 자랑하는 경우 빙자하여 냉소하신 경우가 있다. 에스겔을
통하여 주신 말씀에서도 그러하다.

> 네 근본과 땅은 가나안이요 네 아비는 아모리 사람이요
> 네 어미는 헷 사람이라. 너의 난 것을 말하건대 네가 날
> 때에 네 배꼽 줄을 자르지 아니하였고 너를 물로 씻어
> 정결케 하지 아니하였고 네게 소금을 뿌리지 아니하였고
> 너를 강보로 싸지도 아니하였나니 너를 돌아보아 이 중
> 에 한 가지라도 네게 행하여 너를 긍휼히 여긴 자가 없
> 었으므로 네가 나던 날에 네 몸이 꺼린 바 되어 네가 들

에 버린 바 되었느니라. 내가 네 곁으로 지나갈 때에 네
가 피투성이가 되어 발짓하는 것을 보고 네게 이르기를
너는 피투성이라도 살라 하고 내가 너를 들에 풀 같이
많게 하였더니.

에스겔 16:3~6

세례 요한에 앞서 에스겔의 문절도 상당히 모진 것이 있으나,
그러나 세례 요한의 선언은 더욱 토착민과의 경합 상태에서 생
존하는 청중의 귀에 상당히 거슬리는 선언이다. 이러한 맥락에
서 누가가 요점적인 서술(as keynote)로 사용한 바 있는 이사야
의 문절은 결국은 냉소가 아니라 위로의 신탁이다. 흠정 판 역
그리고 나중에 헨델의 "메시야"에 나오는 귀에 익은 문절은 하
나님이 더 이상 이스라엘을 징벌하시지 않는다고 하였다.

너희 하나님이 가라사대 너희는 위로하라.
내 백성을 위로하라.
너희는 정다이 예루살렘에 말하여
그것에게 외쳐 고하라.
그 복역의 때가 끝났고
그 죄악의 사함을 입었느니라.

이사야 40:1, 2 (특히 KJV 참조)

그러나 세례 요한은 하나님이 결국은 자기 백성을 구원하실 의도임을 덜 역설하고 더 강조한 바는 하나님이 뒤엎으신다는 요지였다.

끝으로, 놀라운 사실은 세례 요한의 설교에는 눌린 자에 대한 언급과 아울러 억압자들에게 준 메시지가 있었다.

> 세리들도 세례를 받고자 하여 와서 기로되 선생이여 우리는 무엇을 하리이까 하매 가로되 정한 세 외에는 늑징치 말라 하고 군병들도 물어 가로되 우리가 무엇을 하리이까 하매 가로되 사람에게 강포(협박)하지 말며(No intimidation!) 무소(강탈)하지 말고(No extortion!) 받는 요를 족한 줄로 알라 하니라.
>
> 누가복음 3:12~14

하나님이 이스라엘의 구원을 위하여 이사야에게 일러 주실 때, 당시의 가이사인 느브갓네살의 용병에 관한 예언에 한정시켜 받는 보수로 만족하고 협박과 강탈을 하지 말라고 서술되는 명이었을까? 한참 바벨론의 전성기에 유다가 그들을 위해서 세금을 징수할 때에 정한 세 외에는 강요하지 말라 하는 명이었을까? 결코 아니었다. 승자는 피 흐르는 수렵물을 포식하듯 행하는 만행을 용인하셨다.

용사의 포로도 배앗을 것이요
　　강포자의 배앗은 것도 건져 낼 것이니
이는 내가 너를 대적하는 자를 대적하고
　　네 자녀를 구원할 것임이니라.
내가 너를 학대하는 자로 자기의 고기를 먹게 하며
　　새 술에 취함 같이 자기의 피에 취하게 하리니
모든 육체가 나 여호와는 네 구원자요
　　네 구속자요 야곱의 권능자임을 알리라.
이사야 49:25~26

전사들이 서로의 피를 마신다는 표현은 이스라엘의 수사학에서 공포의 극치이다. 여호와의 원수와의 대결에서 이스라엘은 결코 유순한 화해를 생각하는 일이 없다. 극적으로 원수들은 진멸당해야 하고 그들의 노획으로 영광스러운 이스라엘의 승리는 보상이 되어야 한다.

네가 열방의 젖을 빨며
열 왕의 유방을 빨고.
이사야 60:16

그러나 거듭 말하거니와 그러한 극적이고 완전한 파괴적 승리는 오지 않았다. 하나님의 승리의 약속은 깨졌다(God's promise of victory was broken). 무리 속에 섞여 있는 압제자를 지목하여 그들의 뿌리에 도끼가 이미 놓여 있다고 하지 않았다. 역사 의식이 있는 자가 그 자리에서 세례 요한의 메시지에 접했다면 어찌 그의 선언이 또 하나의 반복인 약속의 파기가 아니냐는 의구(疑懼)가 마음에 일지 않았겠는가? 그러면서도 요한은 하나님이 권능으로 임하신다고 한 기다림을 선언한다.

만일 하나님이 전적으로 인간사에 개입하신다면, 만일 "주의 날"이 가까웠다면, 누가 그 개입의 수족인 대행자가 될 것인가? 그 대행자(代行者)는 어떤 인격인가?(what will the agent be like?)

여론처럼 기대가 팽배하였다. 백성들은 생각하기 시작한다. 세례 요한이 그 메시야인가? 그러나 요한은 모든 사람에게 대답하여 말한다.

> 나는 물로 너희에게 세례를 주거니와 나보다 능력이 많으신 이가오시 나니 나는 그의 신들메를 풀기도 감당치 못하겠노라 그는 성령과 불로 너희에게 세례를 줄 것이요. 손에 키를 들고 자기의 타작마당을 정하게 하사 알곡은 모아 곡간에 들이고 쭉정이는 꺼지지 않는 불에 태우시리라.
>
> 누가복음 3:15~17

"하나님의 어린양" [1]

이상한 일로 요한은 예수에게 "하나님의 어린양"이라고 찬양하였다. 이 문제의 심각성은 세례 요한이 자기 뒤에 오실 이는 "자기 보다 크신 이"라고 이미 언명한 바 있는데, 정작 그가 자기 모습대로 등장하니 강력한 전사(戰士, a warrior)와는 걸맞지 않는 이상한 소개말을 하였기 때문이다.

이튿날 요한이 예수께서 자기에게 나아오심을 보고 가로되 보라 세상 죄를 지고 가는 하나님의 어린양이로다. 내가 전에 말하기를 내 뒤에 오는 사람이 있는데 나보다 앞선 것은 그가 나보다 먼저 계심이라 한 것이 이 사람을 가리킴이라. 나도 그를 알지 못하였으나 내가 와서 물로 세례를 주는 것은 그를 이스라엘에게 나타내려 함이라 하니라.

요한복음 1:29~31

---

1) 이 글은 Jack Miles, *Christ*, p. 23에서 온 것.

"하나님의 어린양"보다는 "사자"(獅子)라고 서술해야 적격이 아닌가? 당시 하나님이 예레미야를 통하여 말씀하실 때는 요단 계곡에서 사자가 에돔 사람을 공격하리라 하신 것이다. "보라 사자가 요단의 수풀에서 올라오는 것 같이 그가 와서 견고한 처소를 칠 것이라. 내가 즉시 그들을 거기서 쫓아내고 택한 자를 내가 그 위에 세우리니 나와 같은 자 누구며 나로 더불어 다툴 자 누구며 내 앞에 설 목자가 누구뇨"(렘 49:19)라고 말씀하신 일도 있다.

"하나님의 어린양"? 이러한 이상한 언어 구성이 무엇을 의미하는가? 복음서 안에서 이 표현이 나오는 맥락적 구성이 정상이 아니며, 귀에는 익었으나 불길한 인상이 짙다. 세례 요한의 메시지를 듣는 청중에게 이러한 표현으로 구성이 되는 말을 전에는 들은 일이 없다. 이 표현이 막연하나마 귀에 익었다는 것은 예루살렘 선정에서 관행으로 토라의 지시에 따라 어떤 죄를 용서 받기 위한 제물이라고 알려져 있는 것을 알고 있기 때문이다. 이러한 제물은 완곡하게 하나님의 어린양이라고 불리기도 하나 그러나 예수는 인간이다. 양이 아니다. 요한이 천거하며 찬양하는 인간을 동물의 이름으로 부르는 이유가 무엇인가? 무엇인가 감당할 수 없는 말 못할 숨겨진 비밀이 절반 새어난 것 같은 섬뜩함이 있다(Something unspeakable has suddenly been half-spoken.)

　　요한복음이 저술이 된 이후, 수없이 많은 독자들은 이 "하나님의 어린양"을 읽거나 듣거나 할 때 인류의 구원을 위하여 십자가에 달리신 그리스도를 연상하며 쉽게 납득한다. 그러나 가장 초기 단계에서 세례 요한이 처음 언명하고 그리고 현장에서 그 말을 들은 무리들은 그러한 내용을 상상도 할 수가 없다. 당시의 현장에서 이 언명을 듣고 무리들이 용이하게 이해하지 못한 것과 같이 이번에는 오늘의 독자는 이 죽임을 당하는 어린양의 잔인 행위를 염두에 두고 어떤 헬라적 비극에서 유사성을 찾으려는 본능적 심리작용을 일으키게 된다.

　　그러나 인간의 죄와 과오를 대신하는 희생 짐승을 죽여 제단에 올린다는 사상은 헬라문화를 뛰어 넘어 멀리 구약 창세기 시작 부분에서 근원적인 의미를 찾아내야 하는 것이다.

　　에덴동산에서 처음 행복의 나날이 계속하는 기간에 하나님은 최초의 인간 부부에게 두 가지의 명령, 두 가지의 긍정적인 축복이라고 할 수 있는 명령을 주신다. 하나는 두 부부가 생육하고 번성하고, 다른 하나는 이 땅을 다스려야 한다는 것이다. 뒤에 가서, 하나님이 그들에게 금령을 주셨으나 그들이 범하므로 상술한 두 가지의 축복이 두 가지의 저주가 되게 하셨다(he turned his double blessing into a double curse). 이 땅을 다스리는 축복은 변해서 끝없이 계속되는 노동의 저주가 되었고, 다스리는 명분이 아닌 종살이의 처지가 되었다. 이 첫 번째의 저주는 남자에게 주신 것이다. 두 번째의 것은 여자에게 주신 것이다. 확실한 바는 양자가 항시 현재적 저주라는 것이다. 하나님은 피조 인간에게 이러한 두 가지의 큰 고통(sorrows)을 주시고 추가하여 "너희는 흙에서 왔으니 흙으로 돌아가라"는 죽음의 저주를 더 하셨다 (창 3:19).

이 오래된 두 가지의 저주가 "세상 죄를 지고 가는 하나님의 어린양"이라고 예수를 가리켜 세례 요한이 선언한 것과 어떤 관계가 있는 것인가? 그들 인간 조상의 불순종의 결과는 "세상의 죄"(the sin of the world)이고 그리고 종말적으로 그 세상 죄는 하나님의 어린양이 지고 감으로 대속된다.

이스라엘과 유대인의 제의(祭儀)에서, 어린양의 희생은 사실 죄보다 오히려 저주를 제거한다. 현대의 독자가 레위기를 읽으면, 부정(不淨)에 관한 계율과 함께 여러 다양한 인간과 사회 조건에 관해서 도덕적으로 정함을 얻어야 한다는 많은 규정이 있는 것에 대해서, 오늘의 독자가 이해할 수 없다는 거리감은 피할 길이 없다. 예를 들어, 여자가 겪는 월경의 전후라든가, 남자와 여자와 교합하여 사정한 후라든가, 정당한 성교 과정에서 의도적으로 정자를 몸 밖으로 사정하는 행위, 그리고 피부병에 전

염이 된 경우 등이다. 레위기에 의하면 누구든 이러한 여건에 놓이면, 어린양을 잡아 하나님께 보상행위를 행하도록 규정하고 있다. 이러한 요구와 규정이 현대인에게 아무리 무관하다고 해도 그러나 원초적인 맥락에서 그런 일이 무관할 수 없는 일이었다. 하나님이 모든 창생을 지으신 후 얼마 안 되어 내리신 저주가 아직은 (혹 하나님이 변경하신다고 할 때) 그대로라는 고전 이스라엘의 이해와 인식이었음을 나타낸다. 모든 인간에 일어나는 일체의 불행이 어떻게 시작되었는가를 말할 때, 하나님께 불순종하여 하나님의 창조를 해치시는 진노를 불러일으켰다고 해석한다. 그러므로 레위기 14장에 보면, 가난한 나병환자는 대속제물로 어린양 한 마리를 요구하고 (부자 나병환자는 두 마리의 어린양과 암 양 한 마리) 그 나병환자 자신의 죄가 아니라 원죄적 저주를 불러일으킨 죄(for the sin that brought the primeval curse) 때문에 바치는 것이다. 결국 희생제물은 전승되는 형벌 경험이라는 인간 조건의 인지이다(The sacrifice is, in the end, an acknowledgment of the human condition as an experience of continuing punishment.).

마치 자기가 범하지 않은 죄에 대한 형벌 같은 느낌이 온다. 이러한 느낌은 원하든 원치 않든 간에 울어난다. "왜 이런 일이 내게 일어나는가?" 그래서 "내가 무엇을 잘못했다는 건가?" 이러한 내적인 음성을 듣게 된다. 그런 질문을 피한다고 하여 피할 길이 있는 것이 아니다. 왜냐하면 도피의 길이 없기 때문이다. 레위의 제의(祭儀)는 이러한 자기의 의사와 상관없이 함정에 빠진 곤고한 조건을 경험한 외적인 표현이다. 성적인 오염과 같은 행동으로, 무력하게 끌려가는 인간 보편의 충동 경험처럼, 레위기는 이러한 인간의 팽배한 여건을 보상하는 의미를 제시한다.

첫째로, 자기 방어를 못하는 아무런 잘못 없는 동물을 희생하므로, 그리고 두 번째로, 그러한 희생된 동물과 어느 특정 인간과 연관을 지어 인간의 무력과 허약성을 인지하게 하므로 인간의 생명을 위협하는 질병에 대한 인간의 무력과 그리고 자제력 없는 충동이 일어날 때 얼마나 자기가 무력한가를 제의적(祭儀的)으로 인지하게 하는 것이다.

레위기 14장에 보면, 희생된 어린양의 피를 나병환자의 귀에 묻히거나, 엄지발가락에 바르거나 하는 행위로 제의적으로 연결을 짓는다. 출애굽기 24장에 보면, 여호와 하나님의 율법에 계약자로 들어서게 된 전체 이스라엘 백성의 무력성(無力性)을 모세가 대야에 가득히 담은 암소의 피를 회집한 무리들의 무리에 부어 자각하게 한다. 이러한 행위는 말할 것 없이 야만스럽기까지 하나, 그러나 그들에게 여전히 존재하는 무력한 여건을 생생하게 인지하게 만든다. "보라, 하나님의 어린양이로다"는 바로 이러한 저들의 직관과 전통의 배경이 바탕이 된 경의적 선언이다.

훗날 지붕을 뚫고 자기 앞에 내린 중풍환자를 치유하실 때 예수는 놀라운 말씀, "소자야 네 죄 사함을 받았느니라"라고 언명하신다 (눅 5:20). 눈앞에 누워 있는 중풍환자를 레위기 14장의 나병환자처럼 자기의 범죄의 결과가 아닌 원죄의 저주가 지금에 이르러, 중풍이든 나병이든 미치고 있는 것에 대한 예수의 언명이다. 예수가 지금의 중풍환자를 치유하는 시각에 하나님은 과거의 저주를 거론하시는 것으로 의도하신다. 이러한 시각과 일치하게 치유에 앞서 회개의 요구가 아닌 믿음을 보신다. 하나님이 죄를 옮겨주시고 세상을 다시 창조하여 주심을 그리고 그러한 권능자이심을 의지하는 믿음이다.

여기까지 해석을 하면서 우리는 즉시 또 하나의 조건을 언급해야만 한다. 세례 요한이 언급한 과거의 본문 맥락에서는, 어린양의 희생이 우리가 죄라고 일반적으로 생각하는 행위적인 과오를 위한 속량(贖良)의 효과는 아니라는 사실이다. 다시 말해서, 세례 요한이 세리와 로마 병정들에게 언급한 착취와 강요와 협박 같은 죄와는 무관하다는 것이다. 왜냐하면 요한이 지적한 이러한 죄는 회개를 통해서만 교정이 되고 이러한 죄가 끼친 손상은 같은 양의 보상으로 교정이 되기 때문이다. 그러므로 여기에 해당이 되는 적절한 과거의 본문은 다음과 같다.

> 사람이 서로 싸우다가 아이 밴 여인을 다쳐 낙태케 하였으나 다른 해가 없으면 그 남편의 청구대로 반드시 벌금을 내되 재판장의 판결을 쫓아낼 것이니라. 그러나 다른 해가 있으면 갚되 생명은 생명으로, 눈은 눈으로, 이는 이로, 손은 손으로, 발은 발로, 데운 것은 데움으로, 상하게 한 것은 상하게 함으로, 때린 것은 때림으로 갚을지니라.
>
> 출애굽기 21:22~25

위의 문절은 긍휼(矜恤)의 권고가 아니다. 그러면서 또한 복수의 허가증도 아니다. 그렇지만 일종의 경고, 속량(贖良)은 결코 동량(同量)의 체벌(體罰) 이외의 다른 것이 아님을 경고하는 글이다. 다시 말해서, 눈은 눈으로이지 치아를 눈으로 갚는다거나 눈을 목숨을 갚는다는 것이 아니다. 더 정확하게 줄이면 이러한 범주의 범죄는 하나님께 어린양을 바치므로 그 범인이 공동체에 다시 용납이 되는 것이 아니라는 것이다.

"세상 죄를 지고 가는" 하나님의 어린양이 이러한 범주의 죄, 즉 인간 조건의 저주가 아닌 행실에 의한 실제의 죄도 지고 가는가? 그리고 그렇다면, 온 세상의 모든 죄를 지고 가는 것인가?

이 세상이 실제적인 과오로 범죄를 하면 동량의 보상과 교정 없이 해결이 되는가? 말을 바꾸어, 어떤 타자가 보상을 하면 그리고 그는 아무런 범죄가 없는 경우 그 한 사람으로 인하여 온 세상이 무죄가 될 수 있는가?

이러한 질문이 동시 다발로 야기될 때, 세례 요한은 곧 이어 즉시 설명을 주고 있다. "내가 보매 성령이 비둘기 같이 하늘로서 내려와서 그의 위에 머물렀더라. 나도 그를 알지 못하였으나 나를 보내어 물로 세례를 주라 하신 그이가 나에게 말씀하시되 성령이 내려서 누구 위에든지 머무는 것을 보거든 그가 곧 성령으로 세례를 주는 이인 줄 알라 하셨기에 내가 보고 그가 하나님의 아들이심을 증거하였노라" (요 1:32~34). 그리고 뒤에 이어 하늘에서 "너는 내 사랑하는 아들이라. 내가 너를 기뻐하노라"소리가 들렸다 (눅 3:22).

하늘에서 내려 온 음성은 아래와 같은 구약의 인용이었고, 이스라엘 왕에게 주신 하늘의 음성이었다.

> 내가 영을 전하노라 여호와께서 내게 이르시되
> 너는 내 아들이라.
> 오늘 날 내가 너를 낳았도다.
> 내게 구하라 내가 열방을 유업으로 주리니

네 소유가 땅 끝까지 이르리로다.
네가 철장으로 저희를 깨뜨림이여
질그릇 같이 부수리라 하시도다.

시편 2:7~9

　여기에 나오는 도무지 불가능한 놀라운 두 인격의 결합, 속 죄양과 전쟁 패자의 메시야의 결합은 이 선언이 처음 등장하면서 처음부터 많은 시선을 사로잡았으며, 그리고 앞으로도 예수의 인격으로 드러나 자주 사람들을 당황하게 만드는 두 가지의 결합이다. 과거의 유대 사유에 젖은 유대인 청중이 미처 상상도 못할 이러한 두 인격의 결합을 유대 사유를 넘어서서 앞으로 살아 있는 한 인격에서 만나게 될 터이다.

　대속의 희생으로 인간을 제단에 올려놓는다는 생각은 과거 동물을 대신하여 제물을 드려야 한다고 율법과 계율로 정할 때에 이미 확실하게 인간 희생의 제사 관행을 금한 것이므로 유대의 문화에서는 이러한 선언이 있을 수가 없는 충격이다. 백성의 오랜 소망인 다윗의 후손의 역할이 희생양의 역할이라는 생각은 더욱 유대인들의 비위를 거슬리게 한다. 이미 세례 요한이 누차 전제한 대로 "하나님의 아들"이 "나 보다 앞서 있다"는 말은 두 사람의 연령이 같은 처지임을 아는 사람들에게 황당하다고 하기보다 신성모독이다.

우리가 염두에 두어야 할 것은 여기 이 시점까지 아직 예수는 첫 마디의 발언도 없다는 사실이다. 우리는 아직 지극히 시초 단계에 놓여 있다. 세례 요한의 우회적인 언명이 어떻게 정체를 드러낼지 아무도 짐작도 못하는 때이다. 물세례는 회개의 상징으로 물속에 들어갔다가 나오는 의식이다. 다시 말해, 개혁에 앞서 정하게 하는 의미이고 그 의식에는 자연스러운 논리성이 존재한다. 그러나 요한의 설교에 나오는 "성령과 불로 주는" 세례는 무엇인가 (눅 3:16). 요한이 설교한 내용으로 "손에 키를 잡은 자"가 쭉정이는 불에 사르고 알곡은 곡간에 거두는 심판을 의미하는 것인가? 그러나 만일 보복자가 "하나님의 어린양"이면 그 보복의 가혹성이 어느 정도일까.

예수께서 행사할 세례가 무엇이라고 추측을 하던 간에 더 중요한 사실은 하나님의 성육신으로, 공개된 일반의 회개 행위와 더불어 하나님의 구원 사역이 시작되었다는 사실이다. 다음에 이어질 성육신의 공생애에 있어서 모든 것은 회개의 표적 아래 (under the sign of repentance) 이루어질 것이다. 거듭 거듭 반복될 사실은 "하나님이 뉘우치셨다"(God has repented!)는 것! 그러나 하나님이 무엇을 잘못하셨는가? 이러한 당혹스러운 질문에 온통 분위기가 가라앉으면서 마귀가 돌연 현장에 등장한다.

마귀가 예수의 역량을 시험[1]

　예수께서 성령의 충만함을 입어 요단강에서 돌아오사 광야에서 사십 일 동안 성령에게 이끌리시며 마귀에게 시험을 받으시더라. 이 모든 날에 아무것도 잡수시지 아니하시니 날 수가 다하매 주리신지라. 마귀가 가로되 네가 만일 하나님의 아들 이어든 이 돌들에게 명하여 떡덩이가 되게 하라. 예수께서 대답하시되 기록하기를 사람이 떡으로만 살 것이 아니라 하였느니라.

　마귀가 또 예수를 이끌고 올라가서 순식간에 천하만국을 보이며 가로되 이 모든 권세와 그 영광을 네게 주리라. 이것은 내게 넘겨 준 것이므로 나의 원하는 자에게 주노라. 그러므로 네가 만일 내게 절하면 다 네 것이 되리라. 예수께서 대답하여 가라사대 기록하기를 주 너의 하나님께 경배하고 다만 그를 섬기라 하였느니라.

　또 이끌고 예루살렘으로 가서 성전 꼭대기에 세우고 가로되 네가 만일 하나님의 아들이어든 여기서 뛰어내려

---

1) Jack Miles, *Christ*, p.28-

라. 기록하였으되 하나님이 너를 위하여 그 사자들을 명
하사 너를 지키게 하시리라 하였고 또한 저희가 손으로
너를 받들어 네 발이 돌에 부딪히지 않게 하시리라 하였
느니라.

예수께서 대답하여 가라사대 말씀하기를 주 너의 하나
님을 시험치 말라 하였느니라. 마귀가 모든 시험을 다
한 후에 얼마 동안 떠나니라.

누가복음 4:1~13

이 토막 이야기에서는 구약 잠언에도 나오는 바 "마귀도 성
경을 인용할 수 있느니라"는 격언조의 경구가 생겨난 그런 맥
락, 다시 말해서 예수와 마귀 두 유대적 지성이 대결하는 소재
가 나온다. 구두 논쟁에서는 예수가 승리한다. 그러나 마귀는
지성적 대결에서 결코 행사되어서는 안 될 신체적 대결의 전략
을 사용한다. 이 대결에서 사탄이 원하는 바는 예수가 실질적
으로 행사할 수 있는 힘의 크기를 알아내는 것이었다. 상술한
질문들이 관련이 되는 범주는 유대 광야가 아닌 이스라엘 전
역사를 망라한다(not the Judean desert bit the entire sweep of
Israelite history).

마귀가 돌을 명해 떡이 되게 하라고 참견했을 때, 그는 단지
기아 문제만을 암시한 언급을 한 것이 아니다. 그의 권고의 배

경에는 과거 이스라엘을 광야에서 하나님이 이적으로 먹이신 지난 역사의 기억을 근거한 것이다. 이러한 경험한 지 40년이 지난 후 모세가 한 말이 있다. "너를 낮추시며 너로 주리게 하시며 또 너도 알지 못하며 네 열조도 알지 못 하던 만나를 네게 먹이신 것은 사람이 떡으로만 사는 것이 아니요 여호와의 입에서 나오는 모든 말씀으로 사는 줄을 너로 알게 하려 하심이라"(신 8:3).

마귀가 예수와의 대결에서 숨은 의도는, "당신이 과거 광야에서 이적의 떡으로 백성을 먹인 그 하나님인가? 그렇다면 다시 그 이적으로 보여 증명하라"였다. 예수는 그 질문의 맥락을 정확하게 파악하시고 그리고 그 문맥에서 답을 하신다. 그러나 예수의 답은 마귀의 의도를 피한 답변이다. 예수는 과거 광야에서 행하신 하나님의 이적을 행할 수는 없을 것이다. 그러나 예수의 답은 동등하게 완전한 답이다. 마귀는 아무것도 알아내지 못한다.

고차원의 의도가 숨겨진 질문(a question with higher stakes)은 두 번째의 질문과 예수의 대응이다. 마귀는 말한다. "모든 권세와 영광을 네게 주리라....이것은 내게 넘겨 준 것이므로"라고. 그러나 누가 누구에게 넘겨주었다는 것인가? 하나님이 넘겨주시지 않으면 누가 감히 한다는 말인가? 마귀는 전자에 하나님이 어쩔 수 없는 방법으로 세상의 권력을 잠시 바벨론의 손에 넘겨주신 경우를 감히 거론한다.

바벨론 승리 전야에 하나님은 예레미야에게 명하사 종살이의 상징으로 멍에를 만들어 예루살렘에 상주하는 이스라엘 이웃나라인 모압, 에돔, 암몬, 두로, 시돈의 대표자에게 보내라 하셨다. 그 선물에 딸린 편지 내용은 다음과 같다.

그들에게 명하여 그 주에게 이르게 하기를 만군의 여호와 이스라엘의 하나님이 말씀하시되 너희는 너희 주에게 이 같이 고하라. 나는 내 큰 능과 나의 든 팔로 땅과 그 위에 있는 사람과 짐승들을 만들고 나의 소견에 옳은 대로 땅을 사람에게 주었노라. 이제 내가 이 모든 땅을 내 종 바벨론 왕 느부갓네살의 손에 주고 또 들짐승들을 그에게 주어서 부리게 하였나니....나 여호와가 이르노라 바벨론 왕 느부갓네살을 섬기지 아니하는 국민이나 그 목으로 바벨론 왕의 멍에를 메지 아니하는 백성은 내가 그의 손으로 진멸시키기까지 칼과 기근과 염병으로 벌하리라....오직 그 목으로 바벨론 왕의 멍에를 메고 그를 섬기는 나라는 내가 그들을 그 땅에 머물러서 밭을 갈며 거기 거하게 하리라 여호와의 말이니라.

예레미야 27:4~6, 8, 11

이러한 곤궁한 처지는 이스라엘의 이웃나라와 그리고 이스라엘에게 해당된다. 사실 잠깐이기는 하나 바벨론의 승승장구는 역사적 사실이고 그리고 그 패망도 또 다른 강력한 이웃의 등장으로 찾아온다. 그러면 하나님께서는 차례로 열강에게 권력을 넘겨주신 것이 아닌가? 바벨론, 페르시아, 헬라, 그리고 지금은 유대인 증오의 대상인 로마제국이다. 다니엘서에 의하면 이러한 열강의 신들은 큰 마귀를 섬기는 종들이다. 그렇다고 할 때, 일견 하나님이 이 모든 권세를 마귀에게 넘겨준 것이라고 자만하는 이론이 그럴듯하지 않는가?

이스라엘이 하나님께 불순종하므로 바벨론에게 종살이가 되었다는 신화는 사실 근원적으로 아담과 하와가 하나님께 불순종하여 하나님이 이 세상을 마귀에게 넘겨준 것이라는 큰 틀에서 있는 이론이다. 같은 이치에서 바벨론을 극복하는 승리가 이스라엘의 회복을 의미하는 것이 더 큰 맥락에서 원죄로 타락한 인간 조건을 회복시키는 더 포괄적인 승리에 대한 약속이라고 보아야 한다. 기독교가 등장한 이후, 이러한 신화의 형식이 더 확고한 틀로 정립이 되어 의인은 종말론적인 하나님의 개입을 기다리는 동안 세상의 모든 왕들은 일종의 마귀의 그릇과 도구로서 "악마화"(demonized)하는 이론이 정립된다. 이러한 이치에서, 개괄적으로 "세상적인 것"과 "이 세상의 것"은 원칙적으로 악한 것이다. 하나님의 종말론적인 개입이 실현이 되기 전까지는 쉽게 말하여 모든 세상의 것은 일차적으로 마귀의 통제안에 있다.

잠시적인 상황이나, 그러나 현 세상이 마귀의 통제 아래 놓인다는 사상은 상당히 시간이 흘러 존 밀턴(John Milton)의 〈복낙원〉(Paradise Regained)에도 나온다. 밀턴의 때에 의하면, 인간 세계에 하나님의 성육신이 온다는 소식에 절박해진 마귀 레기온이 그들의 대장에게 묻는다. 그들이 아담의 실각 후 지옥의 무저갱(無底坑)에서 살기 좋은 세상으로 나와 모든 제왕들을 좌지우지하여 오다가 예수가 저들을 다시 지옥으로 되돌려 보내지나 않을까 하는 걱정이 이만저만이 아니다. 밀턴의 〈실낙원〉(失樂園)의 근거인 이 복음서에서, 예수의 역량을 시험하려고 시도한 마귀는 일괄 조기 타결의 술책으로 이 마귀의 권한을 잠정적이나마 확실하게 해결하려고 시도한다.

예수님의 답변에서, 예수님은 즉각적으로 그 권세를 복권하시지는 않으신다. 그러나 그렇게 할 수 있음을 암시하신다. 예수는 도전자에게 상기시켜 "기록하기를 주 너의 하나님께 경배하고 다만 그를 섬기라 하였느니라." 두 번째의 모세의 글의 인용이다. 그러나 예수의 답변은 문제의 핵을 건드리시지 않는다. 종말에 주가 그 모든 권세를 복권하게 될 때까지 언제 그리고 어떻게 복권인가 하는 그 문제는 허공에 걸려 있게 놓아두고 방임하신다. 다시 말해서, 마귀가 자기 소유라고 주장한 권세에 대하여 지금은 시인도 부인도 하지 않으신다.

세 번째의 질문에서 마귀는 단지 성경 말씀을 빗대어 말하는 것이 아니라 악의적으로 집요한 인용으로 나온다. 기민하게 자의로 예수의 신체를 성전 꼭대기에 올려놓는다. 마귀는 예수에게 뛰어내려 보라고 말하며, 그러면 천사들이 달려와 그를 해가 없도록 도울 것이 아닌가? 절반은 의도적인 협박이다. 왜냐하면 신체적으로 강압의 수단으로 성전 꼭대기에 세웠고, 자기 눈으로 천사들이 차단하는 곡예를 보려고 집어 던진다는 몸짓이 있기 때문이다.[2]

마귀는 권세가 종국적으로 하나님의 것임을 잘 안다. 그러나 지금 너를 구원하지 않는다면 네게 실리(實利)가 무엇인가라는 도전이다. 바로 이러한 질문은 과거 이스라엘이 500년 간 역사적으로 반복한 질문이다. 마귀가 장담하여 천사가 달려와 네 발이 상하지 않게 받들리라고 한 말은 다음 성경 말씀에 속하는 한 맥락이다.

천인이 네 곁에서, 만인이 네 우편에서 엎드러지나

---

2) Jack Miles, p. 31.

이 재앙이 네게 가까이 못하리로다.

오직 너는 목도하리니, 악인의 보응이 네게 보이리로다.

(네가 말하기를 여호와는 나의 피난처시라 하고

지존자로 거처를 삼았으므로)

화가 네게 미치지 못하며

재앙이 네 장막에 가까이 오지 못하리니,

저가 너를 위하여 사자를 명하사

네 모든 길에 너를 지키게 하심이라

저희가 그 손으로 너를 붙들어

발이 돌에 부딪히지 않게 하리로다.

시편 91:7~12

유대인들은 이 시편을 거침없이 암송한다. 그러나 "화가 네게 미치지 못하며." 정말 그런가? 이미 이십 년이나 마귀의 도구인 로마의 횡포가 너를 곤궁하게 만들지 않았는가? "재앙이 네 장막에 가까이 오지 못하리니." 정말 그런가? 만일 하나님이 로마의 제신(諸神)으로부터 이스라엘을 구하시지 않았다면, 하나님이 과연 예수를 마귀로부터 구하실 것인가? 좌우간 눈으로 보고 말하자, 왜 주저하는가.

헤롯의 성전은 웅대한 건축이다. 특히 동쪽은 깊은 계곡을 내려다보게 우뚝 솟은 구조이다. 상상해 보라. 예수는 그 아래

깊은 계곡을 눈 아래 내려다보시고, 그의 귓전에서는 마귀가 빈
정거린다. 예수는 자신의 처지를 얼마나 확신할 수 있었을까?
우리는 예수께서 얼마나 세례 요한의 선언을 믿으며 그리고 자
신의 정체에 관한 확신이 어느 정도이었는지 짐작할 길이 없다.
예수는 한 번도 자신의 권위와 자존으로 답변하지 않았고 언제
나 모세의 기록을 대신하여 인용하였다. 세 번의 인용이 모두
참으로 적절하였다. 그러나 어느 답변도 도전자를 완전히 굴복
시키는 것은 아니었다[3] 예수는 과연 이 논쟁에서 의연한 품위
를 견지하였는가? 아니면 끌려 다니는 자의 용의주도(用意周到)
에서 나온 답변이었는가.

자신이 하나님의 성육신이심을 확신하면서도 그러나 이 대
결에 있어 예수는 지극히 용의주도할 수밖에는 없다. 왜냐하면
마귀는 이미 전자에 한 번만이 아닌 두 번이나 속임수로 이긴
전례가 있다. 첫 번째는 에덴동산에서 일어난다. 시험하는 자
가 하와에게 참으로 앞뒤가 그럴듯하게 맞는 이론으로 금단과
를 먹도록 유혹하여, 하나님도 창조가 난조를 만나게 되어 덫에
걸린 일이 있다.

그러나 이 광야의 대결에서, 마귀가 사용한 전략은 에덴동산

---

3)　"The three quotations are all to the point, and yet they completely
fail to humble the diabolical opponents" in p. 32.

에서처럼 약한 여성을 기회로 삼은 도전이 아니라, 하나님이 장담하여 욥을 신임하신 그 권위에 덫을 씌워 의인 욥이 감당키 어려운 시험을 통과하게 한 그 전략을 다시 사용하여, 예수의 자존에 걸어 "네가 하나님의 아들이어든..." 이렇게 시작이 된 대결이었다. 전자에 하나님은 두 번의 경우 모두 하나님이 상처를 받으셨다. 그리고 역시 중요한 사실은 사탄은 사멸한 것이 아니다. 이 세 번째의 대결의 경우에서는, 대결의 종국에 근접한 미래를 자인한 마귀가 전면 공격보다는 후퇴를 선택한다. 그리고 그 후퇴는 단지 전략이다. 그는 "얼마 동안" 떠나간다. 마귀는 적시가 되면 예수의 의지와는 상관하지 않고 그의 신체를 공격할 터이다.

7

예수의 제자들

스스로 따르는 자들
Disciples, Unsought, Follow after Him

광야에서 요단강으로 돌아오자 세례 요한이 다시 한 번 예수를 찬양한다.

또 이튿날 요한이 자기 제자 중 두 사람과 함께 섰다가 예수의 다니심을 보고 말하되 "보라 하나님의 어린양이로다." 두 제자가 그의 말을 듣고 예수를 좇거늘 예수께서 그 좇는 것을 보시고 물어 가라사대 무엇을 구하느냐 가로되 랍비여 어디 게시오니이까 하니 (랍비는 번역하면 선생이라). 예수께서 가라사대 와 보라. 그러므로 저희가 가서 계신 곳을 보고 그 날 함께 거하니 때가 제 십 시쯤 되었더라.

요한복음 1:35~39

예수의 첫 번째 제자들은 역시 갈릴리 사람들이고 세례 요한을 떠나 요한이 찬양한 그를 좇는다. 예수가 그들을 부른 것이 아니다. 단지 받아들인 것뿐이다.

이 문맥에 계속된다. "그 이튿날..."

예수께서 갈릴리로 나가려 하시다가 빌립을 만나 이르시되 나를 좇으라 하시니....빌립이 나다나엘을 찾아 이르되 모세가 율법에 기록하였고 여러 선지자가 기록한 그이를 우리가 만났으니 요셉의 아들 나사렛 예수니라. 나다나엘이 가로되 나사렛에서 무슨 선한 것이 날 수 있느냐 빌립이 가로되 와 보라 하니라. 예수께서 나다나엘이 자기에게 오는 것을 보시고 그를 가리켜 가라사대 보라 이는 참 이스라엘 사람이라 그 속에 간사한 것이 없도다. 나다나엘이 가로되 어떻게 나를 아시나이까? 예수께서 대답하여 가라사대 빌립이 너를 부르기 전에 네가 무화과나무 아래 있을 때에 보았노라. 나다나엘이 대답하되 랍비여 당신은 하나님의 아들이시요 당신은 이스라엘의 임금이로소이다. 예수께서 대답하여 가라사대 내가 너를 무화과나무 아래서 보았다 하므로 믿느냐. 이보다 더 큰 일을 보리라. 또 가라사대 진실로 진실로 너희에게 이르노니 하늘이 열리고 하나님의 사자들이 인자 위에 오르락내리락 하는 것을 보리라 하시니라.

요한복음 1:43, 45~51

　예수의 명에 대한 즉각적인 동의는 창세기 12장에 나오는 하나님이 아브라함을 부르신 경우와 비교된다. 하나님은 아브라함에게 연고지 하란의 친척을 떠나 무연고지 가나안으로 가라는 것이었다. 아브라함은 즉각적으로 순종했다. 그러나 아브라함의 경우는 "내가 너로 위대한 백성의 조상이 되게 하리라"의 물질적 격려(material incentives)가 있었으나, 그러나 예수는 빌립이나 나다나엘이나 그 밖의 다른 따르는 자들에게 순종에 대한 아무런 격려의 조건이 없다.

　구약성서가 집필이 된 셈족 언어인 고전 히브리어나 아람어는 형용어(形容語)가 매우 빈약한 것이 특징이다. 예를 들어 인구어(印歐語, Indo-European language)가 그런 성격인 것처럼 명사나 명사 어구를 가지고 부실한 형용어를 대신한다. 그리하여 예수가 요한 형제를 "우뢰의 자식"이라고 별명을 부르신 것은 (막 3:17) 그들의 기질이 매우 급하다는 형용의 의미이다. 여기 나다나엘에게 주신 말씀에서 처음 나오는 "인자"(a son of man)는 인성을 표현하는 명사이면서 기원후 1세기의 전환기에서는 그 이상의 신비한 칭호의 의미로 등장하기 시작한다. 특히 복음서 안에서 종종 보편 인간의 지칭이 아닌 "하나님의 아들"과 동등시 하면서 시작이 된 것이다. 우리가 일반 용어가 아닌 칭호라는 시각으로 수용하면, 자연스럽게 예수의 말씀은 다니엘

7장 13~14절이 배경에 깔린다.

> 내가 또 밤 이상 중에 보았는데
> 인자 같은 이가 하늘 구름을 타고 와서
> 옛적부터 항상 계신 자에게 나아와 그 앞에 인도되매
> 그에게 권세와 영광과 나라를 주고
> 모든 백성들과 나라들과 각 방언하는 자로
> 그를 섬기게 하였으니
> 그 권세는 영원한 권세라 옮기지 아니할 것이요
> 그 나라는 폐하지 아니할 것이니라.

여기에 나오는 상황, 곧 나다나엘이 예수를 찬양하여 "이스라엘의 임금"이라고 한 그러한 타의에 몰리는 상황이 되자 예수는 부득이 "인자" 칭호를 사용하게 된다. 이러한 과장이 된 찬양을 물리치시기 위해서 이 칭호를 사용하는 의도는 "나는 네가 생각하는 것보다 그 이하이다" 또한 "네가 생각하는 것보다 그 이하이고 그리고 이상이다"라는 의미였다.

나다나엘과 같이 예수의 인품에 두려움마저 느끼는 대상에게는, "하나님의 아들," 즉 자신의 정체론적인 거룩이 적절하고 자연스러운 선언으로 여겨진다. 그러나 하나님 편에서, 다시 말해서 성육신하신 하나님의 편에서는, 성육신의 사실성이 중요

하다. 한 집에 어린 아이가 태어나면, 온 집안이 그 아이 중심이
되어 온 세상이 그 아이 하나만이 존재하는 것처럼 생활이 돌
아가기 마련이다. 하나님 편에서도 유사한 이치로 성육신하신
하나님의 표현은 "바로 그 사람"(the man)이다. 나다나엘에게 주
신 주의 답변의 의미는 다음과 같을 것이다. '내가 네 마음과 너
의 과거를 다 알고 있다고 하여 나를 신성시(하나님의 아들) 하
느냐? 나는 인간이다. 그러나 그 인간의 머리 위로 하늘이 열리
고 천사들의 무리가 몰려오는 것을 보게 될 터이다.'

그러므로 만일 예수가 이스라엘의 임금이면, 예수는 그 이상
이요, 온 백성의 제왕이시다. 사실인즉 세례 요한이 예수를 "하
나님의 어린양"이라고 소개하므로 첫 번째 따르는 자들이 일어
난다. 그러면 제왕이 어떻게 어린양이 되며 어린양이 어떻게
제왕이 되는 것인가.

가나의 혼인집

예수의 첫 번째 표적, 그러나 마지못하여 행한 것

He performs his first miracle, but reluctantly

첫 번째 예수를 따르는 자들, 그들은 예수의 비교적 담담한 냉대처럼 보이기까지 한 허락에 마음이 불편했을까? 그렇다면 다음에 이어지는 이적 이야기는 그들의 경직된 심리를 완전히 녹이는 작용이 되었을 터이다. 물론 시종 예수의 이적 행위는 졸지에 발생한 전혀 예수가 미리 의도한 사건이 아니었다. 갈릴리로 돌아와 가나의 혼인집을 찾는다.

사흘 되던 날에 갈릴리 가나에 혼인이 있어 예수의 어머니도 거기 계시고 예수와 그 제자들도 혼인에 청함을 받았더니 포도주가 모자란지라. 예수의 어머니가 예수에게 이르되 저희에게 포도주가 없다 하니, 예수께서 가라사대 여자여 나와 무슨 상관이 있나이까.

내 때가 이직 이르지 못하였나이다. 그 어머니가 하인들
에게 무슨 말씀을 하시든지 그대로 하라 하니라. 거기
유대인의 결례를 따라 두세 통 드는 돌 항아리 여섯이
놓였는지라. 예수께서 저희에게 이르시되 항아리에 물을
채우라 하신즉 아구까지 채우니 이제는 떠서 연회장에게
갖다 주라 하시매 갖다 주었더니 연회장은 물로 된 포도
주를 맛보고 어디서 났는지 알지 못하되 물 떠온 하인들
은 알더라. 연회장이 신랑을 불러 말하되 사람마다 먼저
좋은 포도주를 내고 취한 후에 낮은 것을 내거늘 그대는
지금까지 좋은 것을 두었도다 하니라.
예수께서 이 처음 표적을 갈릴리 가나에서 행하여 그 영
광을 나타내시매 제자들이 그를 믿더라. 그 후에 예수께
서 그 어머니와 형제들과 제자들과 함께 가버나움으로
내려가 거기서 여러 날 계시지 아니하니라.

요한복음 2:1~12

마귀는 예수에게 돌을 명하여 떡이 되게 하라고 청구하였다.
예수의 모친이 자칫하면 그 광야 시험의 첫 번째 요구의 반복
이 될 뻔한 말문을 열어 결과는 물이 변하여 포도주가 되는 표
적에 이른다. 모친이 다만 술이 떨어진 난감한 사정을 말한 것
이 사실이다. 그러나 예수는 그 도전의 의미를 정확하게 아신
다(but he rightly hears a challenge). 우리가 "여자"라고 말씀한 대

칭에서 어머니에 대한 불경을 읽어 낼 필요는 없어도 "여자여 그것이 나에게 무슨 상관이 있나이까? 내 때가 아직 이르지 못하였나이다"에서 모친의 암시적 요구에 대한 명백한 거부를 본다. 요한복음에서 "내 때"(my hour)가 나올 때 언제나 자기의 죽음을 의도한다. 그리고 여기 이 시점에서는 모친이 그러한 암시를 인지하여 주기를 의도한 것이다. 결국은 예수 편에서 한 발 물러서, 그 상황의 문제를 풀어 주시나, 그러나 혼인 잔치의 술과 예수의 죽음과 어떤 연관이 있는 것일까? 결국 예수께서 모친에게 일러 주신 요지의 핵심을 무엇일까?(What point is he making to her?).

어머니가 예수의 물음에 대답하는 대신 얼굴을 돌려 하인들에게 일러 주는 자세는 전자에 시험하던 마귀의 경우와 유사하게 예수에 대하여 남이 알지 못하는 무엇을 알게 된다. 그러나 동시에 예수에 대한 의문이 있는 채 말이다. 그 의문이 무엇일까?(what would that question be?)

그 해답은 아마도 그 표적 자체로 설명이 될지 모른다. 그리고 그 해답은 술이 떨어져 민망하게 된 주인보다 예수의 제자들에게 더 해당된다. 이 에피소드의 결론은 요한복음의 서언인 "우리가 그 영광을 보니"(1:14)의 되울림인 "그 영광을 나타내시매 제자들이 그를 믿으니라"였다. 만일 어머니가 예수의 의사와 상관없이 예수를 위해서 제자들의 아직은 묶이지 않는 심리를 예수에게 결속이 되도록 그러한 무리수를 취한 것이라고 가정한다면, 예수의 입장에서는 단지 물을 가지고 이적으로 부족한 포도주를 더 보충해 준 것이 아니라 더욱 좋은 새 포도주가 되게 하시므로 어머니에게 협력한 것이 된다. 요한복음에서 예수의 이적은 모두 표적이다. 그리고 증언의 구성 하나 하나 세부에 이르기까지 중요한 의미가 있다.

　머칠이 못되어 예수가 예루살렘으로 올라갈 때, 제자들이 동행한다. 그러나 확실하게 드러난 일로 예수의 형제들은 동행하지 않는다. 예수의 모친은 형제들이 동행하지 않을 것을 안다. 그리고 그가 예루살렘 성전에서 궤도를 일탈한 일종의 폭력을 행사하게 될 때에 그가 혼자가 아니기를 바랬을 것이며, 그러한 행위가 이미 그의 영광의 광망(光芒)을 눈으로 목격하듯 경험한 자들에게는 당연한 충돌로 그리고 그의 영광을 알지 못하는 자들과의 사이에 그 해석이 전혀 다른 것으로 큰 이견을 불러일으킬 것을 막연하게나마 예감하였을 것이다.

성전 청결

그는 성전을 공격하고 물러나다

He stages an Attack on the Temple then Retreats.

유대인의 유월절이 가까운지라. 예수께서 예루살렘으로 올라 가셨더니, 성전 안에서 소와 양과 비둘기 파는 사람들과 돈 바꾸는 사람들의 앉은 것을 보시고, 노끈으로 채찍을 만드사 양이나 소를 다 성전에서 내어 쫓으시고 돈 바꾸는 사람들의 돈을 쏟으시며 상을 엎으시고 비둘기 파는 사람들에게 이르시되 이것을 여기서 가져가라. 내 아버지의 집으로 장사하는 집을 만들지 말라 하시니 제자들이 성경 말씀에 주의 전을 사모하는 열심이 나를 삼키리라 한 것을 기억하더라. 이에 유대인들이 대답하여 예수께 말하기를 네가 이런 일을 행하니 무슨 표적을 우리에게 보이겠느뇨. 예수께서 대답하여 가라사대 너희가 이 성전을 헐라. 내가 사흘 동안에 일으키리라.

유대인들이 가로되 이 성전은 사십육 년 동안에 지었

거늘 네가 삼 일 동안에 일으키겠느뇨 하더라. 그러나 예수는 성전 된 자기 육체를 가리켜 말씀하신 것이라. 죽은 자 가운데서 살아나신 후에야 제자들이 이 말씀하신 것을 기억하고 성경과 및 예수께서 하신 말씀을 믿었더라.

요한복음 2:14~22

여기에 기술된 예수의 성전 청결의 폭력은 그의 생애에 있어서 최초로 공개된 행위이고, 그리고 그가 어떤 생애를 걸어 갈 것인가의 성격을 규정짓는 행동이다(a career-defining action). 헤롯 성전은 단지 유대 종교 구조의 중심만이 아니라 유대민족이 장악한 정치권력의 중심에 놓인 자리이다. 예수의 대담한 행위를 보고 제자들의 반응이 무엇이었는가?

제자들이 시편 69편에 나오는 "주의 전을 사모하는 열심이 나를 삼키리라"를 상기하며 역사적으로 등장한 선지자 그리고 최근에는 세례 요한의 등장으로 그 유를 보는 열정적인 선지자라고 생각하였다. 그러나 그런 전자의 경우와는 달리 예수는 그러한 표준 이상이다. 지금껏 성전에 올라가 물리적으로 공격한 예언자는 없었다. 예수의 격렬한 행위는 선지자 말라기가 언급한 다름 아닌 여호와 하나님이 친히 오시어 청결하게 하시는 행위와 비교되는 것으로 비쳤다.

또 너희의 구하는 바 주가 홀연히 그 전에 임하리니 곧
너희 사모하는 바 언약의 사자가 임하리라. 그의 임하는
날을 누가 능히 당하며 그의 나타나는 때에 누가 능히
서리요. 그는 금을 연단하는 자의 불과 표백하는 자의
잿물과 같을 것이니라.

말라기 3:1b~2

예수의 권세는 세례 요한이 예견한 "키를 그 손에 잡은 자"라
는 모습과 일치한다. 그러나 이러한 예수의 돌발 행위는 무죄
가 될 수 없다. 유대 당국의 최고의 권위에 대한 이러한 도전은
사형에 해당된다. 공관복음에서는 바로 이 성전에서의 행위가
예수의 최종 재판에 와서 가장 으뜸가는 죄목이 된다. 그러나
이 경우에 하신 예수의 발언은 그의 행위 이상의 충격이다. "유
대인들"이 이러한 성전 당국을 능가하는 과감한 행위가 무엇을
근거하는지 그의 권위의 표적(sign)을 질문하자 예수의 답변은
"성전을 헐라"였다. 질문자들은 이러한 답변을 전혀 예상 못하
였기에 귀를 의심했을 것이다. 왜 예수의 심중에서 선뜻 이러
한 답변이 나오게 된 것일까?

하나님의 성육신이신 그의 의중에서 성전 파괴는 적어도 다
음 세 가지의 이유 때문일 것이다. 하나는, 하나님 자신 첫 번째
의 성전인 "자기의 처소"를 파괴했기 때문이다. 두 번째는, 또

한 번의 새로운 성전 파괴는 바로 목전에 다가오고 있음을 아셨기 때문이다. 세 번째는, 그 다가오는 성전 파괴의 재앙을 자기가 막지 않을 터이기 때문이다.

첫 번째 성전의 파괴, 그것은 바벨론의 행위가 아니라 하나님의 행위임이 명확하다. 느브갓네살이 북쪽에서 이르기 직전에 하나님은 예레미야를 통하여 말씀하셨다.

내가 내 집을 버리며
내 산업을 내어 던져
내 마음에 사랑하는 것을
그 대적의 손에 붙였으니....
나를 향하여 그 소리를 발하는 고로
내가 그를 미워하였음이로다.

예레미야 12:7~8

구약시대의 히브리 시는 전쟁의 승리와 패망을 여자의 통곡으로 서술하는 관행이 있으나 지금처럼 당시에도 군사적인 실패는 여자들에게 가혹한 사정이다. 훗날에 교회가 결코 낭독하지 않는 문절들이 뒤에 이어진다. 하나님은 사랑하지 않는 그 여자에 대한 상세한 언급을 말씀하신다.

네가 심중에 이르기를 어찌하여 이런 일이 내게
임하였는고 하겠으나
네 죄악이 크므로 네 치마가 들리고
네 발뒤꿈치가 상함이니라.
(겁탈을 당하니라)....
이는 네가 나를 잊어버리고 거짓을 신뢰하는 연고라.
그러므로 내가 네 치마를 네 얼굴에까지 들쳐서
네 수치를 드러내리라.
내가 너의 간음과 사특한 소리와 들의 작은 산 위에서 행한
네 음행의 비루하고 가증한 것을 보았노라.
화 있을진저 예루살렘이여!

예레미야 13:22, 25~27

"네 치마를 네 얼굴에까지 들춰서...." 기원전 6세기에 일어난 예루살렘의 함락에서 구체적으로 이런 일이 일어났을 터이다. 전쟁의 실상은 언제나 그와 같지 않은가? 이러한 전쟁의 뒤치다꺼리의 현장을 진노의 하나님이 찾아오시어 "이 성전을 헐라. 내가 삼 일이면 일으키리라" 하신다. 진노하신 하나님이 모든 것을 불사르고 그리고 다시 평지 위에 새 성전을 일으키신다고 하시는 당당한 선언이다.

예수의 언명에서 성전을 헐라 하신 사실과 함께 더 큰 충격을 준 언급은 "사흘이면"이었다. 사흘이면 다시 세우신다는 것

인가? 제 1성전이 멸망한 후 적어도 500년이나 흘렀어도 하나님은 성전을 일으키시지 않았다. 두 번째의 성전은 거론조차도 민망할 정도의 초라한 업적이었다. 이 성전의 건립자로 알려진 "스룹바벨"은 "바벨론에서 출생한"이라는 경멸하는 별명으로 대신하는 분봉 왕이다. 아마도 페르시아가 천하를 제패하고 이스라엘을 다시 회복시켜 이 분봉 왕을 퇴위시키면서 그의 이름을 밝히지도 않은 채로 이와 같이 별명으로 불렀을 것으로 추측된다.

지금 예수께서 방문하신 제 3의 성전은 비록 유대인들이 납세하여 참여는 했으나, 그러나 하나님의 성전인지 헤롯의 성전인지 참으로 모호하다. 그 성역에서 자행되는 상업 행위와 이권 행위를 목도하면서 예수는 한 유대인으로서가 아닌 하나님의 성육신으로 모욕을 참을 길 없는 거룩하신 진노를 발하신 것이다. 만일 선민(選民)이 비굴하게 이 이방이 건립하고 관리하는 자리에서 작은 동생의 신분으로 성전제의(聖殿祭儀)를 진행한다면, 과실은 부득이한 저들에게 있는 것이 아니다. 단연코 그러한 상태가 성립되어서는 안 된다. 하나님은 그렇게 놔두지 않겠노라 약속하셨다. 그러나 하나님은 그 약속을 깨신 것이다.

그러나 최악의 사태는 이제부터이다. 지금 예수의 인격으로 성육신하신 하나님은 이 성전도 파괴될 일을 아시며, 그리고 그

결과가 예레미야를 통하여 예언을 주신 것 이상으로 참담(慘憺)
과 불행이 될 것이고 그리고 이 성전의 멸망을 하나님이 간섭
하지 않으신다는 것이다. 주님은 이 성전 파괴의 참사가 언제
닥쳐올 것인지를 아신다. 주는 알고 계신다. 로마 군대가 드디
어 예루살렘을 함락하면, 로마군은 예루살렘 주변에 얼마나 많
은 십자가를 세워 유대인들을 처형하는지 당시의 처참한 현장
을 기록한 요세푸스의 표현에 의하면 "예루살렘의 모든 산을
벌채하여"(the hills around Jerusalem will literally be deforested) 십
자가의 형틀을 세웠다고 하였다. 앞으로 닥칠 이 참상이 너무
나 엄청난 것이어서 예수는 "이 성전을 헐라!" 간단한 절규가 된
것이다.

그러나 이 사건이 주는 메시지가 무엇인가? 예수의 인격에서
우리는 많은 불가사의한 이중성, 즉 잘 알려진 규범과 충격적인
규범이 함께 하는 이상한 결합이다. 대속(代贖)의 어린양은 잘
알려진 사실이다. 그러나 인간이 하나님의 어린양이라는 선언
은 충격이다. 성전은 누구나 아는 건물이다. 그러나 "성전 된
자기 육체"는 다시 충격이다. 희생이 되어야 할 하나님의 어린
양이신 예수의 성육신 인격 그리고 지금은 "헐어야 하는" 성전
된 자기의 육체를 지니신 성육신 인격의 예수!

우리는 예수의 절규에서 "너희가 만일 이 성전을 헐면"이라

는 가정법이 아니라 "이 성전을 헐라"의 명령법을 보아야 한다. 예수의 의도는 노골적으로 "성전을 파괴하라"이고 대담하게 당국에게 자기 자신을 죽이라는 표현이다. 어린양이 칼을 든 자에게 도전하는 격인가? 예수의 추종자는 예수의 도전을 듣지 못하였다. 또한 "유대인들"도 듣지 못하였다. 아무도 예수의 기괴한 언어를 무슨 뜻인지를 생각하지 못한 채로 있다. 그러나 예수가 상인들의 환전대를 엎고 그리고 희생 짐승을 파는 상인들을 쫓는 파괴 행위는 놓칠 수가 없다. 그러므로 즉각 그들의 생각은 예수가 예루살렘과 성전을 대신할 전에 보지 못한 무엇을 자기 목숨을 걸고 일러 줄 것인가 하는 호기심이었다. 그러므로 "표적"을 요구한다.

절기가 끝나며 예수는 예루살렘을 떠난다. 그러나 그의 도전이 기폭이 된 성전 혁신도 그리고 성전을 포위하는 혁명 세력의 거사도 아무 일도 없었다. 선지자 말라기가 예언한 대로 예수는 갑자기 그의 성전에 찾아와 자신(하나님의 성육신)과 성전과의 관계에 새롭게 발생한 역학 관계를 돌연 선언한 것이다. 그의 성전 공격, 다시 말해서 예수의 공생애와 예수의 인격에서 단 한번 나오는 이 폭력은 단지 그와 같이 의도된 공격(a mere staged attack)이었고, 그리고 예수의 인격과 생애와 사역 전체를 종합하는 주제를 단번에 나타낸 행위(a demonstration)였다. 세상에 속하는 메시야는 발호의 근거지가 있어야 하고 경제력이 요구되고 그리고 거사를 일으킬 지지 세력이 필수이다. 그것이 과거와 그리고 그 후의 세계사이다. 사실적으로 30년이 지나면 세계 정복의 야심으로 노도(怒濤) 같이 예루살렘으로 밀고 와 성전을 쑥밭으로 만들어 버릴 사건이 눈앞에 보이나 만군의 주 하나님은 아무런 간섭도 하시지 않는다.

복음서는 반복적으로 질문자들이 예수의 정신 문제가 온전한지 따져온다. 그리고 우리는 그러한 이유를 이제는 안다. 그 사건이후 성전 관리와 당국은 웬 하찮은 시골뜨기가 민족의 자존심인 위대한 성전 뜰에 들어와 작은 소란을 피웠는가 하는 냉소였다. 당국이 그의 행동을 심각한 것으로 여기지 않는 이유가 그 사건 이후 예수는 아무런 심각한 연계 동작도 없었기 때문이다. 그가 민족을 뒤흔들 대봉기를 의도한 것이면 마땅히 그 다음의 행위로 분산된 다른 혁명 세력을 찾거나 동조하게 하거나 했어야 한다. 그러나 목수 예수의 주변에는 아무 일도 없었다. 예루살렘 성전을 떠나간다. 이제는 자신이 성전이어서 자신의 죽음과 부활이 앞으로 일어날 사건이다. 그리고 아직은 죽음과 부활의 "그 때"가가 아니다.

10

간주곡

전지의 무거운 짐

Interlude: The Burden of His Omniscience.

유월절에 예수께서 예루살렘에 계시니 많은 사람이 그
행하시는 표적을 보고 그 이름을 믿었으나 예수는 그 몸
을 저희에게 의탁치 아니하셨으니 이는 친히 모든 사람
을 아심이요 또한 친히 사람의 속에 있는 것을 아시므로
사람에 대하여 아무 증거도 받으실 필요가 없음이니라.

요한복음 2:23~25

"사람의 속에 있는 것을 아시는...." 하나님의 성육신의 이 모
든 사람을 꿰뚫는 지식은 처음 창조 시에는 언급이 없었다. 창
조주 하나님이 모든 창조를 끝내시고 하나님이 아담에게 질문
하신다. "누가 너희에게 벗은 것을 일러 주더냐" (창 3:11). 구약
의 하나님은 초반에 만군(萬軍)의 여호와의 비상한 활동의 이미

지였으나, 구약의 후반에 들어서면서 더욱 깊으신 배려의 이미지로 나타나신다. 다니엘서에 두드러진 국면은 하나님이 사람의 마음속을 투시하시고 그리고 미래를 예지(豫知)하시는 이미지(both divine clairvoyance and divine prescience)가 지배한다. 구약의 하나님도 아담을 지으신 후 문맥상으로는 수천 년이 지나 다니엘서에 이르는 시점에서는 하나님도 모든 것을 아시므로 감성적으로 오히려 짐스러워하시는 이미지로 나온다.

예수님도 자신의 이런 지식을 짐스러워하시고 결과에 대하여 거리를 두고 초연한 심정이다. 비록 연령은 아직 30대였어도(눅 3:23) 이민 노년층의 원숙함이 있고 그리고 원숙한 자의 짐스러워하는 감성이 있었다. 요셉의 아들로서는 그의 과거는 30년 정도이지만, 그러나 하나님의 성육신으로서는 3000년이라는 과거의 이력서가 존재한다.[1] 이러한 맥락에서 이해하면 예수가 젊은 연령이면서 타자의 심중에 일어나는 일들에 대하여 아무런 호기심도 없다는 이미지는 이해가 간다. 예수와 대담자와의 관계에서 상대를 위해 많은 질문을 하지만 자신을 위해 질문을 하는 경우는 전무하다. 왜냐하면 그는 잘 알고 있기 때문이다.

---

1) 이러한 좀 정상이 아닌 이론은 전적으로 Jack Miles의 것. 참조, p. 40~41.

이러한 맥락적 이해와 관련된 것이 예수의 스케줄에서는 오로지 하나만의 거사의 약속이 있을 뿐이라는 사실이다. (Related to this is the fact that Jesus' schedule seems to have only one appointment on it.) 예루살렘에서의 그의 처형을 의미하는 "그의 때"는 결정 사항이며 의무 사항이다(obligatory). 그 밖의 것이나 일들은 수의적이며, 있어도 그만 없어도 그만이라는 것이다. 그는 자기에게 처음 찾아온 자들을 제자로 삼았고, 그리고 자기가 가는 길을 건너온 자들을 위해서 이적을 행하는 것처럼 보인다. 마치 그의 의도가 모든 인류를 이해하는 일이므로 어디에서나 그리고 누구와도 일을 시작하는 양 보인다. 예수가 반드시 꼭 만나야 하는 사람도 없고 그리고 누가 찾아와도 만나기를 거부하지 않는다. 누구든 반드시 필요한 것은 아니다. (None is required.)

예수의 사생활은 말하자면 여호와 하나님의 삶과도 같지 않다. 만일 하나님에게 사생활이 있다고 가정하면 말이다. 비교론적으로 하나님에게는 사사로운 삶이 존재하지 않으나 예수에게는 독특한 사생활이 존재한다. 성서의 맥락에서 사실 노아의 홍수 이전 그리고 창조 때에 하나님은 스스로 이야기를 말씀하신다. 그러나 아브라함을 부르신 후부터는 줄곧 하나님이 하시는 말씀은 항시 듣는 대상이 존재한다. 듣는 상대에게 말씀하신다. 그 후부터는 결코 혼자 독백을 즐기시거나 자신에게 만 일러 주는 말씀을 하지 않는다. 그러니까 들어야 할 상대가 없으면 말씀을 하시지 않으신다.

그러나 좋은 대조로 하나님의 성육신은 공생애로 포괄이 되는 기도의 삶이 존재한다. 요한복음은 매우 특수하여, 여러 곳에서 상당히 장문으로 된 대담자가 동석을 한 일종의 독백 비슷하고 여담 비슷한 줄거리가 엮어진다. 물론 대담자가 동석을 하고는 있으나 마치 명상과 기도의 교수가 클래스에 참여는 하지만 독자적인 명상을 전개하는 경우와 흡사하다. 그러나 구약의 하나님과 예수와의 차이는 그리 큰 것이 아니다. 예수께서 청중들을 바라보시며 말씀하시거나 아니면 독자적으로 대담자와 말씀하시는 경우에도 그 대담자가 이미 자리를 떠났거나 아니면 침묵에 빠졌을 때도 예수의 이야기는 항시 그들, 듣는 대담자의 존재론적인 의미가 예수의 교훈을 완결 짓게 하는 이야기이다. 다시 말하여, 구약의 하나님과는 달리 예수는 대담자가 무엇을 원하는지를 그 대담자 자신보다 더 정확하게 아신다는 점이다.

꼭 (구약의) 하나님처럼 예수는 결코 간단한 재담을 말씀하시지 않으신다(never engage in small talk). 간단한 재담은 서로 간에 알아야 하는 시간이 필요한 사람들의 일상사이다. 예수는 이러한 준비하는 시간이 필요하지 않다. 예수는 이미 모든 것과 모든 일을 다 아신다. 그러한 모든 것을 다 아시는 시각에서 절실한 우선 문제를 반영하는 말씀을 하신다. 구약과 유사하게 신약도 일반적으로 수식적인 매력이나 정보의 요구를 감안하지 않고 심각한 도덕 문제를 제기한다(the virtual exclusion of charm and often enough, even of information).

성서 안에 유머가 없다는 말이 아니라 그러한 유머의 내용도 다른 것과 동일하게 결론은 언제나 도덕적인 관심이라는 말이다. 성서의 어느 글도 단지 즐거움을 위한 목적 하나로 언급이 된 곳은 없다. 같은 이유에서 지식이나 아름다움이나 그 밖의 어떤 선한 인간성의 추구를 위한 목적 하나만의 글은 나오지 않는다. 결과적으로 성서 문헌과 문학적인 것이 제공하여 주는 심미적 성취도 엄격하게 말해서 집중적으로 도덕적 목적을 추구하기 위한 필요에 의한 전개이다. 하나님의 연설언사(演說言辭)나 예수의 설교는 "학문적 교습이나 독서삼매(讀書三昧)나 여유 있는 취미나 심지어는 순수미학의 소재가 아닌 심각한 문제, 급하고 중요한 문제, 그러므로 귀 있는 자는 들어야 하는 것이다"(Pay attention!).

이와 같은 금욕적 처방(this ascetic recipe)으로 기숙이 된 내용을 손으로 넘기며 읽는 원리는 "일체의 불필요는 다 제외시켰으므로 그 곳에 남은 것들은 모두 심히 중요한 것뿐이다"이다.
성경 본문을 이러한 자세로 읽는 시각은 대충 그 곳에 나오는
글은 전부 하나님의 말씀이라는 표현과 일치한다. 이 내용을
진지하게 해석하고 자세히 성찰하면 그 해석의 소득은 우리의
지각을 뛰어넘으며 그리고 주목하는 것만도 떨림이요 놀라움
이다. 그러나 과거 십여 세기 동안 성서는 항시 중요 관심의 표
적이었고 성서의 석의와 의미의 세속화 작용은 서구문화 모든
부분에 영감을 주며 영향과 적용이 안 된 곳이 없을 정도이다.
일체의 문학과 일체의 창작에 응용이 된 소재는 다른 곳에서는
얻을 수가 없는 그러한 원천적인 소재가 되었다. 시문학, 극과
희곡, 소설에 이르도록 모든 것이 영향을 입었다. 현대인은 성
서의 엄격한 도덕성을 떠나 유연성이 지배하는 문화적 영향 속
에 생활하고 있다. 서구사회의 특징인 소비문화는, 성서가 아무
리 그 속성이 예술이 아니라고 하며 성서의 목적과 의도가 심
각한 도덕적 고정이라고 해도 그 본래의 의도를 외면한 채 각
기 나름대로 일상생활에서 성서의 소재를 철저하게 세속적으
로 응용하고 있다.[2]

---

2) Jack Miles, *Christ*, p. 42의 하단.

신창조

예수는 신창조를 언급한다
그러나 사사로운 대화에서

He Speaks of A New Creation, But Privately[1]

고전적인 성서의 종합 사상인 심각한 도덕률과 과격한 이야기체의 체제율이 상당히 긴 문장으로 나온다. 그러나 그 계제는 예수가 성전 공격을 행한 후 얼마 안 있어 나오는 에피소드에서 전개된다. 그리고 그 이야기의 시작은 한밤중에 유대인들의 지도자 니고데모가 찾아와 "랍비여 우리가 당신은 하나님께로서 오신 선생인 줄 아나이다. 하나님이 함께 하시지 아니하시면 당신의 행하시는 이 표적을 아무라도 할 수 없음이니이다"라고 질문하므로 시작된다.

---

1) Jack Miles, *Christ*, p. 43-47. 참조

예수께서 대답하여 가라사대,

진실로 진실로 네게 이르노니

사람이 거듭나지 아니하면

하나님의 나라를 볼 수 없느니라.

요한복음 3:3

한밤에 니고데모가 예수를 찾아왔을 때 예수의 숙소가 어디였을까? 그가 묵은 방은 어떤 모양이었을까? 그 두 사람이 대화를 하는 동안 앉은 자세였을까 아니면 선 자세였을까? 그것도 아니면 왔다 갔다 하면서 이야기를 나누었을까? 두 사람의 의상은 어떠했을까? 니고데모는 바리새인이며 지도자답게 나이가 많은 노객이었을까 아니면 호기심이 많은 새것과 새로운 사실을 놓치지 않으려는 기질의 신주류에 속하는 지도자답게 그가 찾아와 온 예수와 동년배였을까? 성서가 매양 그런 것과 같이 이러한 지식은 하나도 서술된 바가 없다. 그리고 역시 성서가 매양 그런 것과 같이 독자로 하여금 서술자의 의도에만 주목하도록 문장은 구성되었다.

이와 같이 언급된 세 구절로, 니고데모가 바리새인이라는 것과 그러므로 부활을 믿는 사람이라는 것, 그리고 스스로의 호기심 때문에 찾아온 방문이 아니라 유대인들의 지도자로서 왔다는 것, 그러므로 질문과 답변은 중요한 의미를 지닌다는 것이 확실하다. 니고데모와 관련된 집단은 적어도 예수의 성전에서 보이신 "표적"에 호감을 느껴, 그래서 예수가 성전 공격 이후 단 한 사람 그가 그리고 최초로 그 성전에서의 "표적"을 다시 언급하고 있다. 그러나 니고데모는 밤중의 야음을 이용하여 숨겨진 방문을 할 수밖에 없는 민감한 문제였다.

여기에서도 예수가 사람들의 심중과 생각을 아신다는 능력이 초미(焦眉)의 문제로 다시 부각된다.

예수는 니고데모의 관행적인 치사("랍비여 우리가 당신은 하나님께로서 오신 선생인 줄 아나이다")를 간단하게 묵살하신다. 그러한 의도가 의미하는 바는 니고데모 같은 정도의 위인이라고 할지라도 아직은 예수가 하나님께로부터 온 선생인지 여부를 알 수도 말할 수도 있는 처지가 못 된다. 그러한 지식을 소유하기 위해서는 니고데모는 "다시 나야"(born anew)만 하기 때문이다. 그러나 이 기발한 문제를 제기하면서 예수는 니고데모의 말에 대응하는 것이 아닌 니고데모의 생각을 아시고 답을 하시는 것이다. 한밤중에 찾아온 니고데모가 이 갈릴리에서 상경한 순례자를 찬양하기 위해서 방문한 것이 아닐 터. 그리하여 예수는 말씀을 계속하시니,

진실로 진실로 네게 이르노니
사람이 물과 성령으로 나지 아니하면
하나님의 나라에 들어갈 수 없느니라.
육으로 난 것은 육이요, 성령으로 난 것은 영이니
내가 네게 거듭나야 하겠다 하는 말을 기이히 여기지 말라.
바람이 임의로 불매
네가 그 소리를 들어도
어디서 오며 어디로 가는지 알지 못하나니
성령으로 난 사람은 다 이러하니라.

요한복음 3:5~8

니고데모가 무심코 그런 일이 어떻게 가능한 일인가라고 질문하니 예수는 다시 그를 책망한다.

너는 이스라엘의 선생으로 서 이러한 일을 알지 못하느냐. 진실로 진실로 네게 이르노니 우리 아는 것을 말하고 본 것을 증거하노라. 그러나 너희가 우리 증거를 받지 아니하는도다. 내가 땅의 일을 말하여도 너희가 믿지 아니하거든 하물며 하늘 일을 말하면 어떻게 믿겠느냐.

요한복음 3:9~12

만일 요한복음이 극으로 구성이 된 문맥이라면 이 시점에서 "니고데모는 퇴장" 또는 "니고데모 혼잣말을 중얼거리며 나가,"

아니면 "니고데모 격앙이 되어 나가버려" 등과 같은 서술이 될 것이다. 이 장면에서 니고데모는 다시는 말을 하지 않는다. "어찌 이런 일이 있을 수 있나이까"라고 한 말이 니고데모의 마지막 말이다. 만일 예수의 의도가 그 방문객을 어리둥절케 만들려고 한 것이면 예수의 의도는 적중한 셈이 된다. 그러나 훗날에 니고데모는 처형된 예수를 장지로 모시는 자가 되고 보니, 어떤 모양이든 그 후에 예수는 니고데모를 다시 접촉한 것이 틀림없는 정황이 상상된다. 이 첫 번의 만남에서 그를 "이스라엘의 선생"이라고 확인한 유대의 전통에 서 있는 위인을 무엇이 어떻게 작용하여 예수의 제자로 처신하게 만들었을까.

니고데모는 "물과 성령으로 나지 아니하면"이라는 말씀을 듣고 창세기 1장 1절을 생각하였을 것이고, "깊은 곳 위에 어둠이 덮었고 하나님의 영이 그 위에 운행하시더라"고 언급된 시간을 생각하였을 것이다. 이러한 창세기의 맥락에서는 하나님이 흑암을 창조하신 것이 아니라 무존재의 본성이라는 해석이 공감이었다. 빛을 창조하신 후 "하나님이 빛과 어두움을 나누시어 빛을 낮이라 칭하시고 어두움을 밤이라 칭하시니라. 저녁이 되며 아침이 되니 이는 첫째 날이니라" (창 1:4~5). 낮은 하나님이 지으시지 않은 어두움에서 쪼개내어 지으신 공간이다. 시간의 시작은 무시간인 원초적 어두움에서 빛의 공간이 생기면서이다. "그리고 하나님이 가라사대 하늘의 궁창에 광명이 있어 주야를 나뉘게 하라 또 그 광명으로 하여 징조와 사시와 일자와 연한이 이루라"(창 1:14). 빛이 어두움에서 만들어 낸 공간인 것과 같이 또한 시간은 해와 달과 별이라는 하나님의 시간추(時間錘, God's chronometers)에 의해서 영원에서 만들어 내신 공간이다(so time is a space separated from the eternity). 물이 모이는 곳도 하나님이 지으신 것이 아니라 물이 혼돈 상태로 있는 것을 한 곳에 모이게 하시고 구분하여 마른 땅이 생기고 물의 혼돈에서 공간이 다스려지게 하셨다. "하나님이 가라사대 천하의 물이 한 곳으로 모이고 뭍이 드러나라"(1:9) 밤과 대양은 사람이 아는 바와 같이 창조와 무관한 흑암과 혼돈의 나머지이고 물은 어두움의 나머지이고 그리고 하나님은 물을 가두어 세상이 되게 하셨다.

밤중에 하나님의 성육신 앞에 나왔을 때 니고데모에게 하신 말씀은 그가 "거듭 나야" 한다는 것이었다. 성경의 문맥에서 (Jack Miles는 영역 RSV판을 말한다) 니고데모가 즉각적으로 생각하게 되거나 예상한 바는 흑암과 물에서 우주의 신창조가 뒤따라온 그 혼돈을 짐작하게 하였으며 즉각적으로 온 세상의 새로운 생일인 성령을 생각하게 하였을 것이다.

다만 하나님만이 이 온 우주의 문제를 어떻게 하실 수 있다.

그러나 갈릴리 예수가?(but will he?). 이 선생이 창조를 다시 한다는 말인가? 예수의 말씀은 달리 해석이 되는 것이 아니다. 그러나 얼마나 기이한가 말이다. 이러한 거대한 행위를 밤중에 그리고 비밀이 아니라고 해도 단 한 사람의 방문객과 더불어 (with just one interlocutor) 사사로운 자리에서 말인가? 신창조가 요구되면 옛 창조와 옛 질서에 잘못이 생겼거나 후퇴 현상이 빚었거나 했다는 것인가? 예수가 던진 질문은 니고데모를 이런 생각으로 내어 몰리게 만들었을 것이다. "어떻게 그런 일이 가능한가?" "왜 그 일이 필요한가?" 그리고 예수의 답변은 "바람이 임의로 분다." 요지는 하나님이 그 이유를 아신다(In brief, God has his reasons).

히브리 사람의 경우와 마찬가지로 헬라적 사유에서도 숨, 바람, 영은 하나의 같은 낱말이다. 그리고 상술한 세 가지의 범주는 강력한 경험이 뒷받침하는 언어역학의 관련을 갖는다(a powerful experimental linkage). 가장 어린 시절의 경험에서부터 두 가지의 숨(two kinds of blowing)을 알고 있다. 하나는 바람결이요 다른 하나는 어린 아이의 숨결이다. 숨결이 멎으면 즉시 죽음인 것을 경험으로 알기 때문에 용이한 유추로서 숨이 살아 있다는 해석이다. 고대 이스라엘 사람들의 의식은 한 걸음 더 전진하여 강력한 폭풍을 불어대는 살아 있는 영이나 어린이의 잔잔한 숨결이 살아 계시는 하나님의 숨이라고 생각을 하였다. 성서에 의한 사유로 보면, 각기 남자와 여자 그리고 어린 아이는 처음 하나님의 숨결, 바람, 영으로서 처음 움직이게 되었다. 하나님은 처음 인간에 숨을 불어 넣으셨고 그리하여 모든 인간의 생명과 숨은 하나님에게 속하는 것이다. 창세기 2장에 의하면 직접 하나님은 흙으로 사람을 빚어 그에게 생령을 불어 넣어 형체가 생명이 되었다. 바람 속에 있고 인간의 폐 속에 있고 그리고 인간의 심장에 존재하는 하나님의 영은 바로 인간이 간직한 지각의 능력(this verifying power in person)이다.

구약에서 이 물과 성령의 만남이 가장 많이 거론된다. 사실 창세기의 맥락보다는 출애굽기에 나오는 홍해의 물과 하나님께로서 부는 바람을 더 많이 말한다. 하나님이 직접 입김을 불어 바다를 마르게 하시어 이스라엘 사람들이 출격하는 애굽 군대로부터 무사히 건너가게 하셨다. 그리고 이 바람이 멈추자 다시 물이 합쳐져 모든 추격 군인들을 익사시켰다. 멀리 해안선에 올라온 모든 이스라엘 사람들은 원수들의 익사를 목격하고 승리의 노래를 합창한다.

주의 콧김에 물이 쌓이되
파도가 언덕 같이 일어서고

큰물이 바다 가운데 엉기나이다....
주께서 주의 바람을 일으키시매 바다가 그들을 엎으니
그들이 흉흉한 물에 납 같이 잠겼나이다.

출애굽기 15:6, 10

예수께서 세례를 받으신 그 요단강에서도 이스라엘 사람들이 광야에서 가나안에 들어갈 때 하나님의 콧김에서 바람이 물을 멈추게 하셨다.

그러나 숨결과 바람과 생명을 주시는 성령을 동등한 위치에서 등장시키는 가장 기억에 남는 문맥은 에스겔서에 나온다.

또 내게 이르시되 너는 이 모든 뼈에게 대언하여 이르기를 너희 마른 뼈들아 여호와의 말씀을 들을지어다. 주 여호와께서 이 뼈들에게 말씀하시기를 내가 생기로 너희에게 들어가게 하리니 너희가 살리라. 너희 위에 힘줄을 두고 살을 입히고 가죽으로 덮고 너희 속에 생기를 주리니 너희가 살리라. 또 나를 여호와인 줄 알리라 하셨다 하라. 이에 내가 명을 좇아 대언하니 대언할 때에 소리가 나고 움직이더니 이 뼈 저 뼈가 들어맞아서 뼈들이 서로 연락하더라. 내가 또 보니 그 뼈에 힘줄이 생기고 살이 오르며 그 위에 가죽이 덮이나 그 속에 생기는 없더라. 또 내게 이르시되 인자야 너는 생기를 향하여 대

언하라. 생기에게 대언 하여 이르기를 주 여호와의 말씀
에 생기야 사방에서 불어와서 이 사망을 당한 자에게 불
어서 살게 하라 하셨다 하라. 이에 내가 그 명대로 대언
하였더니 생기가 그들에게 들어가매 그들이 곧 살아 일
어나서 서는대 극히 큰 군대더라. 또 내게 이르시되 인
자야 이 뼈들은 이스라엘 온 족속이라. 그들이 이르기를
우리의 뼈들이 말랐고 우리의 소망이 없어졌으니 우리는
다 멸절되었다 하느니라. 그러므로 너는 대언하여 그들
에게 이르기를 주 여호와의 말씀에 내 백성들아 내가 너
희 무덤을 열고 너희로 거기서 나오게 하고 이스라엘 땅
으로 들어가게 하리라. 내 백성들아 내가 너희 무덤을
열고 너희를 거기서 나오게 한즉 너희가 나를 여호와인
줄 알리라.

에스겔 37:4~14

예수께서 니고데모에게 이 에스겔의 말씀을 생각나게 하시
었는가? 이 문장은 너무나 잘 알려진 것이고 너무나 감동적인
언급이므로 예수께서 니고데모에게 "이스라엘의 선생이 되어
..."가 되물으니 언뜻 이 문맥을 놓치지는 않았을 것이다. 앞서
언급한 바와 같이 니고데모는 바리새인이다. 그리고 당시 바리
새인 운동의 초점은 사망자의 부활 신앙이었다.

옛 이스라엘에서 시작이 된 지적 전통(the intellectual tradition

that began in ancient Israel)에 의하면, 혁명은 부분 삭제(deletion)나 재배치(replacement)에서 오는 것이 아니라 (돌풍처럼 파급이 될) 변화의 확장(transformative expansion)으로 이루어지며 넓은 의미로 말해서 미드라쉬(by midrash)에 의해서 이루어진다.

변화의 확장은 다니엘서 7장의 "인자"가 알렉산더 대제 직후의 시대를 지목하는 것만이 아닌 당시에 세사에 태어난 나사렛 예수라는 실재 인물을 지목한다. 변화를 일으킬 확장이 어떻게 폭발할 수 있는가? 에스겔이 환상으로 보았을 때 일어난 변화의 확장은 에스겔이 "인자"라고 환산으로 본 것이 인간 인격이므로 단지 민족의 갱신만이 아니다. 그것은 동시에 개인 인격의 부활만을 의미하는 것도 또한 아니다. 그리고 뒤에 가서 알게 될 일이지만, 변화와 미드라쉬적인 확장은 이스라엘 민족을 첫 유월절에서 하나님의 죽음의 천사로부터 구원하여 주신 것과 같이 하나님의 어린양의 피가 두 번째의 유월절에서 온 인류를 하나님의 옛 저주에서(from God's ancient curse) 구원하여 주실 때 일어나는 것이다.

이 에피소드의 결론은 "니고데모가 알 수 없는 일이라고 격앙이 되어 퇴장"(Exit Nicodemus; agitated)이 아닌 결국은, "니고데모 영감으로 감동이 되어 퇴장"(Exit Nicodemus, inspired)이라는 토막극의 결론을 내릴 수 있다고 생각을 하는 것이다.

예수의 모노로그

하나님의 상처와 교정에 관해서[1]

He talks But to Himself, Of God as Illness and as Remedy

쫓기듯 그러나 영감을 얻고 니고데모는 밤중에 귀가에 오른
다. 하나님의 성육신은 "사느냐 죽느냐"("to be or not to be")의
햄릿의 독백처럼 자기 앞길 멀지 않은 죽음에 대하어, 알 듯 막
연한 듯 심사(深思)에 잠긴다. 예수는 성전 공격으로 자신의 인
생을 지극히 위태로운 상태가 되게 한 것을 알면서 예수는 아
직은 니고데모나 그 밖에 아무에게도 밝힌 일이 없는 사실을
스스로 자기에게 말한다.

하늘에서 내려 온 자 곧 인자 외에는 하늘에 올라간 자
가 없느니라. 모세가 광야에서 뱀을 든 것 같이 인자도

---

1) Jack Miles, *Christ*, p. 47 / "이 원서는 원숙한 신학자가 요 조심으
로 읽어야 한다"-私注.

들려야 하리니 이는 저를 믿는 자마다 영생을 얻게 하려
하심이니라. 하나님이 세상을 이처럼 사랑하사 독생자를
주셨으니 이는 저를 믿는 자마다 멸망치 않고 영생을 얻
게 하려 하심이니라.

요 3:13~16

구약에서 여호와 하나님은 자신을 망각한다(oblivious of himself). 신약에서 하나님의 성육신은 자신에 대하여 골똘히 사색한다(obsessed with himself). 구약에서 하나님의 인격은 하나님의 행동으로 인유되어야 한다. 모세가 출애굽기에서(3:13~15) 하나님이 누구이신지 일러 주시기를 떼를 쓰자 하나님은 마지 못하여 모세가 짐작하도록 암시로 일러 주셨다. 실제로 모세의 질문과 요구는 "내가 이스라엘 자손에게 가서 이르기를 너희 조상의 하나님이 나를 너희에게 보내셨다 하면 그들이 내게 묻기를 그의 이름이 무엇이냐 하리니 내가 무엇이라고 그들에게 말하리이까"였다.

하나님의 답변은 네 단계로 구성된다. 모세가 그 답을 이해하기 위해서는 그 네 단계를 추적해야 한다. 첫 번째의 하신 말씀은 "나는 스스로 있는 자니라"(I am who I am). 다시 말해서, "나는 나의 행하는 대로이다"(I am what I do)이다. 이것은 대답

이지만 이름은 아니다. 하나님에게는 이름이 없으며, 필요 없다는 설명이다. 두 번째 단계는 첫 단계의 축소 구문으로 "내가 너를 너희에게 보냈다"(I AM sent me to you)이다. "I AM"은 옷을 벗은 이름이다. 이 이름은 통용이 될 수 없고 입에 담을 수 없다. 통용하면 모든 어법에 혼란이 생겨난다. (How can you speak it—how, at least, can you speak routinely—without encountering all kinds of syntactic confusion?)

세 번째 단계는, 모세의 입장을 세우기 위해 좀 더 가까워진 위치에서 "너는 이스라엘 자손에게 이 같이 이르기를 나를 너희에게 보내신 이는 너희 조상의 하나님 곧 아브라함의 하나님, 이삭의 하나님, 야곱의 하나님 여호와라 하라" 여기에서 "여호와"는 "나는 스스로 있는 자"와 연결된 귀로 들을 수 있는 이름이고 그리고 항시 제 3인칭이다. 네 번째로 가장 엄숙한 선언으로 지금까지의 일러 준 내용의 확증으로 다음 강이 일러 주신다.

　　"이는 나의 영원한 이름이요
　　대대로 기억할 나의 표호니라"

반복적으로 설명을 하자면 하나님은 그 자리에서 자신의 이름을 지으신다는 인상이다. 말하자면 이름이 필요함을 그 자리에서 아시고 그 자리의 정황과 연관을 지으신 것이다. 왜 우리가 그런 사실에 놀랄 필요가 있는가? 인간이 하나님에게 이름을 요구하기 이전 하나님이 왜 이름이 필요하셨겠는가? 하나님이 다른 신들과 사회생활을 하시는 이가 아니기 때문에 이름이 소용이 되는 것이 아니다. 그 때까지 하나님을 대하여 말을 한 존재가 없었다. 하나님은 홀로 그리고 단 한 분이었다. 어느 누구와도 혼돈이 있을 수 없다. 여기 이 시점에서 최초로 말하는 상대에게 나를 확인하는 일이 "나는 이다"(I Am) 밖에는 없다.

그러나 예수님의 경우는 판이하게 다르다. 예수는 하나님이시나 그러나 동시에 인간이다. 이름이 없이는 다른 많은 남성과 구별이 안 된다. 하나님의 성육신은 구체적인 이름언어를 적용하고 그리고 남과 구분이 된 자기의 존재론적 위기를 직시한다. 이것이 신약의 성육신이다. 아직은 "때가 아직은 아니나" 종내 인간 사회가 보여 줄 배신행위를 내다보며 자신의 존재론적인 차이와 갈등을 의식한다.

이러한 자신의 존재론적 갈등 의식 중 하나가 독백 형식으로 민수기에서 가장 극적으로 인유된다. 여호와의 성육신은 자신의 근원인 하늘과 그리고 자신의 인간으로서의 죽음을 동시에 생각하면서, 아무도 회상하지 못한 상황, 불뱀을 이스라엘에게 보내었을 때를 상기하신다. 광야를 유랑하면서 저들은 주림과 목마름을 불평하였다. 이 불뱀은 그들의 불평에 대한 응수였다. 뱀에 물려 사망자가 속출한 다음에야 절박해진 백성들이 불평을 뉘우치며 모세에게 구원을 청한다. 모세가 하나님께 기도하니, 하나님은 친히 십계명 하나를 깨, 구리뱀을 만들어 장대 위에 들어라 명하시고 "뱀에 물린 자마다 쳐다보면 살리라" 명하셨다 (민 21:4~9). "모세가 놋뱀을 만들어 장대 위에 다니 뱀에게 물린 자마다 놋뱀을 쳐다본즉 살더라." 그리고 백성은 전진한다.

지금에 와서 천 년 이상이나 지나 예루살렘에 거점을 둔 종교와 정치 차원의 크나 큰 시행착오를 놓고 예수는 자신을 걸어 광야에서 모세가 든 장대 위의 구리뱀처럼 자신이 "들려야" 함을 홀로 이 밤에 통감하는 것이다. 광야의 이스라엘 사람들이 뱀에 물린 치명적인 독에서 구원 받기 위해서 뱀을 장대 위에 들었다. 여호와의 성육신(Yahweh Incarnate)은 모세가 광야에서 뱀을 든 것 같이 들려야 하리니 그리하여 "이는 저를 믿는 자마다 영생을 얻게 하려는 것이다"

이 유추는 근저에 심각한 사실이 깔려 있다. 같은 의미를 본다는 것만이 아닌, 충격 그 자체의 사회 물리적인 현상이 동반하기 때문이다. 피상적으로 고대 풍물연구가들은 이러한 상징적 행위에서 다만 주문 적 내지는 고대문명의 의술적인 행위의 일종이라고 주석을 할 것이지만, 그러나 광야의 경험이 있는 이스라엘 사람들의 기억에서는 여호와가 백성의 불평을 독사로 보복하신 것과 같이 오늘의 이 유추는 광야의 주림과 목마름에 대한 불평이 초래한 것이 유가 아닌 다수의 살상이라는 비극적 사건이 함께 동반하는 이야기인 것을 알고 있기 때문이다. 구리뱀을 쳐다보는 유대인들은 재앙의 원인이 뱀이 아닌 하나님의 진노인 것을 다시 상기하게 되는 것이기 때문이다.

그러한 정황적인 조건이 함께 하는 상징이면, 온 인류가 그 쳐든 뱀을 바라보아야 산다는 것, 뒤에 가서 십자가에 들린 자를 바라보아야 산다는 의미는 무엇인가? 어찌하여 재앙의 치유만이 아니라 그 재앙의 원인을 주목하라는 것이 아닌가? 이러한 여기까지의 유추가 지나친 비약이라는 반대가 있다면 우리가 명심할 것은 바로 이 유추의 비약이 성육신 자신의 유추임을 잊어서는 안 된다. 구리뱀은 이스라엘 역사에서 나온 구체적인 사건이다. 이 이야기가 너무 진기하고 너무 비밀스러워 그것이 의도한 원래의 의지와 전율(戰慄)을 의식하게 하는 심각성을 놓쳐서는 안 된다.

예수의 인격을 논하는 자는 즉시 그가 다루고 있는 주제를 생각해야 한다. 예수의 인격을 규명하는 시도는 처음 예상한 것과 비교할 수 없는 부담인 것을 곧 알게 된다. 이러한 부담을 언급하면서 학문이 있는 주석가만이 아니라 비아냥거리는 저술가, 냉소적인 소설가, 허무주의 철학자, 모두에게 해당된다. 특히 후자는 신성모독이 동기이고 그리고 그것은 쉬운 표적이다. 예수의 주제는 근원적인 문제이다. 왜, 예수는 불기둥이나 구름기둥으로 자신을 유추하지 않고 하필 끔직한 독사의 해독이라는 원형으로 자신을 결부시켰을까? 구태여 인간의 죄와 하나님의 형벌을 결부하려고 한 의도였으면 왜 하필 배고픔 때문에 생긴 불평에 사형 형벌이라는 맞지 않는 소재를 선택하였을까? 충분한 급식을 베풀지 않으신 하나님이 무책임하다는 비난이 일지 않는다고 장담할 수 있는가? 예수의 십자가를 바라볼 자는 죄와 죄의 근원을 생각하게 한다고 할지라도 왜 하필 이 경우에 구리뱀인가?

성전 공격을 주석한 화자는 다시 살아 날 자신이라고 하였으나 그러나 죽음의 방법이 명시된 바는 없었다. 그런데 이 맥락에서 나온다. 이 모노로그에서(in this soliloquy) 예수는 처음으로 자신의 죽음이 십자가의 처형이고 그리고 이 유추는 나머지의 이야기 전부를 안 다음에서 납득이 가는 유추이다. 그리고는 신약에서 가장 많이 인용이 되는 구절을 말씀한다.

하나님이 세상을 이처럼 사랑하사
독생자를 주셨으니
이는 저를 믿는 자마다 멸망치 않고
영생을 얻게 하려 하심이니라.

요한복음 3:16

예수는 놀라운 선언, 하나님이 자기 아들, 자신의 성육신인 자신을 과거 모세를 통하여 이스라엘에게 뱀을 주신 것과 같이 다시 말해서 과거 하나님이 행하신 잔인(殘忍)에 대한 교정의 수단인 "아이콘"(an icon, 형상)으로 뱀을 세우심 같이 주신다는 선언이다. 과거의 잔인한 처사를 새삼 상기하면서 이번의 하나님의 인간 추적은 심판이 아니라는 의지와 함께 과거의 무자비한 처사가 다시 되울림으로 묻어나는 그러한 분위기와 함께 다음 구절로 연결이 되는 것임을 주목해야 한다.

하나님이 그 아들을 세상에 보내신 것은
세상을 심판하려 하심이 아니요
저로 말미암아 세상이 구원을 받게 하려 하심이라.

요한복음 3:17

무대의 조명은 어두워진다. 명암이 확실하지 않은 것처럼 엄청난 약속과 어두운 자괴(自愧, dark confessions)가 함께 뒤엉킨 분간이 안 되는 시각 그리고 그 의미하는 바가 아직은 확실한 실체를 보이지 않는 단계이다. 세상은 상실이 된 세상이다. 다시 되찾아야 하고 구원이 되어야 한다. 세상의 구원은 어떤 의미에서 신창조를 의미한다. 거기까지를 니고데모에게 계시하셨다. 그러나 이 신창조는 이번에는 창조주의 죽음을 요구한다 (But the new creation somehow requires in turn the death of the creator) 이러한 충격적 사실을 하나님의 성육신은 지금까지는 스스로에게 말하는 것 외에 아직은 아무에게도 드러내지 않으신다.

간주곡

아버지의 무성과 아들의 성

Interlude: The Asexuality of the Father and the Sexuality of the Son

여호와 하나님의 독신성(獨身性), 정확하게 말하여 무성(無性)은 하나님이 인간, 남자와 여자의 이미지로 제작이 되었다는 신의 존재론을 부정하게 한다. 만일 어떤 사람이 인간의 완전한 형상을 모델로 하여 신을 만들었다고 가정하면 왜 성을 제외하였는가? 수많은 헬라 신들과 인도의 신들은 인간이 아니면서 성 기능을 소유한다. 비록 그들의 이야기에는 정상적인 인간의 출생과 사망의 언급이 없으나, 그러나 그들이 이상적인 인간의 형상이기 때문에 성을 소유한다. 그러한 이상적인 인간의 형상을 닮은 것이라고 하면 왜 여호와 신에게는 이 범주가 해당이 안 되는 것인가.

신앙의 지성은 답한다. 만일 이상적인 인간의 형상을 가지고 신을 만들어 낸 것이면 자연 그 신은 성적 존재이어야 한다. 하나님이 그러한 속성이 아닌 것은 하나님이 인간의 형상이 빚은 것이 아니라는 신의 본성의 증거이고, 그리고 우리의 하나님 지식은 오로지 하나님이 우리에게 계시하여 주신 바이기 때문에 지식의 내용이라는 증거이다. 다시 말해서, 우리가 우리의 형상으로 신을 만들어 내지 않은 증거이다. 그런데 이 문제를 해결하기 위한 연계된 두 가지의 사실이 있다.

첫 번째로, 단순한 관찰 과학 이전의 관찰이라고 할지라도 명백히 드러난 사실은 일체의 성적인 생명은 반드시 죽는다는 것 반대로 사망하지 않는 것은 반드시 무성(無性)이라는 것이다 (everything sexual dies, while contrariwise everything that does not die is not sexual). 사망이 없는 신은 성이 없다는 것, 그리고 옛 이스라엘 사람들이 분명 생각한 바와 같이 이러한 신성과 관련되는 바람과 같은 존재는 이성과의 만남이 없고 또한 죽지도 않는다는 상상은 객관적인 지식이라고 할 것이 아니라 과거에 그러했고 지금도 여전히 직관에 의한 지식이라고 해야 한다. 이러한 직관에서 연계되는 이론은 성적 경험은 아무리 열중하는 경험이라도 과거의 종교사적인 그런 흔적이 존재한다고 해도 아무리 순간적이라고 할지라도 결코 신성(神性)과의 황홀한 연합이 아닌 것이다. 반대로, 성 행위는 위로 신성을 향한 행위가 아니라 재생산을 향한 앞으로 나아가는 전진 행위이며 그리고는 생식 이후에 죽음으로 퇴락하는 것이다.

이러한 이론의 전개는 과거의 옛 이스라엘의 사유를 현대의 성 이론으로 해석하는 것으로 보이나, 그러한 이론의 일치는 나름대로 중요하다. 20세기의 미생물학(微生物學)은 생물은 각 개체의 성 생활과 경험이 어떻든 간에 유전자가 다른 유전자를 만들어내는 기계일 뿐이라고 우리에게 가르쳐 준다. 다만 지극히 단순한 동물만이 무성생식(無性生殖, asexual cloning)을 통하여 자기 유전자 전부를 다음 후대로 넘겨준다. 복잡한 동물은 한 번의 성 행위로 자기의 절반의 유전자를 전한 후 그 유전자는 계속 살아남으나 자기는 죽는다. 진화론적 생물학(Evolutional biology)이나 신진화론적 심리학(the new evolutionary psychology)이 우리에게 일러 주는 바에 의하면 인간의 성 경험은 여성에게 주기적인 배란기라는 발정기와 같은 성 행위의 절정기가 있고 그리하여 최대 최적의 때에 자기 유전을 재생하도록 한다는 사실이 확실한 지식이다.

진화론의 과학에 의한 비인격적 내지는 객관적 성 행위의 관찰에 의하면, 시그먼드 프로이드의 인격적 주관적인 성 철학은 과거 어느 때보다 점차로 더 지나간 과거의 유물처럼 해석

된다. 일세기 전에는 성 행위의 "사사성"(私事性, personal matter)
이 중요하고 개인의 문제라고 하였다. 우리의 세대에 와서 점
점 성 행위의 사사로움이 감소하고 더 비인격적인 것 그리고
결과를 중시하는 것이 점점 희박해지고 있다. 각자의 성 생활
이 더 큰 집단적 비인격적 상식적으로 이해되는 그러나 궁극
적으로는 무의미한 과정이라고 보고 그 이상으로 신에게 또는
누구에게 성 생활이 있는지 없는지가 별로 문제가 되지 않는
다고 여긴다.

그러나 여호와에 관한 무성(無性)은 다른 시각으로 설명된다.
말하자면, 성 자체의 충동처럼 자연스럽고 건강하게 성을 억제
하는 측면의 존재이다. 이 억압의 충동은 창세기에 나오는 비
교적 덜 알려진 에피소드에서 그 생생한 표현으로 나온다. 그
곳에 보면 인도 신화적인 신들과 인간 사이에 이루어지는 교합
을 여호와 하나님의 단호한 직접 개입으로 완전히 불식하고 마
는 기사가 나온다.

사람이 땅 위에 번성하기 시작할 때에 그들에게서 딸들
이 나니 하나님의 아들들이 사람의 딸들의 아름다움을
보고 자기들의 좋아하는 모든 자로 아내를 삼는지라. 여
호와께서 가라사대 "나의 신이 영원히 사람과 함께 하지

아니하리니 이는 그들이 육체가 됨이라. 그러나 그들의
날은 일백이십 년이 되리라 하시니라. 당시에 땅에 네피
림이 있었고 그 후에도 하나님의 아들들이 사람들의 딸
들을 취하여 자식을 낳았으니 그들이 용사라. 고대에 유
명한 사람이었더라.

창세기 6:1~4

이 에피소드에 등장하는 "하나님의 아들들"은 상황적으로
판단하여 성적인 상대자로서 "하나님의 딸들"이 없다는 사정
이 설정된다. 저들은 사람의 딸들을 만나서야 비로소 성적인
충동을 알게 된다. 여하튼 이 하나님과 인간의 후손들은 하나
님의 여호와의 개입이 없었다면, 인간의 어머니와 성교를 하므
로 아버지로부터 영원한 생명을 물려 받게 된다. 이러한 이중
적인 행운이 이유가 되어 저들은 헬라, 로마, 그리고 인도의 신
화의 신들처럼 행운을 타고 난 후손들이 될 것이다. 여호와는
이러한 영원히 사는 신인류의 출현을 용납하기를 거부하신다.
그리하여 하나님은 그들을 비록 장수는 하지만 이미 존재하는
다른 인류와 동등하게 한정된 생명을 소유한 존재가 되도록
정하신다.

유사한 여호와 하나님의 개입은 시조 아담에게 일어난다. 그
가 벗은 것을 처음으로 자각하게 되자, 하나님은 처음으로 죽음

을 선언하시고, 그가 자기의 형벌을 피하고 성 쾌락이 있는 영
원한 생명(become a sensuous immortal)을 소유하는 일이 없도록
정하신다.

> 여호와 하나님이 가사사대 보라 이 사람이 선악을 아는
> 일에 우리 중 하나 같이 되었으니, 그가 그 손을 들어 생
> 명나무 실과도 따 먹고 영생할까 하노라 하시고 여호와
> 하나님이 에덴동산에서 그 사람을 내어 보내어 그의 근
> 본 된 토지를 갈게 하시니라 이 같이 하나님이 그 사람
> 을 쫓아내시고 에덴동산 동편에 그룹들과 두루 도는 화
> 염검을 두어 생명나무의 길을 지키게 하시니라.
>
> 창세기 3:22~24

여호와 하나님은 처음 아담과 하와의 경우에서처럼 성 행위
를 용납하신다. 그리고 다른 한 편 "하나님의 아들들"의 경우처
럼 영원한 생명을 허락하신다. 하나님이 용납하시지 않으시는
것은 "네피림"(창 6:1~4)의 경우에서처럼, 그들은 결국 그 후 노
아의 홍수에서 모두 멸망되지만, 상술한 두 가지 국면을 모두
소유하는 것이다.

성 행위의 충족과 불사신적 생명을 인격화하는 신화는 보편
적인 인간의 욕구로 역사 기록에 여기저기에 흔적으로 남아있

다. 그러나 성서의 전통으로 성찰하면 이러한 양 국면을 모두 소유하려는 욕구는 하나님께 대한 불손이고 불경스러운 도전으로 간주된다. 성 행위자가 불사신적으로 영원한 생명을 갖는 국면이 성 향락의 신격화(the apotheosis of sexual indulgence)라고 이름하면, 여호와는 앞서의 두 가지 에피소드로 미루어 성 억제의 신격화(the apotheosis of sexual restraint)라고 구분된다. 그리고 인간의 성 행위를 투사하여 그러한 신화적 신의 형상을 연상하기가 용이하고, 그리고 같은 이유에서 엄격히 성을 억압하고 순결을 고수하는 신의 인격을 연상하는 일 역시 가능한 투사이다(it is possible to recognize projection). 그러나 하나님은 예배자의 이미지로 만들어진 것이 아니다.

복음서가 서술한 예수 인격의 성 문제는 참으로 원만하고 놀랍다. 그의 관용성은 무리가 없고 공개된 사회 질서에서 아무런 하자나 과중한 언급이 나오지 않는다. 복음서가 아무런 암시가 없는 터에 예수가 일반인의 정상적인 생애를 걸었다면 훗날에 결혼을 했을까라는 질문은 복음서의 자료가 전무한 터에 그리고 복음서의 목적이 십자가의 구속이라는 명백한 터에 그런 가정은 성립이 안 된다. 하나님과 하나님의 성육신의 인격은 인간의 보편성으로 투사되어서는 안 된다.

우리에게 긴요한 문제는 소설가 카잔사키(Nikos Kazantzakis)

처럼 복음서에 나오지 않은 예수의 낭만적인 생애를 만들어 내는 것이 아니다. 하나님이 예수로 인간이 되셨다는 고백은 권능에 관한 문제이며, 성 문제의 탐닉이나 억제의 문제가 아니다. 구태여 표현하자면 하나님이 한 여인이 키워야 하는 무력한 영아로 오신 것이고, 어떤 여자의 연모하는 상대로 오신 것이 아님을 주목해야 한다. 그러면서도 예수는 계시적으로 니고데모에게, 그리고 더 분명하게 자신에게 하나님이 자신을 세상에 보내심은 하나님의 사랑이라고 확인한다. 그리고 한번 하나님이 하나님의 성육신이 되신 후부터는 예수의 인격 자신이 사랑이며 그의 인격을 제외하고 사랑을 언급할 수가 없다. 예수가 하나님의 사랑의 인격체이다(His is now an embodied love).

더욱이 예수와 제자들의 초기 사역이 세례 요한보다 더 많은 군중들을 끌어들이는 사정을 걱정하는 자기 제자들에게 요한이 한 말, 예수가 신랑이라고 한 표현은 다음과 같다.

> 신부를 취하는 자는 신랑이나
> 서서 신랑의 음성을 듣는 친구가 크게 기뻐하나니
> 나는 이러한 기쁨이 충만하였느니라.
> 그는 흥하여야 하겠고
> 나는 쇠하여야 하리라 하니라.
>
> 요한복음 3:29~30

요한이 자신의 문제를 답변한 것이면 예수의 문제에 대해서는 또 하나의 질문을 내건 셈이 된다. 예수가 신랑이면, 신부는 누구인가?

구약에 나오는 이러한 범주를 정리하면, 여호와 하나님과 이스라엘과의 관계를 유추적으로 언급하여, 한 성인 남자와 어린 딸로, 호기심 많은 철없는 여성으로, 창녀로, 신부로, 아내로, 자녀를 거느린 어머니로, 성 타락으로 버려진 부정한 아내로, 이혼한 처로, 재가 한 나이 많은 여자를 집에 데리고 온 격으로 등등이다. 물론 확실한 바는 모두가 유추이며 비교이다. 여호와 하나님에게는 배필자가 없다. 하나님은 인간 상대의 성 상대자가 없다. 하나님은 단 한 분이신 고로 홀로 계신다. 이러한 맥락에서 세례 요한이 예수를 신랑이라고 한 말은 무엇을 의미하는가?

맥락적으로 어디에도 실제적인 예수의 신부가 등장하는 일이 없으므로 세례 요한의 언급 역시 구약의 여호와 하나님과 관련된 이스라엘의 유추와 같이 이 신부를 이해해야 한다. 예수 말씀하시기를 "아버지께서 아들을 사랑하사 만물을 다 그 손에 주셨으니"(3:35) 하므로 이스라엘을 유추적으로 포함하여 모든 것이다. 예수를 신랑이라고 유추하므로 자연 생각의 비약은 하나님이 성육신을 통하여 지금까지의 홀로의 존재가 종식된 것인가? 하나님이 관계성으로 추적하여 인간의 부부의 관계로 들어선 것인가?

이런 비약을 바르게 풀기 위해서는 우리가 필히 확정하고 나아가야 하는 본질이 있다. 여호와 하나님이 처음 홀로 존재하시는 이유가 배필의 문제가 아닌 대주재(大主宰)이신 창조주와 피조물의 관계 그리고 시간과 역사와의 관계였다. 앞서 언급한 바와 같이 하나님이 해와 달을 지으시어 날과 달과 년이 반복이 되게 하시므로 시간의 반복이라는 차원 위에 하나님은 홀로 계신다. 그리고 하나님은 무시간적 혼돈에서 질서를 분리하시므로 반복하는 시간과 초시간 둘 모두가 하나님의 창조이다 (Both kinds of time are God's creation of order out of atemporal chaos).

구약은 비반복적인 역사 시간을 세대별로 측정한다. 현대의 지식으로 역사라는 개념이 구약에서 가장 근접한 것이 비록 동일한 것은 아니나 "세대"(teledot)이다. 마치 해와 달을 지으신 하나님이 어떤 태양계로 유추가 안 되는 것과 같이 인간을 지으시고 남자와 여자가 되게 지으신 하나님을 인간의 성으로 빚는 세대로 유추해서는 이론적으로 모순이다. 남자와 여자는 생식(生殖)한다. 하나님은 창조하신다.

하나님에게는 조상이나 후손 개념이 해당이 안 되고 따라서 세대가 아니며(no teledot), 세대로 구분이 되는 역사가 아니며, 피조 인간의 세대적 역사 속에 대속 적으로 참여하는 것, 다시 말해서 피조 인간과의 관계를 비유나 유추 외에는 어느 것도 아니다. 비유적으로 피조 인간의 아버지이고 비유적으로 저들의 남편이다. 실제로는 하나님은 홀로 이시고 재생이나 생식이나 자기 복제나 일체는 아니다. 유개념(類槪念, his own genus)으로 절대 유일이다.

반복적으로 언급하기는 하나, 하나님이 인간이 되셨으므로 이제는 하나님이 친히 자기가 지으신 유(類)에 속하고, 그와 세대(世代)와의 관계에 변화가 생긴 것이 아닌가? 마태와 누가는 자세한 족보를 언급하는 데까지 나아간다. 요한복음은 족보를 제시하지 않으나 하나님과 세대(toledot)와의 변경이 된 관계에 대한 언급은 다른 방향에서 더 적극적인 제시를 한다. 왜냐하면 아버지와의 관계만이 아니라 모친과의 깊은 관계를 언급하므로 예수의 성육신을 지극히 대담한 서술로 전개하기 때문이다. 하나님이 이제는 성육신의 시작으로 서 인간의 출생으로 시작이 되는 인간의 생명 과정(in the life process of the human species)으로 참여하였다면, 어찌하여 인간사의 완성이라는 결혼 관계로는 참여를 하지 않는 것일까?

기독교 신학은 매우 초기부터 하나님이 성육신의 프로세스

에서 출생을 통한 사실을 찬양하였다. 그러한 출생으로 시작이
되는 정상 인간의 과정으로 성인의 완전이라는 혼사 문제에의
참여는 기독교 신학의 찬양이 유보되어야 하는 것일까? 빌립보
서에 나오는 아래 같은 가장 초기의 예배 찬송에 줄거리에 의
하면,

그리스도 예수는
근본 하나님의 본체시나
하나님과 동등 됨을 취할 것으로
여기지 아니하시고
오히려 자기를 비어
종의 형체를 가져
사람들과 같이 되었고
사람의 모양으로 나타나셨으매
자기를 낮추시고 죽기까지 복종하셨으니
곧 십자가의 죽으심이라.

빌립보서 2:5~8

만일 하나님이 인간의 모든 부분에 참여하심을 한 부분에서
찬양하면 다른 부분에서도 찬양을 받아야 하지 않는가? "사람
들과 같이 되었고"의 찬사에서 출생과 성장은 포함이 되나 그

러나 정상인의 성 경험은 추하고 낮은 차원인가?

이러한 이론의 전진은 논리적으로는 가하나, 그러나 왜 심리학적으로 불가능한가의 문제가 제기된다. 역사적으로 말해서 복음서가 집필이 되던 시대가 일체의 철학자들이 독신주의를 정당한 조건으로 여기던 때였다. 성 충동을 마음의 평정을 상실케 하는 것으로 여기고 마음의 평정이 지혜의 정점이었다. 헬라문화권에서 헬라어로 복음서를 저술하는 경우 자연히 성자 예수의 서술이 이러한 헬라문화권의 관행에서 표현된 것이라고 설명된다.

그러나 문학적 성격 규명의 문제에서 구약이 이러한 성 충동을 하나님이 어떻게 대하신 것으로 언급했는가가 이러한 헬라문화권의 영향보다 더 중요한 것이다. 하나님은 부정한 예루살렘을 비교하여 바벨론을 보내어 겁탈하게 할 것이라 하셨다. 물론 결혼은 비유이다. 그리고 겁탈은 전쟁이 빚은 참사에 대한 은유이다. 더구나 여호와 하나님과 이스라엘의 관계가 하나님과 이스라엘 사람과의 관계이므로 이스라엘의 죄는 기본적으로 남자들의 죄이다. 하나님이 소리쳐 말씀하신 "너의 간음과 사특한 소리와 네 음행의 비루함"(렘 13:27)은 이스라엘 남자들을 바람 난 여자로 비유한 언급이다. 그리고 이러한 비유는 실제적인 사실의 서술의 힘을 갖는다.

하나님은 에스겔을 통하여 더 노골적으로 이스라엘의 음란 행위를 서술한다.

네가 높은 대를 모든 길 머리에 쌓고 네 아름다움을 가증하게 하여 모든 지나가는 자에게 다리를 벌려 심히 행음하고 하체가 큰 네 이웃나라 애굽 사람과도 행음하되 심히 음란하여 내 노를 격동케 하였도다....그러므로 너 음부야 여호와의 말을 들을지어다. 나 주 여호와가 말하노라. 네가 네 누추한 것을 쏟으며 네 정든 자와 행음함으로 벗은 몸을 드러내며 또 가증한 우상을 위하며 네 자녀의 피를 그 우상에게 드렸은즉 내가 너의 즐거워하는 정든 자와 사랑하던 모든 자와 미워하던 모든 자를 모으되 사방에서 모아 너를 대적하게 할 것이요 또 네 벗은 몸을 그 앞에 드러내어 그들로 그것을 다 보게 할 것이며 내가 또 간음하고 사람의 피를 흘리는 여인을 국문함 같이 너를 국문하여 진노의 피와 투기의 피를 네게 돌리고 내가 또 너를 그들의 손에 붙이리니....네 의복을 벗기고 네 장식품을 빼앗고 네 몸을 벌거벗게 버려두며 무리를 대리고 와서 너를 돌로 치며 칼로 찌르며 불로 너의 집들을 사르고 여러 여인의 목전에서 너를 벌할지라.

에스겔 16:25~26, 35~41

이스라엘의 고전 사회에서 간음은 사형이었다 (신 22:22). 그러한 언급에서 구체적인 간음의 장면이 서술된다. 그러나 하나님이 구체적으로 언급하여, 여자가 두 다리를 벌린다거나 발기한 남자의 서기라든가 이러한 묘사를 가지고 하나님이 성 욕구와 행위를 심히 거부하시는 결론을 놓쳐서는 안 된다. 이러한 노골적인 언급은 에스겔 23장에서 예루살렘을 오홀리바라는 이름의 창녀와 비유되어 나온다.

그녀가 그 음행을 더하여 그 젊었을 때 곧 애굽 땅에서 음행 하던 때를 생각하고 그 하체는 나귀 같고 그 정수 는 말 같은 음란한 간부를 연애하였도다. 네가 젊었을 때에 행음하여 애굽 사람에게 네 가슴과 유방이 어루만 진 바 되었던 것을 오히려 생각하도다. 그러므로 오홀리 바야 나 주 여호와가 말하노라. 내가 너의 연애하다가 싫어하던 자들을 격동시켜서 그들로 사방에서 와서 너를 치게 하리니 그들은 바벨론 사람과 갈대아 모든 무리 브 곳과 소아와 고아 사람과 또 그와 함께 한 모든 앗수르 사람….

에스겔 23:19~23

다시 한 번 이스라엘 남자들의 배교(背敎)는 형편없이 바람난 여자로 비유된다. 다시 한 번 이스라엘의 적들이 그 음녀를 벌하는 자로 모여 등장하고 그런 어간에 서술되는 성 행위는 수간(獸姦)과 비교될 역겨운 것들이다.

그러나 이러한 장면 묘사가 여호와 하나님의 진노를 다 설명하는 것은 아니다. 짐작컨대 그러한 축척물의 단서는 하나님이 나오시지 않는 성서에서 발견된다. 지난 수세기, 아가서는 하나님과 이스라엘, 교회, 개인의 영혼과의 관계를 비유적으로 서술한 것으로 해석하였으나 지금은 세속적인 사랑의 시, 가장 오래된 고전 문학이라고 해석한다. 그러면서도 여자를 두어 이 아가서가 결혼 관계가 무엇인가에 관해서 많은 시사를 하고 있어서, 그래서 성 충동의 문제에 대한 하나님의 의사가 무엇인지를 이해하기 위한 관계 자료로 평가한다. 그 책은 각각 신부, 신랑, 남편과 아내의 용어를 하나님이 사용하시는 경우 바른 이해가 무엇인가를 일러 준다.

이러한 단서는 어떤 성 행위이든 특히 여성의 욕구라는 자리가 무엇인가를 일러 주는 대목에서 그러하다. 아가서에 등장한 주인공들은 미혼의 여성들이다. 한 쌍의 남녀의 욕구가 정열적이고 특히 여성이 남자를 능가한다.

내가 밤에 침상에서 마음에 사랑하는 자를 찾았구나
찾아도 발견치 못하였구나.

이에 일어나서 성중으로 돌아다니며
마음에 사랑하는 자를 거리에서나 큰길에서나
찾으리라 하고 찾으나 만나지 못하였구나.
성 중에 행순하는 자들을 만나서 묻기를
내 마음에 사랑하는 자를 너희가 보았느냐 하고
그들을 떠나자마자
마음에 사랑하는 자를 만나서
그를 붙잡고
내 어미 집으로 나를 잉태한 자의 방으로
가기까지 놓지 아니하였노라.

아가 3:1~4

한 밤에 어두운 거리를 사랑하는 사람을 찾아 헤매는 이미지는 아무리 생각해도 철면피하다. 물론 그 사랑하는 남자는 그녀의 부모가 인정하는 남자이기는 하다. 우리는 이 대목을 읽으면서 에스겔서에 나오는 거리를 헤매는 또 다른 한 여자를 연상하지 않을 수 없게 한다. 무엇이 아가서에서는 낭만과 아름다운 이야기가 에스겔서의 그 여자는 거부감을 일으키게 만드는가?

그 젊은 여인의 상대가 입을 열어 아래와 같이 말한다.
나의 누이 나의 신부야

내가 내 동산에 들어와서
나의 몰약과 향 재료를 거두고
나의 꿀 송이와 나의 꿀을 먹고
내 포도주와 내 젖을 마셨으니.

아가 5:1

아가서는 성 행위의 즐거움은 최상의 즐거움으로 서술한다. 이 즐거움은 생식의 성취라는 방향이 아닌 먹는 것과 술과 섬유와 향기와 같은 은유적인 표현으로 한다.

예루살렘 여자들아
내가 노루와 들 사슴으로 너희에게 부탁한다.
내 사랑이 원하기 전에는
흔들지 말고 깨우지 말지니라.

아가 2:7

아가서에서는 창세기의 명령인 생식하고 번성하라는 명을 망각한다. 사랑하는 두 쌍은 하늘의 별과 같이 많은 자손을 기약하지 않는다. 이 노래에서는 자녀의 언급은 나오지도 않는다. 그러나 즐거움이 이 노래의 극치이다. 만일 이러한 즐거움이 세례 요한이 복음서에 언급된 신랑의 목소리라고 의도된 것이라고 생각하면, 그리고 하나님의 말씀(아가서)이 그런 것과 같이 왜 예수를 이러한 영적 내지는 물리적인 신랑이라고 생각해서는 안 되는 것인가?

그러나 이러한 차원의 물리적 결합의 즐거움이 의도된 질문이 제기되었을 때 예수는 단연 아래와 같이 그런 즐거움과 무관한 의미로 답을 하신다.

부활이 없다 주장하는 사두개인 (귀족 계급에 속하는 제사장들) 중 어떤 이들이 와서 물어 가로되, 선생님이여 모세가 우리에게 써 주기를 사람의 형이 만일 아내를 두고 자식이 없이 죽거든 그 동생이 그 아내를 취하여 형을 위하여 후사를 세울지니라 하였나이다.

그런데 칠 형제가 있었는데 맏이 아내를 취하였다가 자식이 없이 죽고 그 둘째와 셋째가 저를 취하고 일곱이 다 그와 같이 자식이 없이 죽고, 그 후에 여자도 죽었나이다. 일곱이 다 저를 안내로 취하였으니 부활 때에 그 중에 뉘 아내가 되리이까?

예수께서 이르시되 이 세상의 자녀들은 장가도 가도 시집도 가되 저 세상과 및 죽은 자 가운데서 부활함을 얻기에 합당히 여김을 받은 자들은 장가가고 시집가는 일이 없으며 저희는 다시 죽을 수도 없나니 이는 천사와 동등이요 부활의 자녀로서 하나님의 자녀임이니라.

누가복음 20:27~36

영혼의 불사(不死)와 의인의 사후 부활의 신앙은 바리새인들의 신앙이며 예수도 같은 견해였다. 그러나 반대로, 성전의 관리자이며 그 일과 관련하여 로마제국이 관용하는 여러 민법을 주관하는 특권자인 사독 계열의 제사장들인 사두개인은 영혼의 불멸도 부활도 믿지 않았다. 여기 이 자리에서 예수에게 도전한 난 문제는 그들이 바리새인과의 논쟁에서 항시 거론이 된 표준 이론이었다. 질문에 대한 즉답 대신에 질문에 대한 질문으로 죽음에서 부활한 자들에게 해당이 되지 않는 질문임을 알게 하신다. 부활한 자들은 장가가고 시집가는 일이 없으며 중요한 또 한 가지는 질문자들의 부활이 예수와 더불어 시작된다는 사실이다. 뒤에 가서 바울의 편지에서 나오는 구절(고전 1:18)이 언급한 바와 같이, "죽은 자들 가운데서 먼저 나신 자"(the firstborn from the dead)이시기 때문이다. 이러한 전제에서 생각하면 예수의 독신은 이 우주의 변화가 가까웠음을 일러주는 표적의 역할이 될 수도 있다.

그러나 다시 언급하면, 그러한 필요가 요구되는 것이 아니다. 왜냐하면 변화와 부정은 같지 않기 때문이다. 단지 성 행위를 없이 한다면 신체의 부활이 왜 요구되는 것일까? 이미 영생하는 줄 알고 있는 영혼만의 신체와 무관한 부활이라고 말하지 않는 것일까? 부활 이후에 혼인이 없는 터에 성 행위가 성립되는가 하는 논쟁의 핵심 문제는 스스로 명백한 단순한 문제일지 모른다.

그러나 이 문제는 유효하게 다른 문제와 연결된다. 당초에 아담과 하와가 혼인 상태였는가? 당초의 그들의 관계는 혼인보다 더 밀착이 된 자연스러운 것이었다. 그들의 관계가 아가서에 나오는 미혼 남녀의 관계와 비슷한 것이었을까? 아가서에 출산의 언급이 없는 것은 마치 창세기 2장에서 하나님이 첫 여자를 창조하시면서 출산하라 하신 일이 없고 단지 "사람이 독처하는 것이 좋지 못하니"(창 2:18)라고만 말씀하신 일과 유사하다.

그러한 맥락에서 판단하면 출산은 다만 인간의 영생이 없어진 타락 이후에 발생한다. 말을 바꾸어 생각하면 낙원의 남녀 관계는 남녀의 성 행위가 포함이 되는 그러나 생식의 문제는 포함이 되지 않았다. 그렇다면 영생의 회복은 이러한 타락 이전의 낙원의 상태에의 회복이며 사두개인들이 생각하는 혼인 관계는 아닌 것이다.

부활한 남자와 여자들이 "천사와 동등이요"라고 언급된 천사와 같다는 말뜻은 천사처럼 성 행위가 없다는 말뜻보다는 천사처럼 죽음이 없다는 말뜻일 것이다. 천사를 언급한 예수나 그때의 청중은 천사라고 하면 중성적인 존재가 아니라 남성으로 전재하는 것이 당시의 상식이었다. 외경 주빌리서에 보존된 유대인의 전설에 의하면 천사들의 거룩은 그들이 모두 태어나기 전에 할례를 받음으로서 증표가 된다고 한다. 사실 천사들의 유일한 성 행위의 상대는 인간이며 이미 앞에서 서술된 바와 같이 그러한 이질 종족간의 결합의 결과인 "네피림" 족을 하나님이 거부하신 일이 있다 (창 6장). 그러나 이치로 말해서 인간이 부활 후에 천사처럼 되었다는 이유에서 하나님이 인간 동족간의 결합을 금하신다는 것은 좀 무리스럽지 않은가 하는 생각이다.

요한복음 12장 24절에서 예수님은 죽음과 부활에 관한 참으로 주목될 언급을 주셨다.

한 알의 밀이 땅에 떨어져 죽지 아니하면
한 알 그대로 있고
죽으면 많은 열매를 맺느니라.

고린도전서 15장 35~56절에서 바울은 예수의 이 이미지를 정확하게 파악하면서 마치 재즈곡의 색소폰 연주자처럼 다양한 변화를 그것에 추가한다. 나무들을 보라. 과수원에서 원시림의 적송에 이르기까지 얼마나 장하고 우람한가? 그 본래 종자는 참으로 보잘 것 없는 존재였으나 훗날에 이러한 거대한 숲을 이룬다. 바울은 우리가 장차 이어 받을 영생과 영광이 이와 같이 지금은 족히 비교할 수도 예측할 수도 없는 경이의 소유라고 지적한다.

신체적인 생명이 그와 같으면 성 생활도 그와 준한 것이라고 봐야 한다. 성 생활이 없어지는 것이 아니라 아무도 추측 못할 지경의 경이의 것으로 변화될 것이다. 광범위한 해석으로, 하나님이 번성하고 지배하는 축복을 수고와 저주로 돌려놓으셨으면 하나님이 그 저주를 다시 축복으로 돌려놓으시는 때, "모든 죽은 자의 첫 열매"인 하나님의 성육신이 그러한 축복의 새로운 영원한 차원에서 혼인이 없다고 보는 것은 오히려 이상한 일이다.

비록 하나님은 음행을 미워하고 특히 여성의 음행을 가증한 것으로 여기시고 그리고 진노와 증오의 국면에서 성 행위를 증오하신 것이면, 이제 그러한 저주가 풀리고 그리고 하나님이 이스라엘과의 관계가 혼인 관계로 본 유추가 강력하게 시사하는 바대로 기피적 국면이 긍정적 경험이 되게 하시는 결혼의 적극적인 행위가 하나님에게도 성립이 되는 것이 아닌가? (Jack Miles, p. 62 중간 아래 참조) 이러한 진정한 결혼을 상상할 때 아가서가 서술한 행복과 그리고 타락이 아닌 것과 비교하여 잘못이 아닐 것이다 (이 부분은 나의 해석이 아니다).

다시 반복이 되는 말이지만, 상술한 조건들이 성립이 되면 예수가 노년까지 생을 누렸을 때 결혼하지 않았으리라는 가정은 어렵다. 복음서에 나오는 예수의 중요 제자들은 전부 결혼한 자들이다. 그들은 어느 누구도 예수를 모방하는 길이 독신주의이어야(celibacy) 한다는 예수의 조건적인 지시를 생각하지 않았다. 훗날에 예수의 죽음과 부활 경험이 있은 후에 신약을 보면 그들은 여전히 결혼한 상태였다. 예수에 대한 깊은 결단이 이 결혼을 달리 생각하게 한 것은 아니다. 그러한 반대로 기울게 하는 증거가 없는 이상 하나님의 성육신이신 예수는 참으로 하나님의 성육신이므로 결혼이 가능한 인격이고 그리고 어떤 이유에서는 그가 생을 자연스럽게 종결했다면 결혼을 했을 것이라고 생각된다. 물론 이러한 가정은 우선은 예수의 존재론적 인격에서 예수가 삼위의 제 2위라는 고려하지 않은 추리겠지만, 그러나 그러한 예수의 인격을 고려한다고 해도 완전한 인격으로 오신 그에게 이러한 가정은 여전히 성립이 될 것이다.

역시 가정적인 이론이지만 하나님의 자기계시의 측면에서 생각하면, 예수가 하나님의 성육신으로 출생하므로 역사적인 하나의 건널목을 건너간 사건이면 동정성의 끝이 인간의 삶에 있어서 중요 건널목인 것과 같이 예수가 만일 결혼을 하게 되었다면 출생보다 더 중요한 일은 아니지만 또 하나의 건널목을 하나님이 건너가신 것이 될 것이다. 예수의 안정된 공생애 기간에 만나게 되는 여인들에게 대한 예수의 인격적인 조우는 결코 금욕적인 경직된 부자연스러움이 없는 것으로 서술이 되고 있다. 예수는 내시가 아니다. 독신 서약을 한 일이 없다. 하나님의 선지자에게서 신랑이라고 찬양을 받은 사실은 언젠가 영원의 역사에서 완전한 인간의 신랑의 모습으로 등장 할 것이 아닌가.

그런데 이 "하나님이신 신랑"(this divine bridegroom)이 희생 짐승으로 도살을 당하게 된다는 것이 아닌가? 불과 며칠 전에 요한은 예수에게 "하나님의 어린양"이라고 찬양하였다. 혼례식이 마련된다면 참으로 이상한 결합이 아닌가? "어린양"이면서 "신랑"이기 때문이다. 바로 이러한 뒤흔들어 놓는 핵심 문제를 성서에서 가장 긴 문장으로 서술된 신학의 토의 문제로 하나님과 한 여자와의 사이에 벌어지게 된다.

사마리아 여인과 대화

예수는 자신이 메시야인 것을 인정하되
그 상대는 한 이방인 여인이었다

He admits, But to a heretic, that He is The Messiah

성서의 이야기 서술은 극도로 간략하므로(parsimony) 그 서술 하나 하나는 막중한 무게를 지닌 내용을 품는다. 신약에 이야기가 나오는 경우 자주 구약의 어떤 사실과 연관 내지는 유추함으로 언뜻 말이 없으면서 연관지어진 구약이 많은 내용을 대신하게 하는 일종의 수사학적 기법이다.

예수께서 유다를 떠나 사마리아를 통하여 갈릴리로 가시는 여정을 정하고 여행에서 피곤하고 목이 말라 야곱의 우물에서 휴식을 하시게 되었다는 구약과 깊은 관련이 있는 장소의 이름이 많은 것을 일러 주는 그런 서술기법이다.

야곱이 그 아들 요셉에게 준 땅이 가깝고....예수께서 행

로에 곤하여 우물 곁에 그대로 앉으시니 때가 제 육시쯤(
정오) 되었더라. 사마리아 여자 하나가 물을 길러 왔으매
예수께서 물을 좀 달라 하시니 이는 제자들이 먹을 것을
사려 동네에 들어갔음이러라. 사마리아 여자가 가로되
당신은 유대인으로서 어찌하여 사마리아 여자 나에게 물
을 달라 하나이까 하니 (이는 유대인이 사마리아인과 상종
치 아니함이러라).

요한복음 4:5~9

후에 이스라엘이라는 새 이름을 얻게 된 야곱은 슬하에 아들
이 열둘이었다. 그 열두 아들의 후손들을 포괄적으로 "이스라엘
의 후손" 또는 이스라엘 사람이라고 부른다. 야곱의 첫 번째의
처 레아에게서 얻은 네 번째의 아들 유다는 당시의 본 무대의
실권자들인 유대인의 조상이다. 요셉은 야곱이 사랑한 두 번째
의 처 라헬의 장남이고, 유대인과 항시 경합적인 상대자인 사마
리아 사람의 조상이 된다. (이 사마리아인이라는 명칭은 오래 전에
파괴되어 없어진 고을의 이름을 헬라어 발음으로 한 것에서 연유된다.)

예수의 고향인 갈릴리는 종족으로 보나 역사적으로 보나 사
마리아와 연결된다. 사마리아 사람들과 같이 갈릴리 사람들의
조상은 유다가 아닌 야곱의 다른 형제들이라고 생각된다 (예수
의 경우처럼 나사렛 사람은 야곱과 레아의 아들 스불론의 후손이라고

여겼다). 정치적으로도 갈릴리는 사마리아와 함께 기원전 8세기에 앗수르에게 점령이 되었고, 유다는 앗수르에게 맞서서 견디다가 기원전 6세기에 바벨론에게 점령된다.

갈릴리 사람들은 문자 그대로 유대인으로 대접을 받았는데 그 이유는 희생 제물을 드리는 유일한 장소로 유다와 사마리아 사람 간에 견해가 나뉠 때 유대인의 편에 섰기 때문이다. 유대인들은 그러한 유일한 합법적인 장소를 새로 지은 성전이라고 생각하였고, 사마리아 사람들은 수세기 간 야곱이 그의 아들 요셉에게 준 세겜(Shechem)에 또 다른 성전이 있었다. 사마리아 사람들에게 반대하여 예루살렘을 모든 이스라엘 사람들의 성전 터라는 입장을 택한 갈릴리 사람들은 남쪽 유대인들로부터 동등하게 성전 출입이 허용되었다.

그러나 정황적인 사실로 갈릴리 사람들은 일종 복합적인 굴절 의식의 대상이었다. 말하자면, 세겜 토박이에게 예수는 유대인이었으나 요한복음에 보면 두 번이나 예수를 향해 유대인들이 사마리아 사람이 아닌가라고 질문을 받는다. 사마리아 사람과 같이 갈릴리 사람들에게 대한 기원전 6세기 바벨론에서 귀환한 유대인들의 안목에는 그들이 다 같이 유대 전통에서 떨어져 나간 변질자(變質者) 들이었다. 뿌리 깊은 원한은 갈릴리 사람이나 사마리아 사람들이 앗수르 강자가 심어 놓은 입주자들과 잡혼을 하였고 그리고 그들의 종교 행위를 전통적인 조상 종교에 끌어들였기 때문이었다. 이러한 후유증으로 유대인과 사마리아 사람을 갈라서게 만든 논제들은 처음부터 유대인과 갈릴리 사람들도 갈라지게 만들었다. 그러다가 잠깐 이스라엘이 외세로부터 독립을 얻은 그런 기간 (기원전 164~64년) 예루살렘에 거점을 확보한 헬라화 된 유대인들이 집요하게 예루살렘 중심의 종교적인 활동을 전개하여 결과적으로 몇 곳의 근방 지역으로까지 그 영향력을 펼쳐 나가는 중에 갈릴리는 예루살렘 종교가 흡수한 결과가 된다. 예수의 생애는 바로 이러한 변화가 생긴 지 얼만 안 되어서이다. 갈릴리 지역으로는 많은 헬라인들이 입주한 형편이 되었고, 그래서 갈릴리 사람의 정통주의 의식이나 이스라엘에 대한 충성은 예루살렘에서 의구심으로 경계하는 표적이 되어 말하자면 "갈릴리 사람의 옷을 벗기면 속은 사마리아 사람이다"라는 속언이 생겨난다.

예수 자신은 마태와 누가의 족보에 의하면 고향이라는 연고지에 따른 갈릴리 사람이라기보다는 유대인이다. 예수의 부친 요셉도 갈릴리 나사렛에서 정착을 했으나 다윗의 고향인 유다의 베들레헴이 요셉의 조상의 땅이고 혈통으로도 다윗 왕과 이어진다. 예수가 메시야 인정을 받은 후 수정된 가계라는 이도 있으나 그러나 예수는 확실하게 예루살렘이 온 세계의 중심임을 믿었고 종교적으로나 혈통으로 유대인이었다. 있는 그대로 언급하는 예수 이야기에서 갈릴리에서의 성장의 일면을 놓치지 않으면서 그는 유대인이었다는 국면은 예수 연구에 있어서 많은 복잡한 문제를 추가로 제기한다.

여기까지에서 언급한 모든 복잡한 문제를 취급하면서 예수가 여행에서 휴식을 위해 멈춘 곳이 "야곱이 그의 아들 요셉에게 준 땅이 가깝고"라고 한 마디 간결하게 언급한 서술이 내포하는 문제가 무엇인가를 말하는 것이다. 심지어 즐겨 예를 드는 학자는 신약은 마치 구약의 문신이 빽빽하게 그려진 피부와 같다고 말한 이도 있다.[1] 특히 복음서 저자들은 근육의 섬유 하나 하나를 히브리 성서의 일부를 인용하지 않고서는 전진할 수 없는 양으로 서술한다.

방금 예수는 세례 요한으로부터 이스라엘의 신랑이라고 찬양을 받았다. 신랑이신 하나님이 그의 신부 이스라엘에게 찾아와 본즉 그 신부는 많은 거짓 신과 우상에게 정조를 팔아 제공하는 참으로 한심한 창녀의 습관이 있는 난잡한 여자가 아닌가? 유대인의 시각으로 말하면 사마리아 사람들은 이단은 아닐지 모르나 분열자인 것은 확실하고 그리고 종교적으로 혼합이요 제도적으로 독선이요 완고하게 굽히지 않는 자들이다. 물론 예

---

1) Jack Miles, *Christ*, p. 65.

수도 유대인이라는 전제에서 이러한 시각을 소유한 유대인이다. 이러한 맥락에서 예수는 깊이 사마리아 지역 내에서 지금 남편이 아닌 자와 동거하는 중인 한 여자와 대화를 하는 중이다. 요지는 그 여자는 상징적으로 그리고 문자 그대로 창녀이다. 예수님은 그녀에게 답하신다.

> 네가 만일 하나님의 선물과 또 네게 물 좀 달라 하는 이
> 가 누구인 줄 알았더면 네가 그에게 구하였을 것이요 그
> 가 생수를 네게 주었으리라.

> 여자가 대답하여 "주여 물 길을 그릇도 없고 이 우물은 깊은
> 데 어디서 이 생수를 얻겠삽나이까? 우리 조상 야곱이 이 우물
> 을 우리에게 주었고 또 여기서 자기와 자기 아들들과 짐승이
> 다 먹었으니 당신이 야곱보다 크니이까."

> 예수께서 대답하여 가라사대 이 물을 먹는 자마다 목마
> 르려니와 내가 주는 물을 먹는 자는 영원히 목마르지 아
> 니하리니 나의 주는 물은 그 속에서 영생하도록 솟아나
> 는 샘물이 되리라. 여자가 가로되 "주여 이런 물을 내게
> 주사 목마르지 않고 또 여기 물을 길러 오지도 않게 하
> 옵소서.

요한복음 4:10~15

물을 긷고 또 물을 버리는 일이 여자가 전담하는 문화권에서 우물가는 여자들만의 장소이고 여자들의 의사가 여기에서 피차 소통이 되고 그리고 여자를 면접하고 언사를 건네는 장소이다. 창세기 29장 11절에 보면 무례한 야곱이 이 우물에서 처음 보는 낯선 여자를 입맞춤 한 일이 있다. 연애 유희와 시원한 본사 행위가 모두 이 우물가에서 일어나는 옛 생활에서는 이 우물이라는 언어가 이중적 의미로 다가오는 것이 예사로운 일이다.

니고데모와의 대화에서 예수의 말씀은 이중적인 신학적 의미를 지닌 것으로 전달되었다. 그런데 그러한 예수의 이중적 의미의 수사학이 이러한 여자들만의 공개된 장소에서 전달이 되면 어떤 효과와 반응이 빚어지게 되는가? 한 유대인 남자로서 전혀 관행을 깨고 자유롭게 한 여인에게 말을 건넨다. "내게 물 좀 달라"는 말뜻이 너무나 평이하면서 시적이다(takes a poetic flight). 여자는 무엇을 생각하게 되었을까? 아니 사람의 심중을 아시는 예수님은 그 여자가 무엇을 생각하는 반응을 보일 것이라 기대하였을까?

예수는 그 여자에게 물을 청하였다. 그러나 (그 여자가 예수에게 청한 물을 주기 전에, 성경은 청한 물을 그 여자가 주었다는 서술을 하지 않는다.) 예수님은 그 여자가 생수를 청해야 할 것이라고 말씀하신다. "생수"는 헬라어 번역으로 본래는 솟는 물이다. 살아 있는 양 솟아나고 분출한다. 예수께서 이 솟는 물을 주실 것이라는 의미를 그 사마리아 여인은 어떤 의미로 받아들였을까? 당시의 문화적 배경과 그리고 항상 우물에 와서 솟는 물을 길어야 하는 생활에 젖은 경험에서 그녀가 되받은 질문은 이것이다. "주여 이런 물을 내게 주사 목마르지도 않고 또 여기 물 길러 오지도 않게 하옵소서."

갑자기 제목을 바꿔, 생수도 솟는 물도 아닌 제목을 말씀하신다. "가서 네 남편을 불러오라" (요 4:16). 왜, 이 대화의 현장에 그 여자의 남편이 동석해야 하는가? 예수의 생수 주제의 교훈을 같이 듣기 위해서인가? 마치 예수님의 막연하고 간접적인 시사에 대한 그 여자의 매끄럽고 능숙한 회피적인 대구를 들으시고 그녀에게 수치심을 불러일으키기 위해서인가?

> 여자가 대답하여 이르되 나는 남편이 없나이다. 예수께
> 서 이르시되 네가 남편이 없다 하는 말이 옳도다. 너에
> 게 남편이 다섯이 있었고 지금 있는 자도 네 남편이 아
> 니니 네 말이 참되도다. 여자가 이르되 주여 내가 보니
> 선지자로소이다. 우리 조상들은 이 산에서 예배하였는데
> 당신들의 말은 예배할 곳이 예루살렘에 있다 하더이다.
>
> 요한복음 4:17~20

예수께서 그 여자의 신상에 관한 매우 민감한 곳을 지적하시자 그 여자는 유대인과 사마리아 사람의 종교적 주관의 차이를 가지고 응수한다. 나름대로 영리한 여자이므로 예수님이 제목을 변경하자 또 다른 제목의 변경으로 응수하고 있는 것일까?

아니다. 다만 그 여자는 예수께서 하실 다음 말씀을 기다리고 있다. 예수께서 그녀의 심중을 꿰뚫어 보시고 있음을 감지한 그 여자는 앞에 있는 유대인인 목마른 나그네가 아닌 그 이상의 인물인 것을 알게 된 것이다. 그분이 유대인 선지자여서 그녀 자신의 성실치 못한 혼인 생활을 책망하셨으니 그녀의 민족이 종교적으로 잡혼(雜婚) 상태인 진상을 책망하실 분이라고 본 것이다. (이와 같이 맥락을 추적해야 할 이유가) 아람어로 "네 남편"은 "바알"(ba 'al)은 "주인"이며 또한 외국의 신(神)을 의미한다. 그러므로 "너에게 남편이 다섯이 있었고"는 "너 사마리아 사람들은 신이 다섯이 있었고"와 같은 의미이다.

한 번 이 여자가 정신이 들어 지금 자기가 맞서서 이야기를 주고받는 상대가 누구인가를 알게 되면서 즉각적으로 이 여자는 이 긴장이 있는 대화의 게임에서 거의 상대와 막상막하의 대등한 위치에 자기를 둔다(She proves very nearly Jesus' equal in playing it). 그녀는 상대의 종교적인 암시를 파악하자마자 즉각적으로 같은 패(牌)를 사용한다(trumps it). 이 사마리아 여인의 말 "우리 조상들은 이 산에서 예배하였는데 당신들의 말은 예배할 곳이 예루살렘에 있다 하더이다"는 부드러우면서 칼날이 서 있다. 왜냐하면 이 문절에 나오는 "우리"는 사마리아 사람들만이 포함이 되는 것이 아니라 유대인들도 포함이 되고 그러므로 예수도 그 포함 속에 함께 있다.

아득한 과거 모든 이스라엘(유대인의 조상과 사마리아 사람의 조상)은 여기 세겜에서 예배하였다. 그녀의 지적은 정확하다. 세겜은 아브라함이 아직 아브람이었을 때 가나안으로 나아가라는 하나님의 부름을 받고 거친 돌 제단을 쌓은 곳이다. 그리고 그 곳은 아브라함의 증손자인 야곱이 아브라함의 중 손자인 요셉에게 준 땅이다.

그 곳은 요셉의 뼈를 모세와 여호수아가 유랑 생활 어간에 늘 간직한 후 묻은 곳이다. 그리고 그 장소가 가장 중요한 의미를 지닌 곳이라는 이유가 그 세겜 산에서 여호수아가 약속의 땅에 지은 최초의 성전이 있던 곳이다. 드디어 약속의 땅을 모두 평정한 후 온 이스라엘 백성이 지극히 고조된 흥분과 환희의 분위기 속에서 하나님께 다시 헌신과 축하와 그리고 그 후 다시는 그 절정에 도달한 일이 없는 열정을 집중시킨 계기의 장소이다.

“우리” 세겜이라고 새침하게 암시하는 그 장소는 옛 이스라엘 신앙의 고향이다. “당신네” 유대인들이 모든 것을 예루살렘으로 갑자기 바꿔놓은 것이라고 말하는 것이다.

예수는 충성스러운 한 유대인으로 정당한 사마리아 사람의 주장 앞에 항복하지도 않거니와 또한 하나님의 성육신으로서 “신령과 진리”라는 새 계약으로 세겜과 예루살렘의 주장 모두를 잠재워야 하는 때가 다가온다고 선언하다.

여자여 내 말을 믿으라. 이 산에서도 말고 예루살렘에서도 말고 너희가 아버지께 예배할 때가 이르리라. 너희는 알지 못하는 것을 예배하고 우리는 아는 것을 예배하노니 이는 구원이 유대인에게서 남이라. 아버지께 참되게 예배하는 자들은 영과 진리로 예배할 때가 오나니 곧 이때라. 아버지께서는 자기에게 이렇게 예배하는 자들을 찾으시니라. 하나님은 영이시니 예매하는 자가 영과 진리로 예배할지니라. 여자가 이르되 메시야 곧 그리스도라 하는 이가 오실 줄 내가 아노니 그가 오시면 모든 것을 우리에게 알려 주시리이다. 예수께서 이르시되 네게 말하는 내가 그라 하시니라.

요한복음 4:21~26

사마리아 사람들은 다만 모세의 토라만이 성경이고 그리고

저들이 기다리는 메시야는 기름 부음을 받은 두 번째의 다윗이
아닌 기름 부음을 받은 선지자인 두 번째 모세이다. 모세는 신
명기 18장에 이 선지자가 올 것을 언급하고 있고 이 사마리아
여인이 말한 바대로 "모든 것을 우리에게 일러 준다."

> 네 하나님 여호와께서 너의 중 네 형제 중에서 나와 같
> 은 선지자 하나를 너를 위하여 일으키시리니 너희는 그
> 를 들을지니라. 이것이 곧 네가 총회의 날에 호렙산에서
> 너의 하나님 여호와께 구한 것이라. 곧 네가 말하기를
> 나로 다시는 나의 하나님 여호와의 음성을 듣지 않게 하
> 시고 다시는 이 큰불을 보지 않게 하소서. 두렵건대 내
> 가 죽을까 하나이다 하매 여호와께서 내게 이르시되 그
> 들의 말이 옳도다. 내가 그들의 형제 중에 너와 같은 선
> 지자 하나를 그들을 위하여 일으키고 내 말을 그 입에
> 두리니 내가 그에게 명하는 것을 그가 우리에게 다 고하
> 리라.
>
> 신명기 18:15~18

예수는 그 여자에게 두 번째의 모세 또는 예언된 메시야라는
답변을 줌으로 전자에 빌립이 예수의 정체를 해설하면서 "모세
가 기록하였고"(요 1:45)라고 말한 것 이상으로 분명하게 선언한
다. 그러나 예수는 더욱 전진한 단계, 독자는 그것을 용이하게

인지하게 되고 그리고 그 자리의 여자는 그것을 인지하지 못하였을 것이라고 추측되는, 하나님의 원초적인 이름(출 3:14)을 사용하는 경이의 문절로 답변을 하신다. 곧, "네게 말하는 내가 그라(I AM)"의 경이의 문절이다.[2]

이 사마리아 여자가 예수를 믿게 된 동기는 나다나엘의 경우처럼 자기의 과거를 아시는 지식 때문이었다. 우물가를 떠나 바로 시내로 돌아간 그녀는 사람들에게 질문한다. "이는 메시야가 아닌가" (요 4:29). 사람들이 급히 모여와 예수의 말씀을 듣는다. 그리고 많은 사람들이 그가 진실로 메시야이심을 믿게 된다. 그리하여 사마리아 여자에게 말한다. "이제는 우리가 믿는 것이 네 말로 인함이 아니니 이는 우리가 친히 듣고 그가 참으로 세상의 구주신 줄 앎이라" (요 4:42).

"세상의 구주" 다시 한 번 나다나엘이 협의적으로 증언한 "이스라엘의 임금"만이 아니다. 사마리아 사람들은 자신들을 이스라엘이라고 생각한다. 그러나 동시에 저들은 유대인들이 자신들을 지목하여 "세상"이라고, 다시 말해서 이스라엘이 아닌 이방인이라고 취급함을 잘 안다. "누가 이스라엘 사림인가"에 관

---

2) 우리 한국어로 번역이 되면 그러한 하나님의 원초적인 이름 "I AM"이 표시되지 않고 문절의 서술에 묻혀 버린다. 그러나 "그니라"는 "영원 자존자"의 문절이다.

한 1세기의 뜨거운 논쟁은 오늘 20세기의 뜨거운 논쟁거리인 "누가 유대인인가"와 같다. 처음 사마리아 여인에게 예수는 거침없이 "구원이 유대인에게서 온다"라고 직언하였다. 그러나 예수의 관점은 확실하게 논쟁이 그것에서 멎지 않음을 아시었다. 예수는 유대인이 아닌 비유태계의 인간을 회개시킴으로 자신을 다니엘서의 인자 예언의 시각으로 인지하는 세계적 차원의 설정(the creation of the universal jurisdiction)을 위한 심각한 첫발을 직접 내딛고 있다.

아직 예수께서 우물가에서 그 여인과 대화를 하고 있을 때에 그의 제자들은 먹으로 것을 구하기 위해서 동네로 가 있었다. 그들이 돌아와 예수께 구한 식물을 드렸다. 이때에 주신 예수의 답변은 예수께서 유대인들에게 당신의 메시지를 주어 해명하기 전에 이스라엘의 분열주의자인 이 사마리아 사람에게 먼저 전하고 설명하게 된 이 역설적인 결과에 대한 반응이 곁들여진 성격의 답변이다. 이 사마리아 사람이 이방인과 같은 사람이라면 이스라엘의 신랑이신 예수는 지금 인간 종족 전체를 상대하여 길을 닦고 계시는 것이 된다. 무엇이 앞으로 일어나겠는가는 전율(戰慄)을 느끼게 만드는 상상을 넘어선 일들이 기다리는 셈이 된다. 그러나 시간은 여물었다. 예수의 다음 답변은 그러한 맥락의 의미이다.

나의 양식은 나를 보내신 이의 뜻을 행하며

그의 뜻을 온전히 이루는 이것이니라.

너희는

넉 달이 지나야 추수할 때가 이르겠다 하나

너희 눈을 들어 밭을 보라.

희어져 추수할 때가 되었도다.

요한복음 4:34~35

세겜에서 잠시 먹을 것과 마실 것을 위해 멈추려고 한 계획이 결국은 그 곳에 이틀이나 체류하게 되는 일정이 되었다. 예수는 여자에게 남편이 없는 것을 알면서 가서 남편을 데리고 오라고 하였다. 그랬더니 동리로 간 그 여자는 온 동리 사람을 불러와 예수를 놀라게 하였다. 제자들은 예수께서 홀로 한 여인과 대화를 하시는 것을 목도하고 그리고 이틀을 더 유하게 됨으로 한 짧은 시간의 무분별이 이제는 공개된 비난이 되는 것이 아닌가 하는 염려였을 것이다.

앞서 언급된 바 있거니와 예수와 한 사마리아 여인과의 대화는 성서 전체에서 하나님이 한 여인과 대화를 하신 가장 긴 기록이다. 그 여자가 유대인이 아닌 것, 대화의 장소가 우물가라는 것, 대화의 상대인 그 여자의 결혼 생활이 정상이 아님을 예수는 잘 알고 있다는 것. 예수의 서술이 의도적으로 이중적 의미를 지녔다는 것 (수사학), 그녀의 대화가 지능적이고 그리고 즐기고 있다는 것, 지금까지의 맥락에서 예수는 혼인을 축복하셨다는 것, 방금 전 세례 요한이 예수를 찬양하여 신랑이라고 비유한 것, 이 모든 요소들을 하나로 묶으면 전자에 예수를 지칭하여 하나님의 어린양이라고 한 것과 같은 심오한 맥락을 구성한다. 예수는 신부가 없는 신랑이다. 사마리아 여인은 남편이 없는 여자이다. 이러한 제 요인 중에서 무의미한 것을 제외하고 의미 있는 것만을 종합하면 그 결과는 무엇일까?

제자들이 목도하고 그리고 심중에 많은 것이 오고 간 지식은 무분별한 행위였을 것이다. 제자들의 의중은 위험한 무분별이 아니었으면 하였을 것이다. 그러나 결과는 하나님이 만민을 구하시기 위해서 제자들의 바램과 전통 개념을 뛰어넘는 그리고 그 여자는 상관없는 하나님의 성육신의 스캔들이다.

제자들은 예수를 누구라고 생각하는가

Who do his disciples think He is?

예수께서 제자들을 대동하여 갈릴리를 향하여 사마리아를 출발할 때, 제자들은 예수를 누구라고 생각하고 있었는가? 저들이 예수에 대하여 많이 언급한 일은 없으나 그 한정된 언급을 정리하면, 그들의 예수가 메시야이심을 믿었다. 그러나 저들은 예수 자신의 언명보다는 예수에 대한 세례 요한은 천명을 들었다. 그리고 사마리아 사람들은 예수의 다른 직능을 말하였다. 그것들을 모두 종합하면 일곱 가지이고, 출현의 순서대로 명기하면 다음과 같다.

1. 심판자(Judge)

2. 하나님의 어린양(Lamb of God)

3. 메시야(Messiah/Son of David and adopted Son of God)

4. 인자(Son of Man)

5. 성전(Temple)

6. 신랑(Bridegroom)

7. 선지자 그리고 율법을 제시할 자(Prophet and Lawgiver)

1~2. 심판자 그리고 하나님의 어린양. 이 일곱 가지 중에서 처음 1번과 2번은 세례 요한이 예수께 지칭한 서로 모순된 관제(官題)이다. 처음 세례 요한은 예수를 가리켜 그의 오른손에 키를 잡고 타작마당에 분류의 바람을 일으킬 자라고 하여 알곡과 쭉정이를 분류하고 알곡은 거두고 쭉정이는 불사른다고 하였다. 그리고는 연속적으로 예수가 세상 죄를 처벌하는 것이 아닌 "옮겨 갈"자이신 하나님의 어린양이라고 찬양하여 그 이미지가 장차 하나님과 인간이 화목 되게 할 자이나, 그러나 인간 제물을 통하여라는 엄청나게 당혹스러운 사건적 의미가 동반하는 직능이었다.

3. 메시야 (다윗의 아들 그리고 하나님의 선택이 된 아들). 예수의 초기 추종자들은 심판장과 어린양의 모순을 이해하거나 해결한 것이 아니면 또한 하나님과 이스라엘의 관계와 이스라엘과 세상과의 관계라는 긴장을 이해한 것이 아니다. 그러나 메

시야라는 세 번째의 직능을 수용하였다. 예수께서 세례를 받우실 때 하늘에서 들린 음성은 시편 2편 7절의 문절, 다시 말해서 하나님이 이스라엘의 왕 다윗을 하나님의 아들로 선택(양자)하신 의미의 문절이다.

너는 내 아들이라.
오늘 날 내가 너를 낳았도다.

본래 세례 요한의 추종자였다가 떠나 예수의 추종자가 된 안드레가 자기 형제 베드로에게 "우리가 오늘 메시야를 만났다"고 말한다 (요 1:41).

빌립은 자기 친구 나다나엘에게 "모세가 율법에 기록하였고 여러 선지자가 기록한 그이를 우리가 만났다"(요 1:45)라고 선언하였고, 나다나엘은 예수를 찬양하여 "랍비여 당신은 하나님의 아들이시요 이스라엘의 임금이로소이다"라고 선언하였다 (요 1:49).

4. 인자 (Son of Man). 예수는 메시야라는 칭호를 인정하나 그러나 인자라는 네 번째의 더 보편성의 역할로 자신을 피력한다. 구문적으로는 단지 "인간성"(human being)으로 의도되나

그러나 예수는 "하늘이 열리고 인자의 머리 위로 하나님의 천사가 오르고 내림을 보리라"(1:51의 의역)고 그 의미를 무한 확대하여 다니엘서(7:13~14)에 있는 문절, "하나님이 인자 같은 이에게 온 세상을 다스리는 권세를 주신다"(의역)고 언급한 내용과 일치시켰다.

요한복음의 독자는 서언을 읽으면서 제자들은 알지 못한 사실이지만 이미 예수가 하나님의 성육신이심을 안다. 또한 예수의 제자들은 아직은 알지 못하지만 요한복음을 읽는 독자는 이미 알게 된 사실이 마귀가 예수에게 신체적인 폭력을 행사한 사건이 바로 로마가 이스라엘에게 폭력을 행사한 것과 같은 유추라는 사실이다. 종국적인 권능은 하나님께 속한다. 그러나 여러 가지의 외적 정황에서 마귀는 임의로 행동하도록 방임된 것처럼 여겨진다. 그러나 예수님은 참으로 기민하고도 재치 있는 모세의 글을 인용하여 마귀의 모든 유혹은 쉽게 극복하시나 그러나 예수는 시험하는 자를 모욕하거나 완전무결하게 패배시키지는 않으신다. 그에게 아직은 그 권능과 의지가 없기 때문인지, 아니면 아직은 자기에게 전략적인 긴장이 필요한 계획 때문인지 요한복음의 독자들도 지금으로서는 알 수가 없다.

5. 성전 (Temple). 광야와 마귀에게서 돌아오신 예수는 거의

즉각적으로 그의 첫 번째의 직능 곧 심판자의 역할을 결행하기로 마음을 굳힌 것으로 보인다. 그는 손에 바람을 일으킬 키를 손에 들고 옛 조상의 "집"을 정하게 하기 위한 것처럼 예루살렘 성전에 들어선다. 그의 행위를 보고 성전에 대한 무순 권세로 그와 같이 행하는가 증거를 보이라고 도전을 받고 의외로 현장의 누구도 듣고 선뜻 말뜻을 이해 못할 말씀으로 답변하신다. "너희가 이 성전을 헐라. 내가 사흘 동안에 일으키리라" (요 2:19). 그러나 이 한 마디를 저들은 마음에 둔다(but the line lodges in their minds). 숨 쉴 틈을 주지 않는 즉각 행위로 예수는 유대 종교의 중심인 희생물을 대신하는 자리에 자신을 두시고 그리고 바로 자신이 몸으로 바쳐지는 희생제물이 될 것을 예언한다.

니고데모가 예수를 방문했을 때 제자들의 배석 없는 그 자리에서 물과 성령에 의한 신창조의 놀라운 환상에 접하게 된다. 그 신창조에서는 처음 창조의 저주가 다시 한 번 축복이 된다. 그러나 어둠 속으로 그 니고데모가 떠나간 후 그 자리에 있는 사람은 예수께서 다시 말씀하시는 당혹스러운 유추, 자신이 모세가 광야에서 든 장대의 구리뱀처럼 십자가에 들려야 한다는 말씀을 듣게 된다 (요 3:14). 당혹스러운 사실은 그의 죽음으로 온 세상의 곤고함이 치유되나 그가 또한 그러한 곤고함의 원인이라는 것이다. (What disturbs is the suggestion that though by his death he may be the cure of the world's affliction, he is also its cause.)[1]

6. 신랑 (Bridegroom). 예루살렘을 떠나 아니 아마도 그 곳을 피하여 예수와 제자 일행은 유다 촌락지에 있는 세례 요한을 만난다. 요한은 예수를 신랑으로 자기는 그 신랑의 친구라고 비유한다. 그러한 이미지는 세례 요한 자신이 예수의 위치 아래에 있는 역할을 표시한다. 그러나 그러한 비유의 의미는 그 것 이상의 심오한 것을 지닌다. 구약으로 말하면, 하나님은 이스라엘의 신랑이며 배신당한 신랑이다. 하나님의 배필인 이스라엘은 그에게 불충실하다. 하나님은 그를 책망하고 그리고 언제나 그 배필에게 충실하였다.

만일 어린양이 신랑이면, 그 어린양의 대속적 고난은 배신당한 남편의 고난이고, 그는 처를 처벌하는 대신 처의 거부를 인내로 견디어 내는 고난인가? 그러한 의미로 이 두 이미지를 하나로 결합하면, 그러한 결함이 빚는 의미는 나아가 메시야 구속주의 역할과는 어떻게 양립이 되는 것인가? 예수를 메시야로

---

1) 이 해석은 Jack Miles, *Christ*. p. 72의 맨 아랫단에 나온다. 저자의 의중을 파악하기 위해서 신중한 사려가 요구된다.

알고 믿는 제자들은 또한 세례 요한의 증언인 예수가 어린양이
시며 신랑이라는 칭호를 들었다. 니고데모와 그리고 독자는 그
가 세상으로 보내심을 받은 것은 사랑이라고 들었다. 제자들은
아직 이 사랑에 대하여 확실하게 듣지 못하였다. 신랑의 불가
피한 사랑이라는 측면에서 제자들은 그가 어떤 범주의 메시야
이신가 하는 것을 점차로 짐작하게 될 터이다.

7. 선지자 그리고 율법을 세운 자: 두 번째의 모세(Prophet and
Lawgiver: a second Moses). 사마리아 사람들이 예수를 메시야로
찬양하였을 때 그들의 이해는 새로운 다윗이기보다는 새로운
모세로 본 것이다. 그들은 장차 오리라고 모세가 약속한 그 선
지자였다. 선지자이지만 단지 앞날에 일어날 것을 일러 주는 역
할만이 아닌 모세처럼 토라, 즉 "모든 것을 우리에게 알려 줄" 선
지자라고 생각하였다. 일반적으로 널리 생각하고 있는 신앙에
의하면 엘리야가 약속된 두 번째의 모세였다. 그러므로 더 이상
의 모세의 모사형(模寫形)은 마땅히 엘리야의 모사(Elijah redux)이
어야 한다. 모든 지식의 혼란을 풀어 알게 하며 모든 문제에 답
하는 선지자는 엘리야이어야 한다.

세례 요한이 예수에 대하여 "그는 흥하고 나는 쇠해야 한다"
라고 언명한 것은 세례 요한이 이 역할을 예수에게 일임하고 머

리 숙임을 말하고 예수가 하나님의 모든 과거의 중재 행위를 자신의 인격으로 다시 개괄(概括)하심을 의미한다(who recapitulate the functions of all God's past intermediaries in himself).

사마리아 사람들에게 과거 이스라엘의 자기들 지역 내에서 사역한 엘리야의 비중은 엄청난 것이며 예수가 사마리아 사람이 아닌 유대인이지만 그들이 예수를 이 역할로 보았다는 의미는 초기에 야기된 국경을 넘어 선 역할로(that the role is incipiently international) 해석한 것이 된다. 만일 사마리아 사람이 아닌 이 유대인을 그들의 구주로 받아들이게 된다면, 그 이유는 다만 그가 "온 세상의 구주"이시기 때문이다. 예수께서 동리 사람들이 이러한 해석과 기대를 그대로 수용한 것은 또한 예수 자신이 모세이며 그의 율법이 온 인류에게 해당되는 것으로 인지함을 의미한다.[2]

---

2) 여기까지는 (내 원고 I~XV) Jack Miles의 *Christ*의 Part One이다(p. 73).

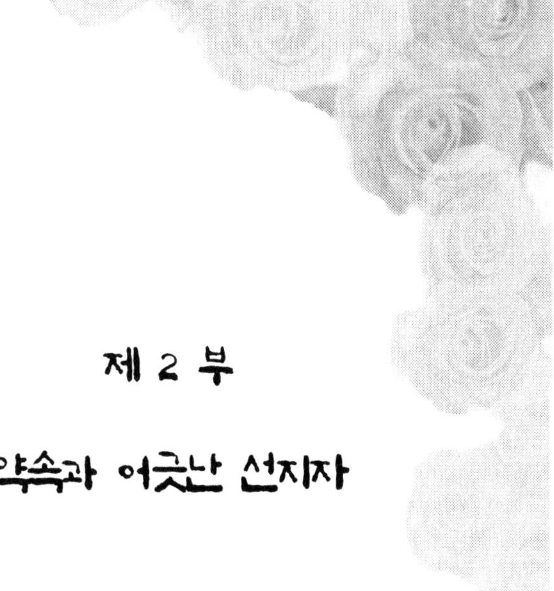

제 2 부

약속과 어긋난 선지자

마음이 내키지 않는 첫 번째 치유

His inauspicious first cure[1]

예수께서 사마리아에 체류하는 이틀이 지났다. 예수는 갈릴리로 올라가신다. 비록 예수는 선지자는 자기 고향에서는 영광을 받지 못한다고 언급하였으나, 갈릴리에 도착하자 사람들이 그를 환영하였다. 그 이유는 저들도 절기에 예루살렘에 올라갔다가 그 곳에서 예수의 행적을 목도하였기 때문이다.

예수는 전에 물을 변하여 포도주가 되게 한 표적을 일으킨 일이 있는 가나에 옮겨간다. 그리고 가버나움에서 그 곳에 병으로 누워 있는 아들을 가진 왕의 신하가 있었다. 그가 예수께서 예루살렘에서 갈릴리로 돌아왔다는 소식을 듣고, 그는 예수에게로 가서 자기 아들이 죽게 되었는데 속히 와 치유하여 줄 것을 간청한다. 예수님은 그에게 말한다. "표적과 기사를 보지

---

1) 이 논문은 Jack Miles, *Christ*, p. 75에 나오는 Part Two이다. (후속 논문들도)

못하면 도무지 믿지 아니하리라" (요 4:43~48).

믿는 다는 것, 무엇을 믿는 것인가(Belief what?). 예수는 무엇을 믿어야 하는가를 명백하게 천명한 일이 없고 (아직은) 자신의 일부라고 할지라도 동의하는 것 이상이 아니었다. 예수가 원한 것은 보다 세계적인 영역의 것과 개인 경험에 의한 완전한 결단이었고 종결이 없는 것 그리고 하나님을 믿는 것과 동질의 것인 정의가 없는 결단이었다(an open-ended and undefined commitment that can only be compared with belief in God). 그러면서도 예수께서 이러한 믿음을 요구하실 때는 심지어는 전에 하나님이 요구하신 것을 넘어서는 요구를 하신다.

과거 하나님이 아브라함에게 미지의 지역으로 모험으로 따라오라고 명하셨을 때, 그 모험은 큰 보상이 약속이 된 명령이었다. 아브라함으로 하여금 "위해한 백성"을 주신다는 약속이다. 이러한 명령의 함축된 의미는 위대한 약속이 아니면 차라리 고향에 그대로 있으라는 것이다. 유사한 이유에서 하나님이 이스라엘을 애굽에서 인도하셨을 때 "강한 손과 편 팔로" 구출하신 것이다 (신 4:34). 하나님은 진정 신뢰할 만한 하나님이심을 이적과 큰 역사로 확실하게 증명하신 것이다.

그러나 하나님의 성육신이신 주님은 이러한 표적의 요구를 단연 거부하시며 그리고 이러한 가시적으로 주고받는 원칙을 단연 거부하신다. 어찌하여 이러한 표적의 요구에 격분하시는 가? 주님은 아브라함과 모세보다 크심을 인지하신다. 그러나 증 명과 표적을 간절히 요구하는 여론에 어찌하여 격분하시는가? 원치 않으심이 아니라 불능인가?(Is he unable rather than unwilling?)

마음 내키지 않는 첫 번째 치유 곧 한 로마인 어린이를 치유하심
(His inauspicious first cure: A Roman child)

왕의 신하가 자기 아들의 생명을 구해 주실 것을 청하여 왔 을 때, 예수는 광야에 시험하는 마귀를 책망하신 일, 혼인 잔치 에서 모친을 그와 같이 한 것, 그리고 성전에서 유대인 지도자 들을 그와 같이 한 것과 같은 책망과 언짢은 감정이었다. 그래 도 그 청하는 신하가 고집하니 예수가 그의 청을 들어 주게 된 다. 그리고 주신 언급은 "내가 이 일을 하기는 하지만 네가 청 하지 말았어야 한다."(I am doing this but you should not have asked it.) (왜 그래야만 하는가?)

신하가 이르되 주여 내 아이가 죽기 전에 내려오소서.
예수께서 이르시되 가라 네 아들이 살아 있다 하시니 그
사람이 예수께서 하신 말씀을 믿고 가더니 내려가는 길
에서 그 종들이 오다가 만나서 아이가 살아 있다 하거늘
그 낫기 시작한 때를 물은즉 어제 일곱 시에 (오늘의 오
후 1시) 열기가 떨어졌나이다 하는지라. 그의 아버지가
예수께서 네 아들이 살아 있다 말씀하신 그 때인 줄 알
고 자기와 온 집안이 다 믿으니라.

요한복음 4:49~53

이때의 예수는 두 가지의 의식, 즉 하나님의 권능을 행사하
는 것과 그리고 자신이 소유한 능력의 한계가 어디까지인가를
숨기려는 의중인 것으로 보인다. 분명 예수가 자기 재량으로
행사할 수 있는 권능이 경이의 것이다. 동시에 예수는 그러한
권능의 행사를 이유로 하여 자신의 존재가 유일무이한 존재인
것을 드러내기를 원치 않으신 듯하다.

나아가 예수가 보여 준 이러한 양면성의 반응은 치유를 간청
한 그 왕의 신하의 신분에도 이유가 있는 듯싶다. 그는 순수하
게 로마 사람이던가 아니면 분봉 왕 헤롯 안디파스에 속한 관
직의 갈릴리 유대인일 수도 있다. 예수의 사역 초기 사마리아
사람에게 아무런 제재 없는 교훈이 큰 폭의 전진이라고 하면

이번 치유의 예는 훨씬 더 큰 폭의 전진이다. 왜냐하면 로마의 압제에 놓인 맥락에서 그러한 관원의 청원을 수용하는 것이기 때문이다. 이번 치유는 예수께서 예루살렘에서 돌아오면서 최초의 의미 있는 행동이다. 로마인의 행패를 목격한 일이 있는 갈릴리 사람이라면 이와 같은 지배자의 협력자에게 순순히 그의 능력을 사용한다는 행위를 이상하게 여기지 않을 수 없다. 예수 자신이 다른 사람의 심중과 의향을 숙지하는 터라 그래서 이 관리가 간청하였을 때 처음 불쾌한 거부 의사를 표시한 것인가?

한 악령이 소리친다

"나는 당신이 누구인 줄 아노니"

A Demon cries out, "I know who you are"

예수는 고 갈릴리 지역인 가나에서 갈릴리 호수 연변의 저 갈릴리 지역인 가버나움으로 내려가 그 곳 회당에서 설교를 하신다.

회당에 더러운 귀신 들린 사람이 있어 크게 소리 질러 이르되 아 나사렛 예수여 우리가 당신과 무슨 상관이 있나이까. 우리를 멸하러 왔나이까. 나는 당신이 누구인 줄 아노니 하나님의 거룩한 자니이다. 예수께서 꾸짖어 이르시되 잠잠하고 그 사람에게서 나오라 하시니 귀신이 그 사람을 무리 중에 넘어뜨리고 나오되 그 사람은 상하지 아니한지라. 다 놀라 서로 말하여 이르되 이 어떠한 말씀인고. 권위와 능력으로 더러운 귀신을 명하매 나가는도다 하더라. 이에 예수의 소문이 그 근처와 사방에

퍼지니라.

누가복음 4:33~37

아무도 감히 이 미친 사람 같이 예배의 회당에서 큰 소리를 고래고래 지르고 찢어지는 목청으로 외설과 신성모독과 숨겨진 비밀을 내뱉을 수 없는 일이다. 귀신 들린 자의 소리는 귀신의 소리이다. 마귀의 공동체 중에서 비밀을 누설하는 귀신의 소리이다. 푸른 불꽃이 눈을 찌르듯 번득이고 나오는 목소리이다. 이 귀신은 갇혀 있으나 지극히 반항적이고 감히 예수의 신성을 폭로한다. "나는 당신이 누구인 줄 아노니 하나님의 거룩한 자니이다." 그러나 또한 귀신은 두려워한다. "우리를 멸하러 왔나이까?"

"거룩한 자"의 칭호는 구약 전체에서 하나님 자신이 사용하는 일 외에 사용된 일이 없고, 그리고 어떤 경우는 거룩한 자 그러나 대체로 "이스라엘의 거룩한 자"로 복합적인 구의 형성으로 나온다. "우리를 멸하러 왔나이까" 하는 설명이 추가된 이 악령의 발언은 정확하다. 왜냐하면 하나님이 멸망과 파괴를 의도하셨을 때 이 "거룩한 자"의 존칭이 주격으로 자신을 가리키신 존칭이었기 때문이다. 예를 들어, 한때 하나님의 채찍과 몽둥이의 역할을 한 민족 앗수르를 멸망하실 때 그 앗수르에 대한 진노의 말씀에 사용된다 (사 10:5). 앗수르가 승리에 취하여 오만방자하자 이러한 태도는 하나님께 대하여 마치 "이는 막대기가 자기를 드는 자를 움직이려 하는 것"(사 10:15)이므로 그러한 배신자는 소각해 버릴 때가 온 것이다.

> 이스라엘의 빛은 불이요 그 거룩한 자는 불꽃이라. 하루 사이에 그의 형국과 질려가 소멸되며 그 산림과 기름진 밭의 영광이 전부 소멸되리니 병인이 점점 쇠약하여 감 같을 것이라. 그 살림에 남은 나무의 수가 희소하여 아이라도 능히 계산할 수 있으리라.
>
> 이사야 10:17~19

애통스러운 일로 예루살렘을 진멸한 바벨론에 대한 패망의 약속처럼 갈릴리에게 같은 피해를 끼친 앗수르에게는 그러한 패망의 약속의 실현이 오지 않았다. 최소한 하나님의 선민을 해롭게 한 자에게 온 그러한 응분의 보복은 없었다. 바벨론이 앗수르를 패망시키고 페르시아가 바벨론을 패망시키고, 그리고는 헬라가 페르시아를 패망시키고 그리고 이어 로마가 헬라를 굴복시킨다. 다만 그러한 변천에서 이스라엘은 단지 전리품으로 다른 주인의 손에 매인다. 이러한 정세는 다니엘서에 나온 서술과 같이 이방의 제 신들이 이스라엘을 압제하는 현장의 주인으로 있다. 여기 예수에게 도전하는 귀신의 경우는 그러한 연관된 맥락에서 하나님의 거룩한 자가 성육신으로 오신 이유가 저들을 멸하려 오셨는가의 질문은 로마의 압제가 이스라엘의 불가항력적으로 연속으로 봉기될 저항으로 쇠퇴의 길목을 넘어가는 것인가라는 질문을 신비한 수사로 질문한 것이 된다.

거룩하신 자가 이스라엘의 자녀들을 신원하지 못한 일을 얼마나 마음 아프게 여기시는가는 그가 처음 단계에서 얼마나 가혹하게 형벌하셨는가의 소용돌이로 짐작이 간다. 하나님의 노여움은 크다. 그러나 그만큼 처벌을 가하시며 아픔을 의식하신다.

> 이스라엘이 어렸을 때에 내가 사랑하여
> 내 아들을 애굽에서 불러냈거늘
> 선지자들이 그들을 부를수록 그들은 점점 멀리하고
> 바알들에게 제사하며
> 아로새긴 우상 앞에서 분향하였느니라.

이러한 형편에서 결심하시어,

> 칼이 그들의 성읍들을 치며
> 빗장을 깨뜨려 없이 하리니

그러나 그럴수록 더,

에브라임이여 내가 어찌 너를 놓겠느냐.
이스라엘이여 내가 어찌 너를 버리겠느냐....
내 마음이 내 속에서 돌이키어 나의 긍휼이
온전히 불붙듯 하도다.
내가 나의 맹렬한 진노를 나타내지 아니하며
내가 다시는 에브라임을 멸하지 아니하리니
이는 내가 하나님이요 사람이 아님이라.
네 가운데 있는 거룩한 자이니
진노함으로 네게 임하지 아니하리라.

호세아 11:1~2, 5~6, 8~9

과거의 정황 속에서 거룩하신 자는 두 가지 자기 갈등을 겪으셨다. 그러나 통례대로 그의 진노는 그의 긍휼이며 그는 진노의 몽둥이 앗수르를 가지고 에브라임을 매질하셨다. 그 후 수세기는 지났다. 그러나 하나님은 잊으시지 않으신다. 회당의 악령이 즉시 두려워한 것은 과거의 미진한 현안을 이제야 척결하시는 것이라는 공포였다. 주변에서 목격하는 사람들도 쉽게 예수가 "권세와 능력으로" 행사하심을 알 수가 있었다. 그러나 그러한 권세를 주장하실 수 있음에도 예수는 정치적인 안목으

로 당신의 권능을 행사하는 것을 못 마땅하게 생각하시는 듯하
였다.

과거 하나님은 "어른이 어린 것을 들어 자기 볼에 갖다 대듯"
(like someone lifting an infant to his cheek (호 11:4-NIB) 이스라엘
을 어린 것으로 사랑하였다. 그러나 이제 와서 이 어린 아이를
위해서 하나님이 권능을 사용하실 것인가 아닌가? 그렇게 보이
지는 않는다. 그러면서도 또한 그의 자녀를 더 이상은 질곡 아
래 놓이게 할 수도 없는 일이다. 하나님의 성육신으로 하나님
은 더 이상 죄를 묻는 처벌을 가하는 일에 염증을 의식하는 것
으로 보인다. 자녀의 죄를 말하자면 왕의 배신과 우상숭배와
타락으로 모든 백성에게 곤고함을 내리는 일과 모멸과 책망과
가혹한 처벌을 내리는 일에 대한 염증이다. 그러한 하나님이
더 이상 백성들에게 두려운 존재가 아니라면, 동시에 선민의 원
수들에게도 더 이상 두려운 존재가 아닌 것이 되는 것이 아닌
가? 그러한 변화가 생기면 더 이상 선민과의 계약은 어떻게 되
는 것일까?

나사렛 동향인들이 그를 죽이려고

The Men of Nazareth, Insulted, Try to kill him

몇 번의 치유와 귀신 들린 자의 귀신들을 추방한 후 예수는 가버나움에서 나사렛으로 발길을 옮긴다.

예수께서 그 자라나신 곳 나사렛에 이르사 안식일에 자기 규례대로 회당에 들어 가사 성경을 읽으려고 하시매 선지자 이사야의 글을 드리거늘 책을 펴서 이렇게 기록한 데를 찾으시니 곧 주의 성령이 내게 임하셨으니 이는 가난한 자에게 복음을 전하게 하시려고 내게 기름을 부으시고 나를 보내사 포로 된 자에게 자유를 눈 먼 자에게 다시 보게 함을 전파하며 눌린 자를 자유케 하고 주의 은혜의 해를 전파하게 하려 하심이라 하셨더라.

책을 덮어 그 맡은 자에게 주시고 앉으시니 회당에 있는 자들이 다 주목하여 보더라. 이에 예수께서 저희에게 말씀하시되 이 글이 오늘날 너희 귀에 응하였느니라. 하

시니 저희가 다 그를 증거하고 그 입으로 나오는 바 은
혜로운 말을 기이히 여겨....

누가복음 4:16~22 (이사야 61:1~2 참조)

　이사야서를 인용하여 예수는 자신이 사마리아 사람들이 기
다려 온 기름부음을 받은 선지자 그리고 유대인이 기다려 온
왕 같은 메시야, 이 두 가지의 직능을 가진 자, 다시 말해서 이
사야가 예언한 경이의 일들을 가동시킬 수 있는 자라고 선언한
다. 과거의 약속에서 수세기가 경과했는가? 주변의 도시와 마
을은 아직 황폐한 채로 있는가? 문제가 되지 못한다. 왜냐하면
경이의 때가 목전에 당도한 것이다. 앞서 예수가 인용한 이사
야의 글은 맥락적으로 뒤에 따라오는 문절이 있다.

그들은 오래 황폐하였던 곳을 다시 쌓을 것이며
예로부터 무너진 곳을 다시 일으킬 것이며
황폐한 성읍 곧 대대로 무너져 있던 것들을 중수할 것이며

이사야 61:4

　예수의 설교에 접한 회중(會衆)에게 이보다 더 적절한 내용이
또 있을 수가 없다. 하나님이 너무 오래 지체하신 것이 아닌가
말이다. 많은 기독교 주석자들은 예수의 동시대인에게 준 약속

이 물질적인 구원이 아닌 영적 구원이었다고 하여 그 시대의 착오를 지적하는 경향이다. 그러나 과거 하나님이 이스라엘에게 주신 약속은 추상적인 약속이 아닌 물질적인 구원의 약속이었다. 하나님은 이 진실을 한 번만이 아니라 계속적으로 그리고 강조하여 주신 약속이다. 예를 들어, 예수께서 읽으신 그 약속의 맥락에서도 하나님은 약속하셨다.

외인들은 서서 너희 양떼들을 칠 것이요
이방 사람은 너희 농부와 포도원 지기가 될 것이나
오직 너희는 여호와의 제사장이라 일컬음을 얻을 것이라
사람들이 너희를 우리 하나님의 봉사자라 할 것이며
너희가 열방의 재물을 먹으며
그들의 영광을 얻어 자랑할 것이며
너희가 수치 대신에 배나 얻으며
능욕 대신에 분깃을 인하여 즐거워할 것이라

이사야 61:5~7

이러한 맥락이 당시의 실제적인 여론이었으면, "이 글이 오늘 너희 귀에 응하였느니라"는 장담에서 단지 귀신을 몰아내며 병자를 치유하는 결과에 대한 것이 아니라면 무엇의 성취란 말인가? 상술한 하나님의 약속이 성취되어 민족의 풍요와 영광이 실현되려면 귀신 추방이나 병자 치유 이상의 무엇이 더 보장되어야 하는 것이 아닌가? 하나님의 성육신은 하나님의 권능을 실증하였으나 그의 신적 권능이 이런 정도의 중량인가? 과거 하나님이 바로를 옥죄인 것처럼 지금 행할 수 있는가?

그러나 예수의 성장 시절을 아는 동향인은 그의 최근 일련의 이적에 관한 소식을 잘 아는 터이다. 그러나 그 만큼 그것만으로는 불만이었고 회의적이었다. 그래서 "이 사람은 요셉의 아들이 아닌가?" 그래서 예수의 대답은 "의사야 너 자신을 고치라 하는 속담을 인용하여 내게 말하기를 우리가 들은 바 가버나움에서 행한 일을 네 고향 여기에서도 행하라 하리라." 그리고 예수는 이어 말씀하신다. "내가 진실로 너희에게 이르노니 선지자가 고향에서는 환영을 받는 자가 없느니라" (눅 4:22~24).

예수는 자기 고향 사람들을 선제적(先制的)으로 책망하신다. 저들이 여기에서도 그런 이적과 귀신 추방을 하라는 요구가 있기 전에 예수는 그러한 시각으로 저들을 책망하신 것이다. 만일 예수의 책망이 여기에서 그 이상으로 넘어가지 않았다면 다른 곳에서 매양 그와 같은 시작으로 다를 사람들을 대한 것으로 볼 수도 있었을 것이다. 그러나 예수는 그 이상으로, 아무도 그가 가장 인상적인 치유 이적을 왜 한 로마의 관리를 위해서 행하였는지 말하지 않았는데도 마치 자신을 변호하듯 비난을 전개하신다.

> 내가 진실로 너희에게 이르노니 엘리야 시대에 하늘이
> 삼 년 육 개월 간 닫히어 온 땅에 큰 흉년이 들었을 때
> 에 이스라엘의 많은 과부가 있었으되 엘리야가 그 중 한
> 사람에게도 보내심을 받지 않고 오직 시돈 땅에 있는 사
> 렙다의 한 과부에게 뿐이었으며 또 선지자 엘리사 때에
> 이스라엘에 많은 나병환자가 있었으되 그 중 한 사람도
> 깨끗함을 얻지 못하고 오직 수리아 사람 나아만뿐이었
> 느니라.

누가복음 4:25~27

예수의 발언은 마치 급소를 가격하는 권투선수의 주먹과 같았다. 예수가 언급한 지리적인 두 곳 중 첫 번째는 사렙다는 페니키아(현재의 레바논)이고 갈릴리의 북쪽 변경과 접하며, 두 번째의 지명인 수리아는 갈릴리와 동쪽 변경에 접하고 있다. 말을 바꾸어, 이들 지역들은 갈릴리와는 이웃하고 있고 우선 마음에 제일 먼저 떠오르는 이방이다. 그들 지명을 언급하므로 예수는 900년 전 하나님이 엘리야를 페니키아의 과부에게 보내신 일을 거론한 것이다.

예수의 발언 중에서 생략된 부분이 있다. 아니 언급을 안 해

도 회당의 회중이 익히 알 만한 내용이다. 그것은 방금 얼마 전 예수가 권능으로 살려낸 한 로마 관리의 아들이나 엘리야가 사렙다 과부의 외아들을 살려낸 일이나 동일 사건이라는 제시이다. 엘리사가 치유한 나병환자 수리아의 나아만은 단지 이방 사람인 것만이 아니라 예수가 치유한 로마의 관리처럼 이방의 왕을 섬기는 고관이다.

예수의 설교 요지인 "이 글이 오늘 너희 귀에 응하였느니라" 하신 예언의 성취가 뜻밖에 이스라엘이 아닌 이방인들에게 성취되었다는 뜻인가? 이러한 도발은 도저히 용납이 안 된다. 더구나 나사렛 회당에서 그런 설교를 하다니 말이 되는가? 그래서 "회당에 있는 자들이 이것을 듣고 다 크게 화가 나서 일어나 (모두 벌떡!) 도시 밖으로 쫓아내어 그 도시가 건설된 산 낭떠러지까지 끌고 가서 밀쳐 떨어뜨리고자 하되 예수께서 그들 가운데로 지나서 가시니라"(눅 4:28~30).

세례 요한은 그를 "하나님의 어린양"이라고 불렀다. "이 성전을 헐라"고 성전을 공격한 그는 예루살렘 당국자들에게 표가 찍힌 위험인물이 되었다. 그런데 며칠이 지나 갈릴리로 돌아온 예수는 다시 자기 목숨에 위험을 불러들일 발언을 하였다. 과거 엘리야 역시 생명에 위험을 받는다. 그러나 엘리야는 끝내 생존하다가 불 수레를 타고 하늘로 올라간다.

앞서 이미 언급하였거니와 어떤 해석에 의하면 엘리야는 그에 앞서 모세가 예언한 바로 그 메시야 예언자(the very messianic prophet)이고, 두 번째의 모세이며, 그가 왔다가 가지만 인간 역사의 최후 결산의 시기에 하나님이 전적으로 개입하실 "주의 날"(the Day of the Lord)이 시작할 무렵에 다시 오게 되어 있는 선지자이다. 예수께서 이사야의 글을 읽고 그 예언이 성취되는 때가 왔다고 선언하므로 다른 사람이 아닌 자신이 세례 요한의 역할을 이어 받을 엘리야 모사(模寫, Elijah redux)임을 주장한 것이라고 할 수 있다.

하나님의 성육신으로 서 예수는 하나님이 그와 같이 사용하신 것과 같이 모든 인간의 우연성과 중간적 매체를 짐작도 하시고 종합도 할 수 있다. 그러나 엘리야가 다시 왔을 때 이스라엘이 아닌 타민족을 위하여 그의 권능을 사용하거나 하면 그것은 신성모독과 배신행위가 되는 것이다. 예수의 설교를 듣던 회중이 마음속에 두려움과 함께 배신에 대한 격분을 느꼈다면 충분히 짐작이 가는 사건이다.

분명 "곤고한 자"에 대한 "기쁜 소식"이 이스라엘을 위하여 나쁜 소식이라고 예수는 생각하지 않는다. 그러나 그 "곤고한" 자들을 위한 복음은 어떻게 이스라엘을 위한 "기쁜 소식"이 될 수 있는가? 여호와 하나님이 선지자들을 보내어 그들을 통하여 큰 약속을 하셨다. 그 하나님은 이제는 그 큰 약속이 무엇을 의미하는가를 결정하셔야 한다. 그러나 과거의 의미한 그대로의 의미가 아니라면 무엇을 의미한다는 것인가? "눌린 자를 놓아주며"가 현재 강력한 외세의 압제로부터의 해방이 아니면 그러면 무엇이란 말인가? 하나님의 성육신은 마땅히 적절한 설명을 해주어야 하는 것이 아닌가?

예수님은 회당에서 도저히 수용할 수 없이 많은 군중을 상대로 옥외 집회를 인도하면서 자신의 설명을 장문에 걸쳐 제시한다. 그 내용은 도덕적인 환상이었고 그것 역시 나름대로 기존의 하나님의 구원 약속인 토라와 충돌하는 시각이었다. 그러나 그의 설교를 듣기 전에 우리는 "이는 요셉의 아들이 아니냐?"고 질문한 회당 사람들의 의문에 답해야 한다.

간주곡

탄생 이야기

Interlude: The Story of Birth

예수는 요셉의 아들인가? 그 질문의 답은 "그렇다"이어야 한다. 비록 동정녀 탄생으로 요셉의 씨가 아닐지라도 말이다.

여섯째 달에 천사 가브리엘이 하나님의 보내심을 받들어 갈릴리 나사렛이란 동네에 가서 다윗의 자손 요셉이라 하는 사람과 정혼한 처녀에게 이르니 그 처녀의 이름은 마리아라. 그에게 들어가 가로되 은혜를 받은 자여 평안할지어다. 주께서 너와 함께 계실지어다 하니 처녀가 그 말을 듣고 놀라 이런 인사가 어찌함인고 생각하매 천사가 일러 가로되 마리아여 두려워 말라. 네가 하나님께 은혜를 얻었느니라. 보라 네가 수태하여 아들을 낳으리니 그 이름을 예수라 하라. 저가 큰 자가 되고 지극히 높으신 이의 아들이라 일컬을 것이요 주 하나님께서 그 조상 다윗의 위를 저에게 주시리니 영원히 야곱의 집에 왕 노릇 하실 것이며 그 나라가 무궁하리라. 마리아가 천사에게 말하되 나는 사내를 알지 못하니 어찌 이 일이 있으리이까. 천사가 대답하여 가로되 성령이 네게 임하시고 지극히 높으신 이의 능력이 너를 덮으시리니 이러므로 나실 바 거룩한 자는 하나님의 아들이라 일컬으리라.

누가복음 1:26~35

기독교의 교리로서 "동정녀 탄생"(the virgin birth)이 예수께서 하나님의 성육신이심을 변증하는 것이 아니라 그에게 하나님이 주신 사명(a divine vocation)으로만 변증이 될 뿐이다. 구약에서도 하나님의 계획에 의해서 인간의 회임과 깊이 관련된 좋은 사례가 나온다. 폐경된 지 오래인 사라(창 18:11)가 하나님의 도우심으로 이삭을 회임하게 된다. 한나의 경우는 "하나님이 그로 성태치 못하게 하시니" (삼상 1:5) 회임이 불가능했으나 여호와께 간절히 구하니 하나님이 그를 기억하시고 사무엘을 잉태한다 (삼상 1:20). 동정녀 마리아의 수태는 이러한 위대한 지도자는 그 수태부터 하나님이 개입하신다는 구약의 테마에서 더욱 집중화된 경우이다. 하나님은 능히 동정녀에게서 수태케 하여 아무런 문제없이 출산하게 하실 수 있다.

그러나 문제의 핵심은 이적에 의한 회임과 출산이 아니라 태어날 그 아이의 신분과 신상의 문제이다. 그러한 경우는 지금 껏 구약에 전례가 없다. 그러나 부분적으로 그 이유로 가브리엘이 전한다. "지극히 높으신 이의 아들"이나 "하나님의 아들"은 불가피하게 하나님의 속성이라기보다 하나님의 선택이라는 것일 수 있다. 가버나움에서 귀신이 예수를 향해서 "하나님의 거룩한 자"라고 붙인 칭호가 더 대담하며 그리고 나다나엘을 제자로 택하시면서 사용한 "인자"가 하나님의 속성에 관한 더 확대적이고 더 신비한 의미를 지닌다. 마리아에게 일러 준 지식은 그의 아들이 메시야이고 다윗의 후손이며 다윗이 왕위에서 통치한 것과 같이 이스라엘을 다시 위대하게 회복시킬 것과 "영원히 야곱의 집을 왕으로 다스리실 것이며 그 나라가 무궁하리라"는 것이다.

여기 이 시점에서 요셉의 언급이 들어온다. 왜냐하면 다윗의 후손은 요셉이다 (마리아의 혈통과 누구의 후손인가는 언급이 없다). 그러므로 예수는 요셉의 아들이어야 왕손의 혈통이 된다. 이것은 무엇을 말하는가? 요셉의 친자로서의 결격이 있으면, 비록 그가 생리적으로 친부가 아닐지라도, 다윗의 후손으로서 메시야이심에 대한 위법이 된다.

그러므로 "이 사람이 요셉의 아들이 아니냐" (눅 5:22) 하는 질문은 요셉의 가계로서 정당성을 언급한 것으로 서 일단 정당하다. 왜냐하면 기원 원년의 성탄절을 기하여 하나님이 친히 한 유대인이 되신 것이다. 누가가 예수의 공적인 족보를 언급하는 단계가 예수께서 세례를 받으신 직후인 것은 의미심장하다. "예수께서 가르치심을 시작하실 때에 삼십 세쯤 되시니라 사람들이 아는 대로는 요셉의 아들이니 요셉의 위는 헬리요 그 위는 맛닷이요 그 위는 레위이요...." 그와 같이 소급하는 부모의 족보는 모친의 것이 아니다. 이와 같이 소급하는 예수의 족보는 "나단이요 그 위는 다윗이요...그 위는 야곱이요...(종국으로는) 그 위는 셋이요 그 위는 아담이요 그 위는 하나님이시니라" (눅 3:23~38). 이와 같이 장구한 족보 계열에서 출발점은 하나님이시다.

아담을 언급할 때 우리 역본은 "그 이상은 하나님이시니라"고 나오나, RSV의 역본은 "하나님의 아들 아담"이라는 구문이다. 그 이유는 헬라어 구문에서 tou theou(of God)라고 되어 있기 때문이다. 사실 이 헬라어 구문에서는 족보 전체가 이러한 구성이고 우리말 역처럼 "그 이상은..."이라고 나오지 않는다. 그래서 아담을 하나님의 아들이라고 했을 때에 어떤 신학적인 배려가 있어서가 아니라 온 인류는 모두 하나님의 자녀라는 보편 개념이다. 그러면서도 이 족보를 읽어 가면 엄숙함이 독자들에게 전달된다.

구약의 전통에서 족보는 전환기 아니면 시작을 의미하는 시점에서 언급한다. 그리고 예수의 세례는 누가의 이야기 서술에 있어서 위의 양자 모두가 포함된다. 저자 누가가 여기에 예수의 족보를 과거의 출발점으로 소급하여 언급하는 이유는 예수의 공생애 사역의 출발이 중요하다는 것과 또한 같은 중요성을 띤 두 번째로 예수는 다윗의 후손일 뿐 아니라 유다와 아담의 후손이라는 것, 그리하여 메시야이기 전에 한 유대인이고 한 유대인이기 전에 한 사람이라는 안목이다.

앞서 언급한 바 있거니와 하나님은 여인의 태속에서 시작이 되는 그런 출발이 아니고도 인간이 되실 수 있다. 부활 이후에 그는 무리들의 목전에서 공중으로 떠올라 결국은 구름이 시야를 가려 보이지 않게 된다 (행 1:9). 어찌 처음 하나님의 성육신의 시작에서 그와 같이 하늘에서 내려오지 않았는가? 무엇이 다른가? 범상한 인간으로 출생하였다는 "성탄절 이야기"의 힘은 많은 견해의 차이가 있음에도 확실히 존재한다.

이때에 가이사 아구스도가 영을 내려 천하로 다 호적하라 하였으니 이 호적은 구레뇨가 수리아 총독 되었을 때에 첫번 한 것이라. 모든 사람이 호적 하러 각각 고향으로 돌아가매 요셉도 다윗의 집 족속인 고로 갈릴리 나사렛 동네에서 유대를 향하여 베들레헴이라 하는 다윗의 동네로 그 정혼한 마리아와 함께 호적 하러 올라가니 마리아가 이미 잉태되었더라. 거기 있을 그 때에 해산할 날이 차서 맏아들을 낳아 강보로 싸서 구유에 뉘었으니 이는 사관에 있을 곳이 없음이러라.

그 지경에 목자들이 밖에서 밤에 자기 양떼를 지키더라. 주의 사자가 곁에 서고 주의 영광이 저희를 두루 비취매 크게 무서워하는지라. 천사가 이르되 무서워 말라. 보라 내가 온 백성에게 미칠 큰 기쁨의 좋은 소식을 너희에게 전하노라. 오늘 날 다윗의 동네에 너희를 위하여 구주가 나셨으니 곧 그리스도 주시니라. 너희가 가서 강보에 쌓여 구유에 누인 아기를 보리니 이것이 너희에게 표적이니라 하니 홀연히 허다한 천군이 그 천사와 함께 있어 하나님을 찬송하여 가로되 지극히 높은 곳에서는 하나님께 영광이요 땅에서는 기뻐하심을 입은 사람들 중에 평화로다 하니라.

천사들이 떠나 하늘로 올라가니 목자가 서로 말하되 이제 베들레헴까지 가서 주께서 우리에게 알리신 바 이 이루어진 일을 보자 하고 빨리 가서 마리아와 요셉과 구유에 누인 아기를 찾아서 보고 천사가 자기들에게 이 아기에 대하여 말한 것을 고하니 듣는 자가 다 목자의 말하는 일을 기이히 여기되 마리아는 이 모든 일을 마음에 지키어 생각하니라. 목자가 자기들에게 이르던 바와 같이 듣고 본 그 모든 것을 인하여 하나님께 영광을 돌리고 찬송하며 돌아 가니라.

누가복음 2:1~20

하나님이 인간이 되신다는 사실은 하나님이 인간이 된다는 의외의 사실과 관련된 모든 구체적인 관심사를 요구한다. 그리고 예수가 성인이 되면서 전자에 계시된 바 있는 하나님의 속성과 전혀 판이한 성격을 지니게 된다. 그러나 하나님의 성육신이 영아로 시작하기 때문에 성인은 서로 다르나 어린 아이는 모두 같다는 것에서 출발한다. 완전한 성육신은 출발이 모든 어린 아이가 같다는 점부터 시작한다. 우리가 점차로 알게 되지만 성인 나사렛 예수는 건강하며 잘 발달한 그러면서 인격성이 사랑스러운 완전한 한 인간이다. 그러나 베들레헴의 어린 영아는 지극히 단순 평범한 정서 그대로이다. 하나님의 성육신이 초자연적으로 일시에 성인 인간으로 존재하였다면 이런 과정은 모두 삭제된다.

어린 영아의 단순성이란 그가 어디에 태어나 놓였는가에 대한 일체 아무것도 모른다는 정서인 파토스(pathos)가 매력이다. 비록 모든 영아가 동일하지만 모든 출생의 현장은 다르다. 피난민의 여식으로 태어나는가? 인기 있는 운동선수의 아이로 출산하는가? 아버지가 돈 많은 상인인가? 아니면 마약 중독인 소매치기인가? 출산 과정에서 모친이 사망했는가? 그 영아가 태어날 때 온 세상이 전쟁 중인가? 예수님의 탄생은 주변 정황이 그의 탄생의 독특한 분위기를 자아내게 하는 몇 가지가 서로 아울러 구성된다. 비록 고귀한 유대 혈통이지만 외세에 의한 인구조사라는 모멸적인 사건이 한참 돌아가는 와중이다.

이스라엘의 고전시대에서도 인구조사는 비록 자국의 왕이 실시하는 경우에도 심각한 범죄로 간주되었다. 짐작컨대 백성의 수를 세는 행위는 항시 세금의 부과와 강제인력 동원을 위한 외세의 폭행과 연관된 관행이었다. 사무엘하 24장에 보면, 다윗은 요압 장군의 강력한 만류를 뿌리치고 인구조사를 실시한다. 그리고 하나님이 진노하시어 이스라엘에 역병을 일으키시어 첫날에 7만 명이 사망한다. 하나님께서 가이사 아구스도가 실시한 인구조자로 마리아와 요셉으로 하여금 한 숫자가 되게 하시어 (when God makes Mary and Joseph ciphers in the census of Caesar Augustus) 그들의 신성모독을 정면에서 당하시고 그리고 절정에 도달한 외세 앞에서 부모와 어린 아이가 완전히 무력함을 경험하게 하신다. 종국에 가서 이 메시야가 동일 경험으로 무력을 겪게 되는지는 좀 더 시간이 가야 드러나지만 우선 출발에서 어느 정도의 본질적인 모멸을 경험한다.

마리아와 요셉을 베들레헴으로 불러오게 만든 인구조사는 좁은 지역인 유대나라만이 아닌 온 세계의 인구조사이며 하나님은 바로 유대의 조건이 아닌 이러한 보편적인 인간의 조건을 편승하신 것, 그리하여 우선은 로마의 통제 하에 놓인 유대의 조건이면서 또한 그것이 미치는 관권에 의해서 좌지우지되는 모든 억압된 사람의 인간 조건 속에 놓이게 하신 것이다. 이러한 번거로움의 소용돌이에서 덜 상처를 받게 하는 것은 금전이다. 그러나 요셉과 마리아에게는 용전이 거의 없는 상태인 것으로 보인다. 저들이 사관에 투숙할 수 있었다면, 그렇게 했을 것이다. 그러나 그런 힘이 없었다. 저들은 신생아를 양과 가축을 먹이는 구유에 뉘여야 했다. 그러면 부모는 어디에서 눈을 붙였을까? 누가는 그런 사정을 고전 성서의 기법에 따라 독자의 상상에 맡긴다. 구유를 중심에 두고 양친은 우선 건초로 마련한 자리에서 잠을 청하였을 것이다.

젊은 부부는 그러한 자리와 최악의 여건에서 본능적으로 신생아를 최선의 방법으로 보호하려고 노력했을 것이다. 누가복음에 보면 소식을 전하는 천사들이 목자들에게 메시야(즉, 그리스도)라고만 하지 않고 "그리스도 주"(Christ the Lord)시다라고 하였다. 헬라어로 '호 큐리오스'(ho kyurios)는 구약에서는 하나님 자신을 칭할 때에 사용되는 언어이다. 지극히 존귀하신 하나님이 그 이상 어떻게 설명할 길이 없는 가장 열악한 자리와 조건에서 신생아로 자리하신 하나님의 아이콘(하나님의 형상)이신 것이다.

아기 예수는 철저하게 무력 무방비의 아이콘이다 (an icon of

vulnerability). 천사가 소식을 전하여 "기뻐하심을 입은 자들에게 평화로다"라고 모든 사람에게 전할 기쁜 소식이었으나 그러나 그의 죽음을 망각하는 터에 그의 탄생의 기쁜 소식을 듣는 인간은 아무도 없다. 지존의 하나님이 이 같이 무력 무방비의 자리에 놓인다. 모든 사형수가 처음에는 신생아였다. "그리스도 주"가 신생아로 무력하고 무방비로 시작한 사건은 그가 죽음을 무력하고 무방비로 맞게 될 거울이고 예견하게 한다.

그런데 보라. 예루살렘에 시므온이라는 한 사람이 있으니 그는 의롭고 경건하여 이스라엘의 위로를 기다리는 자다. 성령이 그 위에 있었다. 그에게 성령의 지시가 있어 주의 그리스도를 보기 전에는 죽지 아니하리라 하였다. 성령의 감동으로 성전에 들어가매 마침 부모가 아기 예수를 율법의 전례대로 행하기 위해서 왔다. 시므온이 그 아기를 품에 안고 하나님을 찬송한다.

주재여 이제는 말씀하신 대로 종을 평안히 놓아 주시는 도다. 내 눈이 주의 구원을 보았사오니 이는 만민 앞에 예비하신 것이요 이방을 비추는 빛이요 주의 백성 이스라엘의 영광이니이다 하니 그 부모가 그 아기에 대한 말들을 기이히 여기더라. 시므온이 저들을 축복하고 그 모친 마리아에게 일러 가로되 보라 이 아이는 이스라엘 중 많은 사람의 패하고 흥함을 위하며 비방을 받는 표적되

기 위하여 세움을 입었도다 (또 칼이 네 마음을 찌르듯 하
리라) 이는 여러 사람의 마음의 생각을 드러내려 함이니
라 하더라.

누가복음 2:29~35

성령의 감동에 의해서 시므온은 자기 품에 들어 안은 어린
아이가 메시야이며 하나님이심을 안 것만이 아니라 그가 성장
하여 실제적으로 이스라엘과 자신에게 어떤 일이 일어날 것을
안다. 이 시므온의 발언은 이사야서의 유명한 언급 내용을 하
나로 요약한 것이다(a patchwork of famous phrases from Isaiah).
그러나 그가 재조정한 요점이 중요하다. 이사야의 글은 "이스라
엘 백성의 영광"을 언급하였으나 그의 요약은 하나님께 온 세
계를 위하여 어떻게 이스라엘을 사용하실 것인가에 초점이 놓
이는 발언이다. 그가 인용한 이사야의 맥락에는 심지어 민족주
의적인 군사적인 언급도 섞여 나온다. 예를 들어, "이방을 비추
는 빛이요"는 이사야 42장 6~7절에 나온다.

나 여호와가 의로 너를 불렀은즉 내가 네 손을 잡아 너
를 보호하며 너를 세워 백성의 언약과 이방의 빛이 되게
하리니 네가 소경의 눈을 밝히며 갇힌 자를 옥에서 이끌
어 내며 흑암에 처한 자를 간에서 나오게 하리라.

영감 있는 환상이다. 그러나 동일 문절에는 하나님께서 오랫동안 기다리신 후 드디어 이스라엘의 원수를 힘으로 분쇄하신다는 언급이 함께 포함된 문절이다.

내가 오랫동안 고요히 하며 잠잠하여 참았으나
　이제는 내가 해산하는 여인 같이 부르짖으리니
　숨이 차서 심히 헐떡일 것이라
내가 큰 산과 작은 산을 황무케 하며
　그 초목을 마르게 하며
강들로 섬이 되게 하며
　못들을 마르게 할 것이며
내가 소경을 그들의 알지 못하는 길로 이끌며
　그들이 알지 못하는 첩경으로 인도하며.

이사야 42:14~16

하나님의 감동으로 말하는 시므온은 이스라엘의 영광에 한때 과거 포함이 되는 것으로 하나님이 말씀하신 모든 것이 오늘에 와서 다 포함이 되는 것이 아니고, 그리고 기대한 것과는 상이한 것이 일어남을 언급한다. 그러한 불확실성이 전제이면 메시야 때문에 이스라엘 중에서 넘어지고 일어설 자가 많다는 이중적 해방에 관한 계시가 더욱 그렇고, 그리고 "그 칼이 네 마음을 찌르듯 하리니"의 예언은 더욱 불안한 내용이 아닐 수 없다. 처음 가브리엘에 마리아를 찾아왔을 때에는 전혀 그러한 시각의 언급이 없었다.

역사적인 조명에서 볼 때, 초기 교회는 그처럼 많은 비중을 두고 증언하는 그리스도의 생애가 거의 드러난 것이 없는 삶이었다는 사실에서 수치는 아닐지라도 어려움에 직면한다(a difficulty, if not scandal). 물론 몇 사람의 추종자를 끌어드렸고 그리고 강력한 적수를 만들었으나, 그러나 그의 민족이나 세계나 예수가 졸지에 주목되자 먹통이 되고 만다. 흥미 있는 다른 차원에서 신약의 네 정전 복음서 전부는 이러한 지식의 공백을 문학기법으로 다루어 예수의 자신에 관한 지식과 가장 측근에 있는 자, 다시 말해서 가족과 제자들도 정확하게 이해하지 못한 사실을 대조하는 서술로 이 문제를 피하고 있다. 이러한 서술의 결과로 발생한 상호작용은 독자로 하여금 점진적으로 전개될 이야기의 중요 위치에서 끝내 예수의 진실을 깨닫게 될 대화자를 찾아야 하는 심리적 긴장을 만들어 낸다. 이러한 사실은 세 가지의 사실에서 더욱 고조된다.

첫째는, 예수의 자기 인지와 타자의 혼란의 중간 지점 어디엔가, 가령 가브리엘과 시므온과 그리고 역설적으로 사탄과 같은 남다른 지식을 알고 있는 자의 지식의 일부가 설정된다는 것. 그러한 특권을 소유한 자의 지식은 언제나 일반화되지 않은 상태의 지식을 소유하고, 그들은 예수와 관련된 자들에게 힌트나 단서를 제공하고는 현장에서 물러난다.

두 번째로, 이러한 특별한 지식의 소유자가 일러 준 내용들이 많은 경우에 예수의 삶에 대한 암울한 면을 더해 준다는 의외의 부정적인 사실이다. 예를 들면, 시므온의 칼, 귀신의 소리침, 그리고 마태복음에 수록된 헤롯 왕이 어린 예수를 살해하려고 한 폭행에서 베들레헴 주변의 두 살 아래 영아들의 살해 행위나 애굽으로 아무런 준비 없이 요셉의 가족이 도피하게 한 천사의 지시와 그 일과 관련된 마태의 언급에 나오는 예레미야의 글,

라마에서 슬퍼하며
크게 통곡하는 소리가 들리니
라헬이 그 자식을 위하여 애곡하는 것이라
그가 자식이 없으므로
위로 받기를 거절하였도다.
마태복음 2:17~18 (예레미야 31:15 참조)

마태의 이 언급은 예수의 삶을 조명해 주는 데 암울함을 더한 것 이외에 추가된 지식이 없다. 이미 어린 시절 예수의 생명

을 찾는 폭군이 존재한다.

세 번째의 요소는, 복음서의 이야기 서술에서 지식과 무지의 만남과 대화가 단속적이고 단편적이어서 더욱 문제가 복잡하게 되고 그리고 예수의 신성에 관한 자기 인지가 아는 것과 모르는 것 양면성을 드러낸다는 것이다. 우리는 광야의 시험에서 예수께서 석연치 않게 그 대결을 유보하신 일을 읽을 수 있다. 예수가 자기 권능을 행사하기를 주저한 것인가 아니면 자기 능력이 어느 정도인가 확신하지 못한 것인가?

여러 번 청함을 받고 자기 이적을 행사하기를 주저하신 일이 있다. 예수는 청하는 자의 믿음의 부실을 책망하셨으나 숨은 동기로 자신의 능력의 정도를 의심한 표시가 아닌가? 마가복음에서는 귀신이 "하나님의 아들"이심을 소리치자 잠잠하라고 하신 것이 (막 3:12) 자주 자기 제자들에게도 말씀한 자제와 같은 이유인가? 물론 어린 시절부터 자기 목숨을 찾는 권력자가 있는 상황에서 행동을 자중하고 자제하는 것을 자연스럽다. 그러나 이러한 자제에는 더 깊은 의미와 의도가 있는 것이 아닐까?

한편으로는, 자신이 가장 중요한 테마로 거듭 자기의 정체를 주장한다. 예를 들면, 사마리아 여인에게 하신 말씀 "내게 물 좀 달라 하신 이가 누구인 줄 알았다면 네가 그에게서 구하였을 것이요"(요 4:10)이다. 그러나 다른 한편으로는, 그의 교훈과 그의 이적이 많은 사람의 이목을 끌면 그는 즉시 스포트라이트를 자기 손으로 꺼버리는 행위를 취한다. 그의 행위의 양면성 그리고 독자들이 그에 양면서이 무엇을 의미하는지 확실히 할 수 없다는 것이 그를 둘러싼 신비성과 의혹을 더하게 한다.

예수가 생애의 진행 과정에서 점차로 자신의 정체를 더욱 인지하게 된다는 인상은 소위 숨어 계시는 예수의 삶의 종결을 짓게 하는 다음 에피소드에서 다른 어떤 것보다 확실해진다.

그 부모가 해마다 유월절을 당하면 예루살렘으로 가더니 예수께서 열두 살 때에 저희가 이 절기의 전례를 좇아 올라갔다가 그 날들을 마치고 돌아갈 때에 아이 예수는 예루살렘에 머무셨더라. 그 부모는 이를 알지 못하고 동행중에 있는 줄로 생각하고 하룻길을 간 후 친족과 아는 자 중에 찾되 만나지 못하매 찾으면서 예루살렘에 돌아갔더니 사흘 후에 성전에서 만난즉 그가 선생들 중에 앉으사 저희에게 듣기도 하시며 묻기도 하시니 듣는 자가 다 그 지혜와 대답을 기이히 여기더라. 그 부모가 보고 놀라며 그 모친은 가로되 아이야 어찌하여 우리에게 이렇게 하였느냐. 보라 네 아버지와 내가 근심하여 너를 찾았노라. 예수께서 가라사대 어찌하여 나를 찾으셨나이까? 내가 내 아버지 집에 있어야 될 줄을 알지 못하셨나이까 하시니. 양친이 그 하신 말씀을 깨닫지 못하더라.

누가복음 2:41~50

열두 살 때 "내가 아버지 집에 있어야 함"을 확신한 예수는 열한 살 때에는 상황적으로 자기가 그러해야 함을 확실하게 자각하지 못하였다. 지금에 이르러 과거 알지 못한 어떤 사실을 알게 된 것이다. 같은 사실의 계시는 자기가 자각한 사실을 어렴풋이나마 부모도 알아야 함을 원하였다. 그는 부모가 놀라지 않기를 원하신다. 성숙한 자각과 자기 인식은 항시 타자가 자기의 자각을 오해하기 쉬운 법이라는 것을 잘 안다. 저자 누가는 단 한 번의 타격으로 예수의 자 인식과 타자의 벽을 깨고 있다. 뒤에 가서 남들과의 사이에서 예수는 이러한 자기 인식을 남이 이해하지 못할 것을 예상한다. 뒤에 가서 예수는 우리가 이미 언급한 바대로 돌연한 성전 공격에서 여기에서 부모가 수용한 것과 같이 현장의 목격자들의 거부를 예상한다. 그러나 이 열두 살의 사건은 차이가 있다. 한 소년이 성전 랍비들을 그의 총명한 질문과 대답으로 놀라게 하고 있다.

그는 전투적인 과거를 거부하신다

He Repudiates His Warrior Past

"이 사람이 요셉의 아들이 아니냐?" 예수께서 나사렛 회당에서 사역의 출발을 알리는 선언으로 "이 글이 오늘날 너희 귀에 응하였느니라"고 하자 회당 사람들이 이와 같은 질문을 하였다(눅 4:21~22). 그러나 이러한 반응과 현상에는 "선지자가 자기 고향에서는 받을 영광이 없다"(요 4:44)라는 표면 이상의 것이 함축된다. 예수는 회중의 마음을 읽을 수 있었다. 얼마 전 이웃 가버나움에서 로마 관청에 속하는 관리의 청원으로 이적을 행한 일이 불만이라는 것을 말이다. 그러한 그들의 불만에 대하여 예수는 사과가 아니라 몇 백 년 전 엘리야와 엘리사가 사렙다 과부와 수리아 장군을 위하여 이적을 행한 것을 예로 들어 당당하게 맞서는 언급을 하신다. 이러한 과거의 역사는 사실이지만 분노한 고향인들은 그를 단애(斷崖)에서 밀어내어 살해하려고 시도한다.

이어지는 몇 주간 여려 갈릴리 여러 회당에서 설교하였고, 그의 이적은 많은 수요의 추종자들을 끌어들인다. 동시에 유대인의 율법과 규례에 엄격한 종교지도자 그리고 학자인 바리새인과 그들 서기관들의 곱지 않은 시선의 표적이 된다.

> 저희가 예수께 말하되 요한의 제자는 자주 금식하며 기도하고 바리새인의 제자들도 또한 그리하되 당신의 제자들은 먹고 마시나이다. 예수께서 저희에게 이르시되 혼인집 손님들이 신랑과 함께 있을 때에 너희가 그 손님으로 금식하게 할 수 있느뇨. 그러나 그 날이 이르러 저희가 신랑을 빼앗기리니 그 날에는 금식할 것이니라.
>
> 누가복음 5:33~35

혼인 잔치는 즐거운 계기이다. 그러나 이 신랑은 추적 받고 있는 표적 인물이다. 예수의 언급인 앞으로 발생할 일을 예감하는 색조로 설명한 혼인 잔치의 예는 단지 금욕과 방종이 아닌 그 이상의 암울함과 신비를 예감하게 만든다. 예수는 즐거움의 중심이다. 그러나 그는 그의 비극적 종식을 알고 있는 주인공이다. 그의 사명이 무엇인가?(What is his mission?)

그가 의도하는 바가 갈릴리에 머물러 회당 하나 하나를 순차로 방문하여 가르치고 병을 치유하다가 그의 원수가 그를 끝내 쓰러뜨리게 하는 것이 계획인가? 만일 그가 메시야이면, 그리하여 과거의 예언의 성취라고 한다면 그는 마땅히 위에서 말한 것 이상을 행해야 한다. 그리고 만일 이 "신랑"이 메시야가 아니면 그러면 그는 무엇이란 말인가?

이 문제의 답변은 이 문제가 심각한 다수를 형성할 때에 자연히 나오게 되어 있다. 예수의 치유가 널리 알려지면서 허다한 무리가 "예수의 말씀도 듣고 병 고침을 얻으려고 모였다. 온 무리가 예수를 만지려고 힘쓰니 이는 능력이 예수에게서 나서 모든 사람을 낫게 함이러라" (눅 6:17~19).

귀신 들린 자들은 귀신이 떠나면서 그 사람을 심히 고통스럽게 한다. 우리는 전자에 가버나움 회당에서 귀신의 절규를 들었다. 신체적인 불구자들은 예루살렘과 심지어는 북쪽 페니키아(두로와 시돈의 해안)로부터 왔다고도 누가는 서술한다. 이러한 병고를 지고 며칠씩 길을 걸어 예수를 찾아온 것이다. 이와 같이 모여 온 병자와 불구자들은 차례를 기다린 것인 아니라 쇄도하여 예수를 만지려고 다투어 그것은 감정과 흥분의 극치였다.

이들 병고에 시달린 다수 속에 예수의 고향에서 추종하여 온 상당수가 섞여 있다. 이들 다수에게 가르침을 주시기 전에 산에서 기도로 한 밤을 보냈고, 그리고는 그들 추종자 중에서 열두 제자를 선택한다. 그들은 예수의 사역을 위임 받고 파송될 핵심이고 열둘은 유대인 전통과 정서에서 야곱의 열두 아들을 생각나게 하며, 그들이 이스라엘의 열두 지파가 된 것과 같이 예수의 위임과 동시에 이미 민족적인 자부심으로 전의 해석이 될 중요한 의미를 가진다.

나사렛 회당에서 예수가 인용한 이사야의 예언이 심지어 그가 말하는 때에 지금 성취되고 있는 것은 "주의 성령이 내게 임하셨으니 이는 가난한 자에게 복음을 전하게 하시려고 내게 기름을 부으시고"이다.

이 이사야 61장 1절의 글은 "하나님이 가난한 자에게 복음을 전하게 하려 나를 메시야로 만드셨다"의 수동적인 표현이다. 지금 현실이 많은 가난한 자들이 그 앞에 운집하고 있는 것이 아닌가? 공적으로 저들에게 이 메시야가 주어야 하는 가장 적절한 복음은 무엇인가? 오늘에 기독교가 전통적으로 지극히 소중히 여기는 그의 윤리적 교훈이 아닌가?

공적으로 저들에게 줄 그의 소식은 좋은 소식일 수도 아닐 수도 있는 적지 않게 충격적인 내용이다. 왜냐하면 과거 하나님이 백성에게 명하신 많은 경우의 것과는 문자 그대로 뒤엎는 것이기 때문이다. 직접적으로는 자기 제자들에게 그리고 그 주변에 둘러 자리 잡은 많은 병자들, 정신 이상자들에게 예수는 입을 여신다.

> 가난한 자는 복이 있나니 하나님의 나라가 너희 것임이요, 주리는 자는 복이 있나니 너희가 배부름을 얻을 것임이요, 우는 자는 복이 있나니 너희가 웃을 것임이요, 인자를 인하여 사람들이 너희를 미워하며 멀리하고 욕하고 너희 이름을 악하다 하여 버릴 때에는 너희에게 복이 있도다. 그 날에 기뻐하고 뛰놀라 하늘에서 너희 상이 큼이라. 저희 조상들이 선지자들에게 이와 같이 하였느니라. 그러나 화 있을진저 너희 부요한 자여 너희는 너희 위로를 이미 받았도다. 화 있을진저 너희 이제 배부른 자여 너희는 주리리로다. 화 있을진저 너희 이제 웃는 자여 너희가 애통하며 울리로다. 모든 사람이 너희를 칭찬하면 화가 있도다. 저의 조상들이 거짓 선지자들에게 이와 같이 하였느니라.
>
> 누가복음 6:20~26

신명기 27~28장에 보면 하나님은 모세를 통하여 이스라엘에게 경고하시면서 순종하면 복을 받고 불순종하면 저주를 내리신다고 하셨다. 그러나 '복이 있다'와 '저주가 있다'의 성경은 위에서 예수가 언명한 것과는 일치하지 않는다. 과거 하나님은

먼저 가난하고 주리고 울고 미움을 받고 멀리하고 악하다 해야
뒤에 배부르고 웃고 뛰논다고 하시지 않았다. 그와는 반대로
하나님은 과거 처음부터 번창과 헤게모니를 약속하셨다.

> 여호와께서 네게 주리라고 네 열조에게 맹세하신 땅에서
> 네게 복을 주사 네 몸의 소생과 육축의 새끼와 토지의
> 소산으로 많게 하시며 여호와께서 너를 위하여 하늘의
> 아름다운 보고를 열으사 네 땅에 때를 따라 비를 내리시
> 고 네 손으로 하는 모든 일에 복을 주시리니 네가 많은
> 민족에게 꾸어 줄지라도 너는 꾸지 아니할 것이요 여호
> 와께서 너로 머리가 되고 꼬리가 되지 않게 하시며 위에
> 만 있고 아래에 있지 않게 하시리니 오직 너는 내가 오
> 늘날 네게 명하는 대로 네 하나님 여호와의 명령을 듣고
> 지켜 행하며.
>
> 신명기 28:11~13

만일 이스라엘이 하나님을 거역하고 불순종하면 반대편에
놓인 모든 저주가 두려운 결과로 쏟아진다는 흑백 논리의 저주
의 범주는 간략하게 다음과 같이 줄을 세울 수 있다.

그 이웃의 지계표를 옮기는 자는 저주를 받을 것이라 할
것이요, 소경으로 길을 잃게 하는 자는 저주를 받을 것이

라 할 것이요, 객이나 고아나 과부의 송사를 억울케 하는
자는 저주를 받을 것이라 할 것이요, 계모와 교합하는 자
는 그 아비의 하체를 드러내었으니 저주를 받을 것이라
할 것이요.

신명기 27:17~20

저주의 범주에 많은 열거를 이어갈 수 있을 것이다. 그러나
저주의 범주에 예수께서 구분하신 부자와 배부른 자와 명성과
기뻐하는 자의 저주는 포함되지 않았다.

여러 선지자들을 통하여 하나님은 부한 자의 횡포를 책망하
신 일이 있으나, 그러나 부 자체를 저주하신 일은 없다. 예를
들어, 아모스 선지자를 통하여 하나님은 말씀하시기를 "이스라
엘의 서너 가지 죄를 인하여 내가 벌을 돌이키지 아니하리니
이는 저희가 은을 받고 의인을 팔며, 신 한 켤레를 받고 궁핍한
자를 팔며, 가난한 자의 머리에 있는 티끌을 탐내며, 겸손한 자
의 길을 굽게 하며 (영문에는 차이가 있다: They trample the face
of the poor into the dust of the earth., and force the afflicted off the
road. 암 2:6~7)

그러나 아무리 구약을 철저하게 분석한다고 해도 앞으로 부
자가 될 것이라는 약속 없이 "가난한 자는 복이 있다"는 선언은

결코 찾지 못할 것이다. 가난한 자에게와 같이 주린 자, 애통하는 자, 멸시 받는 자를 그 자체로 복이 있다는 유추도 역시 나오지 않는다. 비논리적인 풍자로 언급한 수사학적 과장이 아닌 이상 그러한 현실이 복이 있다고 말하는 예가 없고 행복과 좋은 평판이 일관하여 복 있는 자라고 나온다.

물론 반대 견해가 나올 수 있다. 가령, 예수는 전통적인 가치를 뒤집는 것이 아니라 과거보다 확대된 시간대에서 모두가 입지 조건이 포함되는 기쁜 소식을 미치게 하기 위한 범위의 확대일 뿐이라는 견해이다. 이러한 시각에서는 형벌이 더 이상 형벌이 아니며 여전히 보상은 보상이라는 것이다. 각자의 구원은 이 지상이 아닌 하늘에서 성취되는 것임을 말한다. 이러한 견해의 부연은 정당한 것으로 수용된다. 그럼에도 우리는 예수의 이적 치유와 권능의 행위에서 드러난 과거의 전통과는 판이하게 다른 의미를 놓쳐서는 안 된다. 주변에 몰려오는 병자와 불구자의 소원은 먼 미래의 하늘에서의 해결이 아닌 즉각적이 지금의 치유이다. 그들의 바램은 즉각적인 놓임이다(they expect immediate relief).

예수가 자신의 권위를 근거하여 주장한 바는 통상적인 치유사의 주장이 아니라 하나님이 지금까지 당신의 백성에게 주신 약속에 대한 무기한 연기가 아니라 예수 자신이 과거의 모든 약속에 대한 대단원의 결론을 내리는 성취이다. 지금 예수에게 달려온 많은 곤고한 사람들은 단지 그들의 곤고함이 미래의 큰 보상이라는 위로를 듣기 위해서 온 무리가 아니다. 이 행복과 저주의 재정의(this redefinition of weal and woe)가 진정 하나님의 이스라엘을 통하여 주신 약속의 성취인가?

거침없이 과거의 약속과 어긋난 설교를 하시는 예수는 사실이 그와 같음을 주저하지 않는다. 예수의 언급은 자신이 다수의 치유나 다수의 귀신 들린 사람을 구하기 위해서 온 것이 아님을 분명히 한다. 그의 치유는 단지 실증 교훈(demonstrations)일 뿐이다. 질병에 걸린 자 또는 귀신 들린 자들은 예수를 이적 치유자로 볼 것이 아니라, 오히려 제자들이 "인자"(the Son of Man)를 오해하므로 잘못 추종한 것과 유사한 경우처럼 저들의 곤고함과 역경을 수용해야 한다는 것이다. 그의 이적이 예비적으로 의미하는 바는 단순히 온 세계를 고통에서 놓아 주시기 위함이 아니라는 것이 정확한 성찰이다.

그 뒤에 따라오는 것은 이보다 더 큰 충격이다.

> 그러나 너희 듣는 자에게 내가 이르노니 너희 원수를 사
> 랑하며 너희를 미워하는 자를 접대하며 너희를 저주하는
> 자를 위하여 축복하며 너희를 모욕하는 자를 위하여 기

도하라. 네 이 뺨을 치는 자에게 저 뺨을 돌려 대며 네
겉옷을 빼앗은 자에게 네 속옷도 금하지 말라. 무릇 네
게 구하는 자에게 주며 네 것을 가져가는 자에게 다시
달라지 말며 남에게 대접을 받고자 하는 대로 너희도 남
을 대접하라. 너희가 만일 너희를 사랑하는 자를 사랑하
면 칭찬 받을 것이 무엇이뇨. 죄인들도 사랑하는 자를
사랑하느니라. 너희가 만일 선대하는 자를 선대하면 칭
찬 받을 것이 무엇이뇨. 죄인들도 이 같이 하느니라....
오직 너희는 원수를 사랑하고 선대하며 아무것도 바라지
말고 꾸어 주라. 그리하면 너희 상이 클 것이요 또 지극
히 높으신 이의 아들이 되리니 그는 은혜를 모르는 자와
악한 자에게도 인자하시니라. 너희 아버지의 자비하심
같이 너희도 자비하라. 비판하지 말라. 그리하면 너희가
비판을 받지 않을 것이요, 정죄 하지 말라. 그리하면 너
희가 정죄를 받지 않을 것이요, 용서하라. 그리하면 너희
가 용서를 받을 것이요, 주라. 그리하면 너희에게 줄 것
이니....너희의 헤하리는 그 헤아림으로 너희도 헤아림을
받을 것이니라.

누가복음 6:27~38

예수의 이 설교에서 원수가 자기에게 오면 그가 어떻게 할
것인가를 말하며, 그리고 그가 저항하지 않을 것을 설교한 것이
다. "저 뺨도 돌려대며"는 바로 그의 교훈의 서명(署名)과 같다(has

rightly been taken to be his signature teaching). 이 구절은 예수의 교훈에서 다른 것을 인용할 능력이 없는 수백만의 인용자들이 즐겨 인용하고, 그리고 처음 예수가 이 말씀을 하실 때의 의도가 무엇이었을까를 알지 못하면서 즐겨 인용하는 더 많은 수백만의 인용자가 사용하여 왔다.

이 말씀은 예수의 십자가 처형이 예수에 대하여 극적인 사건으로 정의하여 준 바를 여기에서는 교훈의 방법으로 그를 정의내려 준 것이다 (It defines him didactically as the Crucifixion defines him dramatically). 그러나 이 설교를 일반적으로 받아들이는 입장에서는, 그 설교의 찬양이 예수의 인격에 연관된 나머지 이 설교의 보다 깊은 의도가 모호해지고, 그리고 예수가 이어 받은 전통을 뒤엎는다는 의도를 놓쳐 버리게 한다.

이와 같이 된 경향성은 무저항의 윤리 문제를 과도하게 이 교훈의 윤리적 실천이라는 국면에 초점을 맞추어 강조하고, 그리하여 하나님이 이와 같이 행하시니 인간도 이와 같이 행해야 한다는 전제(前提)를 미쳐 생각하지 않고 간과해버린다. 그러면 그런 전제라고 하면 과연 하나님이 그와 같이 행하시는가? (But does God in fat do thus?) 이 질문은 일반적으로 이 문장의 해석자들은 묻지 않는다. 예수님은 그런 질문을 하지 않은 채로 이러한 긍정적인 답변을 기정사실화한다. 그러나 예수의 가정은 하나님의 본성에 일어난 극적인 변화를 생략하신다. 과거 원수가 제기한 반대나 모욕을 당하면 하나님이 어떻게 행동하셨는가를 회상하면 비록 예수가 하나님이 오늘 행하신 바대로 과거 언제나 그렇게 행하셨다고 말한다 할지라도 예수는 실상 하나님에게 엄청난 변화가 일어났음을 계시하여 주시는 것이 된다.

다시 되풀이하거니와 우리가 원수를 사랑하고 우리를 증오하는 자에게 선을 행하는 등 그러한 표준에서 연장되는 행위의 명령을 주실 때에 우리는 본받고자 하는 행위라는 것과 하나님이 그 모델인 것을 확언하는 것이다. 우리가 그와 같이 행하면 "우리는 지극히 높으신 이의 아들이 되리니 하나님은 은혜를 모르는 자와 악한 자에게도 인자하시니라"고 예수는 말씀한다. 자비를 행하라 명하신 예수는 "그 이유가 자비가 복수보다 좋은 것이기 때문이다"라고 말씀하시지 않았다. 예수의 말씀은 "너희 아버지의 자비로우심 같이 너희도 자비로운 자가 되라"이다. 그러나 하나님이 전자에 어떻게 자비로우셨는가? 은혜를 모르는 자와 악한 자와 만나게 되었을 때 구체적으로 어떤 자비를 보여 주셨는가?

과거의 전형적인 하나님의 본성은 출애굽기 34장 5~7절에서 언급된다.

여호와께서 구름 가운데 강림하사 그와 함께 거기 서서
여호와의 이름을 반포하실 때 여호와께서 그의 앞에 지
나시며 반포하시되 여호와로라라 여호와로라 자비롭고
은혜롭고 노하기를 더디 하고 인자와 진실이 많은 하나
님이로라. 인자를 천대까지 베풀며 악과 과실과 죄를 용
서하나 형벌 받을 자는 결단코 면죄하지 않고 아비의 악
을 자여손 삼사대까지 보응하리라.

하나님의 형벌이 삼사대에 미치지만 인자하심이 상상을 뛰
어넘는 긴 시간인 자손 천대에 이른다고 말씀하시므로 노하심
보다 사랑하심이 하나님의 속성으로 논증된다. 그러나 이 맥락
에서도 용서가 결코 형벌을 포기한 것이 아님이 확실하다. 죄
는 용서하시나 그러나 그 후유증은 자녀와 그 자녀의 자녀에게
까지 미친다. 결코 형벌이 경감되지 않는다. 하나님은 아무것
도 그저 지나가게 하시지 않는다.

그러나 여기에 하나님이 언급하신 말씀이 원칙적으로 지금
예수께서 교훈하시는 내용과 비교되는 것이 아니라 과거의 하
나님의 행하신 바와 예수가 명하시는 인자와 온유와는 판이한
인격이라는 것이다. 주 하나님이 실제적인 행위가 지배한다.
바로의 애굽에서 이스라엘이 탈출한 경우와 약속의 땅인 가나
안으로 들어가기까지의 중간기 단지 40년 어간에 하나님은 불

순종하는 이스라엘 백성을 적어도 30,000명을 처단하셨다.

출애굽기 22장의 기록에 의하면, 금송아지 사건 후 하나님은 3,000명을 칼에 부쳤다. 뒤에 가서 민수기 16장에 보면, 반항하는 레위 족과 르우벤 자손 250가계를 부녀자와 첩들과 전원 가솔들을 생매장해 버린다. 잭 마일스의 서술에 그 희생자의 수가 또 3,000명이 될 것이라고 말한다.[1] 훗날 이스라엘 사람들이 애굽에서 나와 이와 같이 주린다고 하나님을 원망하자 하나님의 진노가 독사를 보내어 많은 불평하는 자들을 공격하게 하신다 (민 21). 끝으로 이스라엘 사람들이 가나안 우상의 여승들과 교합하자 하나님은 2,400명을 죽게 하신다 (민 25).

이스라엘이 광야에서 유랑할 때 어디에서나 저들이 범죄하면 하나님이 진노를 참으신 일이 없었다. 뜻밖에 한 번, 하나님은 감사할 줄 모르는 이스라엘 백성 전부를 전멸시킨 후 모세의 직계 자손들을 태어나게 하여 한 새로운 민족을 시작할까 생각을 하셨다 (민 14:12). 그러나 모세는 그와 같은 일은 애굽에 심어 놓은 하나님의 경외감을 상실하게 하는 일이 될 터이니 그렇게 하시면 안 된다고 하나님께 말씀한다. 출애굽기 34장 6절에 하나님이 직접 말씀하신 언어, "노하기를 더디 하고"를 하나님의 면전에서 인용하여 하나님의 진노를 멈추게 한다 (민

---

1) Jack Miles, Christ. p. 98.

14:12~20).

　하나님이 자기 백성에게 행하신 것의 언급은 그만 하기로 하고 하나님께서 원수들에게 어떻게 행하셨는가? 예를 들어, 예수님의 하나님 성품에 관한 주장을 선지자 하박국에게 주신 하나님의 행위와 비교하면 어떻게 되겠는가?

　하박국 3장에 나오는 집 기둥이 뽑히는 것과 같은 공포의 때에 보면, 그 곳에 묘사된 하나님은 창조의 능력을 파괴의 무기로 바꾸어 놓은 전쟁의 거인(a colossus of war who has turned his power of creation into weapons of destruction)이시다. 산들을 흔들어 내며, 하상(河床)을 들어 올려 육지가 되게 하며, 바다를 흉흉하게 끓게 만들고, 하늘이 찢어지게 하신다. 환상으로 우주적인 소용돌이를 본 이 선지자는 두려움으로 떤다. 그리하여 이미 자기를 구하기 위하여 달려오시는 전투적 하나님께 기도한다.

온역이 그 앞에서 행하며
　불덩이가 그 발밑에서 나오도다.
그 서신즉 땅이 진동하며
　그가 보신즉 열국이 진동하며
영원한 산이 무너지며
　무궁한 작은 산이 엎드러지나니....
주께서 활을 꺼내시고

살을 바로 발하셨나이다.
주께서 하수들로 땅을 쪼개셨나이다.
　산들이 주를 보고 흔들리며
창수가 넘치고 바다가 소리를 지르며
　손을 높이 들었나이다
주의 날으는 살의 빛과
　주의 번쩍이는 창의 광채로 인하여
　해와 달이 그 처소에 멈추었나이다.
주께서 노를 발하사 땅에 둘리셨으며
　분을 내사 열국을 밟으셨나이다.
주께서 주의 백성을 구원하시려고
　기름 받은 자를 구원하시려고 나오사
악인의 집 머리를 치시며
　그 기초를 바닥까지 그러내셨나이다.
그들이 회오리바람처럼 이르러
　나를 흩으려 하며
가만히 가난한 자 삼키기를
　즐거워하나
오직 주께서 그들의 전사의 머리를
　그들의 창으로 찌르셨나이다.
주께서 말을 타시고
　바다 곧 큰물의 파도를 밟으셨나이다
내가 들었으므로 내 창자가 흔들렸고

그 목소리로 인하여 내 입술이 떨렸도다

무리가 우리를 치러 올라오는 환난 날을

내가 기다리므로 내 뼈에

썩이는 것이 들어왔으며

내 몸은 내 처소에서 떨리는도다.

하박국 3:5~6, 9~16

비록 하박국의 시는 하나님의 전투적인 이미지를 언급한 독보적인 것이기는 하나 하나님은 여러 선지자들을 통하여 기본적으로 일치한 이러한 하나님의 자화상을 말하게 하셨다. 그리고 이스라엘은 그 점을 결코 간과하지 않았고 하나님께 기도할 때에 이러한 두려우신 하나님의 이미지와 일치하는 기도였다. 그러므로 그러한 전제와 일치하는 전형적인 문절을 시편에서 선택하면,

하나님은 우리에게 구원의 하나님이시라.

사망에서 벗어남은 주 여호와로 말미암거니와

그의 원수들의 머리 곧 죄를 짓고 다니는 자의

정수리는 하나님이 쳐서 깨뜨리시리로다.

주께서 말씀하시기를

내가 그들을 바산에서 돌아오게 하며

바다 깊은 곳에서 도로 나오게 하고

네가 그들을 심히 치고
그들의 피에 네 발을 잠그게 하며
네 집의 개의 혀로 네 원수들에게서
제 분깃을 얻게 하리라 하시도다.

시편 68:20~23

만일 예수께서 주신 설교가 정확하면 이러한 기도는 더 이상은 할 수가 없다. 더 이상은 원수의 머리를 깨셨다고 찬양할 수 없다. 왜냐하면 하나님은 더 이상 원수의 머리를 깨는 종류의 하나님이 아니시다. 그러나 과거에는 그러한 머리를 분쇄하는 행동이 있었고, 그런 이유에서 찬양을 받으셨다. 만일 하나님이 더 이상 그러한 하나님이 아니시면 분명 하나님은 달라지셨다. 그런데 그 변화를 어떻게 설명해야 하는가?

하나의 가능한 답은 그 문제에 답이 없다는 것. 하나님께서 그와 같이 결정하셨으면 그것이 답일 뿐이라는 것이다. 하나님이 모세에게 명백하고도 확실하게 당신의 말씀과 의도를 표시하셨음을 말씀하시나 (신 30:11~12), 수백 년이 경과하면서 하나님은 점차로 알 수 없는 신비한 침묵과 거리를 두시는 존재로 임하신다. 이스라엘이 바벨론으로 포로가 되었을 때 "이는 하늘이 땅보다 높음 같이 내 길은 너희 길보다 높으며 내 생각은 너희의 생각보다 높으니라"(사 55:9)라고 처음으로 말씀하기 시작하신다. 자주 예수께서도 이 같은 말씀을 주신다. 하나님의 성육신이 인간으로 이해 가능한 형상인 것과 상관없이 과거에 하나님이 처음의 경우와 같이 그 후에 그와 같은 이해 가능한 지식의 실체로 임하신 일은 없다. 우리가 예수 하나님의 성육신이심을 인지하면, 그 성육신은 하나님이 이 같이 변하신 깊으신 이유를 선언할 권리가 있다고 인지하는 것이다.

그러나 확실한 사실로 그리고 마태복음에 수록된 상술한 산상설교는 예수는 진정 하나님의 권위를 가지고 그의 가르침을 선포하고 있음이 나름대로 하나님 자신을 설명하려고 시도한 바 있다. 만일 예수가 하나님의 권한에 의하여 선포하는 것으로 끝나는 일이었다면, 전통적인 형식인 "여호와의 말씀이 나사렛 예수에게 임하시니" "이스라엘 백성에게 전하라 여호와께서 이르시되..."라고 서두를 열었을 터이다. 그러나 마태복음이나 누가복음이나 서두가 그와 같이 되어 있지 않은 것이다. 다른 이의 위촉이 아닌 자신의 권세로 담대하게 하나님의 성품을 규정하고, 그러한 새로운 규정으로부터 놀라운 새 덕목을 선포하신다. 그의 선포를 듣는 무리들은 참으로 놀라워하였다. "이는 그 가르치시는 것이 권세 있는 자와 같고 저희 서기관들과 같지 아니함일러라" (마 7:29).

예수님은 "그러나 나는 너희에게 말한다" 과거와 다르다는 이 서두를 반복적으로 사용하시어 자신의 권세와 자기의 선언이 지금까지의 것을 뒤엎는 것임을 담대하게 선언하셨다. 예를 들어, 또 네 이웃을 사랑하고 네 원수를 미워하라 하였다는 것을 너희가 들었으나 나는 너희에게 이르노니 너희 원수를 사랑하며 너희를 핍박하는 자를 인하여 기도하라. 이같이 한즉 하늘에 계신 너희 아버지의 아들이 되리니 이는 하나님이 그 해를 악인과 선인에게 비취게 하시며 비를 의로운 자와 불의한 자에게 내리우심이니라" (마 5:43~45).

예수의 언급에서 일부 인용으로 사용한 레위기 19장 18절에는 "하나님은 네 원수를 미워하라"고 하시지 않았다. 그러나 동시에 네 원수를 미워하지 말라도 언급이 없다. 그 문절을 있는 그대로 언급하면, "너희는 너의 동족에게 적대적인 행위에 대하여 복수하거나 원한을 품지 말라. 네 이웃을 사랑하라. 나는 여호와이니라"이다. 그 문절의 의도는 해설(解說)이다. 예수께서 제시한 하나님의 이미지와는 정 반대로 분명 여호와는 원수에 대하여 복수하고 한을 품으신다. 하나님의 원수는 곧 이스라엘의 원수이다. 여러 경우에서 하나님은 이스라엘에게 직접 명하시어 같은 행동을 취할 것을 명하신다. 즉 복수하시고 한을 품으시는 하나님의 품성에 일치하는 행동 명령을 이스라엘에게 주셨다.

이러한 내용의 실례는 참으로 오랜 기간 여호와가 아말렉에게 대하여 한을 품으시고 무자비한 복수를 행하시는 이야기로 예증된다. 모세가 애굽에서 나와 약속의 땅 가나안으로 이스라엘을 인도하는 과정에서 아말렉은 이스라엘이 공격한 여러 부족 중 첫째이다. 공격을 한 차례 물리친 후 하나님은 모세에게 이르시되 "이것을 책에 기록하여 기념하게 하고 여호수아의 귀에 외워 들리라. 내가 아말렉을 도말하여 천하에서 기억함이 없게 하리라....여호와가 맹세하시기를 여호와가 아말렉과 더불어 대대로 싸우리라 하셨다 하였더라" (출 17:14, 16). 모세가 입회하여 하나님이 엄숙하게 맹세한 바는 오늘의 언어로 표현하면 민족학살의 서약(an oath of genocide)이다. 여호와는 맹세하여 아무리 오랜 시간이 걸려도 아말렉을 말살하겠다고 의지를 표시하였다.

그 결과 출애굽기 34장의 네 세대보다 더 긴 시간인 그 후 200년 간 예상한 대로 아말렉과 이스라엘은 반복적으로 전쟁 상태를 빚었고, 이스라엘은 점차로 아말렉보다 힘의 우위를 차지하게 된다. 종내 여호와는 그 오래된 글에 담은 맹세를 성취하시기로 결정하신다. 하나님은 사울 왕을 세워 "아말렉이 이스라엘에게 행한 일 곧 애굽에서 나올 때에 길에서 대적한 일(埋

伏)을 내가 추억하노니 지금 가서 아말렉을 쳐서 그들의 모든 소유를 남기지 말고 진멸하되 남녀와 소아와 젖 먹는 아이와 우양과 약대와 나귀를 죽이라" (삼상 15:2~3). 사울 왕은 즉시 행동을 일으켜 하나님의 명령을 주저 없이 모두 실천한다. 살려 둔 것은 훗날에 이스라엘의 성지 길갈 성에서 과시적으로 처형하고 그리고 희생의 제물로 바칠 아말렉의 왕 아각과 멸종이 된 적의 전리품인 가축뿐이었다. 그러나 여호와는 아직 아말렉의 남은 것이 숨을 쉬고 있는 것을 몹시 진노하셨다. 하나님의 복수전을 명한 대로 철저하게 실천하라고 명하셨다. 진노하신 하나님은 사울을 왕위에서 벗기고 원수의 전멸을 완수하라고 선지자 사무엘에게 지시하신다.

사무엘이 가로되 너희는 아말렉 사람의 왕 아각을 내게
로 이끌어오라 하였더니 아각이 즐거이 오며 가로되 진
실로 사망의 괴로움이 지났도다 하니라. 사무엘이 가로
되 네 칼이 여인들로 무자케 한 것 같이 여인 중 네 어미
가 무자하리라 하고 그가 길갈에서 여호와 앞에서 아각
을 찍어 쪼개니라.

사무엘상 15:32~33

여호와는 최후의 아마렉 족에게 마치 그들이 이스라엘 민족

에게 가하기를 도모한 그대로 행하였다 (살아남아 아들의 죽음을 슬퍼해야 할 그의 어머니마저 죽었다). 이러한 맥락에서 확실해지는 것은 하나님이 모세를 통하여 주신 말씀 "네 이웃을 사랑하라"는 전자에 하나님이 맹세하여 "하늘 아래 아말렉의 기억까지 없이한다"의 내용과 상치되는 의도가 아니며 모세도 그렇게 생각하는 일은 없었다. 처음 아말렉과의 충돌과 마지막 한 사람 아말렉 족을 살해한 이야기는 레위기 19장 18절을 어떻게 읽어야 하는가의 배경이 된다. 그러므로 그 문절에 나오는 "네 이웃"은 다만 이스라엘 민족을 지적하는 것이다. 레위기 19장 34절에서는 그 포용의 폭이 넓어져 같은 지붕 아래 처하는 이방인과 이스라엘 땅에 거주하는 이방인들에게도 너그럽게 하라고 되어 있으나, 그러나 이 문절에는 원수는 별개 문제이다.

아말렉의 이야기가 표준이 되어 이스라엘이 원수에 대하여 그와 같이 대해야 한다는 것으로 허락이 되었다거나 더구나 하나님은 원수를 그렇게 무자비하게 행하신다는 이해로 설정할 필요는 없다. 여호와는 레위기에서 "이웃 사랑하기를 네 몸 같이 하라"의 명령을 "나는 여호와니라"로 결론짓게 하셨다. 그러나 이 문절을 "이웃 사랑하기를 네 몸같이 하라 왜냐하면 나는 원수를 내 몸 같이 사랑하니까"라고 해석해서는 안 된다. 사실은 여호와 하나님보다 이스라엘에게 더 가혹한 인내의 중량이 실린 글이다. 더 자연스러운 가정은 이스라엘의 원수와 우방은 원칙적으로 하나님의 친구와 원수 구분과 동일하다는 이 맥락은 아말렉을 대한 원칙이 하나님의 원칙이라고 하기보다는 이스라엘을 위한 표준이라고 해야 할 것이다.[2]

이러한 맥락과 배경으로 열왕기상 20장을 읽으면 그 곳에 나오는 이야기가 바로 전환점을 긋는 계시적인 에피소드임을 알게 된다. 여호와는 이스라엘 왕 아합에게 아람 왕 벤하닷을 이기는 승리를 약속하신 일이 있고, 이 싸움은 약속된 바대로 진행된다. 그러나 벤하닷을 조언하는 자들이 충고하여 "우리가 들은즉 이스라엘의 왕들은 인자한 왕이라 하니 우리가 굵은 베로 허리를 묶고 테두리를 머리에 이고 이스라엘 왕에게로 나아가면 저가 혹시 왕의 생명을 살리리이다하고"(왕상 20:31)라고 계략을 일러 준다. 아합 왕은 인자한 모습을 보여 너그러운 휴전조약을 맺고, 그리고 벤하닷 왕의 목숨을 살려 준다. 이러한 이스라엘 왕의 자기 만족의 행위에 여호와는 크게 진노하시어 "내가 멸하기로 작정한 사람을 네 손으로 놓았은즉 네 목숨은 저의 목숨을 대신하고 네 백성을 저의 백성을 대신하리라" 말씀하신다 (왕상 20:42).

이러한 일이 일어난 후 하나님은 이스라엘 백성이 하나님 자

---

2) Jack Miles, Christ, p. 102, 참조.

신보다 더 자비로워도 안 되고 더 복수적이어도 안 된다는 하나님의 뜻이 나타난다. 사무엘과 열왕기의 책에서 그리고 복음서에서도 그렇거니와 하나님이 표준이 되신다(God is the model). 나아가 예수께서 "네 이웃을 사랑하고 네 원수를 미워하라고 너희가 들었거니와"의 언급은 사실대로의 구약의 정확한 해석이다.

예수가 역전시키려고 의도한 바는 사람마다 어린 시절부터 자연스럽게 버릇처럼 익숙해온 친구와 원수의 양분 지식을 의지적으로 거부하는 일이었다. 예수의 모든 추종자들은 누구나 동일하다. 마치 하늘의 해가 누구에게나 "악한 자에게나 선한 자에게" 구분이 없는 것과 같다. 만일 이 고귀한 거부가 이 세상에서 반대에 부딪친다면 이스라엘 민족 안에서는 더구나 그러하다. 왜냐하면 이스라엘 민족이 한 민족으로 출발하고 존재하게 된 근거와 이유가 하나님이 전들을 유독 사랑하므로 가능해진 민족이기 때문이다. 모세가 진리의 정점으로 높이는 하나님의 위대하심은 태양이 무차별로 누구에게나 무감각하게 평등하다는 것과는 엄청난 차이가 있는 개념이다.

어떤 국민이 불 가운데서 말씀하시는 하나님의 음성을
너처럼 듣고 생존하였느냐. 어떤 신이 와서 시험과 이적

과 기사와 전쟁과 강한 손과 편 팔과 크게 두려운 일로
한 민족을 다른 민족에게서 인도하여 낸 일이 있느냐.
이는 다 너희 하나님 여호와께서 애굽에서 너희를 위하
여 너희의 목전에서 행하신 일이라....여호와께서 네 열
조를 사랑하신 고로 그 후손 너를 택하시고 큰 권능으로
친히 인도하여 애굽에서 나오게 하시며 너보다 강대한
열국을 네 앞에서 쫓아내고 너를 그들의 땅으로 인도하
여 들여서 그것을 네게 기업으로 주려 하심이 오늘날과
같으니라.

신명기 4:33~34, 37~38

하나님과 이스라엘의 계약은 이러한 차별적 행위이고, 그리
고 하나님이 이스라엘에 대하여 진노하시므로 변경하시기 이
전에는 하나님이 결코 이스라엘과 다른 열국을 동일하게 보시
지 않으셨다. 가령 아모스를 통하여 하나님의 노하심이 이스라
엘에게 풍자로 언급된다.

이스라엘 자손들아 너희는 내게 구스 족속 같지 아니하
냐. 내가 이스라엘을 애굽에서 블레셋 사람을 밥돌에서
아람 사람을 길에서 올라오게 하지 아니하였느냐. 보라
주 여호와 내가 범죄한 나라에 주목하여 지면에서 멸하
리라. 그러나 야곱의 집은 온전히 멸하지 아니하리라.

이는 여호와의 말씀이니라.

아모스 9:7~8

하나님이 이 강한 격조로 말씀하시는 경우는 모세가 신성한 약정으로 주장하는 바를 풍자조로 그리고 지극히 세속화된 격조로 역으로 말씀하시는 경우이다. 모세가 절대 고유의 것이라는 주장을 보편성으로 말씀하신다. 하나님이 이스라엘을 애굽에서 불러내시었는가? 옳은 말이다. 그러나 그것이 어떻다는 것인가? 하나님은 항시 누군가를 누구에게서 이끌어 내시지 않으시는가? 단지 인구 이동이라는 것 하나만으로 이스라엘이 하나님과 고유한 특권의 소유자라는 생각인가?

그러나 하나님이 이와 같이 말씀을 하시는 경우는, 하나님의 의도는 단지 이스라엘을 조롱하시는 것이다. 출애굽 사건은 민족 이동이라는 또 하나의 경우일 뿐이라는 요지는 하나님이 깊이 오래 상고하신 언급이 아니다. 이스라엘이 하나님에게는 많은 민족 중에 하나일 뿐이라는 언급은 하나님이 아직은 그 언급으로 일체를 돌려놓으실 기회가 되지 않은 것이다. 지금 지극히 실망스러워 말씀하시는 이 경우에서도 이스라엘과의 관계에서 완전한 중립성으로 돌아가실 생각이 없으신 것이다. 여러 번 나오는 이야기이지만 하나님은 엄정하고 중립이라고 말씀하시는 때에도 실은 이스라엘에 대한 편애를 벗지 못하신다.

그렇다면 나사렛 예수로 성육신이 되신 하나님이 이와 같이 공개적으로 자신(하나님)을 정 반대로 선언하시는 것이 무엇 때문이며, 왜 그렇게 된 것인가? 하나님의 성육신은 정확하게 과거 아말렉 족에게 가혹했던 사실을 잘 알고 계신다. 확실한 사실로서 후반에 와서 이스라엘의 적들에게 어떻게 대하신다고 한 가혹한 맹세를 잘 알고 계신다. 어떤 이유에서 과거의 이러한 가혹한 맹세와 행위를 모두 무효화해버리고 전혀 판이한 자세를 취하시는 과격한 전환을 하게 된 것인가?

우리가 본 바대로 이 변화의 뿌리는 단지 출애굽기 34장 6~7절에 언명된 자비와 참으심과 사랑에 철저하리라는 결단 이상의 그리고 대를 이어 복수해온 일을 묵살하시는 것 이상의 과격한 무엇이다. 예수의 선언은 일체의 추리와 이유를 초월하신다. 예수는 듣는 이들에게 강력히 권고하는 바가 반직관적인 것 아무리 큰 값을 치러도 인류의 기본 질서인 우호와 적대의 구별을 철회하라고 선언하신다. 예수께서 이러한 선언을 하실 때 이스라엘만이 아니라 그 이상으로 하나님의 본성을 혼란스럽게 한다는 이유가 과거의 역사, 다시 말해서 하나님께서는 한 가지를 다른 모든 것보다 높이려고 하신 것, 하나만 예를 들어도 이스라엘과 다른 열방을 완전히 구별하는 2000년의 전통이 예수의 배경이기 때문이다.

지금까지는 하나님에게 이스라엘이 모든 것이었다. 처음 하나님께서 보편 인간에 대한 관심("생육하고 번성하라")에서 아브라함 한 개인에게 초점이 축소된 ("네 후손이 하늘의 별과 같이 되게 하리라") 이래로, 하나님의 행위는 선민을 중심으로 회전하였다. 무엇이 하나님으로 하여금 이러한 자기 선택의 결단을 무의미한 것으로 시정하게 하였는가?

그 답은 지극히 간단한 표현, 과도한 자기 속박(extreme duress)이다. 우리의 일상적인 표현으로 말하자면, 하나님이 과감하게 자기 속박의 굴레를 벗은 것이다. 그러한 정황을 좀 더 자세히 알기 위해서 하나님이 가장 큰 위기를 직면하여 그 문제를 어떻게 대응하셨는가를 알기 위해서 첫째로, 예루살렘이 바벨론의 공격으로 무너지고 불명예스럽게 선민이 바벨론 포로가 된 상황과 그렇게까지 된 역사를 고증해야 한다. 그 사건은 본질적으로 이스라엘은 하나님이 없는 상태로 버려지고 하나님은 선민이 없어진 상태이다. 바로를 이기신 하나님이 선민과의 사이에 맺은 계약은 이후에 다른 왕이나 신 같은 왕이 그전에 바로가 이스라엘을 구속한 것 같이 하지 못한다는 보장이다. 그러나 바로 바벨론이 그 금기 사항을 재현하고 보니 계약은 비현실적인 것이 되어버렸다.

하나님이 하나님의 보호를 조건부로 설정한 것이므로 그 계약은 비현실적인 것이 되어버린 것이 아니다. 그 보호의 보장은 이스라엘이 "오늘날 너희에게 명하는 그 말씀을 떠나 좌로나 우로나 치우치지 아니하고 다른 신을 따라 섬기지 아니하면 이와 같으리라"(신 28:14)라는 보장이다. 만일 이스라엘이 그 계약을 어기면 "곧 여호와께서 원방에서 땅 끝에서 한 민족을 독수리의 날음 같이 너를 치러 오게 하시리니 이는 네가 그 언어를 알지 못하는 민족이요 그 용모가 흉악한 민족이라. 노인을 돌아보지 아니하며 유치를 긍휼히 여기지 아니하며"(신 28:49~50). 그 원방에서 침공한 적에게 당하는 멸망이 어찌나 심각한지 "유순하고 연약한 부녀가 자기가 낳은 어린 자식을 가만히 먹으리니"(신 28:57). 굶주림의 극한 상태가 된다.

이스라엘은 참으로 여호와께 향한 충성에서 멀리 벗어났다. 기원전 6세기의 선지자들의 증언과 열왕기에 의하면 바벨론에게 점령되는 시점에 이르는 시간대에 이스라엘 내에 우상숭배가 극에 도달한다. 그럴 즈음에 찾아온 이스라엘의 멸망은 하나님의 권능에 부족함이 있어서가 아니라 이미 그러한 상태에 대한 경고가 있어 왔다. 단순히 하나님이 포기하심으로 이스라엘이 적의 수중에 떨어진 것이 아니다. 바벨론의 승리 그리고 그 이전 앗수르의 승리는 이스라엘에 우연히 떨어진 불행 그리고 하나님에게 일어난 우연 사건이 아니다. 결코 아니다. 하나님은 표면상의 이들 승리자들을 사용하여 이스라엘을 채찍질하시는 것이라고 여러 번 계속 강조하신 바 있다.

그러므로 바벨론 포로는 선언적으로 여러 번 경고와 준비를 일러 둔 멸망이었으나 막상 닥치고 보니 참으로 졸지에 당하는 불행처럼 큰 충격의 것이었다. 그러나 하나님에게는 이스라엘과는 달리 생각 밖의 사건이 결코 아니다. 하나님은 선지 하박국을 통하여 자기 백성이 경악할 일을 행하실 일을 이와 같이 말씀하신다.

> 너희는 열국을 보고 또 보고 놀라고
>   또 놀랄지어다.
> 너희 생전에 내가 한 일을 할 것이라.
>   혹이 너희에게 고할지라도 너희가 믿지 아니하리라.
> 보라 내가 사납고 성급한 백성 곧 땅의 넓은 곳을 다니며
>   자기의 소유 아닌 거할 곳들을 점령하는
> 갈대아 사람을 일으켰나니.
>
> 하박국 1:5~6

뒤에 가서 덜 각박하지만 그러나 역시 포괄적인 환상으로 선지자 하박국에게 하나님의 의지가 전해진다. 그 내용의 일부가

이미 앞서 언급된 바 있거니와 전투적인 여호와 하나님은 가나안으로 발길을 되돌려 전승으로 도도한 가나안 약탈꾼에게 원한을 푸신다. 이러한 하나님의 의지는 당신이 아니면, 의심의 여지없는 사실을 확실하게 세우는 일, 즉 이러한 과도기적 행동의 끝마무리로 이스라엘의 초반의 수모와 그리고 궁극적인 영광된 복수라는 두 가지의 목적을 한 번에 종결짓는 일을 할 수 있는 자가 없음을 아시고 있기 때문이다. 그러나 이러한 뒷마무리를 하시면서 하나님은 스스로 깊이 생각을 하시기 시작하신다.

과연 하나님은 목적을 성취하셨는가? 전반적으로 그리고 영원한 의미에서라고 하지 않을지라도, 과연 무엇을 성취하였는가? 진정 아무 신도 존재하지 않는다는 상상은 더 참혹한 것이다. 그러나 너의 하나님은 즉각적으로 복수적인 신이라는 견해가 숨은 사실로 있다. 나중에 형벌의 하나님이 보상하시는 하나님이라는 사실로 균형은 성립된다. 과정에서는 가혹한 사실이 벌어졌어도 이 세상이 통제 아래에 놓이고 그리고 언젠가는 좋아질 것이다. 이러한 사실이 위로라면 위로가 되나, 그러나 그것은 냉혹한 위안(a cold comfort)이다. 그리고 이스라엘 안에 그러한 확실한 것이 보이지 않는 먼 앞날의 보상을 바라며 현재를 참기가 어렵다는 자가 나오기 시작한다.

이와 같이 성찰하면서 하나님의 형벌과 재활이라는 후반의 약속이 지켜지지 않았음을 회상하게 된다. 하나님은 형벌 뒤에 따라온다고 한 보상을 전해 주지 않으셨다. 물론 몇몇 바벨론 포로는 이스라엘로 귀국하였다. 그러나 다수는 환국하지 않았다. 어느 정도의 국가의 자존은 회복이 되었다. 그러나 그 회복에는 종전의 많은 전통적인 유다 영토가 회복되지 않았다. 그러한 형편은 이스라엘의 영토를 두고 말할 때에 더욱 그렇다. 시간이 지나 조촐한 성전 개축이 성사는 되었으나, 그러나 일러 준 바대로 남방의 산지로부터 하늘과 땅을 뒤흔들 만한 하나님의 개선 행진은 이루어지지 않았다. 얼마간 단기간의 상대적인 독립이라는 간주곡이 있은 다음에 더 가혹한 지배국의 압력에 굴복하는 전방으로 내몰린 형국이 되었다.

이러한 정황이 수십 년 계속 그리고 수백 년에 이르게 되면, 그 심리적인 시련과 대가가 얼마나 큰 것인가가 시편 44편에 준엄하고도 냉철하게 서술이 되어 나온다.

하나님이여 주께서 우리 조상들의 날
곧 옛날에 행하신 일을 그들이 우리에게 일러주매
우리가 우리 귀로 들었나이다.
주께서 주의 손으로 뭇 백성을 내쫓으시고

우리 조상들을 이 땅에 뿌리 박게 하시며
주께서 다른 민족을 고달프게 하시고 우리 조상들을
번성하게 하셨나이다.
　　그들이 자기 칼로 땅을 얻어 차지함이 아니요
　　그들의 팔이 그들을 구원함도 아니라.
오직 주의 오른손과 주의 팔과 주의 얼굴의 빛으로 하셨으니
　　주께서 그들을 기뻐하신 까닭이니이다.
하나님이여 주는 나의 왕이시니
　　야곱에게 구원을 베푸소서 우리가 주를 의지하여
　　우리 대적을 누르고 우리를 치러 일어나는 자를
　　주의 이름으로 밟으리이다.
우리가 종일 하나님을 자랑하였나이다.
우리는 하나님의 이름에 영원히 감사하리이다.
　　그러나 이제는 주께서 우리를 버려 욕을 당하게 하시고
　　우리 군대와 함께 나아가지 아니하시나이다.
주께서 우리를 대적들에게서 돌아서게 하시니
　　우리를 미워하는 자가 자기를 위하여 탈취하였나이다.
주께서 우리를 잡아먹힐 양처럼 그들에게 넘겨 주시고
　　여러 민족 중에 우리를 흩으셨나이다.
주께서 우리로 하여금 헐값으로 파심이여
　　그들을 판 값으로 이익을 얻지 못하셨나이다.
주께서 우리로 하여금 이웃에게 욕을 당하게 하시니
　　그들이 우리를 둘러싸고 조소하고 조롱하나이다.

주께서 우리를 뭇 백성 중에 이야기 거리가 되게 하시며

민족 중에서 머리 흔듦을 당하게 하셨나이다.

나의 능욕이 종일 내 앞에 있으며

수치가 내 얼굴을 덮었으니

나를 비방하고 욕하는 소리 때문이요

나의 원수와 나의 복수자 때문이니이다.

이 모든 일이 우리에게 임하였으니

우리가 주를 잊지 아니하며

주의 언약을 어기지 아니하였나이다.

우리의 마음은 위축되지 아니하고

우리의 걸음도 주의 길을 떠나지 아니하였으나

주께서 우리를 승냥이의 처소에 밀어 넣으시고

사망의 그늘로 덮으셨나이다.

우리가 우리 하나님의 이름을 잊어버렸거나

우리 손을 이방 신에게 향하여 폈더면

하나님이 이를 알아내지 아니하셨으리이까?

무릇 주는 마음의 비밀을 아시나이다.

우리가 종일 주를 위하여 죽임을 당하게 되며

도살할 양 같이 여김을 받았나이다.

주여 깨소서. 어찌하여 주무시나이까?

일어나시고 우리를 영원히 버리지 마소서.

어찌하여 주의 얼굴을 가리시고

우리 고난과 압제를 잊으시나이까?

우리 영혼은 진토 속에 파묻히고
　　우리 몸은 땅에 묻혔나이다.
일어나 우리를 도우소서.
주의 인자하심으로 말미암아 우리를 구원하소서.

시편 44:1~5, 8~26

이스라엘 안에 다시 민족을 재건한 남은 자(the remnant)는 진정 성실한 남은 자들이고, 그들의 신앙이 철저하면 할수록 계속되는 외세의 횡포가 하나님의 형벌이라고 타당한 해석을 내릴 수가 없게 되었다. 회중이 모여 시편 44편을 함께 읽고 노래하면 그러한 가혹한 내용으로 그 사실을 알게 된다. 그런데 하나님이 모르시는가? 회중이 읽고 노래하는 소리를 듣고 하나님이 약속을 깨신 사실을 알지 못하신다는 말인가? 계속적으로 선지자들이 그 사실을 발언하여 왔으나 하나님이 이스라엘의 옛 영광의 모습으로 회복시키실 것인가?

어찌하여 하나님은 움직이지 않으시는가? 시편 44편이 상상하는 것처럼 하나님이 잠들지 않으셨으면, 하나님의 능력이 기진(氣盡)하신 것이 아니라면, 아니 우리가 미처 깨닫지 못할 신비한 이유가 있어서 과거의 전투적으로 역사에 개입하신 그런 양상으로 역사에 개입하지 않으신다면, 바로 그러한 시점에서 우리에게 성육신 예수의 혁명적인 설교(Jesus' revolutionary sermon)

의 동기가 대기하는 것이다. 하나님의 성육신으로 표명되는 혁명적인 설교는 바로 그러한 설명하기 곤란한 전기에 주시는 매니페스트가 되는 것이다.

이러한 전환기의 전제가 되는 혁명적인 의식의 전환은 전투적 과거의 역사를 완전히 뒤엎는 것, 말하자면 하나님에게는 적이 없다는 것, 과거의 역사가 일관하여 고집해온 양분법에 의한 이웃과 적이라는 구분을 철폐하셨다는 하나님의 결정의 선언이다. 지금 하나님의 성육신은 무차별 무제한의 사랑을 선언하신다. 마치 태양이 의인과 죄인을 구분하지 않는 것과 같다. 새로운 확대된 지평의 열린 율법이다. 하나님의 피조 인간이 누구나가 포함이 되고 그 사랑의 울타리 안에 들어오게 하며 어느 개인이나 어느 집단이나 예외가 없고 그리고 과오를 관용하는 그러한 사랑의 새로운 계약이다.

혹 이방인들이 스스로의 덕성과 선한 교양으로 자격이 인정되어 그러한 하나님의 결정, 새 사랑의 법 울타리 안으로 들어오게 된 것이라고 자인하기를 원할지 모른다. 그러나 하나님 편에서 일어난 전환과 변화를 연구하면 그러한 귀납법은 성립이 되지 않는다. 성서가 제시하는 하나님과 이스라엘과의 계약은 그 이전에 모든 이방 나라의 미숙함으로 그들의 중요성이 이미 절하된 의미를 말하며 이러한 계약의 확대라는 결과는 그 계약 기간에 하나님이 몸소 겪으신 어려움이 원인임을 정시해야 한다. 하나님이 그 내용을 추종하기 곤란하고 그리고 이스라엘의 민족적인 위기가 새로 다시 닥쳐오는 전야에 하나님은 그 내용을 그대로 둘 수가 없는 것을 아신 이상 그 계약 자체는 변경되어야만 하는 것이다.

반대가 제기되고 그리고 그 반대는 정당하게 제기되어야 할 시점이다. 과거의 규정이 설정한 원수들이 오늘에 와서 친구라는 정황에 그대로 둘 수 없는 조항이 되고 그리고 그 과거의 규정을 밀고 가면 지상의 인간이 멸망 지경에 놓이게 될 터이기 때문이다.

이러한 과거 규정에 대한 반대는 이론을 넘어서는 차원의 것이다. 이미 친구와 원수의 구분이 없어진 상황에서 그러한 반대가 성사되기 위해서는 하나님이 인간이 되시어 역사 속으로 삶 속으로 개입하는 것이 최상이고 유일한 해결이다. 성서의 이야기를 이야기로 읽는 안목에서 우리는 하나님이 인간이 되신 이야기에 접하고 그리고 왜 하나님이 그와 같이 행하셨는가를 알기 시작한다. 이스라엘이 양처럼 도살되기 전 사전에 하나님이 어린양이 되신 것이다. 그러한 결정은 필요불가결의 행위이면서 그 진실은 우주적 사랑의 결행이다.

간주곡

로마인의 통치와 하나님의 비무장

Interlude:

The Roman Shoah and The disarmament of God

어찌하여 하나님은 한 유대인으로 성육신하셨으며, 그리고 공개적으로 선민(選民)의 적인 로마인의 처형을 감수하셨는가? 그 일을 감수하심으로 하나님이 비무장의 하나님이심을 확실한 사실로 보여 주시려고 하신 것이다. 하나님은 선민이 당하게 될 참살의 비극이 임박한 것과 그 일을 사전에 막기 위해서 아무것도 하실 수 없음을 아셨고, 그리하여 그가 한 유대인으로 성육신하여 선택한 행위는 그가 아무 일도 행동하시지 않는다는 충격을 침묵이 아닌 증거로 보여 주시는 일이었다.

바벨론이 멸망하는 때에 왕의 궁전에서 하나님이 다니엘에게 보여 주신 환상은 하나님의 나라가 즉각적으로 도래하는 것이 아님을 보여 주셨다. 그 대신에 다니엘의 환상에 연속적인 강대국들이 줄지어 등장할 터인데, 바벨론 다음에 메데, 그 다음에 페르시아, 그리고 알렉산더 대제의 헬라의 출현이다. 그 다음에 가서야 "인자의 모습으로" 상징이 되는 하나님의 나라가 도래하는 순서이다 (단 7장). 그러나 복음서를 열고 보면 즉각적인 하나님의 나라 대신에 로마제국이 등장하고 이 신바벨론의 철권은 끝내 절망적인 저항 봉기의 시도가 터지기 직전까지 유대 나라를 계속 조여 온다.

만일 다니엘서가 분명히 언명한 바대로 미래 역사를 구체적으로 하나님이 보셨으면 하나님은 미래에 닥쳐올 민족의 큰 패배에서 자기 백성을 구원하지 않으신다는 이야기가 된다. 유대의 저항에 크게 노한 로마는 유대 말살을 끝까지 밀고 갈 것이고, 하나님은 아무 일도 하지 않으신다는 것이 된다. 하나님이 행하실 하나 만의 행위는 하나님의 아들 나사렛 예수가 행하시는 것으로 하나님의 비행동에 관한 침묵을 깨는 일이다.

위에서 언급한 전문 용어 '게노사이드'(genocide, 민족말살)는 예수의 처형 이후에 야기되는 일련의 집요한 유대 민족의 항(抗)로마 투쟁과 관련되고 이 항거 투쟁은 기원후 66~70년에 첫 번째 절정에 도달한다. 로마제국에 항거하는 유대인의 무력 항거는 참으로 대단한 투쟁이었다. 그들이 잘 조직되고, 넉넉한 경제

력이 뒷받침 되어 열정적인 동기에 점화된 항거는 입장에 따라
서는 역사적인 기억 이상의 의미를 지닌다. 결과적으로 그들을
분쇄하려고 한 로마군의 활동은 성공이라고 하기에 미진한 것
이 있고, 끝내 유대인의 항거는 기원후 132~135년 두 번째의 정
점을 맞는다.

메시야 시몬 바 고크바(Messiah Simon Bar Kokhba)가 영도하는
유대인의 이 마지막 저항이 지난 후 로마제국은 아예 예루살렘
의 이름을 취소하고 아에리나 캐피돌리나(Aelina Capitolina)라고
개명해 버린다. 그리고 한때 다윗의 왕도였던 이곳에 발을 들
여놓은 유대인은 하인을 막론하고 사형에 처하였다. 이렇게 결
말이 난 이스라엘 안에서의 유대인 주권의 상실은 그 후 18세
기가 넘게 회복되지 못하였다.

로마의 황실 안건은 제국 내에 모든 유대인들을 도살하라고
까지 문서화하지는 않았고, 그러한 관점에서 로마는 1941~45년
의 모든 유대인들에 관한 "최종 결의"를 내린 나치(the Nazi)당과
는 구분된다. 그러나 두 가지의 관점에서 60년대의 로마군의 승
리가 패배자 유대인에게 민족 말살(genocide)이라는 충격의 경
험이었다고 할 수 있다. 하나는, 로마당국이 예루살렘 성전을
완전히 파괴하기로 의도한 이유는 로마 제국 내에서 유대인으
로서의 자존과 정상 생활을 완전히 말살하는 타격이었다는 것

이다.

두 번째로, 이때 유대의 항전에서 살해당한 유대인의 수는 당시 유대인의 세계 인구와의 비율에서 나치의 말살 정책으로 살해당한 유대인의 인구 비례와 비등하다는 것이다.

1세기의 유대인의 세계 인구는 적게는 550만 명이고, 많게 추산하면 800만 명이라고 한다. 그 중에서 150만~250만 명 정도가 팔레스틴에 거주하였다. 그리고 450만~600만 명이 디아스포라였다. 로마 저항의 종국이 오기 전의 유대인의 생활을 비록 팔레스틴은 로마의 지배 하에 있었다고 해도 당사 범세계적으로는 비교적 왕성한 생활권을 유지하여, 오히려 제 2차대전이 발발하기 전 유럽에 산재한 유대인들보다 더 번창하였다고 판단된다는 것이다.

당시 모든 유대인들이 예루살렘을 정신적인 수도로 의식하였다는 것과 온 세계의 유대인들이 성전세를 지불한 그러한 통일성은 가히 로마제국의 조직과 유사한 것이었다. 로마제국 전체에 공존하는 타민족들의 느슨한 조직과 비교되는 유대인의 놀라운 조직력은 타민족의 선망이면서 로마 지배자들의 안목으로는 항상 경계의 대상이었다.

짐작컨대 로마제국 내에서 얼마만큼의 유대인의 저항 운동이 효력을 발휘한 사실이 있다는 것에 대한 로마 당국이 앙금처럼 마음에 두고 있는 유감이 동기가 되어 비록 유대인 그들만의 몇 가지의 법적인 처결과 그리고 몇 가지의 특수한 양해가 없었던 것은 아니나, 그러나 아무리 소규모적인 것 그리고 변두리에서 벌어진 일이라고 해도 유대인의 저항 봉기는 무자비하게 분쇄하는 것이 로마인의 유대인 지배였다. 1세기의 로마인으로 귀화한 역사가 요세푸스의 언급에 의하면, 티투스 장군이 예루살렘을 포위한 기원후 70년에 살해당한 유대인이 110만 명이라고 한다. 로마인 역사가 타키터스(Tacitus)는 유대인 사망자가 60만 명이라고 추산하였다.

비록 많은 현대학자들이 이 숫자에 과장이 있다는 평이기는 하나 이러한 숫자를 보고하는 요세푸스는 유월절이 되면 해외에 흩어져 살던 디아스포라 유대인들이 대거 주입이 되어, 예루살렘의 인구가 엄청나게 불어나, 그래서 상술한 엄청난 희생자가 발생한 것이라는 점이 외부 사람에게 그리 쉽게 이해되는 것이 아니다. 그래서 당시의 요세푸스는 놀랍게도 현대인이 사용하는 귀납법에 의한 추산을 한다. 즉 유월절에 도살되는 희생양의 머릿수가 256,500마리이고, 당시 포위가 시작되기 전 유월절 예루살렘 인구가 2,700,200명인 것으로 계산된다고 언급하였다.

기억해야 할 것은 예루살렘이 오늘 우리가 경험하는 멕카의 현상이었다. 일 년에 한 번 경이적인 숫자의 남자 순례자들이 운집(雲集)하고, 상상을 넘는 숫자의 희생 짐승이 제의적(祭儀的) 목적으로 도살된다. 예루살렘이 포위되기 시작할 무렵 예루살렘은 절기를 지키려고 집중된 디아스포라의 유대인과 설상가상으로 이미 삼 년 동안 지방과 갈릴리에서 로마의 철권이 제압하여 난민이 마지막 거점인 예루살렘으로 유입된 상태였다. 이러한 여러 조건들을 감안하면 요세푸스와 타키터스가 제시한 유대인 학살의 숫자는 충분히 가능한 계수이다.

상술한 숫자를 낮게 잡아도 그 희생자의 크기가 주는 충격은 20세기 유럽에서 유대인들이 도처에서 학살된 숫자 이상의 것임을 알 수 있어 참으로 믿을 수 없는 사실을 유대인들은 이미 당시에 겪었다는 역사적 사실이다. 성전의 파괴가 유대인의 심리에 작용한 엄청난 충격이고, 추가하여 종살이로 전락한 많은 수요와 약속의 땅에서 추방당하거나 떠날 수밖에 없는 많은 이재민 등등, 이 모든 잔혹사(殘酷史)의 기억이 역시 견디기 어려운 정신적인 피해이다.

일반적으로 로마의 비위를 맞추는 변절자로 비난이 되는 요세푸스이지만, 그러나 예루살렘 성 밖에 집단으로 십자가 처형을 세워 두어 그 참상을 본 유대 저항군이 예루살렘 성으로 접근하지 못하게 한 것과 예루살렘 포위를 뚫고 도주하던 유대

병사의 몸을 로마 병사가 칼로 해부하여 몸속에 삼켰을지 모른다는 금화를 찾는 잔혹한 행위가 있었고, 로마 지휘관이 직접 금한 후에야 정지되었다는 등등의 처절한 참극을 있는 그대로 서슴지 않고 기록에 남겨 놓고 있다.

상술한 설화를 참혹한 나치의 유대인 강제수용소의 사정과 비교해 본다. 약속의 땅에서 그처럼 참혹하게 많은 인명의 상해를 입고 그리고 수없이 많은 도처의 로마 도시에서 조직적인 유대인 학살이 자행된 사실의 기억은 결과적으로 하나님께 대한 심각한 질문이 야기될 수밖에 없게 만든다. 특히 현대 20세기에 와서 그렇다. 이러한 심각한 질문에 대한 절망적이고 과격한 답변은 기독교 측에서 일어난 하나님 스스로의 전투적 무장 포기(the divine warrior self-disarmed)라는 해석이다.

역사적으로 과거의 싸우시는 하나님의 승리를 핵으로 지켜 온 유대주의이고 보면 그러한 항전에서 전투적으로 하나님이 개입하시기를 열망한 것이 사실이다. 의심의 여지없이 상술한 저항 집단은 예외 없이 하나님의 도우심을 확신하였으며, 구체적으로 그러한 긍정적인 승리가 앞에 기다리고 있다는 구체적인 신념이었다. 바로 그러한 선명한 환상이 다니엘서이다. 구약에서나 신약에서 바벨론 포로 이후 인간이 과거를 확실한 지식으로 파악하는 것처럼 하나님은 미래에 일어날 일을 확실하게 아시는 하나님이심을 의심하는 자가 없었다 (다니엘서에 나오는 사건의 시간과 장소 등).

그러나 다니엘서의 환상을 미래의 사실을 보여 준 바에 의하면 하나님의 왕국의 도래가 그 다음 차례인데, 대신에 로마 강국이 출현하여 유대인을 지배하게 되고, 로마인의 잔악한 통치는 이전의 모든 불행한 환난을 능가하는 불행이었다. 이러한 현실적인 불일치를 당하게 된 기원후 1세기의 경건한 유대인들은 다니엘서를 읽으면서 사실의 출현이 어긋남을 경험하면서 무엇을 의식했을까? 하나님이 미래의 판단을 잘못하신 것인가? 하나님이 앞으로 있을 강대 로마제국의 출현을 보시지 못한 것인가?

예수의 완전 평화주의의 설교가 하나님의 본성을 전적으로 바꾸어 놓은 사실을 가지고 조명하면 과거의 전통적인 유대인 저자가 양심의 갈등을 의식하면서 여전히 전투적인 하나님의 이미지로 계속 이러한 신앙의 위기를 하나님의 의사라고 투사한 것이 된다. 그러한 연속선에서 보면 하나님이 자신의 계약을 깬 것이 된다. 그래서 이러한 파괴는 하나님 자신의 일이라는 것이 된다. 하나님은 로마를 저지해야 하실 것을 아셨다. 그리고 하나님은 그와 같이 하지 않으신 사실을 아신다. 그러한 단순한 이론의 근거로 심히 복잡한 이론 구성이 나오게 된다.

상당수의 역사비평주의자들은 예수 자신의 역사의식을 근거로 복음서를 해석한다. 1901의 알버트 슈바이처(Albert Schweitzer)를 효시로, 많은 학자들은 로마 통치 하에 생존한 예수가 유대 전통 의식과 현실 생활에서 양자 간의 소위 우리가 오늘 말하는 인식론적 괴리 현상을 심각하게 의식하고 자신을 다니엘서 7장의 문제의 인격 "인자"를 인격화시킨 것이라고 푼다. 슈바이처의 결론은 예수는 자신의 사역과 끝으로 자신의 죽음으로 로마의 멸망과 결국은 역사의 종말이 실형이 되고 결과적으로 하나님의 영원한 왕국이 세워진다고 확신하였다고 푼다.

최근의 학문 동향은 이러한 성격의 특징이 예수의 생존 시가 아닌 예수의 죽음 후에 성서 맥락과의 일치화를 시도한 과정에서 이루어졌다고 해석한다. 우리가 읽는 복음서의 주역이 예수이기 때문에 우리가 맥락적으로 예수가 그러한 자신의 천명을 한 것으로 읽지만, 그러나 맥락이 정리되는 역사 시간에서 예수의 의중을 회상하면서 하나님의 의중을 그와 같이 상상한 문학적인 추리가 예수의 생각이었다고 결정한 것이라는 해석이다. 다른 말로, 신약의 내용에 그와 같이 나와 있는 한, 예수가 자신을 가리켜 실제로 "인자"(as Son of Man)라고 했는지 아닌지는 중요하지 않다는 견해이다.

오늘의 독자가 복음서를 읽을 때에 그와 같이 이해한다면 초기에 원천적으로 복음서 저자가 그와 같이 의도한 것이든 아니든 중요하지 않다는 해석이다. 문학주의에서는 원저자의 의도를 초월하여 세대를 이어 그리고 세기를 이어 독자들에게 감동을 주면 그것으로서 문학적 존재는 정당하다는 것이다.

문학주의의 정당성을 이 정도로 수용하면서, 그러나 경계해야 하는 것은 문학주의의 독자들이 수용하는 문장의 의도와 의미가 역사에 의해서 제시된 것과의 차이가 독자들마다 동일하지 않다는 문제가 야기된다. 예를 들어, 환상적으로 도덕적으로 그리고 신비주의적으로 읽는 독자들은 개괄적으로 역사적 지식에서 고립하려는 경향이다. 그러나 그들도 역사소설을 읽는 경우 이상으로 역사성을 감안해야 한다고 생각한다. 역사소설이 아닌 것을 읽는 독자들이 그 작품에서 역사를 도출하기 위해서 읽는 것이 아닐지라도 그들이 읽는 작품에 나오는 도시명과 지리적인 특색을 추적하면서 읽어야 그 정확성이 결국 문학적 욕구를 충족시키기 때문이다.

통상적으로 시행되어 온 기독교의 구약의 영성적 이해와는 달리 여기에 거론되고 있는 해석은 신약에서 하나님의 사실 세계, 유대인에게 제시한 땅과 부와 후손에 관한 약속이 하나님의 의중 안에는 그대로 존대한다는 생각, 그것을 말을 달리하여 예수의 의중에 존재한다는 것, 그리고 그러한 약속을 들은 선민들이 아무런 수치심 없이 의중에 담아 두도록 허용된다는 것이 신약과 구체적으로 어떤 관련이 있는가의 해석의 문제이다. 복음서의 해석이 암시하는 복음서의 배후에 존재하는 역사적 상황은 신정신학(神正神學, a theodicy), 하나님의 행위의 도덕적인 정당성, 그러한 정당성이 이전의 몇 가지의 외세적 압력으로부터 살아남은 것이 드디어 1세기에 와서 로마제국의 압제 하에 계속 악화되고 위기에 놓이게 만들었다는 것이다.

전통적으로 수용한 신정주의(新正主義)는 처음 이스라엘이 앗수르와 바벨론에 의해서 멸망되면서 형성이 되었고, 앗수르와 바벨론에 의한 이중적인 패배는 패배가 아니라는 것이다. 여호와가 애굽을 이기신 승리는 진정한 승리였고, 앗수르와 바벨론에게 당한 패배는 패배가 아니라고 해석한다. 왜냐하면 앗수르와 바벨론은 사실적으로 이스라엘을 징계하기 위한 하나님의 도구였기 때문이다. 선민의식은 계약으로 성립되고 그리고 하나님이 진노하시어 선민을 징계하셔도 하나님이 없는 삶보다는 좋다는 의식이다.

그러나 이러한 신정주의 신학은 처음부터 극복되기 어려운 난제를 안고 시작된다. 하나님이 이방의 압제를 도구로 이스라엘에게 뉘우치게 하기 위한 고난이라고 하면 그 고난의 역사는 너무 길고 그리고 고난의 무게는 감당키 어려운 짐이라는 것을 설명할 길이 용이하지 않다. 복음서를 문학적인 맥락으로 탐구하는 입장이 역사적으로 제시한 대안에서는 이스라엘 선민의 구성이 다원화하고 그리고 그 인구가 증가하면서 초기의 여호와 하나님과의 계약을 개정할 필요가 일어났다는 견해가 지배하기 시작하였다. 과거의 전투적 하나님이 다시 이스라엘을 승리와 복수로 인도하시는 하나님의 전투 행위가 완전히 삭제되었고, 따라서 하나님의 전투적 성격이 조정된다는 해석이다.

하나님과 온 세상 다른 민족과의 관계가 개정이 되는 것만이 아니다. 하나님이 어느 특정 민족을 원수로 적대시하는 입장이 아니라고 하면, 하나님의 성격이 누구를 막론하고 모든 사람에게 친구여야 한다는 기본적인 변화이다. 하나님의 계약적 사랑(his covenant love)이 이제는 무차별적이고 세계 보편의 것이면, 계약적 상대(his covenant partner)에 대한 사랑 역시 그와 같아야 한다.

처음 하나님의 계약의 파트너였던 이스라엘은 오로지 여호와께만 충성해온 이유에서 어떤 특별한 위격(位格)을 행사할 수 있기를 기대한다. 새로운 계약이 선포되면서 과거 계약의 상대였던 이스라엘의 죄와 불충과 실패는 용서된 것이 아니라 망각(忘却)으로 처리를 받은 셈이다(more forgotten than forgiven). 과거에 그러했든 것과 같이 이스라엘을 징계도 보상도 하지 않으시는 하나님은 과거와 같은 특수 관계를 요구하지 않으신다. 그러므로 하나님께 대한 헌신이 아닌 그들 상호간의 헌신, 다시 말해서 이역의 사람들에 대한 헌신이 하나님의 선민이라는 표로 인정하시는 것이 된다(it is not their devotion to him but their devotion to one another and even more remarkably, to strangers that will signal their status as his). 이 새 계명을 순종하는 그 순종의 한계 안에는 하나님이 다시는 무력을 행사하지 않으시는 것이 된다. 이제는 이스라엘에게는 온 인류의 원수인 사탄 이외에 다른 원수는 존재하지 않는다.

하나님의 성육신(God Incarnate)은 그의 인성문제와 관련하여 진정 자신이 다니엘 7장의 "인자"됨을 숙지한다. 그러나 이러한 역할에서 무력에 의지한 하나님의 왕국의 설립이 아닌 "너의 뺨을 치는 자에게 다른 뺨을 돌려 대라" 가르치시는 무력의 포기를 선언하신다. 심지어는 극적으로 그것도 넘어가 그는 그렇게 해서는 안 될 일이나 지배자의 사형틀인 극점으로 향해 아무런 불평 없이 걸어가신다. 이와 같이 새로운 계명의 선포는 선지자들의 음성만이 아닌 하나님 자신이 주역을 실행하신 참으로 아이러니한 신성한 드라마에 의해서 선포된 것이다.

역사적 예수는 진정 앞으로 전개될 자기 민족의 최악의 상태를 내다보신 것일까? 구체적으로 하나님의 구원 행위가 없다는 것과 과거의 선지자의 약속과는 대담하게 판이한, 선지자가 아닌 자신이 직접 성육신하시어 나쁜 소식을 아이러니한 기쁜 소식으로 바꾸어 놓으실 일에 관해서 예견하신 것일까? 앞서 언급한 바 있거니와, 현재 보편적인 역사 비평학적 견해는, 타자가 예수를 그리스도가 되게 하였고, 그리고 그의 죽음 후에 타자가 그를 하나님으로 바꾸어 놓았다는 해석이다.

나는 예수가 다수의 여론에 밀려 상황에 따라가는 그러한 심약한 설교자가 아니라 자신이 자신의 메시지의 내용과 일치하는 주역이며, 그리고 군중을 충격으로 자극하여 더 큰 목적으로 위하여 밀고 간 설교자였다고 역사적 근거에서 확언할 수 있다고 믿는다 (Jack Miles, *Christ*, p. 115 하단 문단). 이스라엘 놀(Israel Knohl)[1]과 마이클 와이스(Michael O. Wise)[2]는 광야 사회의 두루마리를 근거하여 예수 이전에도 자신들을 스스로 하나님의 고난 받는 종이라고 확신한 경우라고 주장한다. 기독교의 기독론 제시 이전에도 팔레스틴 유대인의 종교 사상 속에 신성 인격, 구속적 고난, 메시야 사상의 여러 요소들이 결합이 된 신앙 운동이 존재했다는 사실에 대하여 반드시 구체적으로 일치해야

---

1) *The Messiah before Jesus: The Suffering Servant of Dead Sea Scroll* (Berkeley University of California Press, 2000).
2) *The First Messiah: Investigating the Savior before Christ*(San Francisco: HarperSanFrancisco, 1999).

한다는 주장을 고집할 필요는 없다.

이러한 접근에 서 있는 새로운 탐구들이 그 나름대로 이목을 끄는 것은 메시야는 고난을 당해야 한다는 주장과 고난 받으신 메시야는 하나님의 성육신이라는 지극히 대담한 주장 사이에는 엄청난 거리가 존재한다는 실재를 증명해 주기 때문이다. 그리고 실제로 요한복음에 의하면 예수가 그러한 주장을 하고 있음이 사실이지만, 그러한 주장의 배후가 예수의 죽음이후까지는, 즉 요한복음이 저술되고 있는 시간까지는 표면으로 부상하지 않고 숨어 있었을 가능성은 여전히 남아 있다. 조심성 있고 보수적인 학자인 작고한 레이몬드 브라운(Raymond E Brown)은 40년 전 그의 명작 〈요한복음 주석〉에서 이렇게 질문한 바 있다.

> 요한복음 8장 58절에 있는 대로, "아브라함이 있기 전에 내가 있다(I AM)"라는 말씀을 예수가 생전에 구체적으로 발언했을지의 여부, 그리고 우리가 이 문절에서 후의 기독교의 신앙고백을 발견하게 되는지의 여부를 가리는 문제. 일반적인 원칙론을 말하자면, 예수의 사역당시 불확실했던 것들이 후에 복음서의 저자들이 신앙으로 알게 된 것이 사실이다. 그럼에도 모든 복음서가 독자에게 주는 강력한 인상은 유대 당국이 예수의 자신에 관한 주장과 그의 역할에서

무엇인가 신성모독을 본 것이 사실이라는 것이다. 예수를 사형에 처한 이유가 단지 사회적 윤리적 개혁 때문에 또는 정치적으로 위험인물이기 때문이라는 주장은 설득력이 부족하다. 그러나 예수의 주장과 자신에 관한 발언을 어떻게 과학적으로 분석해 낼 수 있다는 말인가? 요한이 언급하는 예수의 신성 주장인 "나는 이다"(I AM)에서 예수가 암시한 것을 요한이 확언으로 대언한 것인가? 순수 과학의 방법으로 판단할 길이 불가능하다고 본다.

그러나 여전히 문제는 아직 남아 있다고 본다. 역사비평학자들의 탐구와 능력에 맡겨 예수 자신의 창의가 아니라 그의 죽음 후에 사실 자료가 영성적 해석으로 뒤바뀐 것을 캐 낼 종교학적 문학적인 업적이 더 나오기를 기대해 본다.

원수에 의해서 만군의 여호와가 사형에 처해졌다는 충격은 원칙적으로 말해서 하나님이 원수들에게서 자기 친구를 보호하신다고 약속한 계약에 대한 종결을 의미한다. 사실적으로 그 엄청난 충격을 계약의 제의(a covenant ritual)로 의미를 본 해석자들은 이 사실이 하나님과 인간 사이에 영원히 실패가 없고 과거와 미래의 역사에서 사탄이 어떤 적을 동원하여 맞서려고 해도 소용이 없는 그런 계약이다.

이러한 놀라운 새 계약의 조정을 어떤 학문적 이론으로 도전한다고 해도, 하나님이 앗수르와 바벨론의 침공 이후에 그들의 침공이 하나님의 징계적(懲戒的)인 행위라는 계약의 조정과 이념적으로 유사성이 비교되는 것이다 (모든 복음서는 예루살렘 함락 이후에 저술이 되었다. 이하 생략.3))

---

3) Jack Miles, *Christ*, pp. 117~8에 나오는 내용은 원고화하기 곤란하여 생략함.

평화주의의 대가, 세례 요한 살해당하다

The Price of His Pacifism: John is murdered

예수께서 "포로 된 자가 놓여나고..."의 예언을 낭독하고, 그리고 이 말씀이 그들이 듣는 중에 성취되었다고 설교하고 있는 시각에 실제로 세례 요한이 수감되어 있는 상태에서 노여 나기를 소망하는 상황이었다. 갈릴리의 지배자인 헤롯 안티파스는 요한이 대담하게 자신의 부덕한 혼인을 공개 비판하므로 그를 체포하였다. 예수 자신이 나사렛에서 설교한 내용을 생각하지 않고서도 요한이 요단강에서 예수를 소개한 그대로라고 하면 세례 요한은 얼마 안 있어 즉시 석방되어야 한다.

예수께서 이 설교를 하기 전 세례 요한은 이 문제를 소망으로 제기한 것으로 볼 수 있다. 시간이 지나 요한에게 이 문제가 의중에 깔린 심각한 염려로 부각된다. 만일 하나님 아버지는 금욕적인 선지자나 탐욕스러운 왕이나 구별 없이 같은 해를 비쳐 주신다는 유추로 예수가 부덕스런 변절자 헤롯을 사랑해야 한다는 말뜻이었다면, 그렇다면 요한은 예수를 오판한 것인가? 그가 "나는 그의 신들 매를 풀기도 감당치 못하겠노라"고 하였고 "그는 불과 성령으로 세례를 주실 이"라고 소개하였을 때 그는 환각에 사로잡힌 것인가? 그가 다른 경우 "하나님의 어린양"이라고 소개하며 존대하였을 때 그는 전적으로 그가 무엇을 말하고 있는지조차 모르고 오해한 것인가? 한 선지자가 자기 생각을 말하는 것이 아닌 성령의 지시에 의해서 말하는 때 본인 자신도 다 알고 하는 말은 아니다. 자기도 미처 모르고 한 그 말들이 지금에 와서 어디로 인도하며 어디로 방향을 잡고 가는지를 이제야 요한은 알게 된 것일까?

예수의 발언은 듣는 자의 입장에서 진의가 파악되지 않을 수도 있을 것이다. 그러나 유대 전통에 깊이 젖은 세례 요한은 전투적 하나님이 그러한 전투적인 성격을 완전 거부하신 비전투적인 발언을 선언하시고 있는 발언을 잘못 들을 리가 없다. 예수의 입장에서는 요한에게 그러한 의혹이 전달이 되고, 그리고 과거의 전투적 하나님의 전통에서 마지막 꽃으로 남길 바라고, 그리고 그와의 관계에서 거리를 의도적으로 두고 있는 사실을 양쪽의 추종자들은 감각하지 못할 이가 없다. 뒤에 가서 예수는 말씀한다. "율법과 선지는 요한 때까지요 그 후부터는 하나님 나라의 복음이 전파되어 사람마다 그리로 친입하느니라" (눅 16:16). 도끼가 나무뿌리에 놓였다고 언급한 그리고 계속된 그와 유사한 요한의 설교는 하나님에게 원수가 존재하는 인상이고 그리고 그들 원수는 원수로서 주저 없이 대결하시는 이미지이다. 만일 예수가 요한을 불안하게 만드는 무엇인가 다른 것을 설교 내용으로 언급하시는 것이 사실이면, 요한은 자기가 놓인 지극히 난처한 처지가 무엇을 의미하는가를 놓칠 일이 없다. 기분 나는 대로 살인을 저지르는 버릇이 헤롯 왕가의 특징이다. 그리고 요한은 지금 헤롯의 손에 목숨이 걸려 있다.

설교를 마치자 즉시 이어 예수는 순회 치유자의 모습으로 병을 치유하는 사역을 계속하신다. 그러자 수감된 광야의 선지자 예수에게 세례를 베풀었고 그뿐 아니라 예수의 제자 전부에게 세례를 주었다 (Ibid., p. 119).

> 요한이 그 제자 중 둘을 불러 주께 보내어 가로되 오실 그이가 당신이오니이까. 우리가 다른 이를 기다리오리이까 하라 하매, 마침 그 때에 예수께서 질병과 고통과 및 악귀 들린 자를 많이 고치시며 또 많은 소경을 보게 하신지라. 대답하여 가라사대 보고들은 것을 요한에게 전하되 소경이 보며 앉은뱅이가 걸으며 문둥이가 깨끗함을 받으며 귀머거리가 들으며 죽은 자가 살아나며 가난한

자에게 복음이 전파된다 하라. 누구든지 나를 인하여 실
족하지 아니하는 자는 복이 있도다 하시니라.

누가복음 7:18~23

신앙을 인하여 실족하지 아니하는 자! 예수는 질문을 피하신
다. 그러나 즉시 그 질문의 의도를 아신다. 예수는 질문이 스스
로 대답을 제공해 줄 것을 기대하면서, 세례 요한의 경우 예수
의 사역이 무엇인가 예수 자신이 해석하고 있는 사실을 뒤에
가서 알게 되므로 사실적으로 신앙의 걸림돌이 되고 그리고 벼
락이 떨어지는 것과 같은 실망(a crushing disappointment)을 하게
될 것을 아신 것이다. 그 이유는 예수의 설교는 고난 받는 자기
백성을 힘으로 해방시키기 위해서 오실 하나님이 아니심을 일
러 주는 것이기 때문이다.

비록 오가는 의사는 지극히 간접적인 언어의 사용에 의한 것
이고 세례 요한은 지금 감옥에 있고 예수는 밖에서 활동하는
상태이므로 외부에서 교사하는 행위라고 타자가 오해를 할 수
도 있어서겠지만, 그러나 요한과 예수는 서로가 잘 아는 사이이
다. "우리가 다른 이를 기다리오리이까"라는 질문이 로마 당국
에게는 암호처럼 들리는 말투이지만 예수의 주신 답변인 구약
의 장문의 인용에서 "감옥에 갇힌 자가 놓여나며"를 생략하여
인용을 주시므로 감옥에 있는 요한은 자신이 놓여나지 못할 일

과 그리고 이스라엘이 하나님께로 받을 고통스러운 처사가 무엇인지를 알게 된 것이다. 여기에서 맥락으로 석의자(釋義者)가 놓쳐서는 안 될 이중적 의미는 감옥에 있는 요한이나 고통의 멍에를 진 이스라엘이나 하나님이 더 이상 힘으로 해방을 주시는 일은 없다는 전환(轉換)의 의미이다.

그의 답이 헤롯의 감옥에 있는 요한에게 닿으면 그에게 깊은 상처를 주리라 짐작한 예수는 자기 제자에게 요한을 높이는 말을 한다. 그것은 일종의 칭찬과 동정과 그리고 변호의 인상을 준다. 그러나 요한의 제자들이 있을 때 하신 말은 아니다.

너희가 무엇을 보려고 광야에 나갔더냐. 바람에 흔들리는 갈대냐. 그러면 너희가 무엇을 보려고 나갔더냐. 부드러운 옷 입은 사람이냐. 보라 화려한 옷 입고 사치하게 지내는 자는 왕궁에 있느니라. 그러면 너희가 무엇을 보려고 나갔더냐. 선지자냐. 옳다. 내가 너희에게 이르노니 선지자보다도 나은 자니라. 기록된 바 보라 내가 내 사자를 네 앞에 보내노니 그가 네 앞에서 네 길을 예비하리라 한 것이 이 사람에 대한 말씀이라. 내가 너희에게 말하노니 여자가 낳은 자 중에 요한보다 큰 이가 없도다....그러나 하나님의 나라에서는 극히 작은 자라도 저보다 크니라 하시니.

누가복음 7:24~28

하나님은 그리고 하나님의 성육신도 사과하지 않는다(does not apologize). 창세기의 첫 줄의 말씀부터 계시록의 마지막의 말씀까지에서 하나님의 행위 양태는 완전한 도덕률의 것이다. 하나님은 한 번 말씀하시면 전혀 시정이나 의혹이 있을 수 없다. 어떤 행위를 취하셔도 동일하다. 매우 드문 경우 하나님이 아주 모호한 표현으로 후회를 표현하신다. 지금 여기에 나오는 이 경우가 그렇다.

로마 당국도 그의 매국 행위를 멸시하는 헤롯 왕의 수중에 꽉 잡히고만 너무나 완전한 인격자 요한은 그의 지금의 현실이 그대로 매국노의 공조가 있는 로마의 지배 아래 꼭 잡힌 이스라엘의 모습 그대로(all-too-perfect personification)이다. 더욱이 세례 요한이 당한 질곡은 시편의 절반의 내용이 설정한 상황과 일치한다. 다시 말해서, 무고한 자가 고난에 처해 주 하나님께 도움 주심을 호소한다. 하나님께 부르짖어 하나님의 크신 권능으로 불행을 돌려놓으시는 하나님의 계약에 호소한다.

예수께서 의인 요한에게서 도움을 청하는 소식에 접하여 시편에 반복되는 이스라엘이 여호와의 구원을 청하는 시편의 내용과 그리고 하나님이 그 구하는 이스라엘을 그대로 두셨다는 과거를 회상한다.

세례 요한은 과묵하다. 그러나 그가 처한 정황이 큰 소리로 외친다. 유사한 시편을 인용하면 아래와 같다.

여호와여 멀리 하지 마옵소서.
　나의 힘이시여 속히 나를 도우소서.
내 영혼을 칼에서 건지시며
　내 유일한 것을 개의 세력에서 구하소서.

시편 22:19~20

요한은 예수의 계약 갱신의 대가가 얼마나 큰 것인가를 자기의 몸으로 제시한다. 감옥에서 사람을 보내어 해명을 구한다. 그리고 그의 슬픔을 추가하는 한 대답을 얻는다. 이러한 대화와 메시지의 교환에서 요한은 의로운 유대인으로서 이스라엘을 상징하는 대표이고 그가 대답으로 받은 메시지는 하나님이 계약의 약속을 지키지 않으신다는 것, 다시 말해서 전적으로 새로운 계약일 수밖에 없는 갱신의 차원에서 하나님이 지키신다는 답이다. 앞에서도 언급된 바 있거니와 과거의 전투적 승리의 하나님이 세우신 계약은 요한과 같이 갇힌 자를 놓아 줄 내용의 계약이었다. 그러나 갱신이 되는 하나님의 새로운 계약은 갇힌 자를 해방시키시는 폭력적 승리의 언급이 나오지 않는다. 이러한 사태가 앞날에 닥쳐 올 것을 예레미야 선지자는 이미 적절하게 예언한 바 있다.

보라 날이 이르리니 내가 이스라엘 집과 유다 집에 새
언약을 세우리니 나 여호와가 말하노라. 이 언약은 내가
그들의 열조의 손을 잡고 애굽 땅에서 인도하여 내던 날
에 세운 것과 같지 아니할 것은 내가 그들의 남편이 되
었어도 그들이 내 언약을 피하였음이니라. 나 여호와가
말하노라. 그러나 그 날 후에 내가 이스라엘 집에 세울
언약은 이러하니 곧 내가 나의 법을 그들의 속에 두며
그 마음에 기록하여 나는 그들의 하나님이 되고 그들은
내 백성이 될 것이라. 그들이 다시는 각기 이웃과 형제
를 가리켜 이르기를 너는 여호와를 알라 하지 아니하리
니 이는 작은 자로부터 큰 자까지 다 나를 앎이니라. 내
가 그들의 죄악을 사하고 다시는 그 죄를 기억치 아니하
리라. 여호와의 말이니라.

예레미야 31:31~34

이 "새 계약"(the new covenant)은 묵은 계약이 시작한 것처럼
시작하지 않는다. 다시 말해서, 지배하는 자를 이기는 승리나
처벌에 관한 언급으로 시작된 것이 아니라 단지 "용서하라"로
시작된다. 예레미야의 글에는 신명기에 나오는 장차 오실 팔을
펴신 하나님을 예견하는 언급이 결코 적지 않다 그러나 이 문
절이 앞으로 일어날 변화를 암시하는 구절이다. 하나님과 이스
라엘간의 계약은 어떤 상황에서도 계속된다. 말하자면, 하나님

이 무장(武裝)을 내려놓는 상황에서도 말이다.

그렇다면 요한에게 준 예수의 답은 결코 실망을 안겨 주는 것만이 아니다. 당장은 쓰디쓴 실망인 것은 정확하다. 하나님이 힘으로 돌아오심을 그처럼 열정으로 설교한 자는 그를 감옥에 가둔 자의 손에 의해서 죽임을 당할지 모른다. 다음 맥락은 정확하게 그렇게 벌어지고 있다.

전에 헤롯이 자기가 동생 빌립의 아내 헤로디아에게 장가 든 고로 이 여자를 위하여 사람을 보내어 요한을 잡아 옥에 가두었으니 이는 요한이 헤롯에게 말하되 동생의 아내를 취한 것이 옳지 않다 하였음이라. 헤로디아가 요한을 원수로 여겨 죽이고자 하였으되 하지 못한 것은 헤롯이 요한을 의롭고 거룩한 사람으로 알고 두려워하여 보호하며 또 그의 말을 들을 때에 크게 번민을 느끼면서도 달게 들음이러라.

마침 기회 좋은 날이 왔으니 곧 헤롯이 자기 생일에 대신들과 천부장들과 갈릴리 귀인들로 더불어 잔치할새 헤로디아의 딸이 친히 들어와 춤을 추어 헤롯과 및 함께 앉은 자들을 기쁘게 한지라. 왕이 그 여아에게 이르되 무엇이든지 너 원하는 것을 내게 구하라. 내가 주리라 하고 또 맹세하되 무엇이든지 네가 구하면 내 나라의 절반이라도 주리라 하거늘 저가 나가서 그 어미에게 말하

되 내가 무엇을 구하리이까. 그 어미가 가로되 세례 요
한의 머리를 구하라 하니 저가 곧 왕에게 급히 들어가
구하여 가로되 세례 요한의 머리를 소반에 담아 곧 내게
주기를 원하옵나이다 한대 왕이 심히 근심하나 자기의
맹세한 것과 그 앉은 자들을 인하여 저를 거절할 수 없
는지라 왕이 곧 시위병 하나를 보내어 요한의 머리를 가
져오라 명하니 그 사람이나가 옥에서 요한을 목 베어 그
머리를 소반에 담아다가 여자에게 주니 여아가 이것을
그 어미에게 주니라. 요한의 제자들이 듣고 와서 시체를
가져다가 장사하니라.

마가복음 6:17~29

세례 요한을 살해한 이야기는 이삭을 제물로 묶는 이야기처
럼 상세하고 감정을 억누른 문장의 분위기이다. "요한의 머리
를 소반에 담아"라고 왕에게 청한 구체성은 무관심한 동작으로
오히려 주목을 끌게 한다. 리처드 스트라우스(Richard Strauss)의
표현주의자다운 오페라 "살로메"에서는 그 소녀가 그 소반을
품에 안고 노래와 춤을 춘다. 마가복음에서는 리얼리즘으로 소
반에 담아 자기에게 주기를 청한다. 그 소녀가 짐승 같은 어머
니에게 그것을 전해 줄 때 그가 즐거움이 있었다고 상상하기란
곤란하다. (그리고 그 자리에 있는 생일 축하객들은 어떻게 대했을

까? 마가는 성서의 맥락이라는 간결성으로 침묵한다.)

모양이야 어떻든 요한의 살해는 마치 모세에게 아말렉 족의 도살이 그의 "네 이웃을 사랑하라"의 여백 주해(a gloss)가 되는 것처럼 예수의 "네 원수를 사랑하라"의 주해가 되는 것이다. 요한의 죽음은 목숨을 잃는 것만이 아니라 천민의 끔직한 방법에 의한 죽음이라는 것이 문제이다.

이 헤로디아는 맥베스 부인(Lady Macbeth)보다 더 증오스러운 여인이다. 헤롯 안디파스 역시 같은 부류의 천박한 위인으로 평가된다. 그의 겉치레를 좋아하는 위선 행위는 약간의 압력에도 사탕조각처럼(like a sugar sculpture) 녹아내린다. 헤롯이 거침없이 살인을 여흥으로 만들어 버리는 성격은 골수가 진성 유대인인 청중과 그리고 혐오할 만한 로마인에게 모두 타격을 안겨 준다. 그리고 그의 처의 계략에 지친 그에게도 넘어지게 하는 치명상이라고 할 수 있을 것이다.

성서는 "네 힘을 여자들에게 쓰지 말며 왕들을 멸망시키는 일들을 행치 말지어다"(잠 31:3)라고 말씀하였다. 자기 친딸을 의인을 살해하는 모략을 매듭짓도록 이용한 헤로디아는 그녀가 속하는 민족과 전통에서 가장 추악하고 타락한 여인이라는 고발을 영원히 쓰게 된다.

그러나 이 에피소드가 끼쳐 놓은 가장 심각한 후유증은 조용히 예수와 요한과의 사이에 일어난다. 다시 말해서, 요한은 단지 소반에 놓은 머리가 되지만, 예수는 자기의 지금의 설교의 대가로서 머지않아 치르게 될 자신의 죽음의 그림자를 본 것이다. 감옥에 있는 요한을 수위들이 잡아 일으킬 때, 요한이 저항했는가? 치켜든 칼 아래 자기 목을 순순히 내어 밀었는가 아니면 몸부림을 쳤는가? "네 겉옷을 달라 하는 자에게 네 속옷도 주어라"(눅 6:29)고 말씀한 예수는 미처 "네 머리를 참수하는 자에게 서슴지 말고 네 머리를 들여 넣어라. 왜냐하면 하늘 아버지께서 이제는 복수하시는 여호와가 아니시다"라고까지는 언급하지 않았다.[1] 이러한 암울한 사건은 요한의 선혈이 오래지 않아 예수가 치러야 하는 그의 새로운 계시의 대가를 미리 알게 하는 암울한 예언적 무언극(a grim prophetic pantomime)이다.

---

1) 이 부분의 해석은 전반적인 하나님의 전투적 행위의 포기라는 맥락적인 배경 없이는 불가해적인 부분이다. 그러나 Jack Miles, *Christ*의 일관된 지론이다. 참조, p. 123~24.

한 창녀가 그의 수치의 전략을 실천

A Whore Demonstrate His Strategy of Shame

예수의 평화주의(Jesus' pacifist vision)는 예수 자신이 인격적
으로 누구에게도 매이지 않고 누구에게나 고분고분한 다투지
않는 사람이어야 한다고 생각하기 쉬우나, 그러나 예수는 그렇
게 행동하지 않았다. 복음서의 예수, 특히 요한복음의 예수는
제자들에게만이 아니라 적대자들에게도 소심하지 않고 단호하
다. 물질적인 실력 원조는 즉각 거부하였고, 견해의 차이를 두
려워하는 일이 없어 사마리아 여인의 화술, "나는 메시야가 오
심을 아나니 그가 오시면 모든 것을 우리에게 일러 주실 것이
요." 적당히 기회를 보아 상대의 기질에 맞도록 포장하는 언사
를 한 일이 없다.

이런 모든 비사교적인 언사는 과거에서부터 일관하여 변하
지 않는 단호한 하나님의 인격성을 드러내 주는 것이라고 해석

해야 한다. 신약에 넘어와 하나님이 보이신 피조 인간에게 대하시는 관용과 자애는 크나 큰 변화이다. 그러나 하나님의 단호하신 성품은 그대로이다. 특히 폭력과의 단절이 결코 모든 거부 행위의 포기가 아니라는 확실한 몇 가지의 사례가 있다. 그러한 범주에 속하는 특이한 예가 공개적으로 타락한 여인이라 할지라도 지금의 그 행위가 칭찬할 만한 가치가 있다고 인정하면 거침없이 그렇다고 시인하는 경우이다.

다음의 이야기 배경을 정당하게 이해하기 위해서 우리가 반드시 알아야 할 것이 기원후 1세기의 팔레스틴의 생활에서는 손님을 초대하여 주인과 함께 식사하는 경우, 오늘 우리의 식탁과 달리 U자 형으로 된 식탁을 향해 머리를 두고 그리고 길게 앉은 자세(reclining on couches with their heads pointing inward around a U-shaped table)로 식사했다는 사실이다. 식사와 마실 것을 운반하는 종들은 U자형 식탁의 열린 쪽으로 출입을 하며 식탁에 올려놓는다. 주객이 먼저 좌석을 정하면 청함을 받은 다른 손님이 나머지 공간에 자리를 정한다. 이 경우에도 매양 그러한 관행이었다. 그런데 한 여인이 소리 없이 들어와 길게 자리에 앉은 발쪽으로 접근하였다. 누가복음 7장 36~50절에 나오는 다음의 이야기는 그러한 맥락의 구성으로 전개된다.

한 바리새인이 예수께 자기와 함께 잡수시기를 청하니 이에 바리새인의 집에 들어가 앉으셨을 때에 그 동네에 한 죄인 여자가 있어 예수께서 바리새인의 집에 앉으셨음을 알고 향을 담은 옥합을 가지고 와서 예수의 뒤로 발 곁에 서서 울며 눈물로 그 발을 적시고 자기 머리털로 씻고 그 발에 입 맞추고 향유를 부으니 예수를 청한 바리새인이 이것을 보고 마음에 이르되 이 사람이 만일 선지자더면 자기를 만지는 이 여자가 누구며 어떠한 자 곧 죄인인 줄 알았으리라 하거늘 예수께서 대답하여 가라사대 시몬아 내가 네게 이를 말이 있다 하시니 저가 가로되 선생님 말씀하소서. 가라사대 빚 주는 사람에게 빚진 자가 둘이 있어 한 사람은 오백 데나리온을 졌고 하나는 오십 데나리온을 졌는데 갚을 것이 없으므로 둘 다 탕감하여 주었으니 둘 중에 누가 저를 더 사랑하겠느냐. 시몬이 대답하여 가로되 제 생각에는 많이 탕감함을 받은 자니이다. 가라사대 네 판단이 옳다 하시고 여자를 돌아보시고 시몬에게 이르시되 이 여자를 보느냐. 내가 네 집에 들어오매 너는 내게 발 씻을 물도 주지 아니하였으되 이 여자는 눈물로 내 발을 적시고 그 머리털로 씻었으며 너는 내게 입 맞추지 아니하였으되 저는 내가 들어 올 때로부터 내 발에 입 맞추기를 그치지 아니하였으며 너는 내 머리에 감람유도 붓지 아니하였으되 저는 향유를 내 발의 부었느니라. 이러므로 내가 네게 말하노

니 저의 많은 죄가 사하여졌도다. 이는 저의 사랑함이
많음이라. 사함을 받은 일이 적은 자는 적게 사랑하느니
라. 이에 여자에게 이르시되 네 죄 사함을 얻었느니라
하시니 함께 앉은 자들이 속으로 말하되 이가 누구이기
에 죄를 사하는가 하더라. (그러나) 예수께서 여자에게
이르시되 네 믿음이 너를 구원하였으니 평안히 가라 하
시니라.

누가복음 7:36~50

왜 이 여자는 울고 있었는가? 자기 죄가 사함을 얻어 기뻐 울
었는가? 자기의 많은 죄 때문에 흘린 눈물인가? 그녀가 가지고
온 옥합의 향유처럼 그녀의 눈물 역시 예수께 향한 사랑의 표
시였는가? 그렇다면 그 전에 이미 만난 일이 있고 그녀의 고백
을 들은 일이 있으며 죄의 용서를 받았는가? 그리하여 이 장면
에 함께 한 다른 손님과 같이 현장에 있는 자들에게 예수의 언
급은 그 여자와 이미 알고 있는 바를 확인하신 것인가? 아니면
그녀 나름의 판단에 의해서 예수의 행로에 닥쳐올 고난에 관해
서 그 여자만이 알고 있는 이유에서 염려한 것인가?

그 여자의 이유를 알 수 없는 눈물은 현장의 사람들로 하여
금 그 여자를 주목하게 만든다. 울면서 머리를 푼다. 당시의 생
활 맥락에서 성인 남자들의 면전에서 성인 여자가 머리를 푸는

동작은 외설행위(猥藝行爲)이다. 무엇 때문에 이러한 파격적 행위를 하는가? 예수께서 그녀의 행위를 해석하신다. 시몬이 그 여자의 정체를 밝혀 한 말이 동석 중에 사람들로 하여금 그 여자와 예수와의 이전의 관계가 무엇인가 하는 상상과는 판이하게 그 여자의 행위를 해석하신다. 그 여자가 사람들의 주목을 받으며 드러내는 행위는 불가피하게 어느 누구에게는 수치심을 일으키게 만든다. 자신의 부꾸러움을 숨기지 않으므로 그 현장의 어느 누구는 숨겨진 부끄러움을 드러나게 하는 동작이다. 그녀의 행위의 결과는 예수께 존귀와 위로를, 그러나 그것만이 아니라 또한 시몬에게는 수치와 불쾌함을 가져다 준다.

이 여자는 그러한 의도였는가? 그 여자의 말이 없는데 우리가 어떻게 알 수 있는가? 그러므로 예수의 해석을 통해서만 그 여자의 행위의 의미를 알 수 있을 뿐이다. 다시 말해서, 그 여자는 어떤 세상적인 이유가 아니라 예수께 많은 죄를 용서 받은 것을 감사하는 행위였다. 이 자리에서 보여 준 시몬의 반응은 모든 수치스러운 생활을 배경으로 한 사마리아 여인과 아무런 주저 없이 예수가 대화하는 자리에서 제자들이 보여 준 반응과 동일하다. 일순간(一瞬間) 현장의 호기심이 고개를 들었을 때 예수만이 평정하게 받아들인 이유가 전자에 그 여자를 용서하셨기 때문인가? 그 여자의 눈물의 곡절을 그 여자는 말한 일이 없는 것처럼 현장에서 보이신 예수의 평정(平靜)도 아무런 설명이 없으면서 또한 이 에피소드의 심리적인 긴장과 열기를 높여 준다. 우리는 그러한 상황적인 설명을 다음 몇 가지로 할 수밖에 없다.

한 가지 확실한 사실은 예수는 그 여자가 감히 나설 때가 아닌 때에 비정상적 행위로 개입한 것을 인정하였다는 것이다. 세례 요한의 참수가 "다른 뺨을 돌려 대라"고 언급한 예수의 설교의 해석이라고 하면 이 시몬의 집에 들어온 한 창녀의 행위도 예수의 설교의 해석이다. 양자의 에피소드는 상호보완적이다. 세례 요한은 예수의 방법이 간직한 광기를 보여 주고, 그리고 이 창녀는 예수의 광기가 간직한 방법을 보여 준다.

재차 마태복음에 나오는 이 더욱 계시적으로 드러낸 문절, "누구든지 네 오른 뺨을 치거든 왼편도 돌려 대며"(마 5:39)의 해석은 이단자를 공개적으로 치거나 상전이 노예를 치는 관행으로 바른손의 손등으로 상대의 오른 뺨을 치는 동작이다. 만일 바른 뺨을 맞고 왼 뺨을 돌려대면, 그는 자기에게 이단이라고 비판한 자나 상전에게 두 번째 구타를 하게 만들며 그래서 코와 입을 치게 된다. 이러한 도발은 구타자를 부끄럽게 만드는 동작이고 오만이 자기 행동 자체를 의식하게 하고 그리하여 회개로 이끌게 한다.

두 번째의 경우는, 다시 마태가 문절로 서술한 것, "또 누구든지 너로 억지로 오리를 가게 하거든 그 사람과 십리를 동행하며"(5:41)라고 하여 로마군의 횡포를 말한 것인데, 적적한 행로에 동행하기를 강요한 것이 아니라 무거운 짐과 무구를 대신 들고 가는 강요된 노동이다. 이 경우에서도 5리가 아닌 10리를 감으로 당초의 횡포자를 수치스럽게 만든다. 고통으로 다른 고통의 원인이 된다. 만일 누가 자기의 힘을 잘못 행사하거든 그로 하여금 더 나쁜 횡포로 가게 하므로 그가 수치를 당하게 만들어서 자비(mercy)로 돌아가게 만든다.

끝으로, 가장 불가능한 모순 행위를 가지고 충격을 주어 교훈하신다. 예수는 말씀하시기를 "만일 너를 송사하여 속옷을 가지고자 하는 자에게 겉옷까지도 가지게 하라"(5:40). 겉옷은 더 값이 나간다. 그리하여 빈민에게는 흥정을 위해 담보가 된다. 오늘날 대학생이 자전거를 빌려 사용하기 위해서 자기 신용카드를 놓고 가는 것과 흡사하다 (담보 행위로서 옷을 취하는 관행은 출애굽기 22장 26절에도 언급된 바 있고, 신명기 24장 12절에 보면 해지기 전에 담보로 취한 옷을 돌려주어, 잠자는 데 불편함이 없게 하라고 하였다. 다량 생산 과정이 생기기 전 시대에서는 이 겉옷이 큰 재산이었다.) 그러나 왜 하필 속옷인가? 아무도 속옷을 담보로 요구하지 않는다. 누가의 언급(6:29)은 속옷과 겉옷을 뒤바꾸어 놓았다. 그리하여 예수의 말씀은 "네 겉옷을 빼앗은 자에게 속옷도 금하지 말라"고 나온다. 마태복음과 같이 누가복음은 너에게 강요하는 자 목전에서 나체가 되어 그에게 수치를 느끼게 하라는 것이다. 그러나 마태복음의 경우는 청구자의 요구가 약간 온건하여 송사하려는 것은 속옷이다. 양자의 맥락이 같은 목적을 말한다. 요구하는 자에게 옷 전부를 주어 그 요구자에게 부끄러움을 느끼게 하라는 의도이다. 시몬의 집에 찾아온 창녀의 경우에서처럼, 예수는 마치 비판자에게 자신의 모든 것을 벗어버리라는 말씀이다 (私註, 이런 대담한 주해는 심히 심중을 요한다.)

이러한 행위는 의도된 보복이 아니다. 그러나 그렇다고 하여 결코 무력한 항복도 아니다. 예수가 알게 된 것 그리고 구 후 서구 사회에서 오랜 전통의식이 된 것, 이것은 희생을 강요하는 정복자에 대한 희생자의 힘의 과시이다(the power of victim a-gainst the victimizer). 그러면서도 현장에서 아무에게도 해를 끼치지 않으면서 누구를 구타하는 것이 아니면서 즉각적인 모욕 행위가 아니나 희생자가 승리한다고 상상할 수 있고, 그리고 또한 상상할 수 있는 것은 희생을 강요하는 자에게 일말의 은혜도 존재하지 않으므로 희생자가 다시 패배하는 것이라는 정반대 현상이다. 헤롯을 정죄한 사람이 요한이 아니라 예수였으면,

요한이 무뚝뚝하게 "동생의 아내를 취한 것이 옳지 않다"(막
6:18)라고만 한 것 이상의 이목을 끌고 그리고 더 익살스럽고
확실하게 더 정치적 구성으로 대항했을 것이다. 좌우간 폭군의
신경을 자극하는 일은 많은 수고가 요구되지 않는다. 세례 요한
이 자기 목숨을 잃지 않도록 지혜 있게 비판하는 길은 전무(全
無)였을 것이다.

그러나 요한의 참수 이야기를 이러한 조명으로 음미하면, 그
희생자가 승리라는 다른 길을 일러 준다. 단지 희생자의 입장
에서 승리를 추구하여 큰 맥락에서 패배하는 그런 방법대신에,
자신은 잃는 자가 되나 그러나 남들을 위하여 자신이 잃는 자
가 되는 길이다. 요한의 진실은 자신의 목을 잃는 상실이었다.
그러나 그것으로 무엇이 발생하였는가? 헤롯이 뒤를 생각하지
않고 앞만 보고 걸어갔는가? 아니다. 그는 그 요한이 죽음에서
다시 살아날까 하여 고심하기 시작한다. 새로운 비판자 예수의
명성이 헤롯 왕궁에 전해지자 그는 죽은 요한이 다시 살아났다
고 생각하였다. 요지는 요한이 죽은 후 헤롯은 달라지고 있었
다. 소극적이고 부실하기는 하나 양심 없는 자를 인도하여 갈
릴리 전반의 유익이 될 가능성이 열린 것이다.

만일 로마인들이 죽음을 일종의 오락 형식이 되게 함으로 유
대인들에게 충격을 주었다면 유대인들이 보기에 기독교는 순

교 의지로 그리고 가장 가공할 죽음에 의한 저항으로 로마제국 전체를 구석구석 지진처럼 흔들어 놓을 것을 잠시 후에 경험하게 될 터이다. 세례 요한의 죽음은 권력에 대항하여 진실을 선언함으로 죽임을 당한 선지자이다. 유대 순교자를 말한 창세기의 한 기점이 된다. 역사적으로 말해서 이 순교 창세기는 복잡한 과정을 밟게 되며 초기의 진정한 순교 기록은 2세기 전에 일어난 마카비2서 7장에 나오는 순교사화이다. 그 7장에 보면, 칠형제가 하나하나 자기 조상의 종교를 포기하기보다는 순교의 죽음을 선택한다. 그 현장을 목격한 헬라인 폭군은 몸서리치며 여섯 형제의 죽음을 보고 마음이 흔들려 일곱 번째의 형제에게 유화책으로 타협을 권한다. 자기 아들의 처절한 죽음을 목격한 모친에게 그 일곱 번째의 목숨을 지키라고 설득하기를 권한다. 그러한 권유를 거부한 모친은 헬라 관리가 이해하지 못하는 히브리 아람어로 자식에게 용기를 잃지 말라고 말한다. 그 이야기는 다음 같이 종결이 난다.

(일곱 번째의 아들이 말한다) 나도 나의 형들처럼 하나님이 속히 우리 민족에게 자비를 보이시도록 내 조상의 율법 제단에 내 몸을 바칠 것이다. 하나님만이 진정 하나님이심을 고난과 고통으로 고백할 터이다. 내 형들과

나의 순교를 통하여 하나님이 정당하게 우리 민족 전체
위에 내리시는 진노를 끝내시기를 원한다.

왕은 지극히 분노하여 이 아이에게는 앞서 육 형제들
보다 더 가혹한 고문을 가하였다. 왜냐하면 어린 소년의
냉소에 자극 받았기 때문이다. 이와 같이 마지막 형제도
흔들림이 없이 확고한 여호와 신앙으로 자기의 죽음을
맞이했다. 자기의 모든 아들이 순교한 후 마지막의 죽음
은 그들의 모친이었다.

마카비2서 7:37~41

바로 여기에 예수가 교육한 희생 전략(the victim strategy, 犧牲
戰略)의 두 가지 요소가 나온다. 첫째로, 가혹 행위는 그것을 참
는 희생자의 용기를 드러낼 뿐 아니라 가해자의 마음을 변화시
킨다. 이러한 전략적인 태도는 결코 무위로 끝나지 않는다. 두
번째로, 생명이 종식된 무덤 너머에서 동정적 변호가 생겨난다.
두 번째 형제가 돼지고기를 먹기보다는 죽음을 택한 그가 남긴
말은 명료하다. "저주 받은 자들이여 우리를 이생에서 끊어낼
지라도 이 세상의 왕이신 하나님이 우리가 그의 율법을 지키다
가 순교하였으니 우리를 죽음이 없는 영원한 생명으로 다시 살
리실 것이다" (마카비2서 7:9).

다른 입장에서 언급되어야 할 두 가지 요점이 또 있다. 하나

는, 그 일곱 번째의 아들은 자기가 직면한 헬라 폭군은 시간적
으로 잠깐이라는 의식이다. 그리고 자기가 당하는 순교의 고난
이 하나님이 자기 백성을 징계하시는 큰 사건의 일환이며 때가
되면 끝난다는 생각이었다. 현실적으로 이방인의 재판을 받고
있으나 큰 틀로 보아 하나님이 자기 민족 전체를 책망하시는
정당한 하나님의 진노라고 수용하였다는 것이다. 예수께서 비
록 언어로 표현은 하시지 않았어도 바로 이러한 지각(知覺)을
무언으로 지적하신 것이다.

두 번째로, 마카비 일족은 헬라화 된 유대인 전사(戰士)이며,
그가 로마와 동맹하여 헬라대국의 폭정에서 드디어 유대 정권
을 수립하는 데 성공하였고, 그의 주권은 100년이나 건재하였
다. 그리고는 로마가 세력을 확대하여 유대국을 접수해 버린다.
따라서 마카비2서 7장에 나오는 순교자들은 폭력을 비난한 것
이 아니라 가까운 앞날에 전쟁에서 쟁취할 그들의 군사적 보복
을 예상한 것이다. 다섯 번째 아들이 죽으면서 남긴 말은 "하나
님이 우리 민족을 버리셨다고 생각하지 말라. 기다려 보라. 조
만 간에 하나님의 전능이 어떻게 너희와 자손들을 고문할 것인
지를 보게 될 터이다"였다 (7:16~17). 마카비서는 도덕적 저항이
군사적 저항을 배제하지 않으며 오히려 현대의 선전 전략이나
심리전처럼 도덕적 저항의 또 다른 방법일 뿐이라고 말하고 있

다. 복음서에서 도덕적 저항은 전적으로 모든 전쟁 수단의 저항을 배제한다.

예수께서 대상으로 설교하는 군중은 어떤 형식이든 순교의 존재를 알고 있는 대상이다. 그러한 예수는 자기의 메시야 역할을 재정의(再定義) 내리는 것과 같이 그들이 의식하는 순교의 역할을 재정의 내린다. 예수가 이해하는 순교는(Martyrdom as he envisions) 전쟁 양식의 또 하나의 방법이 아닌 심지어는 한 창녀라 할지라도 구현 가능한 그런 종류의 고통의 표현이다(but demonstrative suffering of a kind that even a prostitute can manage). 아무리 낮고 천한 처지에 속한 자라 할지라도 무의미한 고통이 순교가 되게 만드는 고통의 언어 형식(to make his pain a form of speech)이 있다고 예수는 암시한다.[1] 이러한 언어 표현 형식 (form of speech)이 깊이 뿌리를 내려 본능적으로 이해하는 오늘 우리의 문화 속에서는 권력을 소유한 자는 항시 경계하여 그들에게 절실하게 호소력을 발휘하는 이러한 고통이 순교자들을 만들어 내는 일을 경계한다. 예수 시대는 비록 헬라문화가 용기를 높이 찬양하고 또한 비록 자살을 존중시하는 스토아주의 같은 도덕철학이 일반화된 시대였으나 예수가 순교를 이해하는 것 같은 순교는 아직은 생소하여 예수의 죽음 이후에 가서

---

1) 조심하여 Jack Miles, *Christ*, p. 129 중간 부분을 읽을 것.

야 문화 사회의 무기가 되어지는 때였다.

복음서 자체를 검토해 보아도 순교 행위가 잘 이해되고 그리고 일반적으로 받아들인 사상이 아니다. 역(逆)으로 모든 복음서가 다 순교에 관하여 초기에 언급을 하나, 그러나 얼마나 이 행위가 그들의 일반 상식과 어긋나는 것인지 심지어 예수의 가장 가까운 제자들도 쇼크를 받았다. 예수는 자신이 장차 겪게 될 순교행위에 관한 이야기가 얼마나 충격이며 두려운 이야기인지 지극히 조심스럽게 소수에게만 언급하신다. 그러한 조심스러운 과정에서 헤롯이 옥에 가둔 요한 그리고 바리새인 시몬의 집에서 한 창녀의 행위 등이 점진적인 표시의 모멘트가 된다. 예수가 그 창녀를 칭찬하신 정도(程度)는 세례 요한을 칭찬한 것 말고는 전자에 그런 예가 없다. 그리고 사실적으로 이 두 번의 찬사(讚辭, the two eulogies, 세례 요한과 이 창녀)는 서로 밀접한 관련이 있고 그리고 둘 다 하나의 심각한 질문을 던진다.

만일 수치의 전략(the strategy of shame)이 극한 상황에서 압제자를 굴복시키기 위하여 생명을 던지는 경우로까지 연결된다면 그리고 이 전략이 과거 전투적이었던 하나님의 주된 전략이면, 그러면 이스라엘의 앞날에 무엇이 기다리고 있는 것일까? 세례 요한은 예수가 하나님의 어린양이시라고 선언하였다. 그러나 얼마 안 되어 요한 자신이 도살되고 만다. 제자들이 요한의 운명을 목도하고 그것이 예수의 신전략의 예(an illustration of Jesus' new tactics)인 것을 알아야만 하는 것인가? 예수는 이스라엘 민족을 하나님의 어린양으로 만들어 내려는 것인가? 이스라엘이 압제자가 수치를 당하게 만들어 그것이 이스라엘을 구원하게 되는 남은 길인가? 만군의 여호와 하나님이 이스라엘에게 주신 약속은 그것이 아니다.

그가 큰 무리를 먹이심

He Feeds A Multitude

예수가 누구인가 하는 정체론적 질문은 그의 답변이 모든 것을 바꾸어 놓게 한다. 그가 태어날 때 천사는 그를 가리켜 "그리스도이시고 하나님"(Christ the Lord)이라고 하여 구약에서 하나님에게만 사용된 칭호를 언급하였다. 가버나움 회당에서 예수가 추방하신 귀신은 그를 불러 역시 구약에서 하나님께만 해당되는 "거룩한 자"(the Holy One)이라고 하였다. 그러나 어느 인간이 그가 하나님의 성육신이라는 생각을 짐작이나 했는가?

이상한 사실은 예수께서는 생애를 거쳐 자신의 정체를 명시하기보다는 숨기려고 하셨다. 예수의 이러한 조심성은 세례 요한의 죽음 후에 더 두드러진 현상이 되었다. 그것을 시점으로 그 후부터의 갈릴리에서 말씀한 그의 비유는 전에 없이 암울한 것, 더욱 아리송하게 숨겨진 의도, 그리고 처음 유다에서 사용한 그의 언어와 비슷해진다.

> 각 동네 사람들이 예수께로 나아와 큰 무리를 이루니
> 예수께서 비유로 말씀하시되 씨 뿌리는 자가 그 씨를 뿌
> 리러 나가서 뿌릴새 더러는 길가에 떨어지매 밟히고 공
> 중의 새들이 먹어버리고 더러는 바위 위에 떨어지매 났
> 다가 습기가 없으므로 말랐고 더러는 가시 떨기 속에 떨
> 어지매 가시가 함께 자라서 기운을 막았고 더러는 좋은
> 땅에 떨어지매 나서 백배의 결실을 하였느니라. 이 말씀
> 을 하시고 외치시되 들을 귀 있는 자는 들을지어다.
> 제자들이 이 비유의 뜻을 물으니 가라사대 하나님의
> 나라의 비밀을 아는 것이 너희에게는 허락되었으나 다를
> 사람에게는 비유로 하나니 이는 저희로 보아도 보지 못
> 하고 들어도 깨닫지 못하게 하려 함이니라(이사야의 예언
> 의 인용). 이 비유는 이러하니라. 씨는 하나님의 말씀이
> 요.

누가복음 8:4~11

예수는 그 비유를 설명하신다. 그러나 다만 선택된 소수에게
하신다. 그리고 그 설명은 예수께서 방금 인용하신 이사야 6장
9절의 글에서 명시된 것과 같이 하나님이 행하신 것과 같이 하
나님의 성육신이신 예수도 자신의 메시지를 숨기신다. 예수님

은 말씀하신다. 그러나 그의 하시는 말씀이 구체적으로 그리고 가시적으로 사건이 되어 눈앞에 다가와야 말로 이해되지 않은 것이 사건이 알게 한다는 점을 인정하면서 주시는 교훈이다. 예수께서는 이사야의 글을 인용하여 하나님께서는 때로는 이와 같이 행하심을 제자들에게 상기시켜 주시려고 하였고, 하나님의 과거에서 가장 파라독스하였던 때를 생각하게 하심으로 자신의 행위의 파라독스한 국면을 보여 주셨다.

이 순간에 예수께서 가장 숨기려고 하셨고, 그러나 얼마 안 있어 드려내셔야 할 것은 무엇보다도 자신의 신성(神性, his own divinity)이었다. 일반 인간의 행위가 아닌 그의 행위, 예를 들어 사귀(邪鬼)를 추방하시는 행위와 죄의 용서의 행위는 인간의 행위의 범주에서 말하면 신성모독이다. 그러한 행위는 이목을 집중하게 만든다. 이러한 엄청난 신성의 증거는 그 진정한 의미의 이해가 일반 인간에게는 심리학적으로 결코 용이한 일이 아닌 것으로 되어 있었다. 예수께서 가장 신성의 명시가 될 그러한 이적 행위를 일으키게 될 그런 일을 접근하면서 가장 그의 신성을 이해할 능력을 소유한 탁월한 특정인이 니고데모이다. 처음에는 그런 사실에 부딪쳐 어안이 벙벙했으나, 그러나 재삼 반추하고 다시 음미하면서 "물과 성령"의 선언이 하나님의 창조와 그 창조에 종국인 파괴로 끝날 하나님의 창조의 권능을 말씀하신 것으로 귀착이 되었을 것이다. 예수께서는 지금껏 어느 누구에게도 거기까지의 자기 정체의 계시를 보여 주신 일이 없었다. 그러나 이러한 예수의 사역에 변화가 일어난다.

세례 요한이 처형이 되기 얼마 전에 예수는 의도적으로 자기의 사역을 좀 더 조직화하고 그리고 전과는 다른 새로운 모습으로 진행하신다. 그리하여 그의 문도들을 둘씩 짝을 지어 전도에 내어보내어, 당신의 이름으로 귀신을 내쫓고, 병자를 치유하고, 회개를 설교하게 하신다. 이 전도계획은 차질 없이 잘 수행된다. 그러나 마침 파송된 제자들이 돌아오자 세례 요한의 죽음에 관한 소식이 예수께 온다. 예수는 전략적으로 후퇴를 명하신다 (참조. 막 6:29~31)

이르시되 너희는 따로 한적한 곳에 와서 잠간 쉬어라 하시니 이는 오고 가는 사람이 많아 음식 먹을 겨를도 없음이라. 이에 배를 타고 한적한 곳에 갈새 그 가는 것을 보고 많은 사람이 저희인 줄을 안지라. 모든 고을로부터 도보로 그 곳에 달려와 저희보다 먼저 갔더라. 예수께서 나오사 큰 무리를 보시고 그 목자 없는 양 같음을 인하여 불쌍히 여기사 이에 여러 가지로 가르치시더라.
때가 저물어 가매 제자들이 예수께 나아와 여짜오되 이곳은 빈들이요 때도 저물어가니 무리를 보내어 두루

촌과 마을로 가서 무엇을 사 먹게 하옵소서. 대답하여
가라사대 너희가 먹을 것을 주라 하시니 여짜오되 우리
가 가서 이백 데나리온의 (수개월의 삯을 지불하여) 떡
을 사다 먹이리까? 이르시되 너희에게 떡 몇 개나 있느
냐 가서 보라 하시니 알아보고 가로되 떡 다섯 개와 물
고기 두 마리가 있더이다 하거늘 제자들을 명하사 그 모
든 사람으로 떼를 지어 푸른 잔디 위에 앉게 하시니 떼
로 혹 백씩 혹 오십씩 앉은지라. 예수께서 떡 다섯 개와
물고기 두 마리를 가지사 하늘을 우러러 축사하시고 떡
을 떼어 제자들에게 주어 사람들 앞에 놓게 하시고 또
물고기 두 마리도 모든 사람에게 나누어 주시되 다 배불
리 먹고 남은 떡 조각과 물고기를 열두 바구니에 차게
거두었으며 떡을 먹은 남자가 오천 명이었더라. 예수께
서 즉시 제자들을 재촉하사 자기가 무리를 보내는 동안
에 배타고 앞서 건너 편 벳새다로 가게 하시고.

　그 사람들이 예수의 행하신 이 표적을 보고 말하되 이
는 참으로 세상에 오실 그 선지자라 하더라. 그리고 예
수께서 저희가 와서 자기를 억지로 임금 삼으려는 줄 아
시고 다시 혼자 산으로 떠나가시니라.

마가복음 6:31~46; 요한복음 6:14~15

　예수의 이적 중에서 이 같은 규모의 크기와 그리고 대중성을
띤 이적은 이것이 처음이라는 사실과 함께 그 이적에 대한 예

수의 해석이 예수의 정체를 더 점진적으로 보여 주는 또 하나의 국면이 있어서 중요하다. 그의 해석의 핵심은 그에게 찾아온 그 많은 사람이 "목자 없는 양"이라고 보신 사실이다. 세례 요한을 살해한 것은 하나님이 이스라엘에게 보내신 지도자를 빼앗아 간 사건이다. 진정 살인자는 로마이다. 그리고 세례 요한에게 일어난 사건은 시간이 갈수록 가혹한 사건으로 더 자주 반복될 것이고, 그리하여 기원후 70년과 125년에 일어날 대학살로 이어질 것이다. 그러한 안목에서 진정 하나님의 성육신은 이러한 실정을 내다보신다—유대인들은 목자 없는 양이 될 것이다.

"목자 없는 양"의 언어 표현은 우리의 일반 상식적 이해를 훨씬 넘어, 특히 그 표현을 입술에 담은 예수에게는 다른 높은 차원이 존재한다 (왜냐하면 자주 아람어로 말씀하는 "예수"는 유대인의 이름으로는 "여호수아"이기 때문이다). 모세는 죽기 직전에 여호와 하나님께 간구한다. "여호와 모든 육체의 생명의 하나님이시여 원컨대 한 사람을 이 회중 위에 세워서 그로 그들 앞에 출입하며 그들을 인도하여 출입하게 하사 여호와의 회중으로 목자 없는 양과 같이 되지 않게 하옵소서" 하였다 (민 27:16~17). 하나님은 모세의 간구를 들으시고 그가 원하는 그러한 지도자로 여호수아를 세우라고 지시하신다. 그리하여 여호수아는 장차 이스라엘 역사에서 가장 위대한 전사, 심지어는 다윗보다 더 위대한 지도자가 된다. 여호와의 도우심을 힘입어 하나님이 주신 약속의 땅 가나안 족속을 정복한 지도자는 여호수아이다. 여호수아는 하나님이 선택하신 목자였다(Joshua was the Lord's chosen shepherd).

신약의 헬라어로 번역된 "예수"의 진정한 유대인의 이름은 "여호수아"였다. 정확하게 말해서, 오늘 우리가 구약의 여호수아의 이름을 들을 때마다 승리의 전사요 정복하는 지도자라고 즉각적으로 동의어적인 의미가 오는 것 같이 예수의 생존 시대 당시의 무리들은 예수의 이름을 들을 때 바로 그러한 정복과 승리의 지도자의 동의어로 받아들인 것이다.

예수 시대까지 내려오면서 고대 이스라엘의 이해로 본 목자의 의무는 평화롭게 양들을 인도하거나 풀을 뜯게 하는 것만이 아니다. 당시에는 아시아 특종의 사자가 요단강 계곡을 배회하고 갈릴리 산지와 유다 고지에 늑대들이 서식한 때였다. 단지 손에 쥔 무기로 이들 들짐승과 그리고 양떼를 뺏으려는 도적들과 싸워야 한다. "선한 목자"는 잘 싸우는 기술을 몸에 익힌 목자라는 측면이 있다. 과거의 전통적인 전쟁사가들은 유목민에게 있어서는 이러한 맹수와의 격투기와 함께 맹수사냥과 도살의 능력이 있는 목자의 이미지를 잘 알고 있다.

그러므로 여호와가 이스라엘을 "목자 없는 양"처럼 보신 것은 들판에 방황하는 양 무리를 의미하는 것만이 아니라 포악한 침략자와 약탈자의 면전에서 저들을 지켜 줄 아무런 지도자가 없는 무력한 처지를 의미하신다. 하나님께서 미가야 선지를 통하여 이스라엘의 아합 왕에게 앞으로 닥치게 될 큰 패배를 말씀하여 "내가 보니 온 이스라엘이 목자 없는 양 같이 산에 흩어졌는데"(대하 18:16)라고 일러 주실 때 서술한 내용으로, 그 패전의 모양이 마치 들에 흩어진 양이라고 하였다. 예수께서는 머지 않아 로마의 대학살은 다가오는데, 이스라엘은 로마 전역에 목자 없는 양처럼 흩어질 것이고 바로 얼마 전 로마 권력에 의해서 세례 요한이 살해된 사건의 기억이 생생하고 그 요한의 죽음은 앞으로 닥쳐 올 두려움을 미리 맛보는 사건일 뿐, 그리고 가장 암울한 시각에 하나님의 성육신은 아무것도 하시지 않을 것을 예상하시고, 그리고 다시 상기하면서 예수님은 저들이 목자 없는 양이라고 보신 것이다.

이 같은 해석은 결코 즉각적인 현상, 즉 저들이 주린 채로 들판에 놓인 상태에 대한 예수의 동정과 그리고 즉각적으로 "이스라엘의 목자"(시 80:1)라고 연상하신 것이라는 해석을 부인하는 것은 아니다. 계약의 하나님에게 이스라엘 백성을 지극히 동정하시는 정서적 일면이 있어 이 유추로 끊임없이 불러일으키게 되고, 심지어는 개인의 입지에서도 이스라엘 사람은 "여호와는 나의 목자시니"(시 23:1)라고 절대의 신뢰를 표현할 수도 있다. 초기 유대인 기독교가 예수의 이미지를 양 새끼를 어깨에 메고 돌아오는 청년 목자로 초상화를 만들었을 때 그것은 의도적으로 하나님의 이미지였고, 그리고 근원적으로는 하나님과 이스라엘의 관계이며 성육신 하나님이신 예수의 이미지는 단지 양 무리를 무한의 것으로 확대된 상상이었다.

여기까지의 해석이 한 언어 표현을 놓고 과중한 해석이 아닌가 하는 반문이 자연히 나올 것이다. 현실적으로 광야에서 예수께서 그 큰 무리를 먹이는 이적은 지금까지의 병을 치유하는 이적을 훨씬 능가하는 초유의 의미이다. 예수의 안목에 따르는 자들이 모두 양이었다면 당연히 지신은 어떠한 상황에서도 목자이어야 한다는 결론이 나온다.

누가복음에 의하면 예수께서 세례를 받으실 때 누가는 하나님이 이사야를 통하여 주신 같은 말씀을 인용하여 그가 속히 자기 백성을 구하기 위하여 전투적 목자로(as a warrior shepherd) 오실 것이라고 되어 있다.

아름다운 소식을 시온에 전하는 자여 너는 높은 산에 오르라 아름다운 소식을 예루살렘에 전하는 자여 너는 힘

써 소리를 높이라. 두려워 말고 소리를 높여 유다의 성
읍들에 이르기를 너희 하나님을 보라 하라. 보라 주 여
호와께서 장차 강한 자로 임하실 것이요 친히 그 팔로
다스리실 것이라. 보라 상급이 그에게 있고 보응이 그
앞에 있으며 그는 목자 같이 양 무리를 먹이시며 어린양
을 그 팔로 모아 품에 안으시며 젖먹이는 그 암컷들을
온순히 인도하시리로다.

이사야 40:9~11

예레미야를 통하여 주신 하나님의 말씀은 목자 없는 양 무
리라는 설정에서 진노와 애정이 복합적으로 표시된 말씀을 주
셨다.

그러므로 이스라엘 하나님 나 여호와가 내 백성을 기르
는 목자에게 이 같이 말하노라. 너희가 내 양 무리를 흩
으며 그것을 몰아내고 돌아보지 아니하였도다. 보라 내
가 너희 악행을 인하여 너희에게 보응하리라. 여호와의
말이니라. 내가 내 양 무리의 남은 자를 그 몰려갔던 모
든 지방에서 모아내어 다시 그 우리로 돌아오게 하리니.

예레미야 23:2~3

하나님의 성육신이 유대인의 무리를 대하여 "목자 없는 양"

이라고 보셨다고 할 때, 예수의 반사 행위는 불가피하게 그 무리만이 아니라 지도자들, 즉 자기 양을 등한히 여기는 목자들을 향한 지적이었다. 그러나 이러한 게으른 목자들을 대신하여 자신을 그 자리에 두어, 양들이 안전과 배부름을 얻게 되는 것만이 아니라 저들 무리가 그를 저들의 목자로만이 아닌, 다시 말해서 저들의 하나님으로 인지해야 함이 그의 동기이다. 이스라엘의 나태하고 탐욕스러운 목자들을 대신하여 하나님이 목자가 되심이 의미하는 결론으로 "그들이 나 여호와 그들의 하나님이 그들과 함께 있는 줄을 알며 그들 곧 이스라엘 족속이 내 백성인 줄 알리라. 나 주 여호와의 말이라. 내 양 곧 내 초장의 양 너희는 사람이요 나는 너희 하나님이라. 나 여호와의 말이니라"(겔 34:30~31).

광야의 금식에서 예수 자신이 주렸을 때 사탄의 시험은 돌을 명하여 떡이 되게 하라는 도전이었으나 예수는 거부하셨다. 예수의 거절은 과거 하나님이 모세의 인도로 광야에 나오는 무리들을 위하여 떡의 이적을 베푸심 같이 자신을 위한 떡의 이적은 거부하신 것이다. 광야에서 사탄의 유도로 자신을 위해 떡을 만들었다면 그 이적은 한 증인 앞에서 행한 이적이 된다. 여기 이 시점에서는 당신의 사역의 진행 계획에 따라, 에스겔의 예언처럼 군중은 목장에 대기하는 자신의 양떼들이고, 자신은 저들의 하나님이심을 증명하기 위하여 5,000명 앞에서 떡의 이적을 행하시는 것이다.

많은 군중을 일시에 먹이신 이적은 복합적인 성서의 이야기 스타일의 좋은 본보기이고, 이 이야기 스타일은 복음서들이 처음 만든 것이 아닌 단지 계승하여 이어나간 것이다. 당시 일반적으로 이적은 동화식의 스타일에 안주하고 그리고 큰 신화의 덩어리에서 찢어져 나오는 것이 보통의 유형이다. 그러나 여기에서는 그 설정이 실재하는 장소이다. 군중은 일상적인 주림을 다시 경험한 일상적인 군중이다. 그리고 큰 군중이 식사를 치룬 후에 그 자리에 버린 부스러기를 다시 모았다. 이 광야의 떡의 이적에서 가장 눈여겨 보아야 할 중요한 의미는 이 경이의 이적을 일으킨 본인을 본인의 의사와 상관없이 왕으로 옹립하려고 한 군중에게 한 마디의 언급이 있거나 그들의 중심에 자신을 백조(白鳥)가 되게 한 것이 아니라, 단지 평범한 사람이 하는 식으로 근처의 산지로 피하였다는 결말이다.

그러나 이러한 복음서의 이야기 서술이 복합적인 것이라고 지적하므로 이러한 복합적인 스타일이 예수의 행위에 대한 적절한 해명이라는 것은 아니다. 만일 예수가 새 여호수아이면, 군중 앞에서 그런 경이의 권능을 표시한 것이 그 사실을 증명하기 위한 것이면, 그렇다면 왜 군중의 요청에 도피하셨는가?

선한 목자, 용감한 목자가 양 떼를 피하여 도주하는가? (내가 사
사롭게 여기 이 시점에서 사주를 추가한다면, 그는 십자가에 달리시는
그 정점을 지향하는 도상에서 이 자리는 피해야 하는 것이다.)

그는 풍랑을 잔잔케 하심

He Stills A Storm

제자들은 예수께서 지시하신 대로 벳새다를 향하여 갈릴리 바다를 건너가기로 하였다. 그러나 맞바람이 불었다. 산지의 숨을 곳에서 예수는 제자들이 어려움을 겪고 있는 것을 내려다보셨다. 한밤중이 되어 그 배가 바다 복판으로 진입할 무렵 내려다보시니 맞바람을 맞으며 배를 가는 길로 잡으려고 애쓰는 모습이 확실하다. 밤 시각이 3시에서 6시 사이로 접어든 이른 아침이다. 예수는 물 위를 걸어 그들에게로 접근하셨다. 걸어 옆을 지나가려고 하다가 제자들이 물 위로 걷는 그를 유령이라고 소리치며 저들 모두가 그를 보고 두려워한다. 그러나 예수는 즉시 "내니 두려워 말라" 하신다. 그리고 즉시 바다를 향해 "잠잠하라 고요하라!" 책망하신다. 바람이 멈추고 고요한 갈릴리 바다로 되돌아온다. 얼마 안 있어 목적하던 곳에 도달한다.

예수께서는 저들에게 "어찌하여 두려워하느냐. 아직도 믿음이 없느냐" 말씀하신다. 저들은 놀라움에 삼켜 서로 말하여 "진실로 이 분이 누구이신가 바람도 파도도 순종하는도다" 하였다. 저들이 놀라워하게 된 것은 저들이 아직도 떡의 이적이 의미하는 바를 깨닫지 못하였기 때문이다. 저들의 마음이 닫혀져 있었다 (막 6:47~50, 4:39, 4:40~41, 6:51~52; 요 6:21)

이미 여기까지에 나온 예수에 대한 저들의 질문은,

"저가 누구이기에 귀신을 추방하는가."

"저가 누구이기에 죄를 사하는가."

"저가 누구이기에 예언의 성취인가? 요셉의 아들이 아닌가."

그리고 이제는

"저가 누구이기에 바람도 파도도 순종하는고" 한다.

바다를 다스리는 권능은 하나님의 권능의 표징(the signature of the poser of God)이다. 이 권능이야말로 우리가 예수와 니고데모와의 대화에서 "물과 성령으로"라는 토론에서 상기된 바와 같이 하나님이 세상을 창조하실 때 행사하신 능력이다. 또한 이 권능이야말로 과거 이스라엘의 전진의 길을 트기 위해서 하나님이 홍해를 가르시고 요단강을 가르신 하나님의 권능이다. 시편의 표현으로 말하면, 바다의 폭풍은 이스라엘 민족이 당하는 어려움의 총칭이고, 개인이 하나님께 기도하는 경우에 경험

하는 장해이다. 그 폭풍을 잔잔하게 하시는 하나님의 능력은
대체적으로 어려움을 당한 자를 구원해 주시는 능력이다. 그러
므로,

> 이에 저희가 그 근심 중에서 여호와께 부르짖으며
> 그 고통에서 인도하여 내시고
> 광풍을 평정히 하사
> 물결로 잔잔케 하시는도다.
> 저희가 평온함을 인하여 기뻐하는 중에
> 여호와께서 저희를 소원의 항구로 인도하시는도다.

시편 107:28~30

예수께서 광야에 모인 그 큰 무리를 보리 떡 다섯 개와 물고
기 두 마리로 배불리 먹이시고 그리고 부스러기를 열두 광주리
를 거두게 하시는 이적에서 하나님의 권능을 행사하심을 알아
차렸다고 하면 바다의 풍랑을 잔잔케 하시는 이적으로 제자들
이 놀라워하고 두려워할 이유가 없었을 터이다. 그러나 저들은
떡의 이적에서 그가 하나님의 성육신(곧 하나님)이심을 알지도
인정도 하지 않으므로 더 나아가 진정 하나님의 두려우신 권능
을 바다를 다스리시므로 보여 주신 것이다.

그러나 이 드라마의 현장에는 일말의 어두운 그림자가 빗겨

있다. 예수는 그들을 구하기 위해 현장을 걸어가기 전 얼만 간의 심각한 풍랑을 그대로 두었다는 것과 그리고 더 불안한 그림자는 그들을 구하기 위해서 물 위로 걸어 현장에 도착한 후에는 잠시 거쳐 지나가려고 했다는 점이다. 마침내 그들이 접근하신 주가 유령이 아니라는 확인을 하게 될 쯤이 되고 나서야 예수께서는 과거 불타는 떨기나무 숲에서 모세에게 자신을 일러 주신 그 신비한 언어의 이름으로 "내니(I Am)"라고 말씀하셨다. 나중에 예수는 여러 번 좀 더 고차원의 드라마에서 같은 일을 반복하신다. 그러나 여기 이 순간에서는 하나님의 성육신은 갈릴리의 격랑 속에서 제자들이 끝내 익사할 경우가 발생한다고 해도 하나님의 권능으로 저들을 그 절망 속에서 살려 내지 않는다는 엄연하고도 두려운 진리이다. 이러한 진리를 제자들은 겨우 이 위기에서 살아나 목적지에 도달한 후 얼마 안 있어 얻게 되어 더욱 깊은 곳에서 혼란을 겪게 될 터이다.

그가 피를 마셔야 한다고 설교하니
많은 사람이 그를 버리고 갔다

He Speaks of Drinking Blood, and Many Deserted Him

그 다음 날에 큰 무리는 예수를 찾지 못하자 제자들이 배를 타고 가버나움으로 간 것을 본 무리의 일부는 자기 배를 타고 뒤를 좇았다.

바다 건너편에서 만나 랍비여 어느 때에 여기 오셨나이까 하니 예수께서 대답하여 가라사대 내가 진실로 너희에게 이르노니 너희가 나를 찾는 것은 표적을 본 까닭이 아니요 떡을 먹고 배부른 까닭이로다. 썩는 양식을 위하여 일하지 말고 영생하도록 있는 양식을 위하여 하라.... 내가 곧 생명의 떡이로라. 너희 조상들은 광야에서 만나를 먹었어도 죽었거니와 이는 하늘에서 내려오는 떡이니 사람으로 하여금 먹고 죽지 아니하게 하는 것이니라. 나

는 하늘로서 내려온 산 떡이니 사람이 이 떡을 먹으면
영생하리라. 나의 줄 떡은 곧 세상의 생명을 위한 내 살
이로라 하시니라. 이러므로 유대인들이 서로 다투어 가
로되 이 사람이 어찌 능히 제 살을 우리에게 주어 먹게
하겠느냐. 예수께서 이르시되 내가 진실로 너희에게 이
르노니 인자의 살을 먹지 아니하고 인자의 피를 마시지
아니하면 너희 속에 생명이 없느니라. 내 살을 먹고 내
피를 마시는 자는 영생을 가졌고 마지막 날에 내가 그를
일으키리라. 내 살은 참된 양식이요 내 피는 참된 음료
라. 내 살을 먹고 내 피를 마시는 자는 내 안에 거하고
나도 그 안에 거하나니....제자 중 여럿이 듣고 말하되
이 말씀은 어렵도다. 누가 들을 수 있느냐 한대 예수께
서 스스로 제자들이 이 말씀에 대하여 수군거리는 줄 아
시고 가라사대 이 말이 너희에게 걸림이 되느냐. 그러면
너희가 인자의 이전 있던 곳으로 올라가는 것을 볼 것
같으면 어찌 하려느냐....이러므로 제자 중에 많이 물러
가고 다시 그와 함께 다지니 아니하더라.

요한복음 6:25~27, 48~56, 60~62, 66

사람이라고 하면 그 누가 자기 살을 먹고 자기 피를 마셔야
한다고 설교한다는 말인가? 이 요지가 직설적인 의미가 아닌
다른 은유를 의도한 것이라고 해도, 그 설교의 요지는 자신의
죽음을 의도한 것이어야 한다. 또한 광야의 떡의 이적으로 배

부름을 경험하여, 그래서 예수를 좇아오고 따르는 무리들 역시 예수의 목적이 물질적인 풍요가 아닌 것은 짐작하는 바이다. 뿐만 아니라 갈릴리의 풍랑에서 수장이 될 뻔한 위기에서 구조 된 제자들 역시 예수의 궁극적인 목적이 갈릴리의 풍랑이든 아 니면 그 밖의 유추로 생각이 되는 모든 외세의 폭풍에서 건져 내는 것이 그의 사역이 아님을 짐작한다.

그의 사명과 사역의 목적은 그의 죽음, 말하자면 세례 요한 의 참수와 비길 만한 폭력에 의한 죽음으로 납득이 가게 될 터 이다. 이러한 그의 사태의 진행과 추세를 짐작한다면, 구태여 이번의 그의 "생명의 떡" 설교가 영적인 차원이든 실체적 차원 의 해석이든 청중이 귀로 듣고 놀라기 이전에 이미 그의 주변 에서 감지되는 소름끼치는 분위기만 가지고도 다수의 무리는 그의 곁을 떠나게 되어 있었다. 그가 자신을 죽음에서 구하지 못한다면 어떻게 몇이나 남을 구할 수 있다는 것인가, 이것은 상식의 판단이 아닌가?

그러나 이러한 인연을 단절하는 동기를 넘어 예수의 설교에 는 유대인의 예민한 정서를 지닌 청중들이 섬뜩하여 등을 돌리 게 하는 무엇이 숨겨져 있는 것으로 보였다. 저자 요한은 예수 의 설교에 대한 유대인 청중의 반응을 서술하고 있다. 그러나 독자는 그러한 요한의 언급이 서술되지 않았어도 그러한 퇴조

(退潮)의 분위기는 짐작이 간다. 예수의 설교는 대체로 모든 문화가 역겨워하는 식인 습관(cannibalism)에 저촉되는 언급이다. 그의 동정적인 다수의 청중이 예수의 이 설교가 일종의 상징주의와 관련된 언급이라고 믿고 싶어 했을 것이지만, 그러나 상징이 실제보다는 덜하다고 해도 이런 문제에 예민한 유대인에게는 여전히 역겨운 언급인 것은 틀림없다.

에덴동산에서 아담과 하와가 생활할 때 그들은 채식주의였다. 저들이 먹지 말라 한 나무의 과실 이외의 모든 과실을 먹도록 자유가 있었다. 아직 어떤 동물이든 그러한 자유로 취식하는 습관이 없었다. 동물의 육류를 취식하는 관습은 다만 대홍수 이후에 하나님이 노아와 그의 후손과의 새 계약을 수립한 이후의 일이다.

> 무릇 산 동물은 너희의 식물이 될지라. 채소 같이 내가
> 이것을 다 너희에게 주노라. 그러나 고기를 그 생명 되는
> 피 채 먹지 말 것이니라. 내가 반드시 너희 피 곧 너희
> 생명의 피를 찾으리니 짐승이면 그 짐승에게서 사람이나
> 사람의 형제면 그에게서 그의 생명을 찾으리라. 무릇 사
> 람의 피를 흘리면 사람이 그 피를 흘릴 것이니 이는 하나
> 님이 사람을 자기 형상대로 사람을 지었음이니라.
>
> 창세기 9:3~6

하나님이 친히 명하신 바가 아니면 인간 살해의 행위는 하나님의 형상대로 인간을 지으신 하나님께 대한 범죄이다. 동물의 고기를 먹을 때는 반드시 그 피가 다 땅에 흘러 떨어진 후에 할 것이다. 피는 숨결과 같이 그 안에 생명이 있기 때문이며, 생명은 오로지 하나님에게 속한다. 바로 이 구절에 근거하여 "코쇼" 법(kosher)에 의한 동물 도살은 내려온다.1) 육류는 하나님의 법에 걸린다. 단지 완전히 피가 제거되어야 한다. 그렇다면 예수의 설교에 나오는 사람의 고기를 먹어라 말라 하는 언급이 유대인에게 얼마나 엄격한 금기 조항인가? 더구나 메시야의 시신을 먹어라 말라 하는 언급이 얼마나 감당하기 어려운 충격인가?

이스라엘 사람은 식인관행(cannibalism)을 잘 안다. 이러한 악한 습관 때문에 하나님은 저들을 그 땅에서 추방하신다고 약속하셨다. "새 술에 취함 같이 자기들의 피에 취하게 하리니" (사 49:26). 여호와는 약속하여 만일 자기 백성이 그를 불순종하면 하나님이 저들 원수를 보내어 더욱 잔악에게 그들에게 행하게

---

1) 필자가 갈릴리 호수 남쪽 관광 식당에서 비프스테이크를 식사하다가 같은 자리에서 커피에 우유를 넣기 위해 청하였다가 "코쇼!" 고함을 지르며 서비스를 거부당한 일이 있었다. 암소고기와 송아지의 젖을 같이 먹는 것을 금하는 "코쇼"를 내게 아무도 말해 주지 않았다.

하시리라 하였다.

> 네가 대적에게 에워싸이고 맹렬히 쳐서 곤란케 함을 당
> 하므로 네 하나님 여호와께서 네게 주신 자녀 곧 네 몸
> 의 소생의 고기를 먹을 것이라. 너희 중 유순하고 연약
> 한 남자라도 그 형제와 그 품의 아내와 그 낳은 자녀를
> 질시하여 자기의 먹는 그 자녀의 고기를 그 중 누구에게
> 든지 주지 아니하리니.
>
> 신명기 28:53~55

그러나 위의 서술은 실제 사항이 아닌 경고성의 수사학적 언급이다. 그러나 하나님의 성육신이 자기의 피를 마셔야 한다고 주장한 언급은 상징 언어 이상의 역겨운 도발이다. 반대자들은 지금까지의 이상으로 예수에 대하여 반대의 소리를 내지른다. 그러나 예수는 자신의 행위를 잘 알고 그와 같이 행하신다.

예수께서 다른 놀라운 행위를 더 일으키실 의사가 없으면 상기한 두 가지의 경이적인 이적을 왜 행하시겠는가? 상기한 두 가지 이적이 하나님의 놀라운 권능의 표시였다면 지금 말씀하시는 내용이 어찌 하나님의 말씀임을 일러 주시는 (중요한) 시작이 아니겠는가? 그러나 다수는 떠나가고 다시 그와 함께 다니지 아니하였다. "예수는 열두 제자에게 이르시되 너희도 가

려느냐” “시몬 베드로가 대답하되 주여 영생의 말씀이 계시매 우리가 뉘게로 가오리까? 우리가 주는 하나님의 거룩하신 자신 줄 믿고 알았삽나이다” (요 6:67~69). 베드로의 충성심은 명확하다. 그러나 그가 진정 알고 하는 말인가? 아니면 자기가 하는 말이 무엇인지를 알고 있는 것일까? 예수께서 설교로 주신 그와 같은 걸림돌을 베드로가 꿰뚫어 보았다거나 혹은 비상한 깨달음이 있다는 아무런 증가가 없다. 예를 들어, 주님의 살과 피를 먹고 마실 준비가 되어 있다는 대답이 아니다. 추가하여 우리가 주목해야 할 것은 요한복음에서는 지금껏 가버나움 회당에서 귀신만이 예수를 지목하여 “하나님의 거룩하신 자”라고 표현했고 어느 인간도 아직 그러한 고백을 한 일이 아직은 없다. 혹 예수께서 베드로의 고백을 들으시고 그 때 회당에서 귀신이 흥분으로 소리친 그 기억이 살아나 베드로에게 이 말씀을 하셨는지 모른다, “내가 저희 열둘을 택하지 아니하였느냐. 그러나 너희 중 한 사람은 마귀니라 하시니 이 말씀은 가룻 시몬의 아들 유다를 가리키심이라. 저는 열둘 중 하나로 예수를 팔 자러라” (요 6:70~71).

한 산정에서 예수는
갑자기 영광으로 나타나심

He Appears in Sudden Glory on A Mountaintop

세례 요한이 죽은 후 잠시 한적한 곳으로 후퇴하여 조용한 시간을 의도했던 첫 번째 시도가 뜻대로 되지 않았으나, 그러나 그가 조용한 시간을 위한 두 번째의 시도는 뜻을 이룬다. 자기 제자 아마도 열두 명을 이끌고 가이사랴 빌립보 지경으로 올라가 그리고는 며칠을 더 길을 걸어 산정에 백설을 얹은 헬몬 산의 아랫목으로 도달한다. 그 지경에서 가장 경관이 돋보이는 헬몬 산은 갈릴리 영역 밖에 위치하는 산이기 때문에 헤롯 안티파스의 통치권 밖이다. 예수께서는 죽음의 준비가 이미 되어 있었다. 그러나 세례 요한을 처형한 로마 당국의 괴뢰의 손에 부쳐지는 일은 원치 않았다.

계속 가파르게 올라가는 길이 40킬로미터나 이어지는 체력

이 소모되는 행보이다. 여기까지 오고 보면 남쪽에 거점을 둔
권력자들의 정보꾼들의 활동 영역을 저만치 벗어난 거리이다.
행보를 계속하면서 예수와 제자들간의 이야기가 시작된다.

노중에서 제자들에게 물어 가사사대 사람들이 나를 누구
라고 하느냐. 여짜와 가로되 세례 요한이라고 하고 더러
는 엘리야, 더러는 선지자 중에 하나라고 하나이다. 또
물으시되 너희는 나를 누구라 하느냐. 베드로가 대답하
여 가로되 주는 그리스도시니이다 하매 이에 자기의 일
을 아무에게도 말하지 말라 경계하시고 인자가 많은 고
난을 받고 장로들과 제사장들과 서기관들에게 버린 바
되어 죽임을 당하고 사흘 만에 일어나야 할 것을 비로소
저희에게 기르치시되 드러내 놓고 이 말씀을 하시니 베
드로가 예수를 붙들고 간하매, 예수께서 돌이키사 제자
들을 보시며 베드로를 꾸짖어 가라사대 사탄아 내 뒤로
물러가라. 네가 하나님의 일을 생각하지 아니하고 도리
어 사람의 일을 생각하는도다 하시고.

마가복음 8:27~33

예수께서 베드로에게 "사탄아"라고 부르신 것이 베드로를 그
와 같이 부르신 것인지 아니면 제자 중 수자에 해당하는 인격
을 통하여 예수를 유혹하는 사탄 자신에게 격렬한 거부를 하신

것인지, 독자는 당혹하게 된다. 베드로의 말은 얼마 전 광야에서 떡의 이적을 본 큰 무리가 예수를 이스라엘의 왕으로 옹립하려고 시도한 것과 크게 다를 바가 없다. 베드로는 예수께 충성스럽고 경건한 믿음이 있어도 성경 말씀을 통하여 예수가 메시야면 반드시 해야 할 것을 그렇게 믿은 것이다. 베드로는 과오였다. 그러나 그가 무식하여 과오가 된 것이 아니다(Peter is mistaken, but he is not an ignorant mistake).

메시야 개념은 원래 유동적이다. 그러나 앞일에 일어날 것을 예수가 보신 것은 일반 개념을 깨는 것이다. 메시야는 거부당하지 않는다. 더구나 구하기 위하여 오신 메시야가 그 백성의 손에 죽임을 당하는 일은 없어야 한다. 오히려 반대로 그는 군중 편에 서야 하고 여호수아와 다윗이 전에 한 것과 같이 약속의 땅을 보존하기 위해서 적과 싸운 것과 같이 지금의 하나님의 뜻이라도 맞서야 하는 것이 아닌가?

베드로는 반대의 이유로 확고한 전통의 근거가 있다. 그러나 예수는 책망도 간언(諫言)도 용납이 안 된다. 예수는 같은 행로에 움직이는 대상(隊商)들이 멎게 하시고 들을 귀가 있는 제자들을 불러 모아 지금까지 그렇게 평이한 설교를 하신 일이 없는 것처럼 자기를 따르는 자들이 어떠해야 할 것인지를 설교하신다.

무리와 제자들을 불러 모아 이르시되 아무든지 나를 따라 오려거든 자기를 부인하고 자기 십자가를 지고 나를 좇을 것이니라. 누구든지 제 목숨을 구원코자 하면 잃을 것이요 누구든지 나와 복음을 위하여 제 목숨을 잃으면 구원하리라. 사람이 만일 온 천하를 얻고도 제 목숨을 잃으면 무엇이 유익하리요. 사람이 무엇을 주고 제 목숨을 바꾸겠느냐. 누구든지 이 음란하고 죄 많은 세대에서 나와 내 말을 부끄러워하면 인자도 아버지의 영광으로 거룩한 천사들과 함께 올 때에 그 사람을 부끄러워하리라. 또 저희에게 이르시되 내가 진실로 너희에게 이르노니 여기 서 있는 사람 중에 죽기 전에 하나님의 나라가 권능으로 임하는 것을 볼 자들도 있느니라 하시니라.

마가복음 8:34~9:1

예수는 자신이 나아가야 할 길에서 베드로에게 한 것처럼 다른 이견을 말하는 자는 누구라도 그를 책망하였을 것이다. 그러한 행위가 이유가 되어 개인의 이득보다는 점점 더 많은 손실이 일어나고 결과적으로는 로마법에 의한 잔혹한 십자가 처형을 한 편으로 그리고 다른 한 편으로는 여기 함께 하는 자 중에서 죽지 않고 곧 목격하게 될 신비한 승리가 앞에 있다는 이중적인 예정(豫定)을 의식하게 된다.

이때부터는 과거 어느 때보다도 예수의 정체론적인 문제가 매사의 중심이 된다. 그는 폭력의 완전포기를 설교하며 그것과 함께 감옥에 있는 내일을 바랄 수 없는 세례 요한에게서 사람을 보내어 질문이 있었을 때 그가 진정 "오실 메시야"이심을 확인하면서, 그러나 과거 수백 년간 가장 권위 있는 자들의 교훈을 근거하여 지켜 온 미래의 소망을 송두리째 깨버리고 마는 그런 설교 내용이 확실하였다.

막무가내로 그런 길을 계속 걸어가는 그는 도대체 누구란 말인가? 주는 것은 아무 것도 없고 그저 굴종하라고만 가르칠 셈인가? 과거에 줄곧 하나님이 계속적으로 약속한 승리와 풍요와 영광의 도래를 다 뒤엎는다면 그것은 인간으로서는 절체절명의 신성모독이 아닌가? 어느 예언자(선지자)도 그가 전하는 소식이 이러한 뒤엎음의 소식이라면 그는 거짓 선지자가 아닌가? 하나님의 말씀은 본질적으로 수정이 불가한 것이어야 하지 않는가? (Is God's word not irrevocable ?)

그러나 영원자존자의 성육신(I AM Incarnate)은 상술한 본문에 나오는 설교에서 첫째로, 그가 지금까지 약속하는 바 승리라는 것은 온 세계를 이기는 승리이면서 "삶의 조건"과는 아무런 관련이 없는 종류이고 그리고 두 번째로, 목숨을 버리는 자가 생명을 얻는다는 것이다.

떡을 이적으로 많은 양이 되게 한 것과 물 위를 걸어오신 일과 그리고 지금은 하나님의 나라의 승리로 도래한다는 언급이 뒤따르는 이러한 일련의 사건들은 모두가 종합적으로 예수의 폭력에 대한 거부가 초점인 설교의 확대된 해설이고 예증이다. 인간이 되어 역사 속으로 들어오신 하나님은 그 설교를 행동화함으로 큰 승리를 거두시기로 작정하신 것이다. 그러면 십자가 처형과 그리고 그 다음은 무엇이 일어나야 하는가? 인자는 영광 중에 천사들에게 옹위(擁衛) 받으며 하늘에서 내려온다. 비록 예수가 병자들을 치유하고 죄를 사하여 준다고 해도, 그가 광야에서 큰 무리를 이적의 떡으로 먹일 수 있었고 명령으로 바람과 바다에 지시를 해도 요셉의 아들이 이러한 예견과 결정을 할 권세가 정체론적으로 있는 것인가?

이 말씀을 하신 후 팔 일 쯤 되어 예수께서 베드로와 요한과 야고보를 데리시고 기도하시러 산에 올라가사 기도하실 때에 용모가 변화되고 그 옷이 희어져 광채가 나더라. 문득 두 사람이 예수와 함께 말하니 이는 모세와 엘리야라. 영광 중에 나타나서 장차 예수께서 예루살렘에서 별세하실 것을 말씀할새 베드로와 및 함께 있는 자들이 곤하여 졸다가 아주 깨어 예수의 영광과 및 함께 선두 사람을 보더니 두 사람이 떠날 때에 베드로가 예수께 여짜오되 주여 우리가 여기 있는 것이 좋사오니 우리가

초막 셋을 짓되 하나는 주를 위하여 하나는 모세를 위하
여 하나는 엘리야를 위하여 하사이다 하되 자기의 하는
말을 자기도 알지 못하더라. 이 말을 할 즈음에 구름이
와서 저희를 덮는지라. 구름 속으로 들어갈 때에 저희가
무서워하더니 구름 속에서 소리가 나서 가로되 이는 나
의 아들 곧 택함을 받은 자니 너희는 저의 말을 들어라
하고 소리가 그치매 오직 예수만 보이시더라. 제자들이
잠잠하여 그 본 것을 무엇이든지 그 때에는 아무에게도
이르지 아니하니라.

누가복음 9:28~36

팔 일 간이 소요된 일정이 서술이 되고 예수와 제자들은 가
이사랴 빌립보에 도착한 것이 확인된다. 이곳은 이방신 "판"(Pan)
을 섬기는 헬라인의 신전 파네이온(Paneion)이 있는 지역에 로
마인이 건립한 도시이다. 그리고 그보다 이전에 가나안 원주민
들이 요단강의 수원지인 계곡을 발아래 품고 위용을 세워 서
있는 헬몬 산이 그 자리에 놓여 있고 원주민들은 이 헬몬 산이
가나안 족의 제신들이 함께 거하는 일종의 그들의 올림푸스 산
인 셈이다.

이스라엘의 전통에 의한 시온 산은 예루살렘 성도가 놓인 위
치를 말하며, 하나님이 처음부터 그 산을 하나님이 계신 곳이

아닌 어느 전환점에서 하나님의 거룩한 곳이 된 곳이다. 다윗이 원주민 여부스 사람들의 손에서 이 시온 산을 빼앗기 이전에는 이곳은 하나님이 거하시는 거룩한 산이 아니었다.

일반적으로 하나님의 거처는 하늘이고. 그리고 간헐적으로 이 산이나 저 산을 하나님이 명하시어 현시(顯示)하셨거나 영광을 나타내셨다. 그러한 유명한 지명과 산은 시내 산이다. 말하자면, 시내 산과 쌍벽을 이르는 성산이 호렙산이다. 그리고 세 번째로 거명되는 유명한 산이 남부에 위치한 세일 산(Mount Seir)이다 (창 32:3). 그리고 이름이 밝혀진 바 없는 네 번째의 회중의 산이 아사야 14장 13절과 시편 48편 2절에 나오며 이 위치는 훨씬 북쪽이다. 이 북쪽에 위치하는 산이 헬몬 산(Mount Hermon)이고 이스라엘이 시편에서 자주 거명이 되고 그 시작은 원주민 가나안 족의 시대부터 명산이다.

예수께서 가장 중요한 세 제자들을 인도해 온 장소는 이미 연고가 깊은 지역이고, 그 곳에서 단지 그 세 사람에게 특별한 교훈을 주셨다고 해도 의미가 있고, 그리고 기억이 되게 할 수 있는 그런 고장이다. 그러나 실제로 일어난 사건은 이스라엘 과거의 역사에서 영적 거인의 영들이 동시에 예수와 대화하며 나타난 것이다. 이 두 거인은 각기 산정(山頂)에서 여호와 하나님이 각기 그들에게 현시하신 거물들이다. 모세는 시내 산에서 그리고 엘리야는 호렙 산이다.

그러나 문제는 과거 모세에게 그리고 엘리야에게 여호와 하나님이 현시하신 것처럼 예수에게도 여호와의 나타나심이 일어났는가? 아니다. 나타나신 분은 예수 자신이시다. 얼굴이 눈부시게(태양처럼) 변모하시고 옷이 자연성의 백색이 아닌 초월성의 흰색으로 빛나고, 그리고 과거 하나님이 모세와 엘리야에게 나타나심 같이 예수 자신이 그들을 동시에 대하신 것이다. 저들은 구면처럼 이야기하며 그 내용이 예루살렘에서 일어나 떠나실(exodus) 일을 대화하고 있었다.

이 모든 진행을 세 제자는 깨어 똑똑히 목격한다. 시내 산에서 모세가 주 하나님의 영광을 만난 것처럼, 그리고 호렙 산에서 엘리야가 주 하나님의 영광을 목격한 것처럼, 세 제자는 주 그리스도의 영광을 보고 있다. 그러자 마치 똑같은 경우 과거 산정에서 모세가 주 하나님을 만날 때 그에게 구름이 나타남 같이 구름이 나타나 그 구름 속에서 음성이 들렸다, "이는 나의 아들 곧 택함을 받은 자니 너희는 저의 말을 들으라!" 하나님의 음성? 그러나 저들이 바라보니 홀로 예수 밖에는 아무도 없었다(they see no one but Jesus).

누구의 권세를 근거로 요셉의 아들이 감히 주 하나님이 당신의 선택하신 백성에게 주신 그 약속을 재해석하는가라는 문제를 간직한 채로 그리고 그 문제를 곱씹으면서 이 산정까지 따라온 세 제자들이었다.

　지금 저들이 얻은 답은 이것이다. 곧 그는 자신의 권세로 그와 같이 행하시는 것이다(He does so on his own authority). 아버지(하나님)가 아들(하나님)이 되신 것이다. 하늘에서 들리는 목소리는 자신의 목소리였다. 마치 예수께서 세례를 받으시면서 "너는 내 아들, 오늘 내가 너를 나았다" 말씀하신 경우와 동일하다. 북쪽의 신성한 산지에서 현시(顯示)하신 주 하나님의 영광은 베드로의 간언(諫言)에 대한 감당할 길이 없는 막중한 예수의 답변이다. 그러나 베드로 자신 그 엄청난 신성의 권위에 뒷걸음을 치면서도 그나 세 사람 중 어느 하나라도 절대 압도하는 하나님의 영광과 인간으로서의 고난의 충돌을 충분하게 이해하고 납득하는 자가 있었겠는가 말이다.

제 3 부

신성목독의 주 하나님

신성모독의 주 하나님

The Lord of Blasphemy

십자가의 처형 사건이 실제로 발생하기 전 몇 주간을 예수는 무상 예루살렘을 출입하며 설교하신다. 지금까지는 청구가 있어도 마지못하여 이적을 행하시는 편이었으나, 지금 예루살렘과 주변의 사역에서는 청함이 없어도 이적을 행하신다. 지금까지는 당신의 신성이나 종국에 다가올 고난에 관해서 비밀스럽게 조심해온 터이나, 이제는 드러내어 언급하고, 그리고 심지어는 영광과 고난을 연관지어 설교하신다.

한때는 촌락이나 "한적한 곳"에서 활동하는 설교자이고 치유자였다 그러나 지금은 예루살렘의 심장부 성전의 부대 시설에서 활동하신다. 한때는 고립적인 제자가 그를 이스라엘의 임금이라고 고백하였다. 그러나 지금은 유월절 절기에 온 세계 각처에서 모인 유대인들이 그에게 찬양의 표현을 소리친다. 한때는 그를 비하하여 "요셉의 아들"이라고 불렀고, 그리고 그의 생명에 위협적인 행동은 나사렛 고향의 일단(a band)과 이웃 동리의 거주민이었으나, 지금은 그를 적극적으로 과격한 비난 사마리아 사람이라고 부르거나 갈릴리에서 온 사람, 정신병자, 귀신 들린 자, 그리고 일반적인 비난을 넘어서 끝내는 산헤드린에서 살해 제거되어야 할 자로 표적 인물이 되었다.

그것은 마치 암벽을 향해서 돌진하기 전 파고를 높이는 해안의 형상이었다. 그러나 예수는 어느 한 순간도 대세와 사건의 추이가 자기의 통제력을 벗어난 것으로 여기신 일은 추호도 없다. 아무것도 예수를 놀라게 할 변화가 아니다. 예수님은 이미 앞으로 될 일을 예견하여 최악의 경우를 받아들이신다. 다른 추종자들이나 무리들은 당황하고 혼란스러워하나 하나님의 성육신은 매사에 주이시고 평정의 인격이다.

예수는 공개적으로 안식일 휴식의 법을 깨신다
(He Flagrantly Violates the Law of Sabbath Rest)

그 후에 유대인의 명절이 있어 예수께서 예루살렘에 올라가시니 예루살렘에 있는 양문 곁에 히브리말로 베데

스다라 하는 못이 있는데 거기 행각 다섯이 있고 그 안에 많은 병자, 소경, 절뚝발이, 혈기 마른 자들이 누워 (물의 동함을 기다리니 이는 천사가 가끔 못에 내려와 물을 동하게 하는데 동한 후에 먼저 들어가는 자는 어떤 병이 걸렸든지 낫게 됨이러라) 거기 삼십팔 년 된 병자가 있더라. 예수께서 그 누운 것을 보시고 병이 벌써 오랜 줄 아시고 이르시되 네가 낫고자 하느냐. 병자가 대답하되 주여 물이 동할 때에 나를 못에 넣어 줄 사람이 없어 내가 가는 동안에 다른 사람이 먼저 내려가나이다. 예수께서 가라사대 일어나 네 자리를 들고 걸어가라 하시니 그 사람이 곧 나아서 자리를 들고 걸어가니라.

이 날은 안식일이니 유대인들이 병 나은 사람에게 이르되 안식일에 네가 자리를 들고 가는 것이 옳지 아니하니라. 대답하되 나를 낫게 한 그가 자리를 들고 걸어가라 하더라 한대 저희가 묻되 너더러 자리를 들고 걸어가라 한 자가 누구냐 하되 고침을 받은 사람이 그가 누구인지 알지 못하니 이는 거기 사람이 많으므로 예수께서 이미 피하셨음이라. 그 후에 예수께서 성전에서 그 사람을 만나 이르시고 보라 네가 나았으니 더 심한 것이 생기지 않게 다시는 죄를 범치 말라 하시니 그 사람이 유대인들에게 가서 자기를 고친 이는 예수라 하니라. 그러므로 안식일에 이러한 일을 행하신다 하여 유대인들이 예수를 핍박하게 된지라.

예수께서 저희에게 이르시되 내 아버지께서 이제까지 일하시니 나도 일한다 하시매 유대인들이 이를 인하여 더욱 예수를 죽이고자 하니 이는 안식일을 범할 뿐 아니라 하나님을 자기의 친아버지라 하여 자기를 하나님과 동등으로 삼으심이러라.

(예수께서 무리들에게 외쳐 가로되) 너희가 어찌하여 나를 죽이려 하느냐. 무리가 대답하되 당신은 귀신이 들렸도다. 누가 당신을 죽이려 하나이까? 예수께서 대답하여 가라사대 내가 한 가지 일을 행하매 너희가 다 이를 인하여 괴이히 여기는도다. 모세가 너희에게 할례를 주었으니 (그러나 할례는 모세에게서 난 것이 아니요 조상들에게 난 것이라) 그러므로 너희가 안식일에도 사람에게 할례를 주느니라. 모세의 율법을 폐하지 아니하려고 안식일에도 할례를 받는 일이 있거든 내가 안식일에 사람의 전신을 건전케 한 것으로 너희가 나를 노여워하느냐. 외모로 판단하지 말고 공의의 판단으로 판단하라 하시니라.

요한복음 5:1~18, 7:19~24

상술한 에피소드는 안식일에 평생을 반신불수로 지내온 자를 완치시켜 줌으로 야기된다. 전통적으로 유대인은 제 7일에 정상적인 업무나 노동을 정지한다. 그 이유는 하나님이 온 세상을 지으시고 그 날에 쉬는 날로 여기셨기 때문이다. 의원이나 치유자는 그 안식일에는 생명이 위독한 자만을 손쓰기 위해서 안식일 법을 부득불 깬다. 그러나 예수께서 성전 동북부의 지점 베데스다에서 그 불구자를 고치신 일은 그가 단지 불구자일 뿐이다(is merely handicapped). 오늘의 의학 지식으로 그의 불구 현상이 무엇이었든 간에 그는 그러한 형편에서 38년간이나 살아왔다. 그러므로 주변 사람들의 생각은 예수께서 그의 불구를 하루를 기다려 치유할 수 있는 문제로 보였다. 더구나 그 불구자는 치유를 청원하지 않았다. 그리고 예수께서 낫기를 원하느냐고 질문했을 때 그 불구자는 치유에 대한 간절함이 없었다. 그은 당초 예수의 질문을 바로 이해하지도 못하였다. 그리고 엄밀하게 음미하면 치유된 후 침상을 들고 걸어가라고 명할 만큼의 그 후자의 문제는 그 불구자에게 절실한 문제가 아니었다. 그 불구자 역시 몇 시간 더 그 자리에 그 전에 모든 것을 둔 그대로 침상도 둘 수도 있다.

치유를 주시고 그리고 그 치유된 자에게 침상을 들고 떠나라 하신 근거는 하나님이 처음 창조 후 안식을 하셨어도 종교적 전통 의식처럼 매 안식일을 쉬시는 것이 아니라는 하나님의 지식이다. 그리고 만일 하나님이 안식일에 일하시면 예수와 그리고 예수의 명령에 의해서 행동하는 자는 정당하다. 중요한 사실은 하나님 이외에 누가 안식일에 하나님이 쉬시는가 여부를 언급할 수 있는가? 여기에서도 다시 한 번 하나님이 자신 친히 하나님의 일에 일어난 변화를 정확하게 말하면 하나님의 본성에 관하여 지금까지 알지 못한 사실을 알게 된 것이다.

안식일에 행하는 의료 행위에서 금지된 것과 허용된 것의 비교에서 예수는 전통적인 유대인들의 이론적인 전개를 한다. 그러나 여기에는 상당한 지적인 시연효과(示演效果)를 미리 생각한 언급이다. 지금까지의 예수의 수사학적 이론 전개의 예를 보면, 상대자들에게 수치심을 불러일으키는 전략이다(is to shame his opponents). 종교적으로 안식일 법이 여하튼 간에 평생의 불구가 완전히 치유된 것이 안식일을 범했다고 해서 시비를 제기하면 그는 파렴치가 될 수밖에 없다. 우리가 그 현장에 있었다고 가정하면 누구라 당국과 맞서서 평생의 불행을 치유 받은 자의 편에서 동정하지 않겠는가? 하나님도 한때 이와 같이 말씀하신 일이 있거늘 불순종하는 일이라고 누가 해석하겠는가?

겁내는 자에게 이르기를
너는 굳세게 하라.
보라 너희 하나님이
오사 보수하시며
보복하여 주실 것이라.

저가 오사 너희를 구하시리라 하라.

그 때에 소경이 눈이 밝을 것이며

귀머거리의 귀가 열릴 것이며

그 때에 저는 자는 사슴 같이 될 것이며

벙어리의 혀는 노래하리니.

이사야 35:4~6

위와 같은 본문을 읽고 적개심을 일으킬 자는 그리 많지 않을 것이다. 그러나 예수께서 기이한 일로 행하시는 적대자가 일어난다. 너희가 사람을 죽이려고 음모한다고 예수께서 지적하자 "미친 소리!"라고 현장에 선 자 중에서 외치는 자가 나왔다. 적대적 감정인 실상을 예수가 미리 아시고 계획하신 것의 일부이다.

악평이 두루 퍼진다

그리고 예수를 체포하려다 실패

Scandal Spreads, An Arrest Attempt Fails

예수의 짧은 공생애가 막 시작하자 예수의 주변에는 쉽게 예수를 잘 안다고 자처하는 사람들이 반복적으로 생겨난다. 예수를 높이 평가하는 자 중에서도 그들의 예수에 대한 평은 자기가 이미 알고 있는 그 사람일 터인데, 생각보다 놀랍다거나 의외적(意外的)이라는 선입관이었다. 예수의 공생애가 폭력적 죽음을 결론으로 막바지에 이르자, 예루살렘을 중심한 예수의 평은 그가 나름대로 민심을 사로잡는 데 성공한 사람, 그러나 전통적인 민중운동이 아닌 정상을 벗어난 많은 시비와 의문을 던져 군중의 비상한 관심의 초점에 놓인 인물이라는 평이었다.

예루살렘 사람 중에서 혹이 말하되 이는 저희가 죽이고자 하는 그 사람이 아니냐. 보라 드러나게 말하되 저희가 아무 말도 아니하는도다. 당국자들은 이 사람을 참으로 그리스도인 줄 알았는가? 그러나 우리는 이 사람이 어디서 왔는지 아노라. 그리스도께서 오실 때에는 어디서 오시는지 아는 자가 없으리라 하는지라....

저희가 예수를 잡고자 하되 손을 대는 자가 없으니 이는 그의 때가 아직 이르지 아니하였음일러라. 무리 중에 많은 사람이 예수를 믿고 말하되 그리스도께서 오실지라도 그 행하실 표적이 이 사람이 행한 것보다 더 많으랴 하니, 예수께 대하여 무리의 수군거리는 것이 바리새인들에게 들린지라. 대제사장과 바리새인들이 그를 잡으려고 하속들을 보내니 (그러자) 예수께서 이르시되 내가 너희와 함께 조금 더 있다가 나를 보내신 이에게로 돌아가겠노라. 너희가 나를 찾아도 만나지 못할 터이요 나 있는 곳(where I AM)에 오지도 못하리라 하신대 이에 유대인들이 서로 묻되 이 사람이 어디로 가기에 우리가 저를 만나지 못하리요. 헬라인 중에 흩어져 사는 자들에게 가서 헬라인을 가르칠 터인가....

이 말씀을 들은 무리 중에서 혹은 이가 참으로 그 선지자라 하며 혹은 그리스도라 하며 어떤 이는 그리스도가 어찌 갈릴리에서 나오겠느냐. 성경에 이르기를 그리스도는 다윗의 씨로 또 다윗의 살던 촌 베들레헴에서 나오리라 하지 아니하였느냐 하여 예수를 인하여 무리 중에서 쟁론이 되니 그 중에는 그를 잡고자 하는 자들도 있으나 손을 대는 자가 없었더라. 하속들이 대제사장과 바리새인들에게로 오니 저희가 묻되 어찌하여 잡아오지 아니하였느냐. 하속들이 대답하되 그 사람의 말하는 것처럼 말한 사람은 이때까지 없었나이다 하니 바리새인들이 대답하되 너희도 미혹되었느냐. 당국자들이나 바리새인 중에 그를 믿는 이가 있느냐. 율법을 알지 못하는 이 무리는 저주를 받은 자로다. 그 중에 한 사람 곧 전에 예수께 왔던 니고데모가 저희에게 말하되 우리 율법은 사람의 말을 듣고 그 행한 것을 알기 전에 판결하느냐. 저희가 대답하여 가로되 너도 갈릴리에서 왔느냐. 상고하여 보라. 갈릴리에서는 선지자가 나지 못하느니라 하였더라.

요한복음 7:25~27, 30~35, 40~52

여기에 보면 예수는 다양한 견해가 서로 엉켜 있는 그 핵심에 놓여 있다. 이미 이때는 당국자가 그를 체포하여 처형하려는 시도도 있었다. 그러나 당국자들도 예수에 대한 견해가 서로 엇갈렸다. 예수에 대한 생각이 호감을 표시하는 대중들도 그의 정체성에 대하여 생각이 각각이었다. 그가 메시야인가? 메시야의 역할과 기대에 관해서도 견해는 각각이었다. 어떤 이는 메시야가 오면 그의 출생에 대하여 아무도 아는 자가 없어야 한다는 생각이었고, 어떤 이의 생각은 그의 출생에 대하여 구체적으로 다윗의 후속이고 그의 출생지는 다윗의 오래된 연고지 베들레헴이어야 한다는 생각이다.

그리고 표적에 관한 시비도 있었다. 메시야가 어떤 역할을 할 것인가는 그의 표적으로 보여 주어야 한다는 말을 하는 사람이 있고, 그러한 생각은 예수의 표적을 현장에서 목격한 사람들이다. 그러나 생각을 달리 하는 사람의 주장은 예수가 이적을 행하는 자이면 그는 하나님의 아들 메시야가 아니라 모세가 장차 온다고 예견한 두 번째의 모세라는 견해였다. 다윗은 이적을 행하지 않았고 모세가 이적을 행하였으니, 따라서 예수에게 이적의 권능이 있으므로 이스라엘 백성에게 그가 하나님의 음성임을 증명하는 것이며, 그의 말을 들어야 한다고 해석하였다.

모세가 대답하여 가로되 그러나 그들이 나를 믿지 아니하며 내 말을 듣지 아니하고 이르기를 여호와께서 네게 나타나지 아니하셨다 하리이다. 여호와께서 그에게 이르시되 네 손에 있는 것이 무엇이냐. 그가 가로되 지팡이니이다. 여호와께서 가라사대 그것을 땅에 던지라. 곧 땅에 던지니 그것이 뱀이 된지라. 모세가 뱀 앞에서 피하매 여호와께서 모세에게 이르시되 네 손을 내밀어 그 꼬리를 잡으라. 그가 손을 내밀어 잡으니 그 손에서 지팡이가 된지라. 또 가라사대 이는 그들로 그 조상의 하

나님 곧 아브라함의 하나님 이삭의 하나님 야곱의 하나
님 여호와가 네게 나타난 줄을 믿게 함이니라 하시고.

출애굽기 4:1~5

　　만일 예수가 많은 표적을 행하였다면, 정당하게 "그는 선지
자이어야 한다"는 해석이었다.

　　예수 자신의 말씀은 자신을 지지하는 편에 서거나 자기에 대
하여 회의적인 편이나 어느 쪽도 관련이 없는 말씀이다. 예수
의 말씀은 지극히 간결한 것이기는 하나, 자신에 대한 어떤 기
대도 초월하며 그리고 자신의 결국이 그들이 예상하는 것보다
더 신속하게 올 것에 대한 선언이다. "나 있는 곳에(Where I Am)
너희가 오지 못한다"는 말을 듣고는 무슨 뜻인가 할 것이다. 그
들의 생각에 맞는 말로 표현하면 "내가 가는 곳에 너희는 오지
못한다"이다. 그러나 "나 있는 곳에"라는 표현에 섞여 나오는 "나
는 있다"(I Am)라는 언어는 하나님의 이름이다(is the name of
God). 예수께서 내가 가는 곳(나를 보내신 곳으로 되돌아가는 곳)
을 언급하시는 때는 잠시 뒤에 나올 더 직설적으로 자신이 누
구인가를 언급보다는 덜 신성저촉(神聖抵觸, less blatantly)이라고
말할 수 있다. 그러나 요한복음은 종결로 가까워지면서 점차로
더 아이러니한 서술법을 사용하고 그리고 예수는 자기의 죽음

이 얼마 안 남은 시간 저편에서 다가옴을(only "a short time" away) 언급하며 무리 중에서 그 예수의 죽음이 가까워지고 있음을 아직은 몇 사람 외에는 알지 못하는 때이기도 하다.

이 두 번째의 의미, 이러한 점차적으로 언급하는 자기 정체의 의미는 불가피하게 무엇인가 세 번째의 의미를 감추고 있다. 궁극적으로 예수의 처형이 예수의 정체가 누구인가의 문제와 불가피하게 하나로 묶여 있는 사실이 그의 설교의 지혜이고 그리고 그 지혜를 세상이 알지 못하는 지혜이다. 잠언 1장 24~28절에서 하나님은 지혜의 인격으로 말씀이 되고 통상은 남성 인격이 여기에서는 여성 인격으로 서술된다.

내가 부를지라도 너희가 듣기 싫어하였고
내가 손을 펼지라도 돌아보는 자가 없었고
도리어 나의 모든 교훈을 멸시하며
나의 책망을 받지 아니하였은즉
너희가 재앙을 만났을 때에 내가 웃을 것이며
너희에게 두려움이 임할 때에 내가 비웃으리라.
너희의 두려움이 광풍 같이 임하겠고
너희의 재앙이 폭풍 같이 이르겠고
너희에게 근심과 슬픔이 임하리니
그 때에 너희가 나를 부르리라

그래도 내가 대답지 아니하겠고

부지런히 나를 찾으리라 그래도 나를 만나지 못하리니.

예수는 자기의 죽음 후 사람들이 자기를 찾지 아니하고 만나지 못할 것을 언급하고 있는 것만이 아니다. 또한 예루살렘의 멸망이 다가오고 있는 사실과 그리고 그러한 파멸의 두려움이 다가와도 구원을 위해서 백성이 하나님을 찾지 아니하고 만나지 못할 것을 일러 주고 있다. 마치 예수의 공생애 긴요한 시간에 백성이 예수를 버린 것과 같이 예루살렘이 가장 절실하게 도움이 요구되는 때에 예루살렘을 버린 바가 될 것이다.

그러나 하나님의 성육신이 예루살렘을 로마에 손에 포기한 것이 그들이 그를 거부하였기 때문인가? 이러한 이론은 역으로도 가능하다. 즉, 하나님은 장차 예루살렘을 로마인의 통치에 버리실 터이므로 우선 먼저 예루살렘이 하나님의 성육신을 로마 당국의 손에 버리도록 배치한 것이다. 그렇게 하시므로 하나님이 예루살렘과 이스라엘을 같은 원수의 손에 버리심을 그들이 깨닫게 되었을 때에 하나님의 아들의 희생으로 면책이 되는 것이다. 예루살렘의 멸망은 메시야의 죽음과 같이 그러한 큰 사건 전에 일종 내분 현상이 일어나야 하는데, 그것이 지금 전개되고 있는 진정한 의미로서의 내전과 다름없는 유대인들의 내분이다. 이 내전이 있고 그리고는 사망자의 침묵이다. 첫 번째의 괴질(怪疾)은 두 번째가 발생하기 전의 병상(病狀)이다.

지금과 같은 이러한 순간에는 예수는 자신을 자신이 온 영원성 안에 두는 것 같다 (말하자면, "태초에 말씀이 계시니라"). 성전의 청중이 예수의 하시는 말씀을 듣기는 해도 전혀 이해를 못하였다는 것이 오늘의 독자에게 암시하는 바가 즉 최선을 다해도 전부를 듣고 납득이 되는 것은 아니라는 것이다. 그 현장에 있는 청중 중에서 단순한 문자주의자들은 그가 가는 곳이 아무도 오지 못할 먼 곳이라 함이 지중해 연안의 흩어진 헬라어를 사용하는 유대인들의 곳으로 간다는 것인가 하였다.

예수의 의도하신 의미의 폭이 너무나 광범위하고 시간적으로 너무나 영원의 것이므로 저들은 하나 같이 모두 오해하였다. 그러나 아이러니 속에 아이러니로 저들의 대답은 모두 오답이면서 모두 정답이다. 헬라어를 사용하는 자가 반드시 이방인은 아니다. 마치 갈릴리가 이방이 아닌 것과 같다. 갈릴리 태생의 유대인, 즉 갈릴리가 하나님의 자녀로 수용되는 것과 같이 헬라어를 말하는 유대인들이다.

말을 바꾸면, 헬라어를 말하는 흩어진 유대인들이라는 막연한 표현은 헬라어가 상용어인 훨씬 확대된 지중해 세계를 포함하는 것이 된다. 그러나 청자들이 어떻게 들었든지 간에 그들의 착각은 첫째로 기독교가 당시의 온 세계에 두루 전해질 때에 헬라어를 말하는 유대인 공동체의 네트워크인 유대 회당에서 회당으로 이어짐을 알지 못했기에 오답이고 그리고 후에 가서야 회당 밖의 광역적으로 이방 세계에 메시지가 전파된다는 역사적 사실이다. 예수께서 설교하시므로 장차 행하실 일을 바울이 나와 행하게 되는 것이다.

그러는 동안 유대 당국자의 안목에서는, 혈통적으로 순수한 유대인이면 이러한 갈릴리 사람의 주장을 옹호하는 자가 나올 수 없고, 그런 자는 무식한 갈릴리 사람이라는 저주를 받을 자라, 그러므로 그는 도태되고 여호와의 저주를 받는 자이다. "율법을 실행하여 여호와의 율법을 높이지 않는 자는 저주를 받을 것이라 (모든 백성은 아멘 할지니라)" (신 27:26). 니고데모는 신명기 1장 17절의 말씀, "재판은 하나님께 속한 것인즉 너희는 재판에 외모를 보지 말고 귀천을 일반으로 듣고 (사람의 낯을 두려워 말 것이며)"로 상술한 신명기의 저주에 맞 서려고 시도하였으나 그는 실패하였다. 그러나 그의 실패는 중요한 문제가 되지 아니한다. 예수의 적들은 예수에 대하여 완전히 무력하다. 왜냐하면 아직 예수의 때가 오지 않았기 때문이며 (요 8:20), 그의 때는 그의 의지대로 오는 것이다.

한 간음녀 정죄 내리기를 거부

He Refuses to Condemn An Adultress

예수 시대의 유대 율법은 간음 행위의 의미 해석이 남자의 경우와 여자의 경우가 동일하지 않았다. 만일 기혼 남자가 약혼하지 않은 처녀와 성교를 하면, 그 남자는 간음죄에 해당되지 않는다. 그러나 기혼녀가 자기 남편 이외의 다른 어떤 남자와 성교를 하다가 잡히면 간음죄에 해당되고 즉시 돌로 처형당하게 된다. 율법을 지키는 미혼녀에게는 혼전 성교를 허락하지 않으며, 그녀의 가족이 그녀의 금욕을 강요한다. 만일 율법을 지키는 미혼남에게는 그와 같은 법의 금지나 강요가 없다. 그러나 통상 그에게 미혼녀로서 성교의 대상이 될 수 있는 여자는 창녀이다.

젊은 미혼녀와의 성교를 위한 접근은 양자 합의가 성립하지 않는다. 비록 그 여자가 원한 일이라고 할지라도 그 남자는 한 가족 재산의 한 항목을 훔친 것이 되며 엄중한 보복을 받게 된다. 그러나 여자 쪽에서 받게 되는 형벌은 더 가혹하다. 만일 결혼 첫날밤에 성교 이후 유혈이 없어 처녀를 증명할 수 없으면 투석으로 사형이 될 수 있다. 남자의 경우는 그가 성교한 여자가 다른 남자의 기혼녀이거나 약혼녀인 경우 그 성교 행위를 두 사람의 증인이 고발하여 잡히면 사형이 될 수 있다.

정황적인 증거만으로는 남자나 여자를 간음죄로 정죄하기에 부족하다. 여기에서도 이중적인 기준이 존재한다. 목격자의 증언이 없는 경우, 남편이 의혹만으로 자기 처를 제사장 앞으로 나갈 수 있다. 이때에 제사장은 그녀에게 장막이나 성전 마루의 먼지를 섞은 "쓴 물"(the water of bitterness)의 잔을 마시게 한다. 그녀의 범죄가 사실이면 여호와가 그녀의 허벅다리(질을 가리킨 우회적 언어)를 치실 것이다. 다시 말해서, 그녀는 심각한 요도염을 일으킬 것이며, 그 여자는 자기 죄를 인정하여 "아멘, 아멘" 해야 한다. 이렇게 되므로 하나님이 간음에 내리시는 저주에 굴복해야 하고 사형이 될 수 있다 (민 5:12~31). 여기에서 남편의 부정을 의심하는 처가 남편에게 그 "쓴 물"을 마시라고 요구할 수 없다.

간음 행위에 관한 이러한 이중적 규정이 있는 것과 함께 당시의 간음죄는 궁극적으로 처된 자의 남편에 대한 배신이라는 시각보다는 하나님께 범죄 행위라는 시각이었다. 따라서 과실이 있는 남편이 간음죄로 고발된 자기 처에게 사형보다 낮은 다른 처벌로 경감할 권리가 없다. 간음죄는 용서가 없는 범죄에 가깝다. 이 간음죄와 비길 만한 중죄가 배교(背敎)이다. 그러므로 옛 이스라엘 선지자의 언급에서 배교와 간음 행위가 교차적으로 나온다는 이유가 일부 납득이 간다.

위와 같은 배경에서 이미 위험한 인물로 주목이 되는 예수에게 그것도 성전 뜰에서 그 앞에 간음 행위로 잡힌 여자를 세워 질문한다. 예수의 답이 무엇이었는가?

아침에 다시 성전으로 들어오시니 백성이 다 나아오는지라. 앉으사 저희들을 가르치시더니 서기관들과 바리새인들이 간음 중에 잡힌 여자를 끌고 와서 가운데 세우고 예수께 말하되 선생이여 이 여자가 간음하다가 현장에서 잡혔나이다. 모세는 율법에 이러한 여자를 돌로 치라 명하였거니와 선생은 어떻게 말하겠나이까. 저희가 그렇게 말함은 고소할 조건을 얻고자 하여 예수를 시험함이러라. 예수께서 몸을 굽히사 손가락으로 땅에 쓰시니 저희가 묻기를 마지아니하는지라. 이에 일어나 가라사대 너희 중에 죄 없는 자가 먼저 돌로 치라 하시고 다시 몸을 굽히사 손가락으로 땅에 쓰시니 저희가 이 말씀을 듣고 양

심의 자책을 받아 어른으로 시작하여 젊은이까지 하나씩
하나씩 나가고 오직 예수와 여자만 남았더라. 예수께서
일어나사 여자 외에 아무도 없는 것을 보시고 이르시되
여자여 너를 고소하던 그들이 어디 있느냐 너를 정죄한
자가 없느냐. 대답하되 주여 없나이다. 예수께서 가라사
대 나도 너를 정죄하지 아니하노니 가서 다시는 죄를 범
치 말라 하시니라.

요한복음 8:2~11

성경의 이야기가 고전문헌의 양식으로 항상 그런 것과 같이
이 에피소드는 모든 결말을 다 말하기 직전에 종결이 나서 독
자로 하여금 궁금증과 함께 스스로의 판단력을 구사하도록 요
구한다.

첫 번째로, 분명한 질문이 인다. 결국 이 여자는 유죄인가 무
죄인가? 예수는 그러한 결정을 내리도록 질문을 받은 것이 아
니다. 서기관과 바리새인들은 유죄 판결을 내리고 이 여자를
예수 앞에 세웠다. 왜냐하면 그 여자는 간음 행위의 현장에서
잡혔다. 그러나 이 고발자들은 진실을 말하고 있는 것일까?

하나의 답은 예수가 허리를 굽혀 땅에 글을 쓰셨다는 동작이
암시를 준다. 예수의 동작이 서기관과 바리새인들의 마음에 상
기시키려고 하신 것은 다니엘서에 나오는 한 장면, 멸망 직전

바벨론 왕이 베푼 잔치에서 벽에 사람의 손가락이 나타나 글을 썼다는 지극히 괴이한 분위기의 연상이었다. 만일 예수께서 모래 위에 쓰신 글이 그 유명한 아람어 "메네 메네 데겔 우바르신"(단 5)이면, 그 글을 읽은 서기관들이 과거 다니엘에게 위증으로 한 여인을 간음죄로 고발한 경우를 상기하였을 것이다.

다니엘의 재판이란 (단 13)[1] 당시 공동체에서 가장 존경 받는 두 장로가 수산나의 문 닫은 정원으로 숨어들어 그녀가 목욕하는 장면을 훔쳐보고, 자기들과 교합하지 않으면 자신들이 두 증인이 되어 수산나가 한 청년과 간음하다가 들켜 그 남자는 도주한 것이라고 고발하겠다고 협박하였다. 그녀가 거절하자 그 두 장로는 협박대로 재판에 고발하여 투석으로 사형을 집행하려고 할 때에 다니엘이 개입하여 그 고발이 앞뒤가 석연치 않음을 지적하여, 그 재판의 결국은 수산나는 석방이 되고 그 두 장로는 대신에 처형되었다는 줄거리이다.

전자에 언급한 바와 같이 (요 2:24) 예수는 사람의 마음을 읽는다. 다니엘처럼 예수는 결말을 예견하는 능력이 있다. 예수가 대답을 늦추고 땅에 글을 쓰시는 동작은 (예수가 글을 쓰는 언급은 신약에 단 한번 여기에 나온다) 예수가 고발자의 마음에 연상 작용(the chain of association)이 일어나기를 의도하신 것이다.

---

1) 개신교의 다니엘서는 12장까지만 있고, 이 13장은 외경에 있다.

다른 물음들이 일어날 수 있다. 하나는, 왜 예수가 허리를 구부렸을까? 땅에 글을 쓰기 위해서, 그 땅을 내려다 볼 수밖에 없다. 그러나 예수의 의도에 두 번째의 것이 있을 수 있다. 그것은 돌로 치는 간음녀는 처형 전에 몸에서 모든 옷을 벗긴다. 간음 현장에서 붙들려온 그 여자는 다니엘서의 수산나처럼 몸의 옷을 손목까지 벗겼을 것이다. 땅에 글을 쓰신 예수는 서기관과 바리새인에게 겨우 한 문절을 말하고는 다시 허리를 굽히셨다. 두 번째로 그가 얼굴을 올렸을 때 고발자들은 가버렸다. 그리고 그 여자는 자기 옷을 원상으로 고쳤을 것이다. 해석이 너무 추리적이라고? 물론이다. 역사적 비평인가? 물론 아니다. 이 성전 뜰에서 예수에게 고발한 간음녀의 이야기는 요한복음의 내용에서 가장 늦게 추가된 부분이고, 그래서 역사적으로는 약하다. 그러나 상상의 능력에서 배제할 수는 없고 그리고 있는 그대로 문자적인 이해가 맞다할 수는 없다.

돌로 처형하는 방법은 공동체와 단절된 사형, 예를 들어 오늘의 사형 제도가 은밀한 시설에 의한 비공개 처형인 것과는 달리 공동체 전체의 행동과 감정이 동원되는 처형이다. 관리나 전문가가 처형하는 그런 진행이 아니라 공동체의 남자 전부가 일시에 살인에 참여하는 방법이다. 그러나 전원이 처형 행위에 참여하지만, 그러한 절차에 단 한 가지의 규칙이 있다. 신명기

17장 5~7절에 명시된 바에 의하면 배교자(背教者) 그를 성문 밖으로 끌어내어 처형할 때 두 사람 이상의 증인이 먼저 그 처형에 손을 댄 후 (돌을 던진 후) 모두가 일시에 행하기로 되어 있다.

이러한 배경과 맥락이 예수가 뜻밖에도 먼저 돌을 던질 자를 언급한 그의 의도의 단서인가? 모세의 법에 의하면, 간음자의 처형은 배교자의 처형과는 구별된다. 이때에는 증인 중 한 사람은 언제나 그녀의 남편이고 그리고 그 처형에서는 증인인 남편이 먼저 돌을 던지라고 요구하지 않는다. 율법은 그 남편이 자기 처의 구명 행위를 허락하지 않는 것과 동시에 그녀에게 먼저 돌을 던지라고 요구하지 않는다.

그러나 예수는 율법을 깨는 것이 아니라 그 요구를 더욱 강렬하게 하셨다. 다시 말해서, 전에도 그런 역설을 이미 보았거니와 "너희 중에 죄 없는 자가 먼저 돌로 치라" 하신 말씀이 당시 현장에서 "죄 없는 편—잘못이 있는 남편—이 먼저 죄 있는 자를 처형하라"의 의미였을까? 그렇다면 다시 여기에서도 예수는 죄책감과 수치심을 극대화시켜 이 문제를 해결하시고 있다. 젊은이들은 미처 그 속뜻을 짐작하지 못할 수도 있다. 그러나 웬만한 남자들은 즉시 그 말뜻을 짐작한다. 자기 처의 부정에 대하여 분노한 남편이라도 자기 처의 눈을 직시하면서 뒤따라 소나기처럼 쏟아질 돌들의 첫 번째를 던질 수는 없다.

여기에서 네 번째의 질문이 일어난다. 만일 예수께서 모세법에 대한 극한적 역설법을 사용하지 않고 논쟁 없이 "모세법이 그녀를 돌로 치라고 했으면 그대로 행하라"고 대답했다면 그런 대답을 말한 예수를 무엇으로 고발할 터인가? 만일 서기관과 바리새인이 예수에게 덫을 놓은 것이면 그 덫은 어떻게 튀었을까(how does the trap spring shut)?

요한복음 18장 33절에 보면, 로마의 통치 하에서 유대인 당국은 사형에 처하는 권리를 박탈되어 그것을 실행할 권리가 없다고 말한다. 그러한 상황에서 만일 예수가 그 여자를 돌로 처형하라고 했으면, 그는 중대한 로마법을 깬 것이 된다. 반대로 예수께서 그 여자를 현장에서 보호하거나 또는 로마법에 세워라 했다면 분명 그것은 모세 율법을 깨는 일이 된다. 양단 간 모두 예수의 고발자들로 예수의 행동을 멈추게 할 수 있다.

서기관과 바리새인은 로마 통치 아래 자신의 법적인 위치를 충분히 고려하여 "우리와 함께 돌로 치자"라고 말하지 않았고, 그리고 "우리는 이런 여자는 돌로 사형해야 한다고 생각한다. 당신의 생각은 어떠한가"라는 표현 형식을 말하지 않았다. 예수에게 그 여자를 끌고 세운 자들은 참으로 간교하다. 그러나 예수의 지혜는 그들을 능가한다. 결과적으로는 그들이 물러서게 된다. 전통적인 이스라엘의 표현으로 말하면 결국 이스라엘의 신랑만이 홀로 품행이 정절하지 못한 한 여자와 남게 된다. 아무도 엿듣는 자가 없는 그런 자리에서 예수는 그 여자의 사정을 자상하게 문의하지 않으신다. 예수의 말씀은 무엇인가.

놀라운 사실은 예수께서는 그녀가 죄가 없다고 하시거나 아니면 간음죄의 심각성을 무시하는 어떤 언급도 일체 하시지 않으셨다. 심지어는 단 둘만이 있는 자리에서도 그 여자의 죄를 지적하지 않으셨다. 우리가 그분이 하나님이시고 그리고 돌을 던져 사형하는 규칙을 친히 정하신 분인 것을 회상하면 참으로 놀라운 일일 따름이다. 어찌하여 친히 그가 그 규칙을 깨셨는가? 하나님이 과거와는 달리 지극히 인자하심이라는 것 말고는 "나도 너를 정죄하지 아니하노니"를 달리 어떻게 해석할 길이 없다.

출애굽기 34장 6절 이하에 "여호와로라 자비롭고 은혜롭고 노하기를 더디 하고 인자와 진실이 많은 하나님이로라. 인자를 천대까지 베풀며 악과 과실과 죄를 용서하나 형벌 받을 자는 결단코 면죄하지 않고 아비의 악을 자손 자여 손 삼사 대까지 보응하리라"고 나온다. 그러나 구약의 하나님은 그처럼 긴 역사에서 요셉이 그의 이복형제 유다를 용서한 것처럼 인자가 정의를 다스린 경우가 없다. 그 요셉의 이야기는 그의 이복 형 유다가 요셉을 노예 값 은 20세겔을 받고 애굽으로 내려가는 아랍 족에게 매각하게 한 장본인이다. 세월이 지나 애굽에서 성장한 요셉을 알아보기 못하고 요셉의 친동생 베냐민을 놓아 주면 자기가 대신 종이 되겠다고 간청을 한다. 요셉은 이 유다의 이기심 없는 용기를 보고 율법대로라면 그를 사형에 처할 수도 있으나 그의 목숨을 살린다. 하나님의 인자가 공의를 누른다는 것은 이 이야기가 표준이다. 그러나 여기 이 현장에서 하나님의 성육신은 이러한 인자로 이 간음녀를 대하신다. 하나님이 변하신 것인가? (Is God changing?)

여러 시편의 문절을 부분적으로 읽으면 이스라엘은 하나님이 변하시기를 소원하는 곳이 나온다. 예를 들면, 출애굽기 34장 6절을 부드럽게 연장하여 언급한 시편 103편 8~14절,

여호와는 자비로우시며 은혜로우시며
노하기를 더디 하시며 인자하심이 풍부하시도다.
항상 경책치 아니하시며
노를 영원히 품지 아니하시리로다.
우리의 죄를 따라 처치하시지 아니하시며
우리의 죄악을 따라 갚지 아니하셨으니
이는 하늘이 땅에서 높음 같이
그를 경외하는 자에게 그 인자하심이 크심이로다.
동이 서에서 먼 것 같이

우리 죄과를 우리에게서 멀리 옮기셨으며
아비가 자식을 불쌍히 여김 같이
여호와께서 자기를 경외하는 자를 불쌍히 여기시나니
이는 저가 우리의 체질을 아시며
우리가 진토임을 기억하심이로다.

만일 이 간음녀가 현장에서 끌려와 하나님의 성육신 앞에 세워진 것이라고 하면, 위에 인용한 시편의 기도가 헛것이 아니었다. 남자들이 그 여자를 하나님 앞에 세워 하나님의 공의로 처리하실 것을 구하였으나 여호와는 그 여자가 단지 진토인 것을 기억하신 것이다.

오랫동안 고난에 눌려 시달려 온 욥을 그의 의로운 친구들이 그에게 하나님의 공의를 대변하는 격으로 입장을 만드나, 그러나 하나님이 친히 자신을 천명하시니 인간의 겉치레는 입을 다 물어야 한다. 스스로 하나님의 공의의 대변자로 자처하는 편에서 보면 욥은 신성모독에 빠져 있는 자이다.

너희가 하나님을 위하여 불의를 말하려느냐.
그를 위하여 궤휼을 말하려느냐.
너희가 하나님의 낯을 쫓으려느냐.
그를 위하여 쟁론하느냐.

하나님이 너희를 감찰하시면 좋겠느냐.

너희가 사람을 속임 같이 그를 속이려느냐.

만일 가만히 낯을 쫓을진대(만일 자기 편견을 숨기면)

그가 정녕 너희를 책망하시리니(너희를 폭로하시리니)

그 존귀가 너희를 두렵게 하지 않겠으며

그 위엄이 너희에게 임하지 않겠느냐.

(그의 두려우심이 너희를 엄습하지 않겠느냐.)

욥기 13:7~11 (괄호 안은 NIV)

소위 욥의 신성모독을 신성모독이 아니라는 하나님의 변호는 오랜 기다림 끝에 표시된다. 결국은 하나님의 공의를 변호한다고 자부한 자들을 하나님은 책망하신다. "너희가 나를 가리켜 말한 것이 내 종 욥의 말 같이 정당하지 못함이니라"(욥 42:8).

여호와 하나님이 이 간음녀를 돌로 처형하여 하나님의 공의를 실천한다고 자부하는 고발자보다 더 인자하시므로 이 이야기는 결말이 난다. 상징적인 이야기이지만, 역사적으로 부실하고 정조를 지키지 못한 이스라엘 민족을 돌로 치는 그런 사형 대신에 하나님의 인자하심이 바로 이방나라의 압제 아래 그 부정한 이스라엘이 살아남으면서 곤고함을 겪도록 방임하신다고 생각된다. 그 간음녀를 돌로 칠 "죄 없는 자"가 누구인가를 묻는다면 바로 하나님의 성육신인 예수뿐이다. 그러나 예수께서 그러한 결행을 유보하신 것과 같이 여호와 하나님은 부정한 이스라엘을 정죄하는 일을 유보하실 것인가.

지금까지 여호와는 충직한 신랑이었고 이스라엘의 부정한 신부였다. 하나님의 공의가 부정한 자기 처를 손목까지 옷을 벗겨 놓기 전 그녀의 입을 쳐서 "탕녀"라고 저주하는 남편 역할을 하실 것인가, 그리고 첫 번째의 돌을 치는 남편이 될 것인가? 과거 앗수르와 바벨론의 손으로 이스라엘을 곤고하게 하실 때 부정한 신부에 대한 공의로운 신랑의 노여움이 아니었는가? 그러나 지금 그 하나님의 성육신은 지금도 그러한 공의의 행위를 하실 것인가? 부정한 아내의 남편이 행사할 수 있는 권리는 무엇인가? 이 사건보다 전에 한 바리새인이 예수를 시험하기 위해서 질문하기를, "어떤 이유에서든지 아내와 이혼하는 것이 옳은가?" 하였다. 어떤 해석은 간음 행위만이 자기 아내를 버릴 유일한 근거라는가 하면 다른 해석은 그보다 덜 심각한 근거에서도 이혼할 수 있다고 주장하였다. 예수의 입장은 무엇인가 하는 질문이었다.

예수께서 대답하여 가라사대 사람을 지으신 이가 본래
저희를 남자와 여자로 만드시고, 말씀하시기를 이러므로
사람이 그 부모를 떠나서 아내에게 합하여 그 둘이 한

몸이 될지니라 하신 것을 읽지 못하였느냐. 이러한즉 이
제 둘이 아니요 한 몸이니 그러므로 하나님이 짝지어 주
신 것을 사람이 나누지 못할지니라 하시니 여짜오되 그
리하면 어찌하여 모세는 이혼증서를 주어서 내어버리라
명하였나이까. 예수께서 가라사대 모세가 너희 마음의
완악함을 인하여 아내 내어버림을 허락하였거니와 본래
는 그렇지 아니하니라.

마태복음 19:4~8

부부 이혼의 근거를 질문하는 한 바리새인에게 예수는 창세
기를 인용하여 결혼에 관한 본래의 깊은 의미를 존중하도록 질
문자에게 답하셨다. 예수는 인간의 완악함을 비난하여 존중되
어야 할 결혼한 여인을 (당시의) 사회에서 밖으로 내어버려 창
녀와 종이 되는 길 이외에 생존의 방법이 없는 관행을 비판하
신 것이다. 구약은 종종 과부에 대한 깊은 연민의 책이라고 알
고 있다. 이혼을 당한 부인이 당하는 고통이 무엇이든, 일관하
고 있는 구약의 흐름은 그럴 만한 이유가 있다는 생각이다. 그
러나 예수의 생각은 당시의 사회적인 관행이 무엇이든, 모세의
법의 정당한 해석에서 끝나지 않고 그 모세의 법을 갱신해야
한다는 지적이다. 그의 요지는 창조주의 의도로 돌아가야 하고
심지어는 자신이 창조주라는 경이적인 암시를 서슴지 않는 견

해이다.

예수께서는 시내 산에 대하여 에덴동산을 거론하여 전자에 니고데모와의 대화에서처럼 신창조, 생각에 따라서는 에덴동산의 회복, 아니 그 이상의 완전한 에덴으로의 복귀를 암시하고 있다. 우리가 아는 바대로 성 행위의 저주는 바로 생명의 단축이고 그 저주를 벗겨야 한다. 에덴동산 밖에서는 시내 산의 법, 즉 모세의 율법이 적법한 이혼을 인정하나, 그러나 하나님은 영원히 인간을 에덴동산에 못 들어가게 금하실 의사가 아니다.

여기에서 하나님의 성육신 예수는 하나님의 권세로 선언하신다. 잔혹을 넘어 긍휼을 그리고 그것 이상의 경이(驚異)를 행하신다. 이 타락한 간음녀의 확실한 죽음을 구해 주신 것만이 아니라 놀랍게도 자신을 변호자의 입장에 세워 말씀을 주신다.

예수께서 또 일러 가라사대 나는 세상의 빛이니 나를 따르는 자는 어두움에 다니지 아니하고 생명의 빛을 얻으려니와....너희는 육체를 따라 판단하나 나는 아무도 판단하지 아니하노라. 만일 내가 판단하여도 내 판단이 참되니 이는 내가 혼자 있는 것이 아니요 나를 보내신 이가 나와 함께 계심이라. 너희 율법에도 두 사람의 증거는 참되다 기록하였으니 내가 나를 위하여 증거하는 자가 되고 나를 보내신 아버지도 나를 위하여 증거하시느

니라. 이에 저희가 묻되 네 아버지가 어디 있느냐. 예수
께서 대답하시되 너희는 나를 알지 못하고 내 아버지도
알지 못하는도다. 나를 알았다면 내 아버지도 알았으리
라. 이 말씀을 성전에서 가르치실 때에 연보궤 앞에서
하셨으나 잡는 사람이 없으니 이는 그의 때가 아직 이르
지 아니하였음이러라.

요한복음 8:12, 15~20

저자 요한은 이 상황을 설명하여 "잡는 사람이 없었다"고 추
가하고 그리고 전자에 예수를 잡으려고 시도한 일이 있었고 그
이유 역시 예수가 자신을 하나님과 동등하다는 선언 때문이었
다. 예수는 간결한 한 문절로 예수와 아버지가 두 증인이라고
말씀하신다 (18절). 다음 문절에서 "나를 알았다면 내 아버지도
알았으려니와"라고 하신다. 예수의 이러한 일련의 중요 발언은
그 간음녀의 재판 직후에 벌어진다. 따라서 그 여자를 용서하
시는 성육신의 결정은 이후부터 하나님의 결정에 변화가 일어
났음을 일러 주는 사건이다. "나는 아무도 판단하지 아니하노
라"(15절)는 나는 아무도 정죄(condemn)하지 않는다의 의미이고
그 의미의 깊은 해석은 마태복음의 유명한 문절인 "비판을 받
지 아니하려거든 비판하지 말라"(7:1)를 상기하면 더욱 확실해
진다.

이스라엘의 하나님은 절대로 "나는 아무도 정죄하지 않는다" 고 말씀하시지 않는 심판자였으므로 그 이름을 떨쳤다. 그러나 하나님은 우리 눈앞에서 변하시고 있다. 결혼 문제로 야기된 시비에 관해서 두 번의 경우 남편의 책임이 더 막중하다고 하시므로 이스라엘의 남편인 하나님이 직접 스스로 자기에게 그 막중한 책임을 전가하신다. 역사적으로 이스라엘과의 관계에 있어서 아무리 과오가 있거나 그 과오가 과중하여도 하나님은 이스라엘인 신부 편에 있어 왔다. 이러한 하나님의 행위에서 우리는 인자하심을 넘어 하나님의 고통을 짐작해야 한다. "나 도 너를 정죄하지 아니하노니 가서 다시는 죄를 범치 말라."

그는 자결할 생각인가
"Is He going to Kill Himself"

만일 하나님이 악을 정죄하지도 거부하지도 않는다면, 당연한 추리는 하나님이 남을 구하는 일도 자기를 지키시는 일도 손을 놓는다는 말이 된다. 앞에서 암시한 바 있거니와 당당한 평정(the Lordly equanimity)에는 헬라적 비극에서 운명적인 결말이라고 부르는(called fatalistic) 요소가 감돈다. 그러나 이 비극에서는 운명이 원인 요소(an actor)가 아니다. 만일 그 운명이 확실한 원인 요소라고 하면 하나님 자신이 그것을 연출한다고 보아야 한다. 비록 이스라엘의 하나님이 모든 정황을 매순간마다 통제한다고 하지 않는다 할지라도, 하나님 이외의 다른 것이 하나님이 행사하시는 능력을 제쳐 놓는 실제가 존재한다고 믿지 않는다.

사탄의 능력이 큰 것으로 보여지나, 그러나 사탄이 하나님을 이긴다는 생각은 존재하지 않는다. 더 중요한 사실은 어떤 강력한 비인격적 요소가 존재하여 하나님과 사탄이 그것에 굴복한다는 이치는 존재하지 않는다. 업(業, karma)이나 피할 길이 없는 숙명은 존재하지 않는다. 만일 예수가 죽는다면(doomed) 하나님이 스스로 결정한 행동이다(매우 조심해야 하는 표현).

그러나 어떤 인격이 스스로의 멸망을 결정한다면 그런 행위를 우리는 무엇이라고 말하는가? 의외의 사실로서 요한복음에 나오는 이야기에는 주변 사람들이 큰 소리로 예수가 자결하려는지 질문한다. 자살(suicide)이라는 낱말을 사용하지는 않는다. 그러나 오늘의 우리의 개념으로 말하면 그들의 질문은 분명히 이 단어 개념이다. 복음서에 나오는 일반인이 예수에게 품은 이 계기의 질문은 착오이면서 또한 정확한 질문이다.

> 다시 이르시되 내가 가리니 너희가 나를 찾다가 너희 죄
> 가운데 죽겠고 나의 가는 곳에는 너희가 오지 못하리니
> 유대인들이 가로되 나의 가는 곳에는 너희가 오지 못하
> 리라 하니 저가 자결하려는가.
>
> 요한복음 8:21~22

이 계기에서 간결한 답으로 주신 예수의 말씀은 곧 뒤에 가

서 예수님의 교훈적 설교와 맞부딪쳐 더욱 심각한 질문을 야기
시킨다.

나는 선한 목자라

선한 목자는 양을 위하여 목숨을 버리거니와

삯꾼은 목자도 아니고 양도 제 양이 아니라

이리가 오는 것을 보면

양을 버리고 달아나나니

이리가 양을 늑탈하고 또 헤치느니라.

달아나는 것은 저가 삯꾼인 까닭에

양을 돌아보지 아니함이라.

나는 선한 목자라

내가 내 양을 알고

양도 나를 아는 것이

아버지께서 나를 아시고

내가 아버지를 아는 것 같으니

나는 양을 위하여 목숨을 버리노라.

또 이 우리에 들지 아니한

다른 양들이 내게 있어

내가 인도하여야 할 터이니

저희도 내 음성을 듣고

한 무리가 되어 한 목자에게 있으리라.

아버지께서 나를 사랑하시는 것은

내가 다시 목숨을 얻기 위하여
목숨을 버림이라.
이를 내게서 빼앗는 자가 있는 것이 아니라
내가 스스로 버리노라.
나는 버릴 권세도 있고
다시 얻을 권세도 있으니
이 계명은 내 아버지께 받았노라.
혹은 말하되 이 말은 귀신 들린 자의 말이 아니라.
귀신이 소경의 눈을 뜨게 할 수 있느냐 하더라.

요한복음 10:11~21

이와 같이 현장에서 예수의 발언을 들은 무리는 나름대로 예수가 스스로 목숨을 버린다는 의혹의 실제에 관해서 사실적으로 반응하였다. 그러나 예수의 의도는 자신의 죽음이 저들을 위함이라고 말씀하신다. 스스로 제 목숨을 끊는 행위는 아니나 그러나 결국은 자신의 죽음을 수용하는 의지이다.

이를 내게서 빼앗은 자가 있는 것이 아니라
내가 스스로 버리노라.

진실로 하나님의 성육신이 상술한 사건과 행위를 결정하면 문제는 달라진다. 사람은 스스로의 목숨을 버릴 결정을 할 수 있을 것이다. 그러나 하나님만이 잃은 목숨을 다시 취할 수 있다. 그 성육신만이 자기의 죽음을 통하여 결정적인 전환의 계기(a point)가 되게 할 수 있고, 그리고 다시 살아나 자기가 결정한 계기를 확인한다. 그러나 부활이 뒤에 사실로 따라온다고 해도 왜 처음부터 하나님은 자신의 죽음이라는 흠집을 내시는 것일까?

이스라엘의 목자 개념은 전통적으로 양을 먹이고 치는 역할만이 아니라 신체적인 능력과 용기가 있어야 하고, 그리고 이 후자의 조건을 더 예찬하고 중시한다. 양들을 보호하기 위해서 이리들을 물리치는 것과 같이 외세의 침공을 물리쳐 이스라엘을 보호하는 지도자를 참 목자라고 찬양한다. 시편 23편은 머릿글이 이와 같다. "여호와는 나의 목자시니!" 이 시행에서 제일 의미가 중요한 부분은 다섯째 줄에 나오는 "주께서 내 원수의 목전에서 내게 상을 베푸시고"이다. 이리들이 주변을 돈다. 그러나 하나님이 목자이시므로 그들을 접근시키지 않는다(but the divine shepherd has the strength to keep them at bay). 미켈란젤로(Michelangelo)가 묘사한 다윗은 지나치게 근육질로 헬라 신화적이라는 비평이 있으나, 그러나 하나님이 목자라는 이해는 필요하면 적을 살해하여 물리친다는 개념이 확실하다. 초기 교회가 영상화한 목자가 양팔로 새끼 양을 품고 서 있는 목자상은 어떻게 비교하면 살아난 어린이를 품에 안고 돌아오는 한 보병(步兵)과 비슷하다고 해서 잘못이 아니다. 중요한 것은 이스라엘의 정서에서 이 목자는 하나님 자신이라는 사실이다. 구약의 절정에서 하나님의 이미지는 패기 넘치는 젊은 용사이다.

이러한 배경과 전통에서 오는 감각은 위에 언급된 예수의 발언은 틀림없이 다음과 같아야 정상이다. 즉, "삯꾼 목자는 이리가 오는 것을 보고 양들을 버리고 도망하나 내가 양을 덮치는 이리를 보면 나는 이리를 죽인다"고 해야 순리이다.

어찌 죽은 목자가 양들에게 이(利)가 되는가? 이러한 질문이 순진한 문자주의적 발상이라고 일소에 부칠 수 있으나, 그러나 현장에서 예수의 설교를 들은 순혈(純血) 유대인들은 예수의 의도가 자살을 말하는 것인가 아닌가 하는 의혹을 갖게 하는 말이고 아니면 제 정신이 아닌(the man is deranged) 발언이라고 생각했을 것이다. 정확한 해석은 전능자 하나님이 스스로 순교(that of divine self-martyrdom)할 의사라는 의미가 되고 그런 의미의 가능성은 너무나 황당한 이야기가 된다 (Jack Miles의 책, p. 162 하단).

순교(martyr)는 헬라어 '**마르티스**'(martys)에서 왔고, 그 본래의 의미는 증인(證人)이다. 즉, 자기가 확신하는 하나님 신앙과 진리를 위해서 목숨을 던지는 행위이다. 그렇다면 하나님이 고난

당하시고 순교하면 어느 하나님을 위한 죽임인가? 아니라고 하면 하나님이 자기 피조 인간을 위해서 목숨을 던질 만큼의 헌신이란 말인가? 하나님의 행위이면 왜 자신을 벌 주는 일 대신에 피조를 구하시지 않는가? 순교자의 동기는 자기 신앙의 지조를 증명하는 것만이 아닌 결국은 종국에 가서 그가 신앙하는 하나님이 승리하시고 보상하신다는 동기의 결절이다. 하나님이 단지 연약함을 내보인다면 순교의 의미가 무엇인가?

이러한 아리송한 문제를 예수님은 자신이 양들을 보호하기 위해서 로마인을 물리치신다고 언급하는 대신에 로마 당국의 손에 의해서 목자인 자신을 죽이게 한다고 설교하신다. "이 우리 안에 들지 않은 다른 양 무리"를 언급하므로 예수의 설교는 혼돈의 여지없는 확실성으로 로마제국의 억압으로 자기 백성이 전멸이 되는 경우에도 살려내지 않으신다는 의도이다.

그러나 예수는 자신의 죽음이 임박한 것을 언급하는 중에도 로마인에 대하여 아무런 언급이 없다는 것이 주목된다. 대신에, 가장 심각한 계기에 사탄을 말씀하신다. 그리하여 자신의 원수가 로마인이나 지상의 다른 종족이 아니며 더구나 이스라엘이 아니라 죽음 자체라고 하신다. 이러한 사실은 하나님 자신의 정체성의 개정만큼이나 중요하다. 예수가 죽을 때 죽음은 승리이다. 그리고 잠깐(暫間)은 사탄이 승리한 것처럼 비친다. 그러나 예수는 죽음에서 일어나신다. 생명이 승리한다. 그리고 사탄은 영원히 패배자이다. 죽음에서 일어나심으로 하나님의 성육신은 로마인을 이기신 것이 아닌 확실하게 죽음을 이기신 승리이다. 예수님은 새로운 종류의 승리를 하신다(He will win a victory of a new sort). 새롭게 정체를 제시한 원수를 이기신 승리이다.

이러한 과정에서 예수는 전통적으로 일러 주는 승리와 패배를 새롭게 정의 내리신다. 전통적인 계약 개념에서의 승리는 애굽의 바로를 이기는 것과 유상한 범주이다. 하나님이 성육신 예수로 이러한 종류의 승리를 성취하시는 것이면 로마제국의 가이사에게 이기는 승리여야 한다.

그러나 애굽 사람을 이긴 승리 물속에 침몰하는 추격자의 죽음을 바라본 이스라엘 사람들이 결국 자신들도 죽음이 종결이면 무슨 의미가 있는가? 같은 이유에서 하나님이 다시 로마인을 이기신다고 해서 그 의미가 무엇이겠는가? 어떤 종족이나 큰 민족을 멸망시키는 승리가 아니면, 큰 민족에게 패배를 겪는다고 하여 결국은 무슨 의미가 있는가? 지금에 와서 하나님이 사망에서 다시 일어나심으로 싸움의 자리가 이제는 새로운 전장(戰場)으로 이동한다. 이제는 하나님의 승리는 영원한 승리이다.

이(목숨)를 내게서 빼앗는 자가 있는 것이 아니라
내가 스스로 버리노라.
나는 버릴 권세도 있고
다시 얻을 권세도 있으니.

이 말씀이 성육신의 새로운 긍지와 선언이다 마치 과거의 하나님이 "내가 너희를 강한 손과 편 팔로 너희를 애굽에서 나오게 하였느니라"고 선언하신 하나님의 긍지와 같다.

이러한 하나님의 역사(歷史)에 일어난 전환과 위기 극복은 예수의 죽음과 그리고 부활이 성취되기 전에는 신약성서에 확실하게 드러나지 않으며, 정확히 말해서 제자들이 예수의 부활의 진정 그들에게 무엇을 의미하는가를 깨닫기 이전에는 아무도 알 수 없는 신비한 지식에 속한다. 하나님이 죽음에서 생명으로 걸어가신 사실은 하나님이 과거 이스라엘 백성을 전장의 싸움에서 승리하시는 하나님이었을 때 홍해를 저들과 함께 걸어가신 사실과 동일 성경의 사건이다.

예수님의 부활은 하나님의 신뢰성과 정체성을 확립하는 사건이다. 그러나 우리가 대체 이해할 길이 없는 경이의 사실은 하나님이 부활사건으로 자신을 증명해 주시기 전에 이스라엘에게 고통과 죽음이 있었던 것과 같은 죽음을 스스로 고통으로 경험하신다는 사실이다. 하나님은 뒤에 가서 로마제국이 자기 계약의 동사자(同事者, partner)에게 내릴 가혹한 죽음의 압박을 미리 경험하시기 위해서 로마 병사가 자신에게 가하는 죽음의 처형을 허용하신 것이다.

그와 같이 자신이 선한 목자이심을 전통적인 성서의 이미지에 추가적으로 아직 준비가 안 된 다수에게는 가려진 채로 있으나 반면에 들을 준비가 된 소수에게만 수용될 자신에 관한 그런 충격의 계시("선한 목자는 목숨을 버린다")를 주신 것이다. 하나님이 전장을 떠나시면 하나님의 백성은 전장에 홀로 남게 된다. 그러나 이러한 현상이 포기와 배신으로 비치지 않으려면, 첫째로 하나님은 이 변화가 가져올 대가를 스스로 치를 결의가 서야 하고, 둘째로 이 패배가 또 하나의 다른 승리의 전조(前兆)여야만 한다.

우리가 마카비우스의 일곱 형제를 예로 보아, 순교란 기독교의 역사가 막 시작된 말기 이스라엘에서 비로소 축제절기로 지키어진다. 그러나 이 유대인의 절기의 개념 이해는 결코 하나님 자신의 순교는 아니었다. 하나님의 성자들 간에 깃들기 시작한 자신의 완전한 죽음이라는 극한의 신앙의 표시는 인간의 행위이며, 결코 하나님의 정체에서 일어날 일이 아니다. 그러므로 예수의 발언과 인격에서 그가 하나님이시라는 근거리가 축소되면 그럴수록 자신의 죽음이 스스로의 순교적 죽음이라는 암시가 이해되지 않는 발언이다. 그가 "자결하려는가"라는 수사학적 질문은—실상은 내면적으로는 동질의 답이지만—질문자의 견해로 해석하면 "그가 미쳤도다. 정신 나간 소리로다"라고 판단하는 범주에 속한다. 자결, 정신병자, 귀신에 들린 소리, 이 모든 표현은 자기 포기와 상실을 지적한다. 만일 이들 중 어느 것이든 정확한 것이면 예수는 다른 많은 주장은 거짓이 되고 만다. 이러한 비판을 하는 자들은 예수의 설교를 더 이상 듣지 않겠다는 말이 된다. 그러나 저들의 회피는 소용이 없다. 왜냐하면 "귀신이 소경의 눈을 뜨게 하는가?"라는 주장이 저들의 길을 막고 서 있기 때문이다.

간주곡

기독교 신학으로 본 하나님 성육신의 자결
Interlude: The suicide of God Incarnated
In Christian Theology

이 서적에서[1] 적용하고 있는 신약성서의 해석은 역사와 신학의 시각보다는 문자주의적인 접근이다. 그러나 문자주의를 고수하면서 역사와 신학적 시각에 대하여 무관심하거나 편견으로 거부하거나 하는 것은 아니다. 그러한 연관선에서 하나님의 자결 개념(the concept of the suicide of God)은 지극히 초기부터 존재한 기독교 신학의 관심이었음이 추적된다.

더우잿(Pierre-Emmanuel Dauzat)은 이 문제를 그의 저서 〈그리스도의 자결〉(Le Suicide de Christ)의 서문에서 드러내놓고 언급한다. 기독교 사상에 있어서 이 문제를 언급하는 것이 지적으

---

1) Jack Miles, *Christ*, p. 164.

로 정당하다면서, "이 저술의 테마는 이중적인 충격에서 나온다. 다시 말해서, 자결을 먼저 언급한 그리스도는 이미 초기의 사실이므로, 요한복음에 나오는 사실이고, 이 언급은 1세기의 기독교 반대의 측면과는 무관한 언급인 것이 확실하다. 그리스도 자결의 사상은 비록 진정 기독론이 아니라고 할지라도 다른 주제가 나오기 전에 나온 것이다"라고 하였다.

초기 크리스천들은 비록 이 문제가 유사 기독론의 것이라고 할지라도 이 문제가 존재하였음을 알고 있었다. 상술한 더우쟀은 "그리고 예수께서 '다 이루었다' 하시고 머리를 숙이시고 영혼이 돌아가시니라"(요 19:30)를 근거하여 다음과 같이 언급한다.

그리스도는 먼저 머리를 숙이시고 숨을 거두신다. 그러나 정상적인 경우에는 이 순서가 반대여야 한다. 머리를 숙이는 동작은 보통의 경우에서는 숨을 거둔 죽은 뒤에 일어나는 현상이다.

죽음의 순간까지 예수는 능동적 행동의 주격으로 유지된다. "머리를 숙이시고"(Bowing his head, 헬라어로는 klinas ten kephalen)의 동작은 아직 살아 있는 자의 동작이다. 그리고는 그의 영혼을 거두신다. 다시 설명하자면, 예수는 문자 그대로 의지로 숨을 끊은 것이다. 그러므로 오리겐(185~254)은 말하여 일반 인간이 그런 것처럼 하나님이 육체의 진이

다하도록 매어 달림은 생각할 수 없는 일이라 하였다.[2]

오리겐과 동시대의 터툴리안(Tertullian)도 같은 시각으로 언급하여 십자가에 달리신 예수는 비정상적으로 갑자기 죽음이 왔기 때문에 자기가 선택했기 때문에, 그리고 자기 의지에 의한 시각에 죽은 것으로 이해되어야 한다고 말했다.

아마도 이들 초기의 크리스천의 증언의 목소리보다 더 중요한 것으로, 2세기의 기독교를 야유하지 않는 겔소스의 침묵(the silence of Celsus)이라고 할지 모른다. 겔소스는 시신에서 영생을 이끌어 낸다고 믿은 자들을 야유하여 "구더기를 위한 종교"(A religion for worms)라고 일갈하였으나, 이상한 일로 예수의 죽음을 자결로 관찰하는 대목에서는 침묵하였다. 왜냐하면 당시 자결이라는 행위가 지극히 당당한 행위로 높이 평가하는 때이므로, 예수 찬양이 될까봐 침묵한 것이다[3]. 예수의 죽음 직전의 피땀 흘린 기도와 "아바 아버지여 아버지에게는 모든 것이 가능하오니 이 잔을 내게서 옮기시옵소서"(막 14:36)의 발언은 당시의 이방인의 안목에서는 결정적으로 영웅답지 않는 말이요, 더구나 신의 언어가 아니다. 비겁은 수치이고 자결은 용기의

---

2) Ibid., p. 165 하반부.
3) Ibid., 하단.

표시였다.

자결은 빌립보서에 나온 바울의 놀라운 문절에 의하면 충직한 민음의 표시이다.

> 이는 내게 사는 것이 그리스도니 죽는 것도 유익함이니라. 그러나 만일 육신으로 사는 것이 내 일의 열매일진대 무엇을 가릴른지 나는 알지 못하노라. 내가 그 두 사이에 끼었으니 떠나서 그리스도와 함께 있을 욕망을 가진 이것이 더욱 좋으나 그러나 내가 육신에 거하는 것이 너희를 위하여 더 유익하리라.
>
> 빌립보서 1:21~24

소크라테스의 말과 같이 경솔한 자살은 잘못이다. 그러나 도덕적으로 평가될 깊은 사료가 동반하는 자살은 고려해 볼 만하다는 뜻이다. 인간은 하나님의 의사와 무관하게 자기 생명을 끊을 수 없다. 그러나 하나님도 순교를 적극적으로 인지하시는 것과 같은 유추에서 이러한 자결을 긍정적으로 인정하시는 경우가 있다는 것이 된다. 자살의 이론적 측면에서는 당시의 정황에서는 플라톤주의나 유대주의나 그리고 기독교나 그 입장의 차이만큼이나 별로 큰 차이가 없었다. 그러나 물론 실제적인 실행이라는 측면에서는 크게 차이가 생겨난다.

하나님의 성육신이 스스로의 결심으로 순교 행위를 취하셨다는 해석이 교회사의 첫 3세기 어간에는 크리스천 순교자들의 영감이었다. 순교와 자결을 불완전하게 구분하여 오다가 순교 행위 자체가 심중한 고려의 대상이 되면서 자살 행위는 규제를 받게 된다. 이러한 변화는 로마제국 자체가 기독교 국가가 되면서, 교회와 의견을 달리하여 분열하는 자들의 순교가 전자에 반교회적 횡포에 대하여 순교한 것과 비교되는 혼선이 생기면서 신중하게 된 것이다. 바로 이러한 때 영광된 순교와 수치스러운 자살 행위의 엄격한 구분이 전해지기 시작한다. 이러한 큰 변화는 철학자이며 신학자인 히포의 어거스틴(Augustine of Hippo, 354~430)이 시작이라고 본다. 그는 제도화 된 교회의 감독이었으며 분열 이단의 순교가 다수 시도를 매혹하였기 때문이다. 인정 받은 근거에서 순교가 아닌 것은 모두 수치스러운 자살이라고 판단하여 그런 행위는 하나님께 어긋나는 다른 범죄와 동일하다는 질서는 어거스틴의 영향이다.

그러나 이 시간에 이르러 신성한 자결을 이상화하는 견해는 이미 기독교에 지성적인 뿌리를 내린 지 300년이 된다. 확실하게 말해서, 사회적으로나 교회 목회적인 차원에서 이러한 견해는 상당히 질서를 깨는 파괴력을 지니는 것으로 여겨져 이미 어거스틴 그 이전에도 이러한 부정적인 것으로 파악된 바 있었다. 어거스틴보다 2세기 전 기독교 신학자 알렉산드리아의 클레멘트(Clement of Alexandria)는 어떤 기독교인 순교는 단지 "죽음의 체육"(athletes of death)이라고 비하하는 주장을 하였다. 그러나 클레멘트나 신학자들은 예수 자신의 죽음에 대하여 단지 "죽음의 체육"이 아니라는 선을 그을 수 있었을까? 예수의 죽음이 당시의 종교 당국에게는 수용할 수 없는 것이 아니었는가? 그리고 보니 이 문제의 본질적인 해결이 안 된 채로 그대로 남았다. 클레멘트에 반대하여 오리겐은 순교를 높여 "피로 대신한 두 번째 세례"(a second baptism in blood)라고 하였다. 3세기에 터져 나온 많은 크리스천들의 순교를 이와 같이 평한 오리겐의 찬사는 더 호소력이 있다. 기독교에 대한 박해가 사라지자 순교에 대한 견해와 평가도 왔다 갔다 하는 불확실한 형편이 된다.

그러나 결국은 헌신의 자결은 예수 자신에게서 시작하여 크리스천의 행위로서 확실한 자리 매김이 되고 성경 말씀에도 나오고 보니 한 사람 어거스틴의 총명을 가지고도 그것을 완전히 눌러버릴 수가 없는 것이 되었다. 헌신과 관련된 자살은 그 행위의 언급을 묵살하거나, 숨기거나, 약화시키거나, 합리화시키거나 해 보았어도, 그러나 결코 완전히 제외시키지는 못하였다. 그러나 이 자살론은 멋졌다. 움직이기를 반복하는 식으로 다시 살아남았다. 더우잿이 한 말과 같이 "이 자결의 사상은 멈췄다가 계속되는 개념으로 어떤 때는 조각 의식이거나 에피소드로 살아남았다가 기회만 오면 잽싸게 살아나는 개념이다."

더우잿은 일종의 신학 소설이라고 할 수 있는 〈그리스도의 자살〉을 내놓으면서, 그 책 매장에서 초기의 사상에서 시작하여 자살에 관한 신학을 재조명하였다. 놀라운 것은 과거의 오래된 진실을 진실답게 서술하였고, 어떤 크리스천 변증자보다 더 치밀하게 "상실한" 과거의 이 개념을 재발견하고 설명하고 있다는 것이다. 이러한 외곽적인 사상이 오늘 다시 기독교 안에 들어온다면 결과는 어떻게 될 것인가? 이 외곽적이고 등외적인 개념이 중심부에 들어오면 보수주의이든 과격진보이든 기독교 신학이 입는 충격은 엄청난 것이 될 것이다. 하나님이 자기 아들을 인간의 죄를 대속하기 위해서 희생시킨 교리를 강조하는 보수주의의 구원론에서는 하나님 자신이 희생된다는 차원에서 기조가 흔들릴 것이다. 그리고 "하나님의 죽음" 신학인 과격진보 측에서는, 성육신론이 단지 이념적인 드라마의 절정이 아니라 구체적으로 하나님이 인간으로 오신 하나님의 사실적인 드라마라는 이유에서 과격 진보주의의 기조가 흔들리는 충격이 될 것이다.

더우잿은 그의 스타일이 있는 서술로, "불가지론의 입장에서는 저들은 문전에 떼를 이루어 모일 것이지만, 그러나 누가 감히 문안으로 들어가 그 치명적인 문제를 전하겠는가 하였고, 그리고 신학자의 측면에서도 역시 동류의 우문 오답이 될 것이다. 빌라도, 유다, 우리의 죄, 로마인들, 그리고 요한복음에 등장하는 너무나 유명한 "유대인들" 모든 사람이 예외 없이 죽음의 섬뜩한 무대 안에 서서(in this macabre mise en scene) 문제의 판정을 놓고 무슨 말을 할 수 있는가? 하나님 외에는 말이다"라고 말했다.[4]

전통적인 성서신학은 성서 본문에 대하여 이상주의적인 비평학이었고, 가령 셰익스피어의 작품을 비평하는 영문학자들이 원작에 대하여 갖는 감정보다 훨씬 경건한 심정으로 성서의 주제에 접한다. 셰익스피어 문학의 비평 하나만의 예를 들어 생각한다고 할지라도 우선 그 작품의 역사적 배경에 관한 자상한 연구가 없어도 논평하는 자가 원하면 그것에서 전체적인 세계관을 추론할 수 있다. 그러나 이러한 사실이 셰익스피어를 이상주의적으로 따르는 입장에서는 정규적인 연구 외에는 할 수밖에 없다.

---

4) 나는 Jack Miles, *Christ*, p. 168 중간 부분의 상당히 긴 문장이 아직은 한국 교회와 신학 환경에서 이해하기 어렵다고 판단하여 생략한다.

최근에 와서 상당히 역전하여, 이상주의적인 비평의 경향에서도 이 대표적인 서구문학정전의 원작자들을 과장보다는 왜소하게 평하는 경향의 기류가 존재하는 것이다. 이러한 관점에서 말하면, 성서에 대한 이상주의적 비평은 상당히 저들과 거리를 두고 있고, 비평학 역시 아직도 성서를 정규적인 것으로 읽어 개인 생활과 정치 생활을 규정하는 데 유익이 되는 해석을 한다. 하나의 관점으로 말하면, 성서신학이 합리화를 수행하였음에도 그럼에도 많은 종교 구성원에게 성서는 이 같이 작용한다. 이러한 작용은 계속이 될 것이다.

야심적이고 전도라는 시각으로 "인간주의적"인 요청에 의해서 성서문학의 상상력이 서구의 세속사회에서 그와 같이 시작하였고, 그리고 세계 1차대전 말에 가서 세속주의적인 휴머니즘이 종언을 고하게 되면서 이러한 성서의 적용은 계속되었다. 아마도 성서신학 자체도 이런 정규적인 방법으로 계속 작용을 할 것이다. 그렇다면 성서는 어떤 새 도전을 맞게 될 것인가?

1942년, 까뮤(Albert Camus)는 그의 저서인 〈시시프스의 신화〉(The Myth of Sisyphus)의 서문을 유명한 한 마디로 열었다. "심각한 철학의 문제 하나가 있을 뿐이다, 즉 자살의 문제(the problem of suicide)."

20세기로 넘어오면서 네덜란드는 현대의 안락사(安樂死)를 합법화하는 첫 번째 나라가 되었다. 더우잿의 견해에 따르면 현재의 철학이 자살 문제를 어떻게 논할 것인지의 짐작은 하나님의 자결이라는 테마가 시사하는 바 크다는 것이다. 그리고 이 문제와 관련되는 많은 지엽 문제들이 21세기에 지속적으로 이슈가 될 것이라고 내다본다. 그리고 이와 같은 관찰은 어떻게 신학의 윤곽이 성립할 것인가의 개략을 의미하는 것이 아니라, 새로운 신학 활동의 출발이 될 것이라는 관망이고, 그리고 신학이야말로 새로운 출발이 가장 요구된다.

이 책은 그 성격상 이 문제를 총괄적으로 신학계의 전망이 어떻다고 서술할 입장이 아니다. 단지 그리스도의 자결이라는 이상한 테마가 시각에 따라서는 괴이하게 느껴지기도 하겠지만, 그러나 이미 경건한 신앙인도 이 문제를 명상하기에 이르렀다는 것이다. 이러한 관점을 설명해 줄 많은 자료 중에서 셰익스피어와 동시대의 경건한 신학자이면서 시인이었던 존 던(John Donne)이 예민한 논제를 이미 취급했다는 것을 들어도 족할 것이다.

1610년 존 던은 유사(類似) 순교(Pseudo-Martyr)를 저술하면서 17세기 초 가톨릭교회가 순교자라고 구분한 사실을 순교가 아니라 잘못된 자살이라고 비하(卑下)하였다. 그리고는 꼭 일 년 후에 과거의 많은 고결한 자살 중에서 예수의 자결 행위를 예를 들어 당당한 자살 행위를 변호하는 〈비아타나토스〉(Biathanatos)를 저술하였다. 이 〈비아타나토스〉는 너무나 당돌한 시도였으므로, 던이 서거한 후에 세상에 나왔고, 그리고 이 저술은 지적 결단에 의한 수난이 무엇인가를 말해 주는 역작(a tour de force)이다. 어떤 지극히 총명한 학자가 고백하여 말하기를 〈비아타나토스〉(다시 말해서, 헬라어로 자살, 즉 자결에 의한 폭력적으로 가해진 죽음)에 병적으로 기울어지는 것(a "sickely inclination")을 던은 하나님의 성육신의 자살을 원천으로 기독교 순교사를 추적하는 그의 병리학(病理學, his pathology)으로 역설적으로 건전하게 강화시켜 놓았다고 하였다. 그것에 비하여 대조적으로 유사 순교는 늘 그렇게 해온 관행인 정치적 편의(a politically expedient work)라야 한다. 던이 두 번에 걸쳐 내놓은 그의 저술을 던이 소신한 바가 아니라고 말할 수 있는 사람이 누구인가?

이 문제가 애매한 성격을 지니는 것은 그리스도의 자결이 적어도 일상적인 것이 아닌 형이상학적인 정의에 속한다는 전제 때문이다. 다시 말해서, 예수께서 하나님의 성육신이시면 아무도 그의 의사에 반하여 그의 생명을 빼앗을 자가 존재하지 못한다. 이러한 관점에서 그의 자살은 그의 죽음은 성육신론과 기독론에 깊이 뿌리를 두고 있는 사상이다. 그리하여 토마스 아퀴나스(Thomas Aquinas)에게는 예수가 그의 죽음의 원인이라

하고, 예를 들어 밖에 비바람이 심한데도 스스로 창문을 닫기를 거부하여 자기 몸이 젖는 것과 같다고 하였다. 더욱이 토마스 아퀴나스는 강력한 소신으로 예수를 죽이려고 음모하거나 처형한 당국과 관여한 사람들은 하나님의 손에 잡힌 도구일 뿐이라고 한다. 하나님이 창문을 열어 스스로 빗물에 온 몸이 젖기를 원하실 때 비바람에 불과하다고 서술한다.

이러한 견해를 뒷받침하여 주는 신약 자체의 내증이 있다. 십자가 위에서 예수는 자기를 처형하는 자들에 대하여 "아버지여 저희를 사하여 주옵소서. 자기의 하는 것을 알지 못하니이다" 하셨다 (눅 23:31). 예수의 죽음 후에 성전에서 설교하는 베드로는 "형제들아 너희가 알지 못하여서 그리 하였으니 너희 관원들도 그러한 줄 아노라. 그러나 하나님이 모든 선지자의 입을 의탁하사 자기의 그리스도의 해 받으실 일을 미리 알게 하신 것을 이와 같이 이루셨느니라"(눅 23:17, 18)고 나온다.

그러나 이러한 시각에서 예수의 죽음이 최소한 자살이라 본다고 해도, 그의 죽음이 과연 정상적인 의미로 자살인가? 그러나 그의 죽음이 과연 "스스로" 자살하게 하는 자기 포기(despair)와 연관되는가? 아니면 수치스러운 배신자 유다의 자살이 하나님이시며 사람이신 이의 자살과 사이에 엄청난 차이를 제시하기 위해서 복음서 이야기에 추가된 것이 아닌가?

더우잿은 자살에 관한 그 시대의 철학을 구축하므로 일반적으로 철학에서 언급하는 자살과 신학적인 자살의 의미가 어떻게 중첩이 되는 부분이 있는가를 살펴보려고 하였다. 우리가 쉽게 한 예로 볼 수 있는 케슬러(Arthur Koestler)의 소설 〈정오의 흑암〉(Darkness at Noon)에 나오는 숙청당한 공산주의자들의 죽음의 열망을 생각할 것이다. 초기 기독교 신도 중에서 혼란스러운 순교 열망이 혹 이런 예로 볼 수 있는 것처럼 구주의 죽음에 동참하는 행위보다는 자기들의 순교 행위를 로마의 협박에 대한 정치적인 거부라는 의미가 더 큰 것이 아니었을까? 결과적으로는 유대인의 무력 항거가 성취하지 못한 로마의 패배를 순교자들이 성취한 것이 아닌가?

그렇다면 바로 그러한 시각에서 이 문제는 복잡한 문제로 등장한다. 우리 시대의 일종의 예언자인 존 던은 어거스틴이 죽음의 병으로부터 인간 영혼을 수호하려고 한 것처럼, 그리고 키에르케고르(Kierkegaard)가 그와 같이 행동했을 것이라고 생각되는 바와 같이, 그리고 그리스도가 "한 알의 밀이 땅에 떨어져 죽지 않으면 한 알 그대로 있거니와 죽으면 많은 열매를 맺느니라"고 말씀하실 때 역시 그러한 상황이라고 판단이 되는 것과 같이 던은 영국 사회의 질서를 수호하기 위해서 영국의 왕권을 수호하려고 노력하였다. 던은 자살과 순교의 문제를 이와 같이 두 가지의 의미로 표시되는 이유로 그의 견해에 일종의 분열을 의식하였다. 그러나 그러한 의식의 분열은 그만이 아닌 초기 기독교에게 있었던 견해의 분열이며 또한 이 자살을 신학적으로 냉철한 성찰을 시도하는 모든 이에게 경험하게 만드는 의식의 분열일 것이다. (Jack Miles, *Christ*에서 이 부분은 일종의 불확실성으로 나름대로 난해한 부분이다. p. 170.)

예수는 생애 최대의 위기를 극복

He Resolves the Great Crisis in His Life

갈릴리보다 예루살렘에서 예수는 대담하게 공중 앞에 서신다. 그럴 때마다 예수는 오로지 혼자인 것으로 보였다. 이러한 현상은 그의 생애가 종국에 가까워지면서 두드러지고 그리고 특히 요한복음 안에서 그러하다. 유월절 직전에 일어난 승리자다운 예루살렘 입성의 경우를 제외하고는, 과거 갈릴리에서처럼 그의 설교를 열광적인 관심으로 군중이 형성되는 경우는 거의 없었다. 예수에게서 경이를 경험하여 찬사를 보이는 경우는 드물게 개인의 차원이다.

그러나 예루살렘 성전 뜰의 공중 앞에서 그가 설교할 때에는 아마도 갈릴리의 사정과 비교가 되므로 "유대인들"이라는 집단 명사로 불리는 자들은 점차로 결국은 적대 감정이 되고만 회의적인 반응이었다. 물론 이 "이 유대인들"이라고 집합명사로 부른 근원을 따지면 팔레스틴 밖에 거주한 크리스천들이 요한복음의 맥락에서 그와 같이 불렀을 것이다. 그에 대한 이러한 적대 감정은 또한 예수 자신의 발언과 행동이 준 자극이기도 하였다.

무리들은 예수가 죽을 의사가 있다는 것인가 하며 의혹의 시선이었다. 그의 말은 자주 저들이 자기를 죽일 것이라고 언급한다. 또한 저들은 그가 귀신에 씌웠다고 비난한다. 그런 욕설에 대한 예수의 응수는 저들이 마귀의 종들이라고 한다. 저들은 예수가 사마리아 사람 곧 유대인이 아닌 유다의 후손이 아니라고 비난한다. 예수는 응수하여 저들이야말로 정신적으로 이삭의 자손이 아니라 이스마엘의 자손, 곧 아랍 사람이라고 대놓고 하는 비난이었다.

이러한 저들의 비난과의 대결은 예수가 자신을 지칭하여 아무도 사용해서는 안 되는 하나님의 이름인 일반 명사를 사용하면서 더욱 치열해진다. 그래서 그 순간 현장에서 신성모독으로 예수를 처형하려고 돌을 집는다. 예수와 공중과의 약속 관계(His engagement with them)는 계속 더 악화된다. 그러나 저들은 아직 그 사실을 눈치 채지 못하지만, 예수는 그들과의 약속 관계의 조건(terms)을 변경하시고 있다. 다시 말해서, 그들이 하나님과 맺은 계약 조건이다.

회의가 적개심으로 높여지는 상승 과정은 다음과 같은 전혀 무해(無害)한 예수의 설교 발언에서 시작된다.

너희가 내 말에 거하면
참 내 제자가 되고
진리를 알지니 진리가 너희를
자유케 하리라.

요한복음 8:31~32

"자유케 한다"는 선언에 접한 군중은 예수를 비난하여 "우리는 아브라함의 후손이고 지금까지 누구의 종으로 있지 않았다"라고 대구하였다 (8:33). 저들에게 새삼 자유케 되기 위해서 하필 왜 예수가 필요한가? 이와 같이 서로 주고받는 냉혹한 말 대구에서 표면에 나오지 않는 저의(底意)가 깔려 있다. 그것은 "지금 너희는 외세의 압제 아래 눌려 지내는 영토민이 아닌가" 하는 저의이다.

그러나 예수는 자유의 의미와 아브라함의 후손의 의미를 변경하므로 답을 하신다. 그리고 이 과정에서 하나님 편에서 진정 저희들에게 어떤 의무 조항으로 묶이는가 하는 것도 변경된 내용을 제시하신다.

진실로 진실로 너희에게 이르노니
죄를 범하는 자마다 죄의 종이라.
종은 영원히 집에 거하지 못하되
아들은 영원히 거하나니.

요한복음 8:34~35

왜 예수는 종과 아들이 집에서 처하게 되는 두 가지의 입지를 비교하셨는가? 저들이 아브라함의 자손이라는 변증이었으므로 예수는 저들의 같은 변증론에 서서 전설의 족장에게 두 아들, 이삭은 그의 처 사래의 아들이고 이스마엘은 그의 종이며 첩인 하갈의 소생인 것을 상기시킨다. 유대인들은 자기들이 적통(嫡統)으로 아브라함과 이삭을 통한 후손이라는 자부가 있다. 그러나 예수는 죄와 노예 신분을 대등하게 인유하여 저들이 죄로 말미암아 종과 첩을 통한 아브라함의 후손이 아니냐고 힐난한다. 예수는 저들의 죄를 지적하여 영적으로 종이 된 자들이라고 비판하신다.

나도 너희가 아브라함의 자손인 줄 아노라.
그러나 내 말이 너희 속에 있을 곳이 없으므로
나를 죽이려 하는도다.
나는 내 아버지에게서 본 것을 말하고

너희는 너의 아버지에게서 들은 것을 행하느니라.

요한복음 8:37~38

조상(아버지)이 아브라함이라는 권위의 근거를 예수는 순간적으로 아버지 하나님의 개념으로 바꾸신다. 그리고는 은밀하게 하나님의 말씀과 사탄의 말의 비교논법을 뛰어넘어 "(너의) 조상 사탄"이라는 개념을 개입시킨다. 예수는 능숙한 수사학의 솜씨로 저들을 비웃으신다. 저들은 예수의 배후에 처지면서 "우리 조상은 아브라함이다"라고 줄기차게 말한다 (8:39). 그러자 예수는 그들에게 직격탄을 날린다.

너희가 아브라함의 자손이면
아브라함의 행사를 할 것이어늘
지금 하나님께 들은 진리를 너희에게 말한 사람인
나를 죽이려 하는도다.
아브라함은 이렇게 하지 아니하였느니라.
너희는 너희 아버지의 행사를 하는도다.

요한복음 8:39~41

예수의 변론 수사학에 정신 없이 끌려가는 군중은 공격이 아닌 자기 방어를 말한다. "아버지는 한 분뿐이시니 곧 하나님이

시로다"(8:41). 아버지는 한 분뿐이시라는 이면의 사상으로 다른 아버지는 누구인가? 여기까지 온 논쟁에서 예수는 대담하게 저들의 급소를 치신다. "너희는 마귀에게서 조종되고 있다."

하나님이 너희 아버지였으면
너희가 나를 사랑하였으리니
이는 내가 아버지께로 나서 왔음이라.
나는 스스로 온 것이 아니요
아버지께서 나를 보내신 것이니라.
어찌하여 내 말을 깨닫지 못하느냐
이는 내 말을 들을 줄 알지 못함이로다.
너희는 너희 아버지 마귀에게서 났으니
너희 아비의 욕심을 너희도 행하고자 하느니라.

요한복음 8:42~44

과거 하나님이 참으로 여러 번 이스라엘을 비난하신 것은 오로지 그 이유가 저들이 하나님을 떠나 바알, 아세라, 몰렉, 그 밖의 가나안의 우상을 예배하였기 때문이었다. 그와 같이 하므로 "하나님 여호와를 사랑하라" 명하신 계명(신 6:5)을 범하였기 때문이다. 그 계명은 엄격하게 여호와 하나님께 끝까지 충성해야 하는 계약의 요지이다. 요한복음 8장에서, 하나님의 성육신이 "유대인들"을 비난하는 이유는 그의 교훈을 듣지 않기 때문인데 이 사실은 구조론적으로 같고 과거는 저들이 바알에게 기울어진 현상을 지금은 마귀가 대역으로 하고 있다. 여호와의 백성이 하나님을 사랑하는 것이 아니라 대신에 저들의 아버지인 마귀의 원대로 행하고 있다.

그러면 마귀의 원하는 바가 무엇인가? 예수께서 하나님 자신의 몫(the mission of God himself)을 다시 정의하시고 있기 때문에 이 마귀의 원하는 바에 대한 정의는 매우 심각한 문제이다. 예수의 의도에 의하면 마귀의 원하는 바는 죽음이다. 마귀는 살인자, 죽음을 가져 온 자이다. 지금 마귀의 적으로 하나님을 정의하면, 하나님은 구주와 생명을 가져오는 이여야 한다. 과거의 하나님의 계명이 하나님의 토라를 선택하여 "생명을 선택"하라 하신 계명이면 (신 30:19) 지금의 새 계명은 "진리" 곧 예수의 설교를 받아들임으로 생명을 선택해야 한다.

너희는 너희 아비 마귀에게서 났으니....
저는 처음부처 살인한 자요
진리가 그 속에 없으므로
진리에 서지 못하고
거짓을 말할 때마다

제 것으로 말하거니와
이는 저가 거짓말쟁이요
거짓의 아비가 되었음이니라.
(그러나) 내가 진리를 말하므로
너희가 나를 믿지 아니하는도다.

요한복음 8:44~45

하나님은 가이사를 패망시켜 다시 가나안을 취하실 수 있다. 그러나 지금은 하나님은 그런 싸움을 선택하신 것이 아니다. 사탄을 패주시킴으로 죽음 자체를 이기시고 당신의 백성을 영생의 새로운 약속지로 인도하시기로 선택하신 것이다.

그러나 당신의 백성은 누구인가? 이 초월 역사의 우주적 개정안에서 과거에 집착하는 역사적 이스라엘이 어디에 기득권이 있는가? 예수의 설교를 듣던 무리들이 예수의 출생지의 합법성을 따져 "너는 사마리아 사람이 아닌가"라고 질문한다. 그 이유는 진정 참 이스라엘 사람은 귀신에 들리지 않으므로, 유대인이 대답하여 "우리가 너를 사마리아 사람 또는 귀신에 들렸다 하는 말이 옳지 아니하냐"라고 반문하였다 (요 8:48).

저들의 질문에 답하시는 말씀으로 이 시점에서는 절반의 진상을 밝히시므로 예수는 저들과의 자극적인 변론을 매듭지으신다. 예수께서 내리신 정의는 마귀의 역사는 살인과 죽음이라는 것, 그리고는 자신의 역사를 언급하신다.

> 진실로 진실로 너희에게 이르노니
> 사람이 내 말을 지키면
> 죽음을 영원히 보지 아니하리라.
>
> 요한복음 8:51

로마제국이 승리할 것이지만, 그러나 사망이 패배하는 마당에 무슨 대수인가? 분노한 예수의 청중의 의식에 오로지 로마가 최후의 문제 해결이면 그 대국의 판단은 예수의 승리가 더 확실한 것이 된다. 저들의 분노가 전장에서의 승리가 아닌 생명과 사망의 문제라는 예수의 입지를 더욱 경고하게 하는 것이면 저들의 하나님과의 관계 미래 문제는 바로 이 생명과 사망의 문제가 된다. 예수께서 이 같이 당돌하게 선언하는 바는 참으로 효율적으로 과거의 하나님의 계약이 실패한 사실을 모두 지워놓게 한다. 청중은 분노한다. 그러나 저들의 분노가 하나님과의 관계가 변했음을 선언하는 예수의 선언이 성공하게 만드는 것이다.

지금 네가 귀신 들린 줄을 아노라. 아브라함과 선지자들

도 죽었거늘 네 말은 사람이 네 말을 지키면 죽음을 영
원히 맛보지 아니하리라 하니 너는 이미 죽은 우리 조상
아브라함보다 크냐. 또 선지자들도 죽었거늘 너는 너를
누구라 하느냐.

요한복음 8:52~53

이 대목이 클라이맥스이다. 저들은 바로 성전 뜰에서 만일
하나님이 애굽과 가나안에서 행사하신 군사적인 정복을 취소
하시고 그리고 영생을 주시기 위해서 새로운 하나님의 정체성
을 제시하신다면 그 문제의 대답을 예수는 여기에서 말씀하셔
야 한다. 예수의 답변은 자신이 저들의 하나님이 가시적으로
그 자리에서 말씀하시는 그런 충격으로 저들에게 답하신다.

너의 조상 아브라함은 나의 때 볼 것을 즐거워하다가
보고 기뻐하였느니라.
유대인들이 가로되 네가 어찌 오십도 못되었는데
아브라함을 보았느냐.
예수께서 (클라이맥스로) 가라사대
　　진실로 진실로 너희에게 이르노니
　　아브라함이 나기 전부터 내가 있느니라(I AM).

요한복음 8:56~58

우리가 이미 앞에서 성찰한 바 있거니와 십자가의 죽음의 핵심은 고통이 아니다. 로마 병사는 이미 수천 명의 유대인들을 십자가로 처형하였다. 그들은 모두 고통을 경험하였다. 일찍이 모세가 불타는 떨기나무에서 들은 바 있는 "나는 있다 (스스로)" ("I AM")의 하나님의 이름(출 3:14)을 자신에게 적용하므로 예수는 저희들이 도저히 용납 못할 답변을 주신 것이 되며, 그리고 아울러 최소한 자신이 누구인가를 나타내신다. 이와 같이 공개적으로 성전에서 그리고 성전 경비병의 목전에서 현장에서 들은 자는 누구도 혼돈 없이 예수의 의도를 확실하게 들어버렸다.

예수는 저들에게 두 가지 중 하나를 선택하지 않을 수 없게 하셨다. 하나는, 예수를 하나님의 성육신으로 인정하든지, 아니면 레위기 24장 16절, "여호와의 이름을 훼방하면 그를 반드시 죽일지니 온 회중이 돌로 칠 것이라. 외국인이든지 본토인든지 여호와의 이름을 훼방하면 그를 죽일지라"고 하신 하나님의 계명에 순종하여 신성모독의 죄목으로 그를 처형하든지 말이다. 군중은 이 낯선 자를 순종하기보다는 토라의 명대로 돌을 들어 처형하려고 하였다. "저희가 돌을 들어 치려하거늘 예수께서 숨어 성전에서 나가시니라" (요 8:59).

역사의 목적을 서술하는 지성(知性)의 역사분야에서 한 질문이 해답 없이 너무나 오랫동안 둔 채로 있어 왔다. 유대인의 지성의 역사에서 말하면 언제 여호와가 다시 오시어 이스라엘의 주권을 회복하시고 그 주권을 위대한 것이 되게 하실 것인가 하는 질문이 여기에 속한다. (사도행전 서문의 맥락에서 제자들이 부활하신 주께 올린 질문도 이것이다.) 이러한 지성의 태도는 과거 여호와가 바로의 군대를 쳐서 보이신 승리가 그 발단이고 그러한 전송(戰頌)은 기원후 66~70년과 132~135년 로마에 대항한 유대의 무장 봉기의 실패와 함께 절정이 되고, 그리고 유대 몰락의 비가(悲歌)가 된다. 이 어간에 여호와의 오심을 시기적으로 계산할 수 있다는 사상을 가진 여러 랍비가 출현한다. 그러한 랍비 중에 랍비 아키바가 있다. 그는 "바 코크바"(Bar Khkhba), 즉 두 번째 무장 봉기의 지도자로 자신이 메시야라는 칭송을 받는다.

만일 이러한 전후 2회의 무장 봉기가 어느 것이든 성공했다면, 전투하시는 여호와 하나님의 사상이 다른 양상으로 역사 속으로 등장하였을 것이다. 그러나 모든 무장 봉기는 실패하였다. 결과적으로 하나님의 정체론이 위기 속으로 깊이 침잠(沈潛)한다. 공히 유대인의 문서와 크리스천의 성경 정전에서 하나님이 역사 속으로 다시 전사(戰士)로 돌아오신다는 소망의 글이 모두 사라지고 만다.

랍비주의의 유대종교와 기독교는 양자 모두 묵시문학에 영향을 받은 바 있으나, 결국에 가서는 양자 모두 그것을 포기하여 주목된다. 이러한 묵시문학적 요소를 포기한다는 것은 하나님이 친히 인도하시는 군대가 유대 민족을 회복시키는 일이 임박했다는 견해의 포기이다. 양자의 전통은 그러한 포기와 아울러 다른 대치적인 기대와 소망 그리고 야망을 품게 된다. 양자는 모두 이 물리적인 성전을 지워버린 자리에 새로운 영적인 공간이 대신하게 된다. 유대종교는 그 빈자리에 신비한 토라가 대신하는 자리가 되고 기독교는 그 빈 공간에 신비한 그리스도의 몸(공동체)이 그 자리를 대신한다.

이러한 정체의 변화가 일어나는 과정을 어떻게 극적 표현으로 제시할 수 있는가? 이러한 변화를 주인공이 나오고, 그리고 그의 갈등의 이야기로 제시되며, 그 주인공의 인격의 표시와 그 결단을 내리는 그 주인공이 생존하는 그런 이야기로 서술이 가능한가? 복음서 안에서는 대답이 없다가 포기되고 그리고 다른 무엇이 대신 놓이는 그런 역학적이 사실이 제자들의 질문이나 다른 적대자 아니면 친구들의 질문이 아닌 한 인격 예수의 자율적이고 순발적(瞬發的)인 발언에 의해서 눈부시게 드러난다.

능숙한 광범위한 지식을 소유한 정치가는 대답하기 곤란한 질문을 받으면 대답하는 과정에서 말꼬리를 자유자재로 다른 것으로 돌려 다 듣고 나면 자기가 원한 질문에 자기가 원하는 답을 준 것이 되게 한다. 예수는 바로 그런 능숙한 정치가와 같다(He is like a savvy politician). 성육신은 하나님의 역사(생애)에서 정치적으로 결정적인 계기를 극적으로 창조하신다. 성육신 하나님은 답하기 곤란한 질문, 말하자면 선민을 외세로부터 자유하게 하시는 여호와 하나님의 도래가 언제인가와 같은 어려운 질문을 성육신은 마치 그런 질문을 하는 선거인(選擧人)에게 직접 얼굴을 대고 답을 주는 그런 극적인 기회를 창조하신다.

이 문제는 하나님의 전능과 관련된다. 신약의 복음서는 이러한 절대 질문을 성육신이 답을 주시거나 질문의 흐름을 바꾸시거나 하는 이야기를 서술한다. 언제 하나님이 역사 속으로 오시어 정치 문제인 이스라엘을 회복하실 것인가의 언제(When)의 질문은 '그런 일은 절대로 없다(Never)' 하나만이 정답이므로, 복음서의 이야기는 주인공이신 성육신이 그 질문을 받으시면 항시 그 자리에서 직선적으로 답을 하시거나 아니면 그 질문자의 질문 내용을 자기 쪽에서 바꾸시거나 하신다.

그러한 그 현장에서 예수께서 논제를 변경하신 것이 완벽할 시에는, 그 새로운 변경된 제목이 너무나 참신하고, 그리고 너무나 충격적인 것이며, 너무나 흥분을 자아내는 것이고, 너무나

열띤 논쟁을 일으켜서 어느덧 과거의 묵은 제목은 그 현장의
사람들의 의식에서 사라지고 만다. 더욱이 예수께서 제목을
바꾸시면서 확실하게 명백해지는 사실은 그 제목을 변경하시
는 이가 여호와 자신이라는 사실이다. (이 엄청난 충격!)

신약성서 전체에 일관하여 바로 이 충격적인 진리가 서서히
짐작이 되어오다가 예수의 부활 약속으로 전체의 열쇠가 일괄
풀리는 핵심 이야기이다. 그러나 이 난해한 이야기가 완전한
윤곽으로 구성이 되기는 제 4복음(요한복음)의 시점에서이다.
그리고 요한복음에서는 그 충격적인 진리가 완전한 이야기의
윤곽으로 구성이 되기는 여기 우리가 지금 취급하고 있는 곳에
서이다. 여기 이 맥락에서 중요한 세 가지의 주제, 간음, 자살,
종살이를 전략적으로 사용하여 저자 요한은 유대인 독자로 하
여금 전통적인 하나님의 계약 의무와 이스라엘이 전통적으로
하나님께 요구하고 기대해온 것으로부터 이제는 벗어나 새로
운 범주의 의무와 기대라는 방향 조절을 하게 하며 기본적으로
하나님의 정체성에 심오한 변혁이 일어났음을 깨달아 알도록
말하고 있다.

이러한 전통적 의식이 재조정되어야 하는 첫 번째의 테마는
간음 행위의 정의이다. 예수께 인도되어 앞에 세워진 여자는
불합리한 성 행위의 현장에서 끌려 온 여인이다. 이러한 간음

행위의 범법은 돌로 치는 사형이다 (요 8:2~11). 전통적인 율법과 처형은 이 여자에게는 사형이다. 그러나 예수님은 그 여인을 구해 주신다. 예수께서 여인에게 "너를 정죄한 자가 없느냐" 물으시고 "주여 없나이다" 대답을 하자 예수님은 "나도 저를 정죄하지 아니하노라"고 말씀하신다. 이 이야기의 핵심은 이제는 하나님이 임의로 개입하시어 용서하지 못할 죄가 이 정황에서는 구체적으로 간음죄란 존재하지 않는다고 하시는 새로운 방향이다. 이 이야기가 제시하는 성찰의 내용은 한없이 긍휼히 여기심과 용서가 하나님의 약속이심이 독자의 마음을 움직일 뿐 아니라, 하나님의 인격이 준엄하시고 두려우신 분이라는 과거의 고정 개념에서 벗어나게 하는 지극한 위로이다.

두 번째의 주제는 자살이다. 예수를 살해하려고 시도하는 당국과 무리들에게 포위된 예수는 여러 번 생명의 위협을 받으시고 그리고 자결을 언급하는 지경에 이른다. 예수의 설교와 무리와의 긴장이 지극히 예민해져 논제가 이상한 방향으로 비약한다. 비록 요한복음 8장 12~30절의 맥락이 표면상으로는 다른 주제를 추구하고는 있으나, 예수의 설교, "나의 가는 곳에는 너희가 오지 못하리라" 할 때, 그의 설교를 들은 유대인들이 받은 강렬한 인상은 "저가 자결하려는가"였다. 성육신 하나님이 예루살렘에서 줄곧 살해의 위협에 노출이 되면서 과거 전장의 영웅으로 이스라엘의 선두에 서신 하나님의 투사의 이미지는 사라진다.

세 번째의 주제는 종살이다. 예수와 대결하는 무리는 아직도 예수를 살해하려고 고집하는 (그와 같이 예수에게 보이는) 같은 대상자들이다. 양자 간에 빚어지고 있는 대결 감정이 지극히 예민한 터에 예수는 외세의 압제 아래에서 시달려 놓이지를 못한 그 문제, 즉 하나님이 저들을 500년 간 그대로 방치하였다는 아무도 말하기를 꺼리는 종살이에 관해서 말을 꺼내신다. 그러나 예수님은 즉시 그 종살이가 로마의 종살이가 아닌 죄의 종살이라고 설교하신다. 만일 그 종살이가 죄의 종이 된 연고이면 로마로부터가 아닌 죄에서 놓이는 것이 자유여야 한다. 이러한 자유는 정치의 굴레에서 벗어나는 것이 아니다. 약속의 땅을 완전히 소유하는 것이 아니라 영생을 소유하는 것이 된다. 지금에서 하나님의 약속은 이것이며 이것으로 하나님의 정체적 정의(正體的 定義)가 되는 것이다.

하나님만이 하나님의 정체를 정의 내릴 수 있는 것이며 이러한 재정의는 하나님의 백성에게 하나님이 무엇을 요구하시는가의 핵심이 된다. 그러므로 하나님의 재정의를 거부하는 자의 거부는 그 하나님의 새로운 요구와 조건을 거부하는 것이 된다. 요한복음에 전개되는 여러 현장의 진수는 다른 무리들과 거듭

해서 계속 벌어지는 그 때마다의 여러 주제가 결국은 하나님이 누구이시며 하나님이 무엇을 하셔야 하는가의 문제에 대한 예수와 청중과의 충돌이다. 메시야로서 당연히 과거에 전통적으로 이해된 하나님의 개입은 지금의 상황에서는 대상만 차이가 있을 뿐 전통적인 이해와 동일의 것이어야 한다는 인심이다. 그래서,

바로 왕	가이사 황제
애굽의 노예 생활	정치적인 지배
모세와 다윗에 의한	메시야인 선지자와 왕에 의한
약속의 땅의 정복	유다의 재정복

상술한 형식에 반하여 예수의 선언은 하나님 자신이 개입하시는 전혀 새로운 형태의 것, 그리고 하나님 이외의 어떤 권위도 감히 견줄 수 없는 전혀 다른 하나님 자신의 선언행위이다. 그리하여,

가이사 황제	마귀
로마의 압제	죄의 노예
유다의 재정복	영원한 생명
선지자이며 왕인 메시야	하나님의 성육신이신 메시야

이러한 변경, 이러한 전환, 이러한 혁신이 예수님의 선언이다. 이미 주제는 동일 주제가 아니다. 과거와 같은 주제는 나오지 않는다. 그러면 언제부터 이러한 변화가 일어났는가? 이러한 관련성의 선언이 여기에 나오고 있다. 하나님의 행위와 하나님과 이스라엘의 정체성에 일어난 이러한 지진이 터진 것과 같고 해일(海溢)처럼 일체의 전통과 과거의 추억을 쓸어버리는 것과 같은 엄청난 변혁이 일시에 일어나는 이 현장에서 예수의 주변에서 소극적으로는 반신반의로 적극적인 적개심은 살의를 품고 있는 도전자들에게 일체의 침묵을 명령하는 선언이 예수의 입술에서 언급된다. "아브라함이 있기 전 내가 있느니라(I AM)." 여기에 "있느니라(I AM)"는 여호와 하나님의 존칭이다. 주변의 일체의 반문은 침묵해야 한다. 하나님의 성육신의 명령이고 강요이다.

복음서의 나사렛 예수의 스캔들 줄거리를 따라가는 전개로, 모든 죄인을 용서하시므로 살해의 대상이 되시며 "저가 자결하려는가"의 무거운 분위기의 주인공이고, 그를 "세상의 빛"(요 8: 2)으로 믿고 받아들이는 자에게 영생을 주시는 그는 다름 아닌 현장에 인격 형상으로 서 있는 여호와이시라고 선언하신다. 아직도 과거의 전장의 싸움 게임에 미련을 두는 자들은 그 일에 매어 달리게 하라. 하나님은 그것보다 고차원의 결단을 진행하고 있다. 이 현장에서 예수님은 지금까지 윤곽적으로 언급해온 것을 명확한 서술로 주고 계신다. 다시 말해서, 전자에 "가이사의 것은 가이사에게 하나님의 것은 하나님에게 드려라" (눅 20: 25) 말씀하실 때 그 진의는 지금 이 현장에서 명확하게 명시되고 있다. 이스라엘 전 역사의 경이로운 중심 주제는 예수로 말미암아 성공적으로 변혁이 된다. 대답이 없는 질문은 결정적으로 폐기되었다. 아직도 그 값비싼 대가는 앞으로도 치러야 할 문제이나 그러나 하나님의 역사와 정체론적인 위기는 이제는 극복된 것이다.[1]

---

1) 이 부분은 심각한 문제로, 상식적인 수필 형식의 제언이라고 접근해서는 그 진의를 이해 못한다. 그러나 나는 저자의 신학적 내지 기독론적 예수 연구의 의도를 이해한다. 참조, Jack Miles, *Christ*, p. 178.

예수의 새 계명, 나그네에게 친절을

His New Commandment: Kindness to Strangers

간음, 자살, 죽음의 제목은 관행적으로 어느 민족의 특유한 사정이거나 정치 문제가 아니다. 우리가 방금 음미한 여러 문맥으로 보아 예수께서 상황적으로 차례로 취급하시고 그리고 그 제목에 유대 민족 고유성과 정치적인 지평에서 새로운 시각을 열어 주신다. 그래야 할 이유는 지금 특정 민족을 대상으로 예수는 새로운 정치적 그리고 민족 전통에 근거한 자신의 의무를 재정의 내리고 있기 때문이고 동시에 자신이 누구인가의 정체성을 재정의 하고 있기 때문이다. 이러한 사실은 동전의 양면과 같다. 이스라엘은 예수 (성육신, 하나님) 때문에 이스라엘이고, 예수(성육신, 하나님)는 이스라엘 때문에 자신의 정체성이 성립한다.

여호와가 자신이 제시한 율법을 어기면서 간음녀를 처형하기를 거부하셨을 때, 그의 자비가 이 정도로 무한의 범위로 늘여짐으로 합리적인 판단으로 그가 여호와가 아니라는 것은 이치에 맞는다. 하나님의 인격에 어떤 변혁이 일어나지 않았다면, 자신의 정체성과 충돌하는 일을 하신 것이 된다. 그러나 이 간음녀의 구원은 그대로 과거 하나님과 계약상의 이스라엘의 이야기를 정리한 사건이 된다. 만일 하나님의 인격이 변하고 있으면 하나님의 백성인 저들의 성격도 변화가 없이 그대로 있을 수 없다. 하나님과의 유일무이의 교리로 고정된 선민 관계는 밀착적으로 실정적 의미에 따른 사정이 있어야 한다.

이 간음녀의 경우, 단지 한 이스라엘 남편의 혼인 관계의 관점만이 사정이 되는 것이 아닌 하나님께 대한 범죄 여부가 사정이 된 것이다. 그러나 지배 받고 있는 이스라엘의 간음법을 지배자 로마에게 요구할 수 있는가? 만일 그 답이 아니라면, 그러면 아니라는 답이 하나님의 과거의 전투적 의지가 당신의 의도를 불편하게 하는 로마의 지배를 종식시킬 것인가의 밑바닥에 깔린 질문에 대해서도 아니오여야 한다.

예수께서 이 간음녀를 용서하셨을 때, 그 여자에 대한 예수의 긍휼은 그의 토라 그의 이스라엘과의 사이에 맺은 율법의 조목이 정복자 로마의 법조문에 의해서 물러나도록 허락하신 것이다. 로마법 아래 놓인 이스라엘은 이런 여자를 처형하지 않을 수 있다. 하나님의 성육신은 개입을 거부하신다. 예수께서 실제로 언급하시는 바는 이스라엘이 로마법 아래 있으면 그대로 두라는 것, 그리고 과거의 질투하시는 하나님의 요구였던 모든 여인의 장자는 내 것이라고 하신 전자의 명령이 그 순간에 그 효력이 끝나고 있다.

마치 캘린더를 역으로 진행시켜 창조 6일의 시간으로 돌아간 것과 같다. 마치 첫 인류 시조인 부부에게 "생육하고 번성하라"고 하나님이 축복하실 뿐 아직 후손들에게 대한 내 소유가 무엇이라는 요구가 없는 때와 같다. 마치 다시 한 번 선한 자나 악한 자나 구분하지 않고 태양이 비추어 성 행위를 통한 생육과 번성하라는 것과 같다.

처형을 통한 성육신의 자결이 임박해짐에 대해서는, 그것에도 놀라운 민족적인 빛깔과 지역 정치적인 의미가 깔린다. 예수의 언명인 "내가 가는 곳에 지금은 너희가 오지 못한다"와 그와 유사한 두 번에 걸친 언급이다. 두 번째의 이런 발언에서 (요 8:21~22), 청중에게서 나오는 질문, "그가 자결하려는 것인가"는 표적을 벗어난 질문이 아니다. 그러나 이러한 예수의 언급에서 첫 번째의 발언에서는, 저들의 질문은 "그가 흩어진 유대인들에게 가서 저들 헬라 사람을 가르칠 것인가"라고 질문한다.

이러한 맥락을 검증하면, 이스라엘 목자의 자살과 "이 우리

안에 속하지 않은 다른 나의 양들이 있어"(10:16)와 불가불리의 관련성을 보는 것이다. 왜냐하면 하나님이 한 무리의 양들만을 보호하기 위해서 다른 양무리들의 보호를 포기하는 것이 아니기 때문이다. 모든 양 무리는 이 우리나 이 우리에 속하지 않은 무리나 다 같다는 언급이다. 이러한 언급은 마치 지각변동과 같은 혁명적인 성격의 것이 된다. 왜냐하면 어느 특정적인 대상을 보호하기 위하여 싸우시는 하나님이 아니시고 이스라엘과 모든 민족과의 구분이 없어지기 때문이다. 이스라엘과의 선민이라는 기조에서 설정이 민족주의적인 계약이 범인류적인 보호라는 군사적 중립성으로 하여 하나님의 기왕의 행위 과정에 결정이 수정할 필요가 생긴 것이 된다.

끝으로, 한 번 하나님께서 자유의 의미가 애굽이나 로마의 압제에서 벗어나는 해방이 아니라 죄와 사망에서 놓이는 자유라고 정의를 내리신 이후부터는 가장 중요한 사실로 과거의 지계표를 옮겨 온 인류에게 주시는 계약으로 확대하신다. 온 인류가 약속의 땅 가나안에 정주할 수 없는 일이다. 가나안은 좁은 지역이다. 그러나 온 인류는 모두 죄의 먹이이고 사망의 대상자이다. 그리고 인류가 지금 산재한 지역은 넓다. 하나님이 온 인류를 겨냥하신 계명을 여기 요한복음 8장의 제 3부에서 언급하시는 이유는 표면상으로는 서로 관련이 없어 보이는 명제, 곧 사망과 아브라함의 후손이 생각 외에 긴밀한 관계로 묶여 있다. 죄와 사망의 무거운 짐을 혈통적 정당성과 연관지음으로 그리하여 민족지상주의와 관련되게 하는 연장에서 예수님은 하나님의 성육신으로서 다시는 물리적인 사실적 민족(선민)을 위한 싸움이 필요하지 않다는 선언이 되는 것이다.

과거의 대치론(supersessionism)에 관한 논쟁, 다시 말해서 하나님의 계획 속에서 영적인 이스라엘이 묵은 옛 민족주의 이스라엘을 대치한다는 개념은 두 가지가 역사적으로 상호 연관된다. 하나는 공동체이고 다른 하나는 하나님 자신과 관계가 되는 측면이다. 우리의 관점이 하나님의 계약에서 하나님의 인격으로 이동하면, 제한적이긴 하나 우리가 지금에 와서 예수는 유대인이나 로마인을 죽인 것이 아니라 하나님이 자신을 죽인 것이라는 해석과 유사한 관점의 이동된다.

이와 같이 관점의 이동이 일어나면 하나님이 계약의 구성원을 모든 인류에게로 확대하신 변화가 하나님에게 그와 같이 하실 수밖에 없었다는 시각으로 이동하게 된다. 그와 같이 하실 수밖에 없었다면 유대인이 하나님의 계명의 실패자가 아니라 하나님이 유대인을 두고서는 어떻게 하실 수가 없었다는 경우가 된다.

하나님은 새로운 계명이라는 방법으로 과거의 실패한 책임에서 벗어나기 되고, 그리고 새로운 엄청난 책임을 다시 취하면서 이제는 새로운 정황을 통제하실 수 있는 자신이 일어난 것이다. 바로 왕을 이김으로 자신의 정체를 증명하신 과거는 실패였다. 새로운 조정이 없이는 하나님은 계속 하나님이 아니다(Unless some adjustment of those terms can be made, then he cannot continue to be God).1) 이러한 재조정을 하나님은 적대 감정의 해제와 계약의 구성원을 무한대로 확대시킴으로 해결하시는데, 그러나 이방 민족을 사랑해서가 아니며 더구나 선민 유대인을 증오해서가 아니라 오히려 자신의 정체를 재정립하기 위해서이다(But he brings about this expansion, not, first, out of love for the Gentiles, much less out of hatred for the Jews, but, rather, to reconstruct his own identity).

하나님의 위기를 이와 같이 해결하는 것이 복잡한 것으로 보이지만 예수의 사역이 백성들의 호감으로 절정이었든 갈릴리 사역 때에 주신 예수의 단순한 이야기에서 이미 예상된 것이었다. 그 이야기에서도 여기의 요한복음 8장에서와 같이 죽음, 생명, 그리고 민족 정체론적 갈등이 함께 엮어져 나온다.

---

1) 이 부분의 서술은 지극히 충격적이고 심각하여 그 차원의 요구에 미치지 못하는 자들에게나 클래스에서는 언급하지 말아야 한다. 요지는 지극히 조심! 참조, Jack Miles, *Christ*, p. 180의 하반부.

어떤 율법사가 일어나 예수를 시험하여 가로되 선생님 내가 무엇을 해야 영생을 얻으리이까? 예수께서 이르시되 율법에 무엇이라 기록되었으며 네가 어떻게 읽느냐. 대답하여 가로되 네 마음을 다하며 힘을 다하며 뜻을 다하여 주 너의 하나님을 사랑하고 또한 네 이웃을 네 몸과 같이 사랑하라 하였나이다. 예수께서 이르시되 네 대답이 옳도다. 이를 행하라. 그러면 살리라 하시니 이 사람이 자기를 옳게 보이려고 예수께 여짜오되 그러면 내 이웃이 누구오니이까? 예수께서 대답하여 가라사대 어떤 사람이 예루살렘에서 여리고로 내려 가다가 강도를 만나매 강도들이 그 옷을 벗기고 때려 거반 죽은 것을 버리고 갔더라. 마침 한 제사장이 그 길로 내려가다가 그를 보고 피하여 지나가고 또 이와 같이 한 레위인도 그 곳에 이르러 그를 보고 피하여 지나가되 어떤 사마리아인은 여행하는 중 거기 이르러 그를 보고 불쌍히 여겨 가까이 가서 기름과 포도주를 그 상처에 붓고 싸매고 다시 짐승에 태워 주막으로 데리고 가서 돌보아 주고 이튿날에 데나리온 둘을 내어 주막 주인에게 주면 가로되 이 사람을 돌보아 주라. 부비가 더 들면 내가 돌아 올 때에 갚으리라 하였으니 네 의견에는 이 세 사람 중에 누가 강도 만난 자의 이웃이 되겠느냐. 가로되 자비를 베푼 자니이다. 예수께서 이르시되 가서 너도 이와 같이 하라 하시니라.

누가복음 10:25~37

길에 쓰러진 자의 종족은 무엇인가 예수님은 명시한 바 없다. 그 이야기에 나오는 사마리아인을 구조한 희생자가 다른 사마리아인인지 유대인인지 아니면 한 로마인인지 예수님은 안다고 해도 이야기의 성격상 그 사마리아인은 알고 있는 처지가 아니다. 강도에게 폭력의 희생이 된 여행자는 거반 죽을 정도로 구타되었고, 그리고 소유와 옷까지 벗겨 갔으니 그 희생자의 신분을 말해 줄 아무것도 남지 않는다. 그 유대인 질문자에게 주신 예수의 도전적인 비유 이야기에서는 두 사람의 유대인 아니 두 사람의 유대 종교 지도자들보다 한 사마리아인이 더 좋은 행동을 한 것으로 말하나 사실은 그 이야기가 주는 메시지는 그런 사실을 넘어가 결코 유대인들이 사마리아인보다 더 존경을 받을 이유가 없다는 제언으로 파급된다.

"네 이웃을 네 몸 같이 사랑하라"고 명하신 하나님의 계명에서 야기된 "내 이웃이 누구인가" 하는 질문에 주신 답변인 것을 상기해야 한다. 레위기 19장 18절의 문맥으로 보면 "네 이웃"이란 내가 만나는 사람이라고 정의하지 않는다. 그러나 "살다 보면 만나는 사람"이 바로 이 비유에서 정확하게 예수께서 정의 내리신 이웃의 의미이다. 그리고 예수가 내린 이 정의는 전자에 언급된 지극히 개혁적인 선언과 깊이 관련이 있는 한 맥락이다.

또 네 이웃을 사랑하고 네 원수를 미워하라 하였다는 것
을 너희가 들었으나 나는 너희에게 이르노니 너희 원수
를 사랑하며 너희를 핍박하는 자를 위하여 기도하라. 이
같이 한즉 하늘에 계신 너희 아버지의 아들이 되리니 이
는 하나님이 그 해를 악인과 선인에게 비취게 하시며 비
를 의로운 자와 불의한 자에게 내리우심이라.

마태복음 5:43~45

이 선한 사마리아인의 비유로 예수님은 "하나님이 그 해를
사마리아인이나 유대인이나 비취게 하시며 비를 의로운 자와
불의한 자에게 내리우신다"와 같은 의미의 다른 판으로 주신
교훈이다. 그러나 여기에서 심각한 관점은 원수에게 대한 일반
적인 관용만을 가리키는 것이 아닌 온 인류를 동일 규칙으로
취급한다는 선언이다. 이 새로운 규칙은 이스라엘에게 전혀 새
로운 것이며 동시에 하나님 자신에게도 역전적인 새로운 것이
되는 것이다. 처음 시내 산에서 질투하시는 편애로 나타나신
하나님의 정체성이 뒤엎어지는 정언이다.

나는 너를 애굽 땅에서 종 되었던 집에서 인도하여 낸
너희 하나님 여호와로라. 나 외에는 위하는 신들을 네게
있게 말지니라. 너는 자기를 위하여 새긴 우상을 만들지

말고 위로 하늘에 있는 것이나 아래로 땅에 있는 것이나 땅 밑 물속에 있는 것의 아무 형상이든지 만들지 말며 그것들에게 절하지 말며 그것들에게 절하지 말며 그것들을 섬기지 말라. 나 여호와 너의 하나님은 질투하는 하나님인즉 나를 미워하는 자의 죄를 갚되 아비로부터 아들에게로 삼사 대까지 이르게 하거니와 나를 사랑하고 내 계명을 지키는 자에게는 천대까지 은혜를 베푸느니라.

신명기 5:6~10

지금 하나님은 자신을 해와 비교하시며, 해는 햇살을 누구에게 비춰도 질투가 없다. 다른 숭배 대상에게 절하는 자들을 포함하는 언급은 실제로 새로운 계명이고 즉 네 이웃의 예배행위를 탐내지 말라 하는 것이 된다.

이러한 변화 이상의 변화를 상상할 수 있는가? 실제로 이것이 예수님께서 의도하신 언급인가? 하나님 스스로 레위기 19장 18절의 원래의 의미를 개정하시고 이 세상에서 다시는 이스라엘과 다른 열방과의 구분을 하실 의도가 아니시라면 실제 생활에 미치는 그 결과는 무엇인가? 이런 일련의 질문에 대한 답을 예수는 말씀하신다. 예수께서 주신 그 비유 이야기는 레위기의 "네 이웃을 사랑하며"라고 한 계명이 귓전에서 울리고 있는 때에 전개하신 이야기 비유이다. 레위기의 다음에 이어지는 구절

(19:19), "네 육축을 다른 종류와 교합시키지 말며 네 밭에 두 종자를 섞어 뿌리지 말며 두 재료로 직조한 옷을 입지 말며"는 원래의 19장 18절의 계명과 밀착된 일관성 있는 실제 생활이다. 이러한 구분 육축을 다른 것과 교배하지 말며, 한 종자와 다른 종자를 구분하며 등등은 과거 하나님이 이스라엘과 이방을 어떻게 구분하셨는가를 실제 생활로 엮은 명령이다.

> 나는 너희를 만민 중에서 구별한 너희 하나님 여호와라. 너희는 짐승의 정하고 부정함과 새의 정하고 부정함을 구별하고 내가 너희를 위하여 부정한 것으로 구별한 짐승이나 새나 땅에 기는 곤충으로 인하여 너희 몸을 더럽히지 말라. 너희는 내게 거룩할지어다. 이는 나 여호와가 거룩하고 내가 또 너희로 남의 소유를 삼으려고 너희를 만민 중에서 구별하였음이니라.
>
> 레위기 20:24~26

레위기 19장 18절에 의한 이웃 사랑의 언급은 상술한 이 맥락으로 이해해야 한다. 그것이 의미하는 바 금욕적 요구는 19장 19절과 함께 읽어야 명백해진다. 여기에 나온 이웃 사랑은 이스라엘과 이방의 경계를 넘어가는 것이 아니라 오히려 구별을 더 강조하는 의미이고 사랑을 해야 하는 이웃은 오로지 이스라엘 백성이다.

그러나 그것이 하나님의 묶은 사회 구성이면 지금의 하나님의 사회 구성도 동일한가? 그 질문에 대답을 예수는 갈릴리에서 암시적으로 그렇지 않다고 부정의 답을 이방 사람과 섞이시므로 그리고 수확을 하나로 섞으므로 답을 하셨다. 사실상 예수는 레위기 19장 19절을 주해함으로 19장 8절을 주해하셨다.

> 천국은 좋은 씨를 제 밭에 뿌린 사람과 같으니 사람들이 잘 때에 그 원수가 와서 곡식 가운데 가라지를 덧뿌리고 갔더니 싹이 나고 결실할 때에 가라지도 보이거늘 집 주인의 종들이 와서 말하되 밭에 좋은 씨를 심지 아니하였나이까? 그러면 가라지가 어디서 생겼나이까? 주인이 가로되 원수가 이렇게 하였구나. 종들이 말하되 그러면 우리가 가서 이것을 뽑기를 원하시나이까? 주인이 가로되 가만 두어라. 가라지를 뽑다가 곡식까지 뽑을까 염려하노라. 둘 다 추수 때까지 함께 자라게 두어라. 추수 때에 내가 추수꾼들에게 말하기를 가라지는 먼저 거두어 불사르게 단으로 묶고 곡식은 모아 내 곡간에 넣으리라 하시니라.
>
> 마태복음 13:24~30

제자들이 예수께 비유가 아닌 평이한 설명을 요구하자 예수

께서 답하시기를,

> 좋은 씨를 뿌리는 이는 인자요 밭은 세상이요 좋은 씨는
> 천국의 아들이요 가라지는 악한 자의 아들이요 가라지
> 를 심은 원수는 마귀요 추수 때는 세상 끝이요 추수꾼은
> 천사들이니 그런즉 가라지를 거두어 불에 사르는 것 같
> 이 세상 끝에도 그러하리라. 인자가 그 천사들을 보내리
> 니 저희가 그 나라에서 모든 넘어지게 하는 것과 또 불
> 법을 행하는 자들을 거두어 내어 풀무불에 던져 넣으리
> 니 거기서 울며 이를 갊이 있으리라. 그 때에 의인들은
> 자기 아버지 나라에서 해와 같이 빛나리니 귀 있는 자는
> 들으라.
>
> 마태복음 13:37~43

"추수는 세상의 끝이요" 예수님은 말씀하시고, 그리고 매우
중요한 사실로서 큰 분리(the great separation)는 그 때에 일어난
다고 하신다. 그 때까지는 잡초가 알곡처럼 취급된다. 죄인이
의인과 같이 취급된다. 그리고 선한 사마리아인의 비유로 돌아
가, 부상당한 미지인(未知人)은 부상당한 국내인과 같다.

씨 뿌리는 이와 씨의 비유는 해설을 위해서 예수께서 주신
이야기이다. 그 해설은 첫째로 방금 자기 친가족에 대하여 충

격적인 선언을 하신 자신을 위한 해설도 될 것이다. 예수는 회
당에서 말씀을 하시고 있는데 아무런 예고 없이,

> 그 모친과 동생들이 예수께 말하려고 밖에 섰더니 한 사
> 람이 예수께 여짜오되 보소서 당신의 모친과 동생들이
> 당신께 말하려고 밖에 섰나이다 하니 말하던 사람에게
> 대답하여 가라사대 누가 내 모친이며 내 형제들이냐 하
> 시고 손을 내밀어 제자들을 가리켜 가라사대 나의 모친
> 과 나의 동생들을 보라. 누구든지 하늘에 계신 내 아버
> 지의 뜻대로 하는 자가 내 형제요 자매요 모친이니라 하
> 시더라.

마태복음 12:46~50

가장 암울할 시기에 하나님은 "이 땅은 내 것이니 나는 너희
가 다만 그 땅에 거하는 외인이라 여기노라"고 말씀하신 일이
있거니와 예수께서는 이 순간을 기회로 중요한 재정립을 하시
게 된다. 이 정립의 요지는 한 인간으로서 자기 가정이 중요치
않다는 것이 아니라, 예수께서는 하나님의 성육신으로 서 혈통
관계와 상관없이 온 인류에게 한 가족됨의 특전을 확대하시는
언급이다 (놀라운 사실은 누구를 막론하고 편애적인 호칭이 없다는
것이다).

지난 시대의 규정에서는, 이스라엘과 한 하나님은 다른 민족들과 그들의 신들이라는 대치적 분리 관계에서 생활하고 의식해왔으며, 이러한 차별 의식은 시내 산에서 주신 언약만큼이나 오래된 전통이었다. 그러나 지금의 새로운 시대에 와서는 지금도 구분은 서 있으나, 그러나 혈통의 원칙이 아닌 윤리적인 원칙이다. 이러한 진리를 늦게 그리고 어렵게 깨닫게 된 베드로는 "내가 참으로 하나님은 사람의 외모를 취하지 아니하시고 각 나라 중 하나님을 경외하며 의를 행하는 사람은 하나님이 받으시는 줄 깨달았도다"라고 말한다 (행 10:34~35).

베드로가 실감하는 새로운 기준이 이 이야기 초에 이미 언급되지만, 그러나 이 기준의 확실성은 이 이야기의 끝에 가서 나온다. 하나님은 당신의 친구와 적을 구분하시지만, 그러나 그러한 구분의 원칙에서 행하지 않으시기로 결정하셨고, 또한 하나님 편에 참여하는 자들에게도 하나님께서 외모로 취급하지 않으시는 것과 같이 적들에게 적대적 행위를 취하지 말라 명하신다. 이제는 과거의 질투하시는 여호와 하나님의 이미지에서 상당한 교정거리(矯正距離)를 두신다. 종말에 가서는 하나님을 섬기지 않는 자들은 멸망된다. 그러나 그 종말이 오기 전 과정에서 과거 애굽과 바벨론을 치신 것과 같이 로마를 심판하시는 일은 때가 와서 완결을 지으시기 전에는 그대로 두신다는 결정이시다.

세례 요한이 예수 사역 초기에 그를 찬양하면서 지금 여기에 예수께서 사용하는 같은 비유로 심판이 추수할 때라고 하였다. 요한은 말하기를 "바람을 일으키는 키를 손에 잡고 자기의 타작마당을 정하게 하사 알곡은 모아 곡간에 들이고 쭉정이는 꺼지지 않는 불에 태우시리라" (눅 3:17) 하였다. 여기에서 예수는 세례 요한과 같은 생각이었으나, 그러나 질문이 일어난다. 그 수확의 때가 얼마나 가까운가? 어떤 때는 예수께서 설교의 정황에서 요한이 한 설교처럼 수확의 때가 가까웠다고 선언한 바 있었다.

또 다른 설교의 정황에서는, 알곡과 잡초를 구분하는 경우의 언급에서와 같이 가라지를 수확의 때가 아직은 멀었으니 같이 자라게 두라고 설교하셨다. 그러나 지금은 가라지와 알곡이 함께 나란히 성장하며 하나님의 행위가 그런 무차별을 두는 것으로 보이지만, 그러한 무관심으로 보이거나 무차별로 보이게 하는 하나님의 위기를 해결할 이는 바로 하나님의 성육신이시다.

예수의 새로운 약속, 죽음을 이기는 승리

His New Promise: Victory Over Death

예수께서 설교하신 바와 같이 하나님의 새 시대에서는 하나님을 예배하는 신실성의 규칙이 나그네에게 너그러워야 하는 규칙 다음에 속한다. 그러한 변화를 선한 사마리아인의 비유에서 암시하였으며 같은 주장이 다른 갈릴리에서 주신 비유, 말하자면 알곡과 가라지와 그리고 마지막 인자가 온 인류를 어떻게 심판하는가로 다시 확실하게 제시하신다.

인자가 자기 영광으로 모든 천사와 함께 올 때에 자기 영광의 보좌에 앉으리니 모든 민족으로 그 앞에 모으고 각각 분별하기를 목자가 양과 염소를 분별하는 것 같이 하여 양은 그 오른편에, 연소는 왼편에 두리라. 그 때에 임금이 그 오른편에 있는 자들에게 이르시되 내 아버지께 복 받을 자들이여 나아와 창세로부터 너희를 위하여 예비 된 나라를 상속하라. 내가 주릴 때에 너희가 먹을 것을 주었고 목마를 때에 마시게 하였고 나그네 되었을 때에 영접하였고 벗었을 때에 옷을 입혔고 병들었을 때에 돌아보았고 옥에 갇혔을 때에 와서 보았느니라. 이에 의인들이 대답하여 가로되 주여 우리가 어느 때에 주의 주리신 것을 보고 공궤하였으며 목마르신 것을 보고 마시게 하였나이까? 어느 때에 나그네 되신 것을 보고 영접하였으며 벗으신 것을 보고 옷 입혔나이까? 어느 때에 병드신 것이나 옥에 갇히신 것을 보고 가서 뵈었나이까 하리니 임금이 대답하여 가라사대 내가 진실로 너희에게 이르노니 너희가 여기 내 형제 중에 지극히 작은 자 하나에게 한 것이 곧 내게 한 것이니라 하시고 또 왼편에 있는 자들에게 이르시되 저주를 받은 자들아 나를 떠나 마귀와 그 사자들을 위하여 예비 된 영영한 불에 들어가라. 내가 주릴 때에 너희가 먹을 것을 주지 아니하였고 목마를 때에 마시게 하지 아니하였고 나그네 되었을 때에 영접하지 아니하였고 벗었을 때에 옷 입히지 아니하였고 병들었을 때와 옥에 갇혔을 때에 돌아보지 아니하였느니라 하시니 저희도 대답하여 가로되 주여 우리가 어느 때에 주의 주리신 것이나 목마르신 것이나 나그네 되신 것이나 벗으신 것이나 병드신 것이나 갇히신 것을 보고 공양치 아니하더이까? 이에 임금이 대답하여 가라사대 내가 진실로 너희에게 이르노니 이 지극히 작은 자

하나에게 하지 아니한 것이 곧 내게 하지 아니한 것이니
라 하시리니 저희는 영벌에 의인들은 영생에 들어가리라
하시니라.

마태복음 25:31~46

"나그네 되었을 때 영접하였고" 이와 같이 말씀하신 의미의 최적의 예는 매 맞아 상처를 입고 벗고 버려져 목마르고 주린 나그네를 대한 선한 사마리아인의 친절이다. 이러한 친절을 행하는 자는 하나님이 인정하시고 최후 심판 때에 보상이 된다. 저들은 그러한 행위를 할 때에는 그 행위가 하나님과의 계약 행위(that it is a covenant act)였음을 알지 못했다. 저들은 단지 인간 본성의 행위로만 여겼을 것이다. 그러나 이 맥락에서 하나님은 비록 예배의 의무를 언급하신 일은 없으나 참으로 신비한 사실로 하나님은 그 이상의 것을 보신다. 그리고 하나님이 어떻게 보시는가가 중요하다.

왕이신 하나님이 인간 역사가 종료되면서 앞에 있는 자들을 판단하고 구분하는 기준이 나그네이며 알지 못하는 자에게 친절을 베풀었는가 하는 것이며, 그와 같이 한 자들에게 임금은 "세상이 처음 놓일 때부터 너희를 위하여 준비된 그 나라를 상속받아라" 하는 보상이다 (25:34). 세상이 시작이 될 때부터 온

인류를 위한 몫을 상속 받는다는 것이 무엇인가? 이 땅이 아니고 무엇이겠는가? 첫 시조 내외가 자유롭게 살던 에덴동산, 그들이 불순종으로 문이 닫혀진 그 옛 동산을 의미한다. 하나님은 그 아름다운 동산을 지으시고 인간 시조의 관리 아래 위임하셨다

> 하나님이 가라사대 우리의 형상을 따라 우리의 모양대로 우리가 사람을 만들고 그로 바다의 고기와 공중의 새와 육축과 온 땅과 땅에 기는 모든 것을 다스리게 하자 하시고 하나님이 자기 형상 곧 하나님의 형상대로 사람을 창조하시되 남자와 여자를 창조하시고 하나님이 그들에게 복을 주시며 그들에게 이르시되 생육하고 번성하여 땅에 충만 하라 땅을 정복하라 바다의 고기와 공중의 새와 땅에 움직이는 모든 생물을 다스리라 하시니라....하나님이 그 지으신 모든 것을 보시니 보시기에 심히 좋았더라.
>
> 창세기 1:26~28, 31

원초적인 왕국으로 되돌아가는 길, 그 왕국은 세상을 지으실 때 준비된 나라, 뜻 밖에도 익명으로 얼굴을 드러내지 않은 친절이라는 조건 때문에 주인 없는 땅으로 누어 있었다. 의인은

죄인과 분리되어서는 안 된다(The just are not to segregate themselves from the sinners). 의인은 그럴만한 이유가 있는 가난한 자들이나 이유 없이 가난하게 된 자를 구분하지 말아야 한다. 아무 죄 없이 상처를 입은 희생자와 자업자득으로 상처 입은 불한당을 구분하지 말아야 한다. 그러한 구분은 하나님만이 하실 수 있으며 그리고 모든 시간이 끝날 때 하나님은 그러한 구분을 하실 것이다. 그리고 하나님의 백성을 그러한 구분을 중간기에는 말아야 하고 아무리 그 중간기가 길다고 해도 그러한 구분은 말아야 한다.

만일에 친절과 관용이 특히 알지 못하는 자들에게 대한 그러한 행위가 새로운 시대의 분류의 덕목이면, 결정적인 죄악은 악의와 폭력과 그리고 질투이고 심지어는 가족에 대해서도 그러하다. 예수께서 당하시고 있는 성전 설교에서 도전의 와중에서 이미 상고한 바와 같이 마귀는 "처음부터 살인자"라고 말씀하신다 (요 8:44). 예수께서는 성경에 나오는 최초의 것으로 사탄이 추구한 살인 사건이다.

그가 또 가인의 아들 아벨을 낳았는데 아벨은 양치는 자이었고 가인은 농사 짓는 자이었더라. 세월이 지난 후에 가인은 땅의 소산으로 제물을 삼아 여호와께 드렸고 아

벨은 자기도 양의 첫 새끼와 그 기름으로 드렸더니 여호
와께서 아벨과 그 제물을 열납하셨으나 가인과 그 제물
은 열납하지 아니하신지라. 가인이 심히 분하여 안색이
변하니 여호와께서 가인에게 이르시되 네가 분하여 함은
어찜이며 안색이 변함은 어찜이뇨. 네가 선을 행하면 어
찌 낮을 들지 못하겠느냐. 선을 행치 아니하면 죄가 문
에 엎드리느니라. 소원은 네게 있으나 너는 죄를 다스릴
지니라. 가인이 그 아우 아벨에게 고하여 우리가 들로
나아가자 하니라. 그 후 그들이 들에 있을 때에 가인이
그 아우 아벨을 쳐 죽이니라.

창세기 4:2~8

사망이 이 세상에 들어 온 계기는 뱀에게 사촉되어 아담과
하와가 여호와께 불순종하여 여호와가 그들이 반드시 죽으리
라고 정죄함으로서이다. 살인은 가인이 아벨을 살해함으로 시
작이 되나, 그러나 여기에서도 마귀가 작용을 한 것이 아니겠는
가? 본문을 그것에 대해서는 확실하지 않으나 그러나 잠깐 동
안 누가 가인을 지배하느냐를 놓고 하나님과 죄가 싸운 흔적이
있다. 단지 소수의 현대어판 번역에서만 본문에서 죄가 인격화
되어 나오고 하나님이 가인에게 거부하라고 타일러 주신다. 예
수께서 인용하신 유대인의 전통적으로 확립된 본문에서는 그

러한 죄의 인격화가 나온다. 이러한 전통을 반영하는 구약의 외경 솔로몬의 지혜서(the Book of Wisdom)에 의하면 하나님은 본래 인간을 죽음이 없는 존재로 지으셨다. 다시 말해서,

하나님은 인간을 당신 자신의 성격을 지으셨다. 죽음은 마귀의 질투로 들어왔다. 그리하여 마귀의 생각으로 그러한 대가가 존재하게 된다.

지혜서 2:23~24

그리하여 가인은 그 대가를 알게 된 것이다. 가인처럼 계속 이치를 따지는 자는 "하나님의 숨은 것을 알지 못한다" (지혜서 2:22).

예수의 생애 마지막 단계에서 예수가 그 마귀의 인격을 주동자로 제시하는 때 가인이 아벨의 생명을 위협한 것처럼 그의 동족들이 예수의 생명을 협박한다. 동족들이 예수를 살해하려는 동기는 가인의 동기와 같이 종교적인 이유이다. 예수의 저항은 아벨의 것과 같이 하나님과 더욱 친근하다는 표정이다 (예수의 경우에는 유대인 전부보다 더 하나님께 가깝다는 주장이다). (가인) 종교적인 동기로 살해하는 것이나 (선한 사마리아인) 종교에 대한 아무런 부담 없이 구조하거나 현대의 감각으로 말하면 양

자택일의 논지(論旨)이다. 마귀의 지배는 가정에서까지라도 특히 종교의 동기로 생명의 희생을 강요한다. 주께서 다스리시면 관용과 인내로 생명을 구한다. 특히 종교성의 동기에 있어서 그러하다. 그리고 가정을 넘어서서 관용이다.

왜 예수는 이러한 비유처럼 비유로 말씀하시는가? 시편 78편 2절을 인용하여 마태는 그 이유를 설명하여,

이는 선지자로 말씀하신 바
내가 입을 열어 비유로 말하고
창세부터 감추인 것들을 드러내리라 함을
이루려 하심이니라.

마태복음 13:35

창세부터, 즉 온 세상의 터가 놓인 후부터 감추어진 것이 무엇인가? 마태는 예수께서 알곡과 가라지의 비유를 설명하여 주신 그 경우의 도입으로 이러한 주석적 설명이 적절한 것으로 판단하였다. 새로운 계시는 그 형식이 일종의 익명의 것, 정체가 모호하고 경합자가 거부하는 성질의 것, 그러면서 최소한은 불가피하게 따라오는 거부에 대하여 무저항적이다. 무죄한 백성은 저항이 없으면 죽는다. 심지어는 세례 요한이 죽은 것처

럼 죽는다. 요한의 죽음은 지배자의 즉흥적인 놀이를 위한 참으로 부실한 처형이었다.

하나님이 이 사실을 모르시는가? 하나님은 아신다. 그러므로 인간이 되시어 죽음에 노출이 되어도 그대로 그 자리에 있어 자신을 변호하거나 지키는 일이 없이 사망에 직면하며 과거의 시대처럼 여호와가 힘으로 개입하는 일이 없다는 것을 확실하게 하는 이 새 시대를 하나님이 의도하신 것이다.

다른 어떤 선지자가 이런 메시지를 전하면 그는 즉각 거짓 선지자로 거부당할 것이다. 예수의 변모가 있었던 계기, 베드로의 신앙고백이 있었으나, 그러한 맥락에서도 베드로는 예수가 이러한 계시를 말씀하시는 것을 항의하다가 거침없이 "사탄아 내 면전에서 물러가라" (막 8:33) 책망된다. 왜냐하면 예수의 세례 후에 사탄이 예수에게 과거로 되돌아갈 것을 요구한 것과 같은 요구를 베드로는 여기에서 다시 하였기 때문이다. 지금 예수께서 하시는 말씀은 장구한 역사에서 하나님이 이 시점까지 말씀하신 것을 전적으로 뒤엎는 것(scandalous)이 된다. 그러나 예수의 뒤엎음은 의도적이다. 그리고 예수는 그 대가를 치르기 위해 준비가 되어 있으며 그를 따르는 자들에게도 그러한 희생의 대가를 치를 자세여야 한다고 명한다.

창세(創世)의 터를 놓으신 이후부터 하나님이 숨기신 그 약속은 하나님은 그 역사를 되돌려 놓으시고 초창기로 거슬러 되돌아가 사탄이 가인을 충동하여 살인을 저지르게 만든 그 시점으로 그리고 더 소급하여 에덴동산에서 아담과 하와가 하나님을 불순종하도록 사탄이 감언으로 유혹한 시점으로 그리하여 하나님이 사람을 당신의 형상으로 죽지 않는 존재로 처음 지으신 그 시점으로 돌려놓으시는 것이다. 다시 말해서, 낙원으로 말이다.

한 표적으로 사망한 친구를 다시 살리심

He raises a dead friend to life as a sign

성전에서 "아브라함이 있기 전 내가 있다"라고 서슴지 않고 신성모독의 발언을 하여 돌을 맞을 뻔한 현장에서 무사히 벗어난 예수는 한 동안 성전을 피하신다. 그리고는 한 유다 근방에서 출생 때부터 맹인 된 자의 눈을 치유하여 정상 시력으로 회복시켜 주신다. 예수의 이적 중에서 가장 대표적인 것이며 경이로운 일이지만 예수에게 적대적인 감정이 치열하여 오히려 그 이적으로 정상인이 된 자를 철저하게 조사한다 (요 9). 그러한 조사의 결과는 오히려 예수를 동정하는 편에 힘을 더 실어주는 결과가 되어 뒤에 가서 무리 중에서 "귀신이 맹인의 눈을 뜨게 할 수 있느냐?"(요 10:21)라고 한다.

여하튼 예수께서는 얼마 안 되어 다시 선정으로 돌아오신다. 그러나 전자에 자극을 받은 반대자들의 감정은 예수가 다신 신성모독의 언질을 발언함으로 다시 불이 붙게 된다.

유대인들이 에워싸고 가로되 당신이 언제까지나 우리 마
음을 의혹케 하려나이까. 그리스도여든 밝히 말하시오 하
니 예수께서 대답하시되 내가 너희에게 말하였으되 믿지
아니하는도다. 내가 내 아버지의 이름으로 행하는 일들이
나를 증거하는 것이어늘 너희가 내 양이 아니므로 믿지
아니하는도다. 내 양은 내 음성을 들으며 나는 저희를 알
며 저희는 나를 따르느니라. 내가 저희에게 영생을 주노니
영원히 멸망치 아니할 터이요 또 저희를 내 손에서 빼앗
을 자가 없느니라. 저희를 주신 내 아버지는 만유보다 크
시매 아무도 아버지 손에서 빼앗을 수 없느니라. 나와 아
버지는 하나니라 하신대 유대인들이 다시 돌을 들어 치려
하거늘 예수께서 대답하시되 내가 아버지께로 말미암아
여러 가지 선한 일을 너희에게 보였거늘 그 중에 어떤 일
로 나를 돌로 치려하느냐....선한 일로 인하여 우리가 돌
로 치려함이 아니라 참람함을 인함이니 네가 사람이 되어
자칭 하나님이라 함이로라. 예수께서 가라사대 만일 내가
내 아버지의 일을 행치 아니하거든 나를 믿지 말려니와
내가 행하거든 나를 믿지 아니할지라도 그 일은 믿으라.
그러면 너희가 아버지께서 내 안에 계시고 내가 아버지
안에 있음을 깨달아 알리라 하신대.

요한복음 10:24~34, 37~38

예루살렘 당국은 또 한 번 예수를 체포하려고 시도하지만 예수는 다시 피하신다. 그리고 이번에는 먼 거리로 피하신다. 요단강을 넘어 처음 세례 요한이 세례를 주던 곳 그리고 예수 자신의 공생애 사역이 시작된 곳이다. "많은 사람이 왔다가 말하되 요한은 아무 표적도 행치 아니하였으나 요한이 이 사람을 가리켜 말한 것은 다 참이라 하더라. 그리하여 거기서 많은 사람이 예수를 믿으니라"(요 10:42).

요한이 무엇이라고 말했는지 알려진 바 없고 그리고 당시의 사람들 외에는 아는 사람이 없다. 물론 예수를 소개하면서 세상 죄를 지고 갈 하나님의 어린양이라고 하였다. 그는 성령으로 세계를 줄 것이라고 하였다. "위에서 내려 온" 신랑이라고 하였다. 그러나 이 세 가지의 범주의 의미가 무엇인지 예수는 설명하신 일이 없고 그리고 이 세 가지의 진리가 정확하게 해설이 된 곳이 없다.

만일 세례 요한이 말한 바를 대중이 참이라고 믿기 시작했다면, 그러한 정황은 사람들이 그 내용의 실증이나 증거의 제시가 적기에 있었음을 접한 나머지의 결과적인 결정이라고 해야 한다. 그러한 군중의 기대는 예수가 설교하신 테마와 연결이 된 것이어야 하고 그리고 그러한 군중의 기대는 예수의 논쟁 대화에서 연속성 있는 기대로 증대되는 것이어야 한다. 다시 말해

서, 예수 자신의 죽음을 통하여 믿는 자들에게 영생이 제공된다
는 테마이다.

바로 이 테마가 성전에서 예수가 당국과의 최초의 충돌이 있
은 다음 밤에 찾아 온 니고데모가 처음 경험한 충격의 테마이
다. 그 때 예수는 니고데모에게 "물과 성령으로 거듭나야 한다"
고 일러 주었다. 이 제언이 어떻게 실행되는 것인가? 예수 자신
이 주신 설명에 의하면 광야에서 모세가 뱀을 든 것과 같이 인
자도 "들려야 한다"고 말씀하신다. 지금에 이르러서는 더 이상
그런 신비로 포장된 방법에 의한 교훈이 아니다. 지금에 와서
더 이상 그러한 밤에 방문하여 개인 면대로 알아볼 제언이 아
니라 성전 광장에서 무리를 향해서 "누구든지 자기 말을 믿으
면 결코 죽지 않으리라"고 공개적으로 약속을 하신다 (요 8:51).

최대한 공개적이고 논쟁적인 군중을 향한 설교와 대화 그리
고 출생 때부터의 소경을 치유하신 표적은 더 이상 대중이 혼
돈 없는 이해로 나오게 한다. 이제는 믿는 자가 공개적으로 그
리고 폭발적으로 수가 증가하는 추세이어서 회당이 저를 믿는
자들은 출교(黜敎)하기로 결정을 내릴 정도가 되었다 (요 9:22).
니고데모는 예루살렘 공회의 의원으로 현직에 있는 터라 이러
한 동요(動搖)에서 무관할 수가 없었다.

바로 이런 때, 기대와 위협이 최고조가 되었을 때 요단강을

넘어 예수에게 "주여 보시옵소서 사랑하시는 자가 병들었나이다"라는 급한 전갈이 왔다 (요 11:3). 문제의 주인공은 예루살렘에서 가까운 베다니에서 마르다와 마리아 오누이와 함께 사는 나사로 이다. 예수의 제자들은 다시 그 곳에서 새로운 위험 속에 노출되기를 원치 않아 "랍비여 방금도 유대인들이 돌로 치려 하였는데 또 그리로 가시려 하나이까"(11:8)라고 말한다. 소식이 와 예수는 나사로가 죽은 사실을 알면서도 그 곳에 이틀이나 더 머물다가 다시 예루살렘 가까운 베다니로 또 이틀을 걸어서 가신다. 그 동리에 접근하자 나사로는 이미 무덤에 둔지 나흘째가 된다. 동네 어귀까지 나와서 예수를 기다린 사람은 마르다이다.

주께서 여기 계셨더면 오라비가 죽지 아니하였겠나이다. 그러나 나는 이제라도 주께서 무엇이든지 하나님께 구하시는 것을 하나님이 주실 줄을 아나이다. 예수께서 가라사대 네 오라비가 다시 살리라. 마르다가 가로되 마지막 날 부활에 다시 살 줄을 내가 아나이다. 예수께서 가라사대 나는 부활이요 생명이니 나를 믿는 자는 죽어도 살겠고 무릇 살아서 나를 믿는 자는 영원히 죽지 아니하리니 이것을 네가 믿느냐. 가로되 주여 그러하외다. 주는 그리스도시요 세상에 오시는 하나님의 아들이신 줄을 내가 믿나이다.

요한복음 11:21~27

예수는 아직 마을로 들어오시지 않고 마르다를 만난 그 자리에 서 계신다. 마리아가 달려와 예수의 발에 몸을 던져 통곡하기 시작한다. 그리고 말한다,

주께서 여기 계셨더면 내 오라비가 죽지 아니하였겠나이다. 예수께서 그의 우는 것과 또 함께 온 유대인의 우는 것을 보시고 심령에 통분히 여기시고 민망히 여기사 가로되 그를 어디에 두었느냐. 가로되 주여 와서 보소서 하니 예수께서 눈물을 흘리시더라. 이에 유대인들이 말하되 보라 그를 어떻게 사랑하였는가 하며 그 중 어떤 이는 말하되 소경의 눈을 뜨게 한 이 사람이 그 사람은 죽지 않게 할 수 없었더냐 하더라. 이에 예수께서 다시 속으로 통분히 여기시며 무덤에 가시니 무덤이 굴이라 돌로 막았거늘 예수께서 가라사대 돌을 옮겨놓으라 하시니 그 죽은 자의 누이 마르다가 가로되 주여 죽은 지가 나흘이 되었으매 벌써 냄새가 나나이다. 예수께서 가라사대 내 말이 네가 믿으면 하나님의 영광을 보리라 하지 아니하였느냐 하신대 돌을 옮겨 놓으니 예수께서 눈을 들어 우러러 보시고 가라사대 아버지여 내 말을 들으신

것을 감사하나이다. 항상 내 말을 들으시는 줄을 내가
알았나이다. 그러나 이 말씀을 하옵는 것은 둘러 선 무
리를 위함이니 곧 아버지께서 나를 보내신 것을 저희로
믿게 하려 함이니이다. 이 말씀을 하시고 큰 소리로 나
사로야 나오너라 부르시니, 죽은 자가 수족을 베로 동인
채로 나오는데 그 얼굴이 수건에 싸였더라 예수께서 가
라사대 풀어놓아 다니게 하라 하시니라.

요한복음 11:32~44

친애하는 친구 마리아가 예수를 불러 "주여!"라고 부른 사실
은 비록 지금 이 자리에서 사용이 된 것이기는 하나 헬라어의
표현으로 "큐리오"이고 구약의 배경과 전통이 명확하게 표현된
"주 하나님"의 의미이다. 그리고 그러한 사실을 의도한 호격(呼
格)의 사용이다.

요지는 예수께서 성전 뜰에서 최근 자기의 정체를 제시하여
하나님과 일체이다 하신 요지와 일치한다. 생명에의 약속을 추
호도 의심하지 않는 절대 신뢰의 표현이다. "소경의 눈을 뜨게
한 그가 여기에 있었다면 그의 죽음을 막기 위해서 무엇인들
하지 않았겠는가"라는 옆 사람의 말은 바로 예수께서 기대하신
그러한 주변의 반응이다. 당연히 그의 죽음을 막았을 터이다.
하나님이 저지하실 수 있는 것을 그대로 두신 일은 참으로 많

다. 그리고 날 때부터의 눈먼 자를 눈을 고쳐서 보게 한 표적이 죽은 자를 다시 살리시지 않겠는가 하는 관련 발언은 정당한 발언이다. 예수께서 영생을 약속을 하신 후에 나사로를 다시 살리시는 표적은 바로 그러한 요지의 확인이 된다.

마르다가 한 말 "마지막 날 부활에는 다시 살 것을 믿습니다"라고 즉답한 것은 정당하다. 그녀의 언급에서 중요한 것은 사자의 부활이다. 예수께서는 주장의 요지를 확실하게 하기 위해서 나사로가 사망한 후 많은 시간이 지나 그의 시신이 분해하는 때를 기다려 그의 생명을 다시 회복하신다. "아브라함이 있기 전 내가 있다(I AM)"와 "아버지와 나는 하나"는 언어의 차원이고 나사로의 부활은 행동의 차원이다. 그 주장은 믿을 수 없는 충격이다 그러나 인간의 마을을 완전히 사로잡는다.

그는 죽음이 표시된 자,
그러나 왕으로 높여진 자

He is marked for death, then exalted as King

마리아에게 와서 예수의 하신 일을 본 많은 유대인이 저를 믿었으나 그 중에 어떤 자는 바리새인들에게 가서 예수의 하신 일을 고하니라. 이에 대제사장들과 바리새인들이 공회를 모으고 가로되 이 사람이 많은 표적을 행하니 우리가 어떻게 하겠느냐. 만일 저를 이대로 두면 모든 사람이 저를 믿을 것이요 그리고 로마인들이 와서 우리 땅과 민족을 빼앗아 가리라 하니 그 중에 한 사람 그 해에 대제사장인 가야바가 저희에게 말하되 너희가 아무 것도 알지 못하는도다. 한 사람이 백성을 위하여 죽어서 온 민족이 망하지 않게 되는 것이 너희에게 유익한 줄을 생각지 아니하는도다 하였으니....이날부터는 저희가 예수를 죽이려고 모의하니라.

요한복음 11:45~50, 53

지금 로마의 가이사에게 냉혹한 지배를 받는 이스라엘은 전설적인 바로 지배의 저항 같은 연속적인 저항을 통한 생존이다. 그러한 과거의 승리에 대한 추억은 항상 정치적인 폭발의 가능성을 의식하고 생활하는 연속이다. 예루살렘의 종교 지도자 당국은 묵시적으로 작금의 저항이 일어나면 과거 하나님이 바로의 군대를 홍해에서 수장시킨 것과 같이 가이사의 군대를 지중해에 수장하시는 일은 다시는 하지 않으심을 알고 있다. 어느 "메시야"도 저항의 봉기를 인도하다가는 다만 그 끝이 멸망인 것을 알고 있다. 지도자들은 과거의 묵은 소망을 거부해서는 안 되고 그리고 또한 그 과거의 소망을 신뢰해서도 안 된다(The leaders dare not repudiate the old hopes, but they dare not trust them either.)

지도자 당국은 이러한 양면적 경계심의 실수를 용납되지 않는다. 저들의 판단은 로마의 실제가 무엇인가의 정확한 지식이며 또한 하나님이 더 이상 그런 과거의 극적인 게임을 아니하신다는 판단에 있어서 정확하다. 로마 당국이 그들에게 선택의 여지를 넘겨 준 것은 고대사회의 관행으로 너희 스스로 정치를 하지 못한다면 우리가 직접 백성에게 정치하마이다. 가야바의 제언은 고대사회의 생존법으로 우리가 문제의 인물을 죽이면 소수가 죽는 것으로 끝날 일이다는 것이다.

다수의 협력자가 살아남기 위하여 소수가 목숨을 버리는 일은 오래 된 역사이다. 십여 년 후 종교적 신념에 의한 뜨거운 항거가 폭발하자 지금 여기에서 가야바가 예견한 그대로 로마인들은 문제를 해결한다. 그러한 봉기를 완전히 진압하는 데 50년의 시간이 걸렸다는 것을 주목해야 한다. 예루살렘 성전이 파괴된 지 오래되어 최후의 항거를 진압한 로마는 예루살렘의 이름을 "아리아 캐피톨리나"(Aelia Capitolina)라고 개명하였고 유대인으로 그 곳에 발을 들여놓는 자는 사형에 처했다. 가야바와 동조자들은 과거의 종교사적인 관점에서 그러한 일이 벌어짐을 크게 두려워 한 것이다. 종교적 열정이 동기가 된 봉기가 불가피하게 무자비한 정치적 보복이 되어 돌아온다는 것을 알았다. 가야바는 예수의 의도가 아닌 행동을 염려한 것이다. 그러나 역사적으로 되돌아보면 가야바는 수궁이 가는 판단을 한 것이 된다.

그리고 물론 유대인 지도자 당국의 오해가 복음서의 플럿(becomes a part of Gospel plot)의 일부가 된다. 그 줄거리에서는 주인공이 완전히 그리고 철저하게 오해가 된다. 지도자의 오해는 그 줄거리에 나오는 행동이고 그리고 동시에 마치 헬라 비극의 코러스의 기능처럼 해설이 된다. 가야바가 온 민족이 망하는 것보다는 그가 혼자서 죽는 것이 바람직하다고 말한 가야

바를 가리켜 저자 요한은 본인의 지각과 상관없이 예언자라고 평하였다. "이 말은 스스로 함이 아니요 그 해에 대제사장이므로 예수께서 그 민족을 위하시고 또 그 민족뿐 아니라 흩어진 하나님의 자녀를 모아 하나가 되게 하기 위하여 죽으실 것을 미리 말함이라"(요 11:51~52)고 요한은 주석한다. 여기에서 하나님 한 분이 일을 구성한다. 가야바는 과거 바벨론의 느부갓네살이 유다를 공격하여 예루살렘의 성전을 파괴할 때에 하나님이 사용한 도구였던 것처럼 지금 하나님의 도구 구실을 하고 있다. 지금의 차이는 그런 패망을 불러들이는 동기가 인간으로 오신 하나님이시다. 파괴될 성전이 솔로몬이 건축한 성전이 아니라 하나님의 몸이신 성전이다.

나사로를 죽음에서 일으키심은 유대 당국이 예상한 것과 같이 엄청난 자국을 군중에 안겨 준다. 그리하여 그 유월절에 예수께서 예루살렘으로 올라오시자, 시편과 이사야의 인용문을 소리 치며 왕으로 찬양을 받는다. 이런 군중의 반응에서는 으레 예수의 아이러니한 설교가 필연인 것이 보통인데, 이번에는 대신에 아이러니한 무언 동작(an ironic pantomime)을 취하신다.

그 이튿날에는 명절에 온 큰 무리가 예수께서 예루살렘으로 오신다 함을 듣고 종려나무 가지를 가지고 맞으러

나가 외치되 호산나 찬송하리로다. 주의 이름으로 오시
는 이(시 118:2~26) 곧 이스라엘의 왕이시라 하더라. 예
수는 한 어린 나귀를 만나서 타시니 이는 기록된 바 시
온의 딸아 두려워 말라. 보라 너의 왕이 나귀새끼를 타
고 오신다 함과 같더라 (슥 9:9).

요한복음 12:12~15

종려나무는 유대인 충성당원이 오랫동안 사용한 잘 알려져
있는 승리의 상징이다. 헬라어 "호산나"는 하나님에게 나아갈
때나 왕에게 나아갈 때 히브리어나 아람어로 "구원하라"의 의
미를 담은 언어의 헬라어 번역이다. "이스라엘의 왕"이라는 어
구는 시편에는 나오지 않는다. 그러니까 이 현장에서 바로 가
야바와 일당이 염려한 그대로 예수의 표적을 정치화하여 열기
를 더한 것이다.

예수 자신은 나귀 새끼에 타시고 도착하시므로 이러한 일종
의 정치화 동향에 호응하신다. 왜냐하면 그의 동작은 과거의
스가랴 선지가 헬라대국을 극복하는 승리를 서술한 맥락의 축
소판이기 때문이다.

헬라어는 로마제국의 동반부의 공용어이기 때문에 팔레스틴
의 유대인들은 누구든 헬라-로마의 공통문화에 속하는 자는
누구든지 헬라인으로 일단 취급하는 관행이 있다. 혈통적으로

헬라인이든 문화적으로 헬라인이든 헬라어를 사용하는 로마인
이든 이들 모두가 지금까지 200년 간 유대인들에게 대표적인
원수였다. 그러나 예수께서 인유하시는 성경 말씀은 그 맥락
속에 승리의 약속 이상의 것이 있다.

시온의 딸아 크게 기뻐할지어다.
예루살렘의 딸아 즐거이 부를지어다.
보라 네 왕이 네게 임하나니
　　그는 공의로우며 구원을 베풀며
　　겸손하여서 나귀를 타나니 나귀의 작은 것 곧
　　나귀 새끼니라.
내가 에브라임의 병거와
　　예루살렘의 말을 끊겠고
전쟁하는 활도 끊으리니
　　그가 이방 사람에게 화평을 전할 것이요
그의 정권은 바다에서 바다까지 이르고
　　유브라데 강에서 땅 끝까지 이르리라.
또 너로 말할진대 네 언약의 피를 인하여
　　너의 갇힌 자들을 물 없는 구덩이에서 놓았나니
소망을 품은 갇혔던 자들아
너희는 보장으로 돌아올지니라.
　　내가 오늘날도 이르노라. 내가 배나 네게 갚을 것이라.

내가 유다로 당긴 활을 삼고
에브라임으로 먹인 살을 삼았으니
시온아 내가 네 자식을 격동시켜
헬라 자식을 치게 하며
너로 용사의 칼과 같게 하리라.

스가랴 9:9~13

앗수르가 이스라엘을 점거하고 바벨론이 예루살렘을 파괴했을 때, 하나님은 저들을 가리켜 선민에게 후드는 무기라고 하셨다. 그 때 이후부터 이스라엘의 소망에 사로잡힌 자들은 하나님께서 애굽을 탈출할 때에 행하신 것과 같이 이스라엘이 다시 한 번 원수들을 휘두를 여호와의 무기가 되리라는 꿈을 버린 일이 없다.

방금 얼마 전 생사를 주장하시는 권위와 힘을 증명한 예수가 군중의 환호와 함께 나귀를 타고 예루살렘으로 입성하는 이것은 바로 오랫동안 지체된 꿈이 잠 깨어나는 것이다. 그 자리에 있는 군중의 흥분은 그의 겸손한 입성이 "예루살렘에서 군마(軍馬)를 추방하는 상징이요" 전쟁이 아니라 모든 민족에게 평화를 약속하는 것이라는 생각으로 흥분을 자제할 수 있는 것이 아니었다. 더구나 그 자리에서 "너희를 위한 언약의 피"라는 숨은 의미를 눈치 채는 자는 존재할 할 수가 없다.

저들 군중이 그렇게 자제할 필요가 왜 있겠는가? 군중의 환호와 과거의 성경 말씀의 인용을 평화주의자로 아이러니한 본래의 의미를 뒤집을 수 있고 또 아이러니가 아닌 본래의 본문대로 전쟁의 의지로 볼 수도 있다. 좌우간 그 상황의 진정한 의미는 12장 16절에 나온다. "제자들은 처음 이 일을 깨닫지 못하였다가 예수께서 영광을 얻으신 후에야 이것이 예수께 대하여 기록된 것임과 사람들이 예수께 이같이 한 것인 줄 생각났더라" 하였다. 헬라인에게 유다가 당긴 활이 되고 에브라임(사마리아)이 화살이 된다는 것에 관해서는 다음 맥락과 연관된다.

명절에 예배하러 올라 온 사람 중에 헬라인 몇이 있는데 저희가 갈릴리 벳새다 사람 빌립에게 가서 청하여 가로되 선생이여 우리가 예수를 뵈옵고자 하나이다 하니 빌립이 안드레에게 가서 말하고 안드레와 빌립이 예수께 가서 여짜오대 예수께서 대답하여 가라사대 인자의 영광을 얻을 때가 왔도다. 내가 진실로 진실로 너희에게 이르노니 한 알의 밀이 땅에 떨어져 죽지 아니하면 한 알 그대로 있고 죽으면 많은 열매를 맺느니라. 자기 생명을 사랑하는 자는 잃어버릴 것이요 이 세상에서 자기 생명을 미워하는 자는 영생하도록 보존되리라. 지금 내 마음이 민망하니 내가 무슨 말을 하리요. 아버지여 나를 구

원하여 이때를 면하게 하여 주옵소서. 그러나 내가 이를
위하여 이 때에 왔나이다. 아버지여 아버지의 이름을 영
광스럽게 하옵소서 (하시니) 이에 하늘에서 소리가 나서
가로되 내가 이미 영광스럽게 하였고 또 다시 영광스럽
게 하리라 하신대 곁에 서서 들은 무리는 우레가 울었다
고도 하며 또 어떤 이는 천사가 저에게 말하였다고도 하
니 예수께서 대답하여 가라사대 이 소리가 난 것은 나를
위한 것이 아니요 너희를 위한 것이니라. 이제 이 세상
에 심판이 이르렀으니 이 세상의 임금이 쫓겨나리라. 내
가 땅에서 들리면 모든 사람이 내게로 이끌겠노라. 예수
께서 이 말씀을 하시고 저희를 떠나가서 숨으시니라.

요한복음 12:20~32, 36

헬라인들이 예수에게 직접 말하지 않는다. 모든 헬라인들은
적절한 순서에 의해서 "풍성한 추수"의 일부가 된다. 그러나 첫
째로 밀 알 하나인 예수가 땅에 떨어져 죽어야 한다. 스가랴의
글에 나오는 칼은 헬라인에게 그리고 로마인에게 휘둘려서는
안 된다. 오히려 하나님 자신에게 휘둘려져야 한다(but against
God himself). 이 언약의 피는 자신의 피이고 흘려져야 한다. 예
수의 세례 때에 하늘에서 들린 목소리가 다시 확인으로 들려주
신 바 된다.

예수에게는 그 다짐의 음성이 필요하지 않다. 왜냐하면 그

목소리는 당신의 목소리이지만 지금 예수께서 언급하신 것과 같이 그가 심히 염려되는 제자들에게 필요한 확인의 목소리이다. 최근에 생명과 죽음에 관한 자신의 권세를 표시한 바 있는 예수는 자신이 생명을 위한 죽음을 선택하신다. 그러나 그렇게 하심으로써 "이 세상의 임금"인 사탄이 추방되고 낙원은 회복된다. 이와 같이 예수의 대중의 회개 운동으로 시작한 사역이 종료에 들어선다. 광야에서 기습적 시험으로 후퇴한 이 세상의 임금이 전면 공세를 취한다. 큰 싸움이 벌어진다. 그 접전에서 남은 것은 그 싸움을 이기는 일뿐이다.

제 4 부

하나님의 어린양

제4부
하나님의 어린양

온 땅의 주께서 로마인의 형틀인 십자가에서 고통 중에 죽는 광경은 극한의 공포와 의외의 사건이었다. 그에게 그런 권세를 주신 바이지만 그러나 이런 일이 발생하였음은 충격이다. 그가 아무런 항의 없이 그 죽음의 고통을 참으심은 두 번째의 충격이다. 왜냐하면 그의 의지는 전사(戰士)의 의지이기 때문이다. 이 사실이 지극히 심각하다고 보는 것이 이 저술의 의도이고 그리고 하나님의 정체성에 큰 전황이 일어났다는 것으로 보기 때문이고 그리고 그 뒤에 부활 사건이 왔다고 해도 여전히 극한적인 충격이다.

이러한 충격은 사전에 그와 같이 순서가 밟아지도록 하나님 자신의 의지적 결정이었다고 전제해야 해결된다. 그렇다면 복음서의 절정으로 접근하기 전에 다시 한 번 이 사전의 결정이라는 문제를 먼저 성찰해야 한다. 사무엘 베컷(Samuel Beckert)

의 유고 논문집의 제목은 〈더 나아갈 수 없다. 그러나 가야 한
다〉(I Can't Go On, I'll Go On)였다. 나의 이 저술에 있어서 하나
님의 생애의 마지막 장에 해당이 되는 이 부분이 마치 그와 같
을 것이다.

하나님의 심경에 일어난 변화
The Changing of the Mind of God

하나님은 이스라엘이 유목민 역사를 통하여 조우하게 된 몇 몇 셈족 신과 여신들의 종합 인격의 형태로 존재하게 된다. 이 스라엘 안에서 유일신론이 점진적으로 범신론을 대신하면서 이들 신들의 권능과 책임과 상호관련의 인격들이 단순히 억압 되어 존재된 것이 아니라 이스라엘의 하나님 야훼 엘로힘으로 그 속성이 다시 확실하게 되는 결과가 된 것이다. 구약성서의 여러 쪽에서 우리가 만나게 되는 문자적인 정확한 이 과정, 다 시 말해서 우리가 만나게 되는 하나님은 이러한 위대한 복합성 과 내적 긴장의 인격이다(a character of great complexity and inner tension). 마치 하나님은 지금까지의 모든 연출을 대신하기 위해 서 초대된 한 배역과 같다(God is like an actor who has been called on to replace an entire cast). 그의 행위가 보여 주시는 덕성의 인격은 강력한 명령과 당혹의 양자이고 그리고 구약성서에 나와 있는 모든 것의 회상과 그 이전 그가 존재하지 않았던 때부터의 깊은 것들의 기억들이 있다.

셈족의 범신들은 창조자와 파괴자로 분할된다. 이스라엘의 유일신론은 하나님이 그 두 가지 역할을 모두 하기를 요구한다. 창조자로서 질서의 하나님(the god of order)으로 그리고 파괴자로서는 혼돈의 신(the god of chaos)이다. 셈족의 범신 사상에서는 민족을 수호하는 역할과 열방의 질서를 책임지는 역할을 각각 다른 신이 분할하였다. 나라와 민족마다 전쟁으로 출전할 때는 각기 자기 나라와 민족의 수호신의 이름으로 나아간다. 그러나 그러한 범신들 위에 다른 민족이 쉽게 의지할 수 없는 주권적 심판자 그리고 율법을 주신 하나님이 계신다.

이스라엘의 하나님은 이 양자의 정체성을 지닌 하나님이시다. 한편으로는 이스라엘 민족의 하나님이시고 그리고 전투하시는 용사(its captain in time of war)이시고, 다른 한편으로는 모든 열방을 통치하시는 입법자 그리하여 온 인류가 존중히 여긴다. 셈족의 범신들은 수호신적인 인격의 신축성을 소유하나 그 대상이 선택 받은 개인이며 제한된 능력은 민족을 수호하는 범위가 아니며 더구나 열방을 관장하거나 우주를 다스리는 신이 아니다. 이스라엘의 하나님은 아무리 큰 범위로 민족이거나 열방을 막론하고 그리고 우주를 관장하시는 신으로 구약에 의하면 온 이스라엘과 어느 개인이거나 온 민족의 기도를 들으시는 하나님이시다. 끝으로 셈족의 범신들은 어느 누구도 독신이 아니며 각기 자기 배우자격인 중요한 여러 여신들과 함께 동거한다. 이스라엘의 하나님은 유일신론적이고 남성으로 존재하며 하나님의 정체론적인 품성에서 여성의 국면과 기능을 배제하여 독신으로만 존재한다.

몇 가지의 기능들이 서로 빚는 갈등 그리고 그것과 일치하는 인격 표현이 구약에서 가장 기억이 되는 계기를 결정내린다. 그리하여 창조주이신 하나님은 창세기 2장에서 첫 인간에게 생령을 불어넣으시며, 그리고는 파괴자로서 창세기 3장에서는 그 인간을 죽음으로 저주 내리신다. 다시 이와 같이 창세기 1장에서 첫 부부에게 생육하고 번성하여 "땅에 충만하라" 하신 후, 이어서 노동의 짐을 지게 만들고 억제되지 않는 성적인 욕구가 일어나게 하며, 그런 후 7장에 가서는 그들이 온 땅에 번성한 것을 다시 홍수로 씻어버린다. 그러나 이러한 양상의 엇박자 갈등은 우주 창조의 역할과 한 민족의 수호자라는 고유 기능이 서로 충돌하면서 긴 안목에서 가장 심각한 결과를 낳게 되는 것이다.

무차별적으로 인간이 번성하라고 하신 지원에서 물러선 하나님은 자신의 지원을 선택적으로 아브라함 개인에게 한정하기로 하시고, 그 아브라함의 후손이 한 번 애굽으로 이주한 후 결과적으로 원주민인 애굽 사람의 인구를 넘어서는 위협적인 존재가 된다. 애굽 원주민이 저들을 압제하여 노예로 삼고 장자의 생산은 모두 살해하는 시책을 시행하자 저들 민족의 신으로 구원으로 나서신 하나님은 이번에는 자연의 힘을 군대로 거느린 장사의 역할로 힘을 보이신다. 나일 강이 피로 변하고 애굽 산야가 해충으로 덮이는 재앙이 지난 후에 하나님은 죽음의 천사를 보내시어 모든 애굽인의 장자의 목숨을 거두게 하신다. 유사하게 추격하는 애굽 사람 군대로부터 도주하는 이스라엘 사람을 구조하는 여호와는 하늘 군대를 동원하는 것이 아닌 적군에게 홍해를 덮치게 하여 제거한다.

그 후에 구약성서의 분위기는 이스라엘의 하나님이 단지 이스라엘 민족의 하나님만이 결코 아니시라는 자신감과 들뜬 긍정 의식이다. 이스라엘의 하나님은 다른 민족의 제한된 또는 (뒤에 가서) 존재가 아닌 신들과는 달리 전능하신 창조주이시며 온 우주의 신이시고 뛰어나심이 자신과 선민 모두에게 결코 실패가 없는 무제한의 권능자로 임하시게 한다. 단 한 민족 이스라엘의 하나님만이 하나님이시다! 작은 신들은 복도를 지나가는 궁인들 정도의 존재이고 하늘과 온 땅의 여호와만이 전능자이시다. 하나님의 적수는 강력한 애굽처럼 비록 애굽이 지상의 최고의 권력이었으나 여호와 앞에서는 아무런 존재도 아니다. 왜 그런가? 신이라고 자처한 바로가 여호와의 능력 아래 존재하였다.

여호와가 함께 싸움터로 나아가시니 골리앗은 죽은 자이다! 다윗의 후손들이 불가항력으로 나라를 앗수르와 바벨론에게 상납하였을 때, 교만한 정복자들은 전혀 자의식이 없이 하나님의 손에 잡힌 연장이었다. 하나님은 선지자들을 통하여 하나님의 자율적인 결정에 의해서 하시(何時)라도 그러한 일을 되풀이하실 수 있다고 언명하셨다. 그리고 약속하시기를 약속한 날에 그런 일을 반복하신다고 하였다. 말하자면 정복자들의 날짜가 계수된 것이다.

그러나 앗수르와 바벨론의 정복이 수백 년간 아무런 저항 없이 유지되고 보니 여호와가 처음 획기적인 사건으로 애굽의 바로를 쓰러뜨린 과거의 승리를 계속하여 인용하는 일이 힘을 잃게 되고 말았다. 어떤 선지자 가령 하박국 같은 선지자의 확신 속에는 과거 하나님이 자연의 힘을 동원하시어 적을 섬멸한 그런 확신을 아직 환상으로 간직되어 말하기를 "하나님이 힘 있는 팔과 손을 펴" 권능을 행하실 것이라고 한다. 그러나 수백 년이 지나면서 그러한 하나님의 신원이 나타나지 않으면서 서서히 그러한 명확한 환상을 주장하기가 힘들게 되면서 그러한 압력이 몇 가지로 재해석을 하기 시작하였다.

서서히 밀고 들어 온 재해석의 한 형태는, 유일신론으로부터 점차로 후퇴하는 타협 형식의 해석이다. 사탄의 힘을 서서히 인정하면서, 비록 하나님의 권능과 동등한 것으로 인정하지는 않아도 확실히 무시해 버릴 존재는 아니라는 생각, 그리하여 하나님이 약속하신 완전한 승리가 지연되고 있다는 해명이다. 하나님이 약속을 지키시지 않으셨음과 이스라엘에게 다윗의 영광을 다시 회복하지 않으셨음이 스캔들이 되어버리고 그리고 이 스캔들은 다시 하나님이 지연하시고 있다는 것과 하나님이 다니엘서에 나와 있는 바와 같이 상당한 저항을 받고 계시다는 것, 그리고 과거 가나안 원주민의 잡신들이 한 일을 지금은 악의 천사들이 맹렬히 저항하고 있다는 해석이다. 하나님은 여전히 강력하시나 그러나 애굽에서 이스라엘을 구출하실 때보다는 통제력에 있어서 훨씬 덜 통제적이다. 하나님이 내면적으로 변화가 일어난 것인지 여부는 차치(且置)하고라도 외적으로는 더 이상 도전자가 없다는 사정이 아니다.

두 번째는 미래에 관한 재 조종이라는 암시가 있다는 것이고 큰 변화가 없기는 하나 그러나 하나님의 이스라엘과의 관계에서의 역할과 아울러 온 세계의 통치자로서 심각한 변화이다.

원론적으로 언급하면 하나님은 당신의 계약 대상인 이스라엘을 위한 군사적 실력을 행사하실 날이 있을 것이지만 실제적으로는 옛 과거의 계약을 새롭게 취급하신다는 암시가 의식된다는 것이다. 즉각적으로 온 나라들을 메시야의 발등상 되게 하시는 것(시 110:1) 보다는 오히려 이스라엘로 하여금 이방 나라들을 비쳐 줄 등불이 되게 하신다는 참으심과 기다림으로 만족하시는 것으로 보이신다 (사 49:6). 이스라엘의 승리는 언제나 두 번째의 의미라는 효과가 있었다. 다시 말해서, 직접 이스라엘을 위한 유익보다는 이스라엘이 언제나 온 세계를 향해 위대하신 하나님을 증거하는 역할이 있었다. 만일 이 두 번째의 역할이 우선의 것으로 뒤바뀌면 필히 따라오는 상관성의 문제는 전쟁이 아닌 다른 방법으로 하나님의 목적이 성취되는 것이 아닌가 하는 것이다. 그렇다면 하나님의 군사를 통한 실력적인 개입을 이때나 저때나 하고 기다리는 고통보다는 하나님의 재조정이 된 종말이라는 이해가 적절한 것이 된다.

다니엘서를 펴서 읽으면, 전장에서 하나님이 개입하시는 일에 관한 모든 포장이 된 이야기를 읽게 되고 그리고 저자가 가장 힘을 기울이고 있는 줄거리는 왕궁에서 보여 주는 유대인들의 신앙심과 열정과 용기와 더욱이 그들의 지혜를 찬양하는 이상과 환상이다. 저들의 지혜와 그 지혜의 예찬은 전쟁이 아닌 방법으로 하나님의 권위와 위신을 보존하려는 비록 아직은 덜 발전된 것이기는 하나 새로운 모색이 풍긴다. 전쟁의 하나님이 지혜의 하나님으로 대치된 양상이다.

마치 하나님의 지혜와 함께 거리를 두는 현상이 일어나, 여호와 하나님이 격렬한 이스라엘 한 나라의 야전 사령관이기보다 더 만방을 관찰하시는 주로서 출현하기 시작하신다. 예를 들어, 우리는 시편 33편에서 다음과 같이 읽는다.

> 여호와께서 하늘에서 감찰하사
> 　모든 백성을 보심이여
> 곧 그 거하신 곳에서
> 　세상의 모든 거민을 하감하시도다.
> 저는 일반의 마음을 지으시며
> 　모든 행사를 감찰하시는도다.
> 많은 군대로 구원 얻은 왕이 없으며
> 　용사가 힘이 커도 스스로 구하지 못하는도다.
> 구원함에 말은 헛것임이여
> 　그 큰 힘으로 구하지 못하는도다.
> 여호와는 그 경외하는 자
> 　곧 그 인자하심을 바라는 자를 살피사
> 저희 영혼을 사망에서 건지시며
> 　저희를 기근 때에 살게 하시는도다.

우리 영혼이 여호와를 바람이여
　저는 우리의 도움과 방패시로다.
우리 마음이 저를 즐거워함이여
　우리가 그 성호를 의지한 연고로다.
여호와여 우리가 주께 바라는 대로
　주의 인자하심을 우리에게 베푸소서.

시편 33:13~22

시편의 기자는 영원한 생명과 경제적 안정(기근에서의 구원)을 소망하지만, 그러나 군사적인 승리는 언급하지 않는다. 그리고 여호와가 "하늘에서 감찰하심"과 "온 백성을 보심"은 친구의 영광된 승리와 원수들의 패망이 아니라 지금까지의 것과 전혀 다른 군사력을 믿는 것의 헛됨을 일러 주신다. 이와 같이 전혀 다른 언급을 하는 이유는 하나님이 "(우리) 일반의 마음을 그렇게 지으심"이라고 말한다. 시편 33은 직접적으로는 과거의 전통을 부정하지는 않는다. 그러나 강조하는 바가 새 것이다. 그리고 군사적 역사(軍事的役事)가 실패가 아니라 단지 하나님이 이제는 군사적인 역사를 유보하시는 것을 언급한다.

세 번째의 개정 형태는 두 번째의 것에서 파생된다. 어떠한 이유에서인지 하나님이 전장에서 이스라엘을 위한 직접 행위인 힘의 행사나 군사적 승리를 보이지 않으려고 하신다면 당신의 계약 상대인 이스라엘과 자신과의 관계에서 사사로운 정체론적인 이유가 일어났기 때문이라는 일종의 궐석(闕席)이라는 시각이다. 이러한 새로운 시각이 전장에서의 이스라엘이 거두는 승리가 아닌 어느 특정 가족이나 개인의 신앙과 헌신으로 얻게 되는 새로운 종류의 승리를 말하는 것이고, 이스라엘은 이러한 새로운 방법으로 하나님의 위대하심을 증명한다는 해석이다.

끝없이 반복되는 유대인의 경건(敬虔)이 온 세계의 경이(驚異)가 되고 교화가 된다는 것이다. 마치 바벨론 왕궁에서 다니엘이 경이와 교훈이 된 것과 같다. 체력에 근거한 용맹이 아닌 이러한 건덕(健德)의 영웅이 참으로 탐구되어야 할 영웅상(英雄像, be a heroism of study)이어야 한다는 시사(示唆)이다. 다니엘서 9장에 단 한 번 나오는 것으로 개인 생활에 있어서 성경 읽기의 생활과 훈련이 타나크(Tanakh)의 첫 시행으로 시사되고 그리고 그러한 완숙한 경건은 예레미야에서는 그 선지자에게 여호와가 "내가 나의 법을 그들의 속에 두며 그 마음에 기록하여"(렘 31:33)라고 말씀하시는 것이 된다. 이러한 지평에서는 앞으로 올 위대한 역사의 시작(the harbinger of a huge history to come)은 토라를 순종의 차원에서의 이해가 아닌 그 이상의 하나님과의 친밀(親密/intimacy with him)하기 위한 것에서 이해가 되어야 한다는 지평이다.

성경 읽기와 기도와 금식을 연관지어 다니엘은 성경 연구와 예배를 하나로 묶었다. 그리고 그의 행위는 천사의 방문으로 보상된다. 그러나 이 천사는 다니엘이 설정하려는 것보다 하나 더 미래에 관한 단서를 추가하여 제시한다. 그것은 다니엘과 같은 경건한 신앙인이라고 해도 쉽게 거부감을 갖게 하는 석의자(an exegete)의 기능이다. 마치 온 세계를 교화하기 위해서 하나님이 랍비 기능의 천사를 사용하시며, 랍비 천사를 존재하게 하신 것처럼 보여진다.

하나님이 친히 "옛적에는"이라는 어구를 사용하시어 이미 오랜 시간이 경과한 지금이라는 의미를 갖게 하신다. 그러나 그의 도제들은 마음속에 그 율법을 새겨야 한다. 그리하여 그 도제들이 배움으로 온 세계가 서서히 지혜의 세계로 인도된다. 만일 과거에 하나님이 홀로 계신 것처럼 지금에는 의식하지 않으신다면 그것은 원수 된 자의 이름을 인정하기 때문에 일어난 변화만이 아니라 과거는 하나님의 음성이 솔로 형식으로 들리던 것이 지금에 와서는 석의자들의 합창으로 듣게 되었다는 변화이다.

두 번째와 세 번째의 이러한 재조정은 유일신론의 재정의와 합리화라는 범위에서 엄청난 파장을 불러일으키는 변화이다.

한 시각에서 말하면 하나님이 유일하신 하나님이심보다 (말로 표현하자면) 가장 강력한 하나님, 가장 중요한 하나님이시라고 정의내리면 이스라엘의 생활은 훨씬 단순해진다. 사사기 11장 24절에 보면 한 이스라엘의 지도자가 같은 시대의 요단강 저 건너편의 암몬 사람에게 이렇게 말한다. "네 신 그모스가 네게 주어 얻게 한 땅을 네가 얻지 않겠느냐. 우리 하나님 여호와께서 우리 앞에서 어떤 사람이든지 쫓아내시면 그 땅을 우리가 얻으리라." 이와 같은 사실적인 평화를 위해서 적용되는 외교적인 범신론은 지역적으로 이웃한 나라와 사이에서 실효가 있을 뿐 아니라 심지어는 지역적인 문제만이 아닌 신학적인 차원에서도 응용되는 유추였다.

생활이 단순한 그 때는 저들 이방이 저들의 지역에서 신을 소유하고 그리고 여기에서 이스라엘이 자기 하나님을 소유하는 것은 편리한 일이다. 말을 바꾸어 생활이 단순할 때에는 이스라엘이 인접한 저들이나 저들의 신들을 개의치 않아도 되는 일이었다. 불행한 일로 그러한 단순과 그리고 엄격한 유일신론의 단순성은 피차 배타적인 성격이다. 만일 신이 한 분뿐이고 그리고 그 유일신이 이스라엘의 하나님이라면 이스라엘이 좋든 싫든 상관없이 모든 사람은 이스라엘의 하나님을 믿어야 하고 결과적으로 이스라엘은 모든 사람의 문제에 관여해야 한다.

하나님을 어떻게 이해해야 하는가의 재조정 제 2와 제 3의 형태는 계속적으로 더 모든 사람의 문제를 개념적으로 취급하게 됨에 따른 불가피한 적응 조치이며 변화(accomodations)이다.

유일신 사상과 한 민족(이스라엘)의 선민 의식의 양자 간의 긴장 문제를 가장 자연스럽게 화해하는 길은 온 세계를 한 가족으로 구성하는 신성제국에서 이스라엘이 정점이 되는 것이다. 열방을 원수로 발등상이 되게 하는 단순한 생각보다는 이렇게 상상해 보는 것이 모든 나라들을 하나님과 계약 관계로 포함시키는 더 나은 환상일 것이다. 이사야 2장 3절에 이러한 상상력의 글이 나온다.

오라 우리가 여호와의 산에 오르며
　야곱의 하나님의 전에 이르자.
그가 그 도로 우리에게 가르치실 것이라.
　우리가 그 길로 행하리라 하리니.

온 세계의 통일 제국과 민족적 선민 자각을 결합한 의식은 매우 오래된 것이고 그리고 이처럼 시간이 지난 때에도 한 나라가 특히 놀라운 발전으로 힘을 키워 그러한 성장이 신의 선택(divine election)이라고 생각하였다. 성공회의 오래된 찬송가에 1712년에 알렉산더 대주교가 작시한 것을 1892년에 조지 워렌(George William Warren)이 곡을 붙인 소위 "국가찬송"(National Hymn)에 아래 같은 가사가 나온다.

일어나, 빛의 관을 쓴 왕 같은 살렘 일어나!
우뚝 솟은 머리 세우고 눈을 들어라.
보라, 하늘의 눈부신 문이 크게 열려
너에게 대낮의 영광을 펴리라.

보라, 문전에 모든 이방나라들이 모여 있어
너의 빛으로 나오고 너희 성전 길로 오나니
제단 앞에 모든 나라 임금이 머리를 조아려
모든 백성이 다 예물 들고 기쁨을 바치오리다.[1]

그러나 아무리 두 생각이 옛것이라고 해도 그것에서도 시작이 있다. 확실한 근거에서 제국의 이상은 앗수르의 등장에서 시작한다. 말하자면, 이 세상에 등장은 최초의 다국적 구성의 제국이다. 대충 기원전 9세기라고 추정된다. 하나님의 선택이라는 사상이 이스라엘이 최초가 아니라면 결국은 인류역사에서 가장 오래 계속된 이 사상의 이스라엘의 형태의 사상이다.

---

1) Jack Miles, *Christ*, p. 205에 나오는 본문을 직역. (우리 찬송가 266장과는 차이가 크다.)

18세기의 영국 시인이 "왕 같은 살렘"이라 하였고 이 "살렘"은 예루살렘의 준말이다. 그는 영국 황실을 유대인의 성경에서 빌린 언어로 유추하였다. 기원 1세기에 예루살렘에 생존한 거주민의 생각으로는 이러한 환상의 예찬은 자기들의 역사 일천 년의 절반이 제국으로 이방 나라를 거느린 것이 아니라 이방 강대국에게 예속되었든 여러 약소국들의 하나이었든 기억으로 오히려 상처를 아프게 하는 언급일 것이다.

네 번째 그리고 마지막 개정안은, 싸움터를 무한히 확대하여 이스라엘의 땅에서 우주로 넓히는 생각, 다시 말해서 시간 세계에서 영원으로 확대하는 시각이다. 이 새로운 전장에서는 하나님이 싸워 이기시는 새로운 방법이 있다. 외경 (솔로몬의) 지혜서를 읽으면,

의인의 영혼은 여호와의 손에 있나니
　어떠한 잔혹도 그들에게 미치지 못하느니라.
어리석은 자의 눈에는 그들이 죽은 자 같고
　그들의 죽음이 절망이라고 생각이 되나
　그러나 그들은 평안히 있느니라.
우리 눈에 그들이 형벌을 받는 것으로 여겨지나
　그들의 소망은 영원토록 풍성하리라.
그들의 징계는 적으나

그들의 축복은 크도다.
여호와가 저들을 시험하시어
그들이 여호와와 영원토록 함께 있을 자로 여겼느니라.

지혜서 3:1~5

영원한 생명이 반드시 역사의 부정은 아니다. 만일 적절한 시간이 오면 하나님이 이스라엘의 역사적인 운명을 되돌려놓으실 수 있는 이유와 여지가 아직 있다. 그러나 이러한 개정의 여지를 열려고 하면 불가피하게 어떤 압력이 있어야 한다. 모든 유대인들에게 힘에 의한 회복이 너무 늦다고 여겨지는 때에 그러나 다른 종류의 축복과 신원이 존재한다. 외국의 압제가 잔혹하고 티투스 장군의 예루살렘 포위 때에 그 수비병들을 잔혹한 십자가 처형으로 저항군을 떨게 할 생각이었고, 포위군이 도망하는 유대인 부녀자를 황금을 찾는다는 이유로 산채로 배를 가르는 잔혹이 있었어도, 그러한 어두운 과거사는 모두 시험이었다고 취급할 수도 있다.

하나님이 남은 자 충성된 자를 모아 영원히 "잔혹을 넘어" 미치지 못할 곳으로 안식하게 하실 것이다. 이것이 모든 것의 종말로서 마지막에 실증되면 그리고 하나님의 남은 승리이면 그것으로 족하지 않는가 말이다. 하나님께서 한때 바로 왕을 겸

손하게 만드신 것처럼 세상의 제왕들을 겸손하게 만들지 않으
신다고 해도 하늘에서 그의 백성들이 영원히 이 땅의 제왕들이
힘으로 제압한 것처럼 다시는 못할 하늘나라의 보장이 있으면
그것으로 충분하지 않은가?

상술한 네 가지의 영역에서 랍비적 유대주의이든 기독교이
든 각기 자율적인 선택으로 하나님의 인격에 일어난 변화라는
개정의 의미를 보는 것이다. 왜냐하면 기원후 70년에 예루살렘
성전이 완전히 붕괴된 현실을 목격하고 다른 모든 유대주의는
공적인 것이든 비공적인 것이든 모두 무너지고 말았기 때문이
다. 이와 같이 함으로써 성전이 파괴되기 전에 역사적으로 존
재한 일체의 구조가 모두 폐기되고 그리고 그 다음에 새로운
신학 구조가 다시 세워지면서 등장한 것이 잡다한 묵시문학의
홍수였다. 그 중에 지금도 남아 있는 묵시문학이 오늘의 학자
들에게 영향을 주고 있다.

그러나 우리가 확실하게 해야 할 것은 묵시문학은 하나님의
인격의 재정이 아니며, 상술한 방향에 근거한 개정적 이해가 결
코 아니다. 오히려 감정적인 열기가 신학의 보수주의에 의해서
지적으로 매우 혼탁하게 흐려진 상태이다. 하나님의 약속이라
고 생각하는 군사적 개입이 실현이 되지 않으면 그럴수록 더
웅대하고 가공할 묵시적 환상으로 보수주의의 상상 안에서 하

나님의 전투적 개입을 지어낸다. 거대한 하나님의 개입을 상상 속에 지어내면 그럴수록 캘린더의 날짜에 점을 찍으려는 유혹에 빠지게 하고 그와 같이 예정일을 설정하면 다시 오발이라는 오류를 범하는 가중된 압력에 놓이게 된다.

이와 같이 날짜를 설정하거나 또 그 날짜를 도피하는 양자적인 압력은 결과적으로 설정한 날짜가 아닌 것으로 실패하는 경우를 모두 염두에 둔 아리송한 문학적인 날짜 신탁의 성격을 지니게 된다. 초기에는 랍비적 유대주의나 기독교나 양자 모두 이러한 묵시문학의 시행착오를 치렀으나 이제는 긴 안목에서 그러한 조급한 견해를 거부한다. 방대한 묵시문학의 문서들인 유대종교나 기독교에서 모두 제외되었고, 이와 같이 제외된 동기는 정전의 부피가 너무 커서가 아니라 역사적으로 그러한 묵시문학이 완전히 실패한 까닭이다.

이와 같이 경직된 조급한 묵시문학과는 대조적으로 더 자유주의적이고 이 형세에 기름지게 뿌리를 내린 유대인 사회에서는 이미 기원후 70년 이전에 하나님과 역사적 소망과 사회적인 울타리에 관하여 그 묵시문학적인 이해에서 재조정이 이루어지고 있었다. 기원후 70년에 일어난 멸망과 기원후 135년에 일어난 파괴가 각각 기독교와 유대교에게 영향을 주었고, 기독교는 기원후 70년 이후 얼마 안 되어 그러한 창조적인 개정이 그리고 유대 랍비주의는 기원후 135년에 얼마 안 되어 일어난다.

복음서의 이야기는 유대인의 하나님에게 사형이 언도되며, 유대인의 원수인 로마에 의해서 고문과 십자가의 처형된 줄거리인데, 이는 하나님이 더 이상은 외압에서 유대인을 구원하기 위해서 싸우시는 하나님이 아니라 온 인류를 사망에서 구하시고 선택하신 구주이신 사실을 각별히 잔혹하고도 극적인 사건으로 선언하고 있는 이야기이다. 신약의 이야기는 전체적으로 복음서 이야기와 초기 교회 이야기의 종합이고, 하나님께서 유대인을 위하여 싸워 이기는 전략을 유대인을 통한 선교사신(for missionary teaching)과 교체하셨음을 각별히 과격한 충격적인 방법으로 선언하는 내용이다. 그러나 양자 중 어느 것도, 다시 말해서 두 번째의 초강수(超强手) 정정논적(訂定論的) 입장(even the supersessionist second one)까지도 처음부터 이방인을 위한 소행이 아니다.

한 예외적인 과격한 유대인이 초청을 하기 이전에는 이 세상은 스스로의 지각으로 유대인의 하나님이 누구이신가의 정체적 자각을 갖거나 그리고 아무리 자격이 넉넉한 자라고 할지라도 스스로의 자각으로 유대 민족의 구성원이 되려는 생각이 일어나지 않는다. 이들 "기독교인들"의 생각만큼이나 과격한 그리고 전통적인 유대 고유의 딜레마에 대한 고통을 통한 스스로의 반응이 랍비적 유대종교의 발전이다. 말하자면, 그들만의 창조적인 그러한 발전이라고 말할 수 있다. 이러한 모든 새로운 이념은 모든 새로운 이념이 그런 것과 같이 위에서 언급한 네 가지의 변형을 포함하여 현장적인 맥락에서 취한 변화의 자료를 가지고 성취한 것이다.

마치 그리스도가 기독교에서 성육신 하신 말씀인 것과 같이 토라는 랍비적 유대주의에게 있어서는 말씀의 성육신이다. 그리고 이 토라가 성경의 말씀을 통하여 이 지상의 것이 되게 한다는 국면에서 그들 유대 랍비주의에서는 신성의 성육신이다. 각기 이 두 가지의 신성, 그리스도와 토라는 하나님과는 불가분리의 것이고 그러면서 각기 하나님을 개정하기 위해서 나온 것이다.

그 둘 중에서 그리스도 하나님의 재정을 더 과격하게 "너희는…하는 말을 들었거니와 나는 이렇게 말한다"라고 선언한다. 토라는 70년의 예루살렘 멸망 이후에 적극성을 띄고 발전한 하나님의 개정이지만, 더 섬세하면서 더 분석적이고 더 포괄적이고 서서히 발전시키는 논조의 것이고, 덜 극적인 요소를 지닌 것이지만 결과적으로는 기독교의 개정과 유사한 결론에 도달한다.

신약이 구약과는 모순되지 않는 것으로 양립하는가? 이 질문은 잘못 구성된 질문이다. 신약은 정확하게 구약과는 양립한다고 보아야 하기 때문이다. 같은 맥락에서 탈무드가 타나크(Tanakh)와 조화되는가의 질문도 같은 성격의 결론이 나온다. 탈무드가 개정이라고 하면 과연 개정 이전의 타나크와 연속성이 있는가 묻는다. 신약과 탈무드는 양자가 다 구약과의 관계는 비스듬히 일치하며 구체적인 사실을 열거하면 양자의 차질을 지적할 수 있으나 그러나 양자가 모두 히브리어 성경의 개정의 문서이다. 그리고 양자의 개정은 모든 그 이전의 성경과 꼭 일치하는 것은 아니다. 양자의 입지가 다 하나의 종교적, 정치적, 지적 위기를 대처한 대응이며, 각기 전자와는 사회적으로 본문적으로 일치하지 않은 것으로 성립한다. 그러나 중요한 테마, 중요한 논제는 기독교의 개정 편집(신약성서)이 하나님의 심경에 변화가 일어났음을 증언하는 문서이고, 그리고 토라와 탈무드를 함께 고려하여 양자가 동일 제목을 단지 다른 양태로 추구하고 있다는 사실이다. (이 차이는 중요하다.)

두 번째의 유월절

A Second Passover

유월절 전에 예수께서 자기가 세상을 떠나 아버지께로
돌아가실 때가 이른 줄 아시고 세상에 있는 자기 제자들
을 사랑하시되 끝까지 사랑하시니라.

요한복음 13:1

하나님의 정체를 기독교는 미학적으로 개정하고 있으며 그
특색이 극적인 구성으로 그 개정을 표시하고 있다. 이러한 극
적인 구성은 장(scene)과 배역(characters), 대화(dialogue), 그리고
동작(action)이다. 자기 생애 최후의 밤에 주께서 제자들을 가
까이 모으시고 그 밤에 다시 행하실 대본은 천 년 전에 이스라
엘의 여호와 하나님이 결행하신 이적 사건인 유월절 사건의
재연(再演)이다. 이 대본의 언어 서술과 행동은 앞서 언급한 네
가지의 드라마 요건이고 서로 결합되어 서로 강조를 높이는

구성이다.

첫째로, 사탄이다. 그의 막강한 힘을 어찌하여 하나님이 그간
에 침묵하시고 이스라엘을 개입하여 구원하지 않으셨는가를 말
해 줄 등장 배역이다. 그러나 그는 한 마디도 말하지 않는다. 이
사탄의 역할은 첫 번째의 유월절에서 바로가 행한 몫과 동일하
다. 그가 맡은 역은 굴복되고 그리고 여호와 하나님의 크신 권
능을 인정하는 일이다. 사탄을 이기는 승리는 궁극적으로 사망
에서 다시 일어나는 것이며, 이 승리는 원론적이다(only a victory
in principle). 실제적으로는, 사탄의 힘은 앞으로도 오래 오래 지
속될 터이다. 그러나 주의 백성은 이미 훗날의 영원한 승리의
보장이 되는 그 승리를 지금 미리 맛보게 하는 주님의 부활을
통하여 승리하며, 그리고 그와 함께 중요한 문제로서 어찌하여
그 전체적인 승리가 곧 지금 즉시가 아닌가를 이해하게 되는 것
이다. 저들이 예수께서 승리하신 것과 같이 승리하기 이전에 저
들도 박해를 받아야 하기 때문이다.

둘째로, 이 두 번째의 유월절에서는 한 발자국 한 발자국 전
진하면서 주께서 교사로 일러 주신다. 마땅히 교사가 그래야
할 것처럼 말과 행동의 흐름을 통제하신다. 하나님의 말씀이신
주는 따르는 자에게 실제적으로 읽어야 하는 텍스트로 임하신
다. 반복적으로 주님은 그들을 위한 행위를 말씀하시고 그들이

꼭 따라야 하는 본이심을 일러 주신다. 그 인격이 예수는 "세상의 빛"이시고 (요 8:12), 그 인격이 모든 이방을 비쳐 주실 하나님의 빛이시다. 그러나 제자들은 이 빛을 온 세상으로 전해야 한다. 제자들은 지금 두려워한다. 주께서 저들을 고아처럼 두신다고 느낀다. 그러나 그의 죽음 뒤에 "보혜사"이신 그의 영이 그들 속으로 들어와 주의 교훈과 구속의 사역을 능히 계속하게 될 터이다.

세 번째로, 이 새로운 언약의 구성원이 받게 되는 보상은 우선 저들이 주님과의 친밀한 관계(their intimacy with him)이다. 주님과의 이 친밀성은 동시에 구성원 상호간의 친밀성이 되게 한다. 저들은 주님께 대한 사랑을 직접적으로 주님이 아닌 서로 사랑하므로 표시해야 한다. 사실적으로 이것이 주님이 주신 새 계약 명령의 내용이다. 뒤에 가서 요한일서는 이 진리를 설명하여 "사랑하는 자들아 우리가 서로 사랑하자 사랑은 하나님께 속한 것이니 사랑하는 자마다 하나님께로 나서 하나님을 알고 사랑하지 아니하는 자는 하나님은 알지 못하나니 이는 하나님은 사랑이심이라"(4:7, 8)고 하였다.

하나님이 사랑이시면 그러면 하나님의 성육신(God Incarnate)은 사랑의 성육신(love incarnate)이시다. 이 구성원의 형제애가 단지 계명(not just commandment)이 아니라 계약 계명(a covenant commandment)이라는 이유는 형제자매는 공동체적으로 성육신 하나님의 사랑을 인격화하고(collectively incorporate and so continue the Incarnate God's love for them) 그리고 계속하는 것이기 때문이다. 주께서 저들을 사랑하신 것처럼 저들은 서로 사랑해야 한다. 즉, 자연적인 인간 본능의 호감 이상의 사랑으로 사랑해야 한다. 저들이 이 세상을 영성으로 감화시키는 같은 행위로 인하여 종국에 사탄을 이기는 때에 저들이 앞날에 받을 보상으로 마련되고 기다리고 있다는 경험론적인 예지가 되어 저들에게 위안이 된다.

네 번째로, 종말론적인 승리란 하나님께서 자기 창조를 교정하시고 그리고 회복(repairs)시키심으로만 성취되는 승리이다. 예수께서 그를 지목하여 "처음부터 살인자이요"라고 언급한 그 사탄은 마침내 패배당할 것이며, 창조 초기에 인간으로 하여금 불순종하게 만들어 결과적으로 온 인류가 모두 저주아래 놓인 그 멍에를 주 하나님이 완전히 도말하시는 종국의 승리이다. 유월(踰越) 곧 사망에서 생명으로 넘어가는 사실은 예수께서 자신의 몸으로 옛 저주를 짊어지시고 진정 화해가 성취되었음을 몸서 보여 주시는 것이다. 그러나 예수께서 인도하시는 곳으로 제자들은 따라가야 한다.

여기까지 상술한 하나님의 인격에 일어난 네 가지의 정정(訂

正)이 복음서를 통하여 진행되었다. 그러나 하나로 묶이는 결론적인 정정은 요한복음의 완결장에서 위대한 표상의 네 가지 주제로 성취된다. 그 네 가지는 상관성이 있는 다음계적(多音階的)인 작용을 하는 성격이어서 예수 자신이 동시적으로 성취하신다.

첫 번째의 유월절에서 주 하나님이 행하신 역할을 지금 성육신이 다시 취하신다면 자기 제자들을 빌라도가 아닌 가이사에게 보내어 유대 백성으로 놓아 주어라 요구해야 한다. 그러한 시나리오의 유월절이면 예수는 예루살렘의 다락방이나 유다가 아니라 요단강 넘어 외지 사막이나 산지에서 민족 해방군을 기다려야 한다. 만일 가이사가 여러 번의 권고를 무시하고 그리고 제국 전체에 파급되는 재앙임에도 예수의 요구를 무시하면 예수는 백성들로 하여금 자기에게 도피하라고 명해야 할 것이다. 모든 유대인 가족은 도피를 준비하여 어린양을 잡아 그 피를 문설주에 바르고 이 두 번째의 유월절을 영원히 기념하기 위해서 그 양 고기를 먹어야 한다. 그리고는 예수는 천사를 보내어 모든 로마제국 시민의 장자를 죽이는 죽음의 천사를 보내게 될 것이다. 이 죽음의 사자들은 유대인 집 문의 피 묻은 문설주를 보고 건너가 무사하게 된다. 그 후 저들은 거룩한 산으로 가기 위해 요단강을 건너가며 뒤를 추격하는 로마군은 그 요단강의 급류에 익사하게 될 것이다.

여호와 하나님이 힘으로 다시 행사하기로 결정하시면 이런 줄거리가 되어야 한다. 그러나 주 하나님은 그러한 복귀하지 않으신다. 이 두 번째의 유월절에서는 여호와 하나님은 그러한 주제로 복귀하시는 것이 아니라 놀랍게도 죽임을 당하는 유월절 어린양의 역할로 오신다. 이 유월절 어린양의 피는 처음 애굽의 이스라엘 사람을 살린 것처럼 이번에는 제자들을 살리신다. 단번에 장자들을 일시에 죽인 죽음에서가 아니라 사망의 저주 자체로부터이다. 문설주에 뿌리는 대신에 주의 피를 상징적으로 새 언약의 표적으로 마시는 것이다. 처음 창조된 인간이 불순종과 범죄로 여호와가 지극한 진노로 대한 그러한 저주 대신에 여호와 하나님은 실제적으로 그러한 진노를 뉘우치시고 자신의 죽음으로 대속하시어 옛 것을 교정하시는 신창조를 시작하신다.

신창조의 첫 출생으로 부활 때에 여호와가 이스라엘을 애굽에서 가나안으로 인도하신 것과 같이 예수님은 믿는 제자들을 사망에서 영생으로 인도하신다. 상징적으로 그의 살을 먹고 그의 피를 마시므로 그와 한 몸이 된 제자들은 예수께서 그와 같이 하신 그대로 제자들도 신창조의 영생으로 유월(踰越)하게 된다는 그의 말씀을 소유하는 것이다. 이것이 제자들에게 주실 계약의 약속(his covenant promise), 예수의 피 흘리심으로 단번에 인 치신 바요 엄숙한 선언되게 하신 약속이다.

　다른 희생물 어린양들의 피는 인간이 빠져버린 인간 조건을 상징하는 것이다. 이 희생물 어린양은 그 덫에서 놓여나는 해방을 상징한다. "나는 인애를 원하며 제사를 원치 아니하며" (호 6:6). 여호와는 선지자 호세아를 통하여 말씀하신다. 그러나 과거 하나님이 인애(仁愛)가 부족하였으므로 이제는 하나님 자신이 가장 그 인애를 필요로 하신다. 첫 인류의 불순종은 죄였다. 그러나 이 세상에 죽음이 온 것은 그 죄의 지대함 때문이 아니라 그 죄를 책망하시는 하나님의 가혹한 저주 때문이다 (The disobedience of the first human was a sin: yet it was not the enormity of the sin but rather, the ruthless of God's curse that brought death into the world).

　이러므로 죄인들은 자신을 위해서 죄를 뉘우침이 필요하고 용서가 되어야 하나, 그러나 결국은 하나님 자신이 그 죄에 대한 대응이었던 복수와 파괴성에 대하여 영원한 생명으로 회복하시는 속량(贖良)이 필요하다. 옛것이며 참으로 오래 지속된 하나님의 복수는 그 표적이 죄이고 그리고 하나님의 어린양이 친히 그 사망의 저주를 영생의 축복으로 바꾸어 놓으심으로 해결된다.[1]

한때는 하나님이 저들에게 희생물을 바칠 것을 명하셨으나, 이제는 저들을 위해서 자신을 희생하신 것이다. 과거에는 저들이 섬겨야 한다고 요구하였으나, 지금은 그가 저들을 끝까지 사랑하신다. 그리고 교훈하시어 하나님과의 계약의 표가 하나님께 향한 헌신이 아닌 서로를 위한 헌신이어야 한다고 교훈하신다. 이것으로 저들은 이 세상을 가르쳐야 하고 그리고 이것으로 저들은 예수께서 주 하나님이심을 알게 될 터이다.

끝으로, 부단히 저들이 열방과 구분되고 남과 분리되어야 한다고 요구하셨으나 지금은 끝없는 하나 됨을 요구하신다. 저들을 위한 예수의 마지막 기도는 저들이 하나 되기를 위한 기도이다. 주님 자신과 하나, 아버지와 하나, 서로가 하나 되기를 위한 기도였다.

예수께서 잡히시기 잠시 전에 "담대하라....내가 세상을 이기었노라" (요 16:33) 말씀하신다. 사실적으로 그는 세상을 이기셨는가?(Has he in fact conquered the world?) 물론 과거 가나안을 정복하신 때와 같은 양상의 정복은 아니다. 가나안 정복의 명령은 남자 여자 어린이 할 것 없이 아무 생존자도 남겨서는 안 되었다. 이제는 가혹한 처형에 마지막 숨을 쉬는 이는 자신이며

---

1) Jack Miles, *Christ*, p. 211을 참조, 그리고 저자의 의도를 신중하게 성찰이 필요.

그의 원수가 아니다. 그렇다면 당시 세상의 정복자인 로마 당국의 안목으로 보아 이 세상이 그를 정복한 것으로 보인 것이 너무나 확실하다.

그러나 주님은 정복을 다시 정의하셨으며 그렇게 하심으로 자신을 다시 정의 내리신 것이다(Yet he has redefined conquest and in so doing redefined himself). 예수는 생애의 위기를 문자 그대로의 인간형상으로 나타내시어 그 형상으로 그 위기를 자기 몸에 지닌 인간으로서 그 위기의 해결을 위한 결의를 "끝까지" 짊어지신다.

과연 그는 이 세상을 이기셨는가?(Has he conquered the world?) 전설에 의하면, 주변을 평정하는 데 실패한 로마의 마지막 황제 율리아누스(Julian, 331~363)의 임종의 말은 예수가 사용한 동일한 언어 정복을 헬라어로 사용하여 "갈릴리 사람아 당신은 정복하였소"(Thou has conquered, Galilean! / Nenikekas Galilaie)였다고 한다. 비록 로마가 율리아누스를 통하여 이 사실을 용인하는 데 3세기라는 시간이 필요한 것이었으나, 확실한 바 이 마지막 한 마디는 유대인의 하나님이 처음 이기신 것보다 이 두 번째의 유월절에서 외견상 패배가 더 큰 승리와 정복을 성취하셨음을 증언하는 것이다. 지중해 연안에서 기독교가 확산이 되면서 신들이 살아지고 마는 운명은 필지(必至)의 사실이 되었다.

존 밀턴은 그의 저술 〈그리스도 탄생의 아침에〉(On the Morning of Christ's Nativity)에서 신들의 퇴장을 솟아오르는 아침 햇살에 사라지는 어둠과 같다고 하였다. 신들은 전부 사탄의 "멸망이 될 대원"이고 그리고 그리스도가 탄생하시자 저들을 즉시 "지옥의 세력"으로 전환이 되고 만다. 밀턴은 이들 사라지는 신들의 이름을 엮으면서 즐기는 듯 보인다. 그들은 헬라의 달의 여신 신디아, 태양신인 아폴로, 로마인의 가정의 수호신이나 망자의 영, 팔레스틴 사람의 바알과 아세롯, 리비아 사람의 하몬, 페니키아 사람의 타무즈와 아스다롯, 가나안 사람의 몰록, 나일강의 동물 머리를 한 신, 그리고 마지막은 애굽 사람의 신 오시리와 백 개의 머리를 소유한다는 티폰이고, 그는 카오스의 용의 신이며 헬라인들은 그 신이 에트나 산 지하에서 용트림을 하고 있다고 믿었다.

오시리는 유다 땅에서
두려운 어린 아이의 손을 겁먹으며
베들레헴의 아침 서광은 눈을 멀게 하니
다른 모든 신들도
더 이상은 산 목숨이 아니고
티폰의 큰 뱀 꼬리도 힘을 못 쓰고
우리 아기 예수께, 하나님이 진실로 거하시니

강보에 누어 계시나

정죄된 신들의 대열을 능히 누르시도다.[2]

밀턴이 이러한 시어를 집필하기 이전 16세기 앞서서 요한복
음의 저자는 로마 저항자로 처형된 별 볼일 없는 한 유대인이
어떻든 당시의 온 세상을 정복하였으며 그보다 월등하게 난사
인 이 세상의 신들을 모두 일소(一掃) 하였음을 독자들로 놀라
운 간결성으로 읽게 하였다. 이 한 줄 "담대하라 내가 세상을
이기었노라(요 16:33)는 예수께서 신체적으로 그리고 심경이 가
장 어려움의 고비를 넘어서시는 때에 주신 참으로 과중한 자신
감의 피력이다. 이 예수의 말씀을 동시대의 유대인들이 정신이
상자의 소견이라고 왜 말하지 않겠는가 말이다. 그리고 역시
자연스러운 현상으로 서 그가 체포되어 처형이 되는 순간 그의
제자 중 한 사람만을 제외하고는 모두가 도주한 사실이 수긍이
간다.

"마음이 온유한 자는 복이 있나니 저가 땅을 차지 할 것이요"
라고 그는 일찍이 말씀한 일이 있다 (마 5:5). 세속적 사고로 다
시 말해서, 정치학적으로 음미한다면 이 언급이 과거의 모든 강
력 제국이 하나씩 멸망한 결과에 대한 일괄 평가처럼 들릴 것

---

2) Jack Miles, Christ, p. 212.

이다. 동기가 되는 사상이 교만한 인격이 결국은 모두 넘어지고만 것에 대한 평가요, 그래서 결국은 겸손한 자가 그 땅을 이어 받는다는 생각처럼 들릴 것이다. 소극적으로 비군사주의이든 적극적으로 평화주의의 시각으로 평가하든, 하늘에서 하나님이 보시고 그리고 전쟁 영웅이 "온유한 자가 땅을 차지할 것이요"에 해당되지 않는다고 선언하신 것은 논리적인 일치성의 범주는 아니나, 그러나 심리적인 범주에서는 성립한다고 할 것이다.

복음서의 이야기가 극적으로 서술하는 연속에서는, 이야기의 시작을 그와 같은 서언으로 시작한 것만이 아니라 결론으로 되돌아와 자랑 같은 선언 형식으로 다시 결론으로 나온다. 공생애 사역 초기에 예수는 제자들에게 약속하시어 저들의 온유로 땅을 차지할 것이라고 하셨다. 그의 선언적 주장(his boast)은 불과 얼마 안 되어 세례 요한의 목이 잘리는 비극이 벌어지는 시점이다. 그리고 이러한 비극이 벌어지자 그의 온유한 주장이 종말을 고하는 것이 아닌가 싶은 시간에 그는 이 땅을 정복하신다고 약속을 주신 것이다. 시작의 약속이나 결론에 나오는 자랑스러운 선언이나 양편이 모두 극적이고 그리고 중요한 점은 그와 같이 말씀하시는 이가 하나님이 아니시라면 성립이 되지 않는 논리이다(unless it is God who speaks). 인간은 누가 감히

이런 약속, 이런 선언적 긍지가 이런 결론에 도달하게 한다고
생각이나 할 수 있겠는가 말이다.[3]

---

3) Jack Miles, *Christ*, p. 213.

주 하나님의 최후의 언약(정전)

The Last Testament of the Lord

구약에 나오는 위대한 인물들, 즉 아브라함, 이삭, 야곱, 모세, 그리고 다윗 등은 사망 전에 비교적 장문의 연설문을 남겼다. 이들 최후 증언들은 간혹 신비한 성격이긴 하나 깊은 명상이 동반한 미래에 관한 예언의 환상과 충고가 결합된 내용이다. 이러한 최후 증언의 행렬에서 가장 최후에 등장하는 증언 문서가 주께서 주신 요한 문서의 형식에 담겨져 있는 대화 형식의 것, 정확하게 말하면 해석된 독백의 형식이다. 이 대화에서 두 번 주님은 극적인 제의 형식(祭儀形式)의 동작을 취하신다.

1. 주는 제자들의 발을 씻어 주신다

저녁 먹는 중 주 예수는 아버지께서 모든 것을 자기 손

에 맡기신 것과 또 자기가 하나님께로부터 오셨다가 하
나님께로 돌아가실 것을 아시고 저녁 잡수시던 자리에서
일어나 겉옷을 벗고 수건을 가져다가 허리에 두르시고
이에 대아에 물을 담아 제자들의 발을 씻기시고 그 두르
신 수건으로 씻기기를 시작하여....저희 발을 씻기신 후
에 옷을 입으시고 다시 앉아 저희에게 이르시되 내가 너
희에게 행한 것을 너희가 아느냐. 너희가 나를 선생이라
또는 주라 하니 너희 말이 옳도다. 내가 그러하다. 내가
주와 또는 선생이 되어 너희 발을 씻겼으니 너희도 서로
발을 씻기는 것이 옳으니라. 내가 너희에게 행한 것 같
이 너희도 행하게 하려 하여 본을 보였노라....너희가 이
것을 알고 행하면 복이 있으리라

요한복음 13:3~5, 12~15, 17

자존심이 강한 사람들에게 있어서, 외세의 지배가 남겨 준
결과로서 외국인을 먹이고 그리고 씻어 주는 행동처럼 마음에
상처를 주는 것은 또 없다. 당시는 남에게 이러한 서비스를 하
는 것은 가장 낮은 종에게 해당되는 역할이고 그런 행위의 강
요는 지배자의 횡포를 가장 명확하게 표현하는 굴욕이었다. 그
런데 예수는 당신의 교훈을 이런 행동으로 표현을 하신다. 자
아를 이 같이 제시하시는 예수는 제자들에게 우정의 모습이 아
니라 철저하게 노예의 모습이다. 로만인들에게 유대인의 자리

는 만일 항거하면 즉각적으로 가혹한 노예의 반열에 처하게 되는 위치의 사람들이다. 이러한 굴욕을 행동으로 제시하면서 예수는 제자들에게 그와 같이 자기를 본 받으라고 하셨다. 다시 말해서, 이 교훈은 뒤에 가서 로마인의 가혹한 처형을 인종(忍從)하시게 될 일을 암시하는 연성적인 표현이라고 해야 한다. 예수는 그러한 굴욕에서 자신을 지키지 않음과 같이 제자들도 지켜 주시지 않을 터이다.

그러면서도 이 현장이 정체적 압력을 폭력에 의한 저항이 아닌 인종이라는 의미로 수용하는 시각은 그 현장에서 일어난 사실을 힘의 자리가 아닌 멍에의 의미로만 수용하는 해석이다. 그 교훈과 그 메타포가 일러 주는 힘의 의미는 그 행위가 지닌 참으로 아름다움이요 감동이다. 전통적으로 하나님은 아무 누구에게도 종이 아니라 모든 사람의 주님이시다. 섬김은 손쉬운 해석으로 하나님의 인격에 부합되지 않는다. 그러나 여기 이 현장에서는, 예수는 그 부적절한 것을 적절한 것으로 바꾸어 놓으시고 그리고 참으로 억제 할 수 없을 만큼의 매력 있는 것 되게 하였다.

그는 가장 일상적이고 지극히 평범한 동작을 취하여 하나님의 정체론적인 인격에 변화가 일어났음을 일러준다. 이 현장의 구성은 결코 패배에 대한 적응을 위한 현장이 아니라 범례(範例)

를 행동으로 보여 주어 사랑이 무엇인가를 알고 그것에 적응하
도록 하는 자리가 되었다. 예수는 저들을 사랑하시고 그리고
사랑하라 가르치신다. 그와 같이 저들은 다른 사람을 사랑하고
사랑을 가르치게 될 것이다.

> 사람이 친구를 위하여 자기 목숨을 버리면
> 　이에서 더 큰 사랑이 없느니라.
> 너희가 나의 명하는 대로 행하면
> 　곧 나의 친구라.
> 이제부터는 너희를 종이라 하지 아니하리니
> 　종은 주인의 하는 것을 알지 못함이라.
> 너희를 친구라 하였노니
> 　내가 내 아버지께 들은 것을
> 　다 너희에게 알게 하였음이라.
> 너희가 나를 택한 것이 아니요
> 　내가 너희를 택하여 세웠나니
> 이는 너희로 가서 과실을 맺게 하고
> 　또 너희 과실이 항상 있게 하여
> 내 이름으로 아버지께 무엇을 구하면
> 　다 받게 하려 함이니라.

요한복음 15:13~16

구약에서는 하나님께 대하여 친구라는 서술이 지극히 드문

일이다. 출애굽기에서 모세를 대면하시어 여호와 하나님이 "사람이 그 친구와 이야기하듯"(출 33:11)이라고 나온다. 단 한번 하나님이 이사야를 통하여 하나님이 아브라함을 친구로 언급하심이 나온다 (사 41:8). 그 곳 말고는 여호와 하나님은 유별나게 다른 경우와는 판이하게 친구가 없는 고독자로 제시된다. 하나님은 "마음의 할례"(신 10:16)와 같은 순결을 요구하신다. 그러나 한 번도 단순한 우정을 요구하시거나 자신이 그러한 우정을 제공하신다고 하신 일이 없다. 하나님의 성육신이 우정을 약속하시면서 이제까지 전혀 없었던 그리고 불가능한 것으로만 알아온 새로운 관계를 설정하신다. 온 땅의 주이신 하나님이 허리를 굽혀 누구의 발을 씻어 주심은 참으로 아무도 상상 할 수 없는 사건이다.

2. 그는 배신을 예견하시나 그러나 사랑을 설교

예수께서 이 말씀을 하시고 심령에 민망하여 증거하여 가라사대 내가 진실로 진실로 너희에게 이르노니 너희 중 하나가 나를 팔리라 하시니 제자들이 서로 보며 뉘게 대하여 말씀하시는지 의심하더라. 예수의 제자 중 하나 곧 그의 사랑하시는 자가 예수의 품에 의지하여 누웠는

지라. 시몬 베드로가 머리 짓을 하여 말하되 말씀하신
자가 누구인지 말하라 한대 그가 예수의 가슴에 그대로
의지하여 말하되 주여 누구오니이까. 예수께서 대답하시
되 내가 한 조각을 찍어다가 주는 자가 그니라 하시고
가룟 시몬의 아들 유다를 주시니 그 조각을 받은 후 곧
사단이 그 속에 들어간지라. 이에 예수께서 유다에게 이
르시되 네 하는 일을 속히 하라 하시니 이 말씀을 무슨
뜻으로 하셨는지 그 앉은 자 중에 아는 자가 없고....저
가 나간 후에 예수께서 가라사대....소자들아 내가 아직
잠시 너희와 함께 있겠노라. 너희가 나를 찾을 터이나
그러나 일찍 내가 유대인들에게 너희는 나의 가는 곳에
올 수 없다고 말한 것과 같이 지금 너희에게도 이르노라.
새 계명을 너희에게 주노니 서로 사랑하라. 내가 너희를
사랑한 것 같이 너희도 서로 사랑하라. 너희가 서로 사
랑하면 이로써 모든 사람이 너희가 내 제자인 줄 알리라.
시몬 베드로가 가로되 주여 어디로 가시나이까. 예수께
서 대답하시되 나의 가는 곳에 네가 지금은 따라올 수
없으나 후에는 따라오리라. 베드로가 가로되 주여 내가
지금은 어찌하여 따를 수 없나이까. 주를 위하여 내 목
숨을 버리겠나이다. 예수께서 대답하시되 네가 나를 위
하여 목숨을 버리겠느냐. 내가 진실로 네게 이르노니 닭
울기 전에 네가 세 번 나를 부인하리라.

요한복음 13:21~28, 31, 33~38

복음서에 나오는 바에 의하면 수차에 걸쳐 예수는 귀신 들린 자들을 귀신 추방으로 치유하신 일이 있다 그러나 지금 이 자리에서는 사탄이 유다를 소유하고 있다. 그러나 하나님의 명령으로 그 사탄의 세력을 물리치시는 일을 유보하신다. 이러한 사귀(邪鬼)들에 대한 하나님의 권능이 부족해서가 결코 아니다. 그러나 저들은 하나님의 완전한 통제 아래 있는 것도 아니다 (적어도 아직은).

그러므로 이 현장에서도 예수는 사탄을 부정적인 효과를 위해서 사용하시는 것이 아니라, 사탄의 행동이 그들의 결정이지만 예수의 지혜는 저들을 앞질러 결과적으로 유다를 도구로 사용한 결과가 유익이 되는 것을 내다보신다. 그러나 예수의 전략이 의도한 바대로 현장과 역사의 흐름과 일치한다고 해서 고통의 대가가 따르지 않는 것은 아니다. 유다와 베드로는 그 대가의 일부이다.

여기에서 주신 예수님의 설교는 배신과 도주라는 부정적인 요인이 함께 하지 않으면 그 설교의 진면목이 이해되지 않는다. 왜냐하면 저들은 배신과 이탈이 생겨나도 서로 사랑해야 한다는 명령이기 때문이다. 제자들이 훗날에 서로 사랑하라 일러 주신 교훈을 유다의 배신과 베드로의 이탈을 기억함으로 더 절실한 명령으로 기억하게 될 터이기 때문이다.

시몬 베드로와 또 다른 제자 하나가 예수를 따르니 이
제자는 대제사장과 아는 사람이라. 예수와 함께 제사장
의 집 뜰에 들어가고 베드로는 문 밖에 섰는지라. 대제
사장과 아는 그 제자가 나아가서 문 지키는 여자에게 말
하여 베드로를 데리고 들어왔더니 문 지키는 여종이 베
드로에게 말하되 너도 이 사람의 제자 중 하나가 아니냐
하니 ("너도"라는 표현에서 첫 제자는 예수의 제자인 것
을 알고 하는 말) 그가 말하되 나는 아니라 하고 그 때가
추운 고로 종과 하속들이 숯불을 피우고 서서 쬐니 베드
로도 함께 서서 쬐더라. 시몬 베드로가 서서 불을 쬐더
니 사람들이 묻되 너도 그 제자 중 하나가 아니냐 베드
로가 부인하여 가로되 나는 아니라 하니 대제사장의 종
하나는....네가 그 사람과 함께 동산에 있던 것을 내가
보지 아니하였느냐. 이에 베드로가 또 부인하니 곧 닭이
울더라.

요한복음 18:15~18, 25~27

베드로의 부인에 관한 예수의 예견에서 가장 문제가 되는 것
은 예수의 예견이 예견으로 거기에서 끝나고 그에게 해당하는
정죄나 추방이 없다는 점이다. 베드로가 예수를 취급하게 될
것처럼 예수께서 베드로를 대하지 않으신다. 요한복음이 서술
하는 베드로의 부인은 지극히 정황적으로 정밀하고 확실하다.

요한복음의 저자 역시 확실하게 그의 부인을 사실적으로 언급하고 그리고 거기에서 더 언급이 없다. 예수께서 제자들에게 요구하신 믿음의 종류는 어떤 교리에 대한 동의보다는 예수의 인격에 밀착된 우정과 본으로서의 인격적인 결단이다. 베드로가 예수와 아무런 관계가 없다는 부인은 바로 이러한 신앙 결단의 번복(飜覆)이다. 베드로는 예수의 교훈을 부인한 것이 아니다. 이 다락방에서 맹세한 그대로 예수와의 밀착성을 베드로는 부인한 것이다.

예수는 사탄과의 역투(力鬪)에서 제자들이 필요하고 제자들을 원하신다. 처음에는 제자들과의 관계가 풀어지지만 예수께서 친히 열정으로 그들과의 관계를 회복하신다. 이미 몇 백 년 전에 이사야를 통하여 하나님은 이 고통을 예언하신 바 있다.

소는 그 임자를 알고
나귀는 주인의 구유를 알건마는
이스라엘은 알지 못하고
나의 백성은 깨닫지 못하는도다

이사야 1:3

예수께서는 친히 선택하신 이 적은 무리인 제자들과 자신의 관계를 언급하시어 "나는 선한 목자라 나는 저들을 알고 내 양들은 나를 안다"(요 10:14)고 말씀한 일이 있다. 그러나 이 적은 양떼와 저들을 사랑하는 목자의 관계는 무력하게 허물어진다. 저녁이 끝나고 다 같이 감람산으로 이동한다. 예수는 저들에게 말씀하신다. "오늘밤에 너희가 다 나를 버리리라. 기록된 바 내가 목자를 치리니 양의 떼가 흩어지리라 하였느니라" (마 26:31, 슥 13:7).

그러나 이러한 이미지를 사용하시면서도 이 밤에 예수의 언어는 조금도 거칠지 않다. 왜냐하면 그 예언의 말씀을 인용하시면서도 그의 사랑과 용서가 그 말씀을 싸매고 있기 때문이다. 이사야 시대에 지금 베드로가 예수를 부인한 것과 같이 이스라엘이 하나님을 부인하였을 때 하나님은 즉각적으로 준엄한 벌을 내릴 준비가 되어 있었다. 정반대로 예수는 베드로의 비겁함을 방임하고 그가 관계를 단절하고 방황하는 것을 정죄하지 않고 벌을 내리지 않은 채로 내버려 두기로 하셨다. 유다와 베드로의 배신은 과거와 비교하여 하와가 아담을, 가인이 아벨을, 라반이 아브라함을, 야곱이 에서를 속인 것과 대조되고, 크게는 신약의 하나님의 성육신이 구약의 하나님의 신인동형동성론적 (anthropomorphism)인 경험과 대조된다.

가장 가까운 친구에게 당하는 하나님의 성육신의 배신은 성서에 등장하는 모든 배신의 역사를 회상하게 만들고 그리고 심각성을 말하면 그러한 배신의 역사의 절정이다. 열두 사도의 지도자격인 베드로는 과거 이스라엘 열두 지파를 총체적으로 대표한다. 그리고 과거 여호와를 진노하시게 한 이스라엘과 유다의 여러 왕들의 심성과 그들이 백성을 그릇 인도하여 하나님을 떠나게 만든 일을 상징한다. 과거 저들의 배신 때문에 하나님께서 바벨론을 동원하여 질풍처럼 북에서 내려 쳐 예루살렘이 초토화가 된 것이다. 그러나 저들처럼 베드로가 불신앙적이었으나 예수께서는 그를 아직 지도자의 위치에 두신다. 그 운명이 뒤바뀌는 밤에 형벌을 받는 자는 종자(從者)가 아닌 주 하나님이시다.

3. 하나님의 어린양의 저녁식사
(The Supper of the Lamb)

저희가 먹을 때에 예수께서 떡을 가지사 축복하시고 떼어 제자들에게 주시며 가라사대 받으라. 이것이 내 몸이니라 하시고 또 잔을 가지사 사례하시고 저희에게 주시니 다 이를 마시매 가라사대 이것은 많은 사람을 위하여 흘리는 나의 피 곧 언약의 피니라. 진실로 너희에게 이르노니 내가 포도나무에서 난 것을 하나님의 나라에서

새 것으로 마시는 날까지 다시 마시지 아니하리라 하시
니라.

내가 너희를 위하여 처소를 예비하러 가노니 가서 너
희를 위하여 처소를 예비하면 내가 다시 와서 너희를 내
게로 영접하여 나 있는 곳에 너희도 있게 하리라....내가
너희를 고아와 같이 버려두지 아니하고 너희에게로 오리
라. 조금 있으면 세상은 다시 나를 보지 못할 터이로되
너희는 나를 보리니 이는 내가 살았고 너희도 살겠음이
라. 그 날에는 내가 아버지 안에 너희가 내 안에 내가 너
희 안에 있는 것을 너희가 알리라.

마가복음 14:22~25; 요한복음 14:2~3, 18~20

예수께서는 자신을 통하여 이 세상에서 시작이 되지만 그러
나 오는 세상에서 종료되는 유월절 식사를 주재하신다. 상징으
로 자신의 몸과 피를 먹을 것으로 제시하신 후, 자신의 부활 신
앙을 선언하신다. (새 것으로 마시는 그 날) "그 날"(that day)이 오
면 이 세상은 예수가 죽어 그리고 지나간 사람으로 알 것이나
그러나 예수를 따르는 무리들은 신앙의 안목으로 주가 살아 계
심과 주님의 죽음에 대한 승리는 믿는 자들의 승리임을 보게
된다. 그리고 때가 오면 속한 날에 주께서 따르는 자들을 친히
취하시려고 다시 오실 것이다. 그 때가 되어야 다시 저들과 함

께 새 포도주를 마실 것이다.

바울의 경우 예수의 말씀을 축차적으로 인용하는 경우가 드물다. 그런데 바로 그 예외가 예수의 삶에서 이 시간의 경우이다. "주의 만찬"의 바울의 버전은 가장 오래 된 기독교의 두서너 가지의 문서 중의 하나이고 그리고 그의 성만찬 예문에 끝부분이 예수의 재림과 연관이 되어 참으로 놀랍다.

> 내가 너희에게 전한 것은 주께 받은 것이니 곧 주 예수께서 잡히시던 밤에 떡을 가지사 축사하시고 떼어 가라사대 이것은 너희를 위하는 내 몸이니 이것을 행하여 나를 기념하라 하시고 식후에 또한 이와 같이 잔을 가지시고 가라사대 이 잔은 내 피로 세운 새 언약이니 이것을 행하여 마실 때마다 나를 기념하라 하셨으니 너희가 이 떡을 먹으며 이 잔을 마실 때마다 주의 죽으심을 오실 때까지 전하는 것이라.
>
> 고린도전서 11:23~26

바울은 결론을 내리는 언급에서 회중이 상기해야 할 것이 예수께서 죽으시기 전날 밤에 친히 이 성만찬을 행하신 그 과거만이 아니라 저들이 예수의 부활에 동참하고 실현되는 다시 오실 앞날의 소망이라고 말한 것은 매우 중요하다.

상징적으로 자신인 이 새 유월절에 잡아야 하고 먹어야 하는 어린양이라고 전의(轉意)하심으로 주님은 자신의 인성의 죽음을 구원을 주는 죽음이라고 언명하신다. 유월절 어린양의 몸통을 먹는 일은 전통적으로 유월절 제의(祭儀)의 일부이다. 그러나 피를 마시는 행위는 유대인의 전통이 아니다. 왜냐하면 하나님이 "고기를 피째 먹지 말 것이니라" 금하셨기 때문이다 (창 9:4). 애굽에서 처음 유월절 어린양을 먹을 때 피는 먹지 않고 문설주에 뿌렸다. 그러한 표시 때문에 죽음의 천사가 그 이스라엘의 집을 넘어갔다.

새로운 유월절 어린양의 피는 새로운 방법의 구원이다. 두 번째의 유월절 어린양의 피는 입으로 마셔야 한다. 일상적으로는 피에 생명이 있기 때문에 먹지 말라고 한 것과 같이 같은 이유 때문에 두 번째의 유월절에서는 마셔야 한다. 그렇다. 생명은 하나님께 속한다. 그러나 하나님의 성육신은 친히 자신의 피를 마셔야 한다는 비상한 생동적 상징으로 자신의 영생을 온 백성과 나누시기를 원하심을 보여 주시려고 하신 것이다. 예수의 피, 생명을 주시는 생명을 계속 소유하게 하는 피가 이제부터는 온 인류와의 계약이다. 그리고 이 궁극적인 희생이 있은 후는 다른 어떤 희생도 다시는 필요가 없다.

이 언약의 성찬은 반복적인 희생이 아니라 단 한 번의 결코 반복되어서는 안 되는 그 이상의 것이 없는 희생의 반복적인 기념이다(the repeated commemoration). 한 차원에서는 이 성찬은 지극히 단순한 거저 떡을 나누고 잔을 받는 일상 생활의 조용한 행위이다. 그러나 다른 또 하나의 차원에서는 출애굽기에 나오는 비상한 행위, 즉 모세가 대야에 소의 피를 가득 담아 회집한 이스라엘의 무리들의 머리 위로 부은 끔직한 지극히 생동적인 역동성의 반복의 의미가 담긴다. 그리고 여기 이 두 번째의 경우는 소가 아닌 상징적으로 사람의 피이므로 출애굽기의 계약 확인의 의식보다 더 암울하고 더 야생적이다. 왜냐하면 이 피는 더 소급하여 하나님이 아브라함에게 헌신의 증거로서 아들 이삭을 제물로 그의 피를 요구한 사건으로 소급하고 있다 (창 22).

이번에는 그 희생이 전과 같이 다른 양으로 대신하는 것이 아니며, 묻어 두었던 비이성적인 인간 희생의 욕구를 기념하는 것이기 때문이다. 그러나 이 의식은 간직하는 의미가 온건하다. 기념 행위는 더 이상의 피 흘림을 요구하지 않는다. 이 새 언약의 잔은 동물이든 인간이든 신이든, 선혈로 채우는 것이 아니라 포도주와 기억으로 채운다. 원초적인 의미에서 아무것도 제외되지 않았다. 모든 것은 미래지향으로 지킨다. 그리고 일체는 변화된다.

하나님 외에 어느 누구도 이와 같은 예식을 창조할 수가 없다. 이 예식은 위험하게 인간 희생의 신인야만 풍습에 가까이 접근하면서도 하나님의 인격에 대한 신성모독이 되지 않는 자유 함을 유지한다. 그러나 절망적인 필요성이 절망적인 한도를 미치게 한 것이다. 하나님을 대면하는 불가능한 도전은 애굽에서 나온 출애굽의 백성 속에 일어난 소망이었고, 그리고 이 소망은 결국은 하나님이 다시는 저들을 대면하지 않을 것이며 그것이 불가피해질 것이면 자기 백성과의 계약 관계를 파괴할 도리밖에 없게 될 것을 하나님은 아셨다. 이 소망을 성취하려고 하면 하나님 편에서는 백성들의 입장에서는 여러 차원에서 출애굽의 차원을 능가하는 사건이어야 한다.

그리고 이 목적을 위한 방법은 더 웅장하고, 더 절통하고, 더 숨 쉴 수 없게 하는 이야기, 더 생동적이고, 더 망각할 수 없는 기념 행위, 끝으로 저들로 하여금 새로운 공동체로 일체 의식을 소유하게 만들고, 그리고 하나님이 저들과 또한 하나라는 새로운 방법이어야 한다.

유대인의 관습에서 히브리 성서를 읽으면, 두 번째와 서른네 번째와 서른아홉 번째의 정전 관계 이상으로 비교에서 큰 교훈을 주는 것이 또 없다고 한다. 두 번째의 책인 출애굽기에서 적대적인 왕 애굽의 바로는 종족 전멸의 협박으로 이스라엘을 위협한다. 그러한 절망에서 이스라엘은 여호와 하나님께 소리친다. 하나님은 자연계에 미치는 놀라운 이적으로 사용하여 그 백성을 구하신다. 서른네 번째의 책 에스더서에서는, 이번에는 페르시아의 적대적인 왕이 또 한 번 이스라엘 학살을 협박한다.

그러나 이러한 위기에 처한 이스라엘 백성은 여호와 하나님께 소리치지 않는다. 심지어 히브리 사람의 에스더서에는 하나님의 언급이 나오지도 않는다. 오히려 덕목과 용기를 종합한 시도로 저들 스스로 압제자의 위기로부터 자신의 위험을 구한다. 말을 바꾸어, 에스더서에서는 출애굽에서 하나님이 행하신 일을 공동체의 단결로 실현시킨다. 말하자면, 이스라엘이 공동체적으로 주 하나님의 변형(version)이 된 것이다. 하나님의 변형이란, 하나님께 충성일고, 결코 하나님을 거부하지 않으며, 철저하게 과거 한 번 하나님께서 행하신 일을 자기들이 스스로 집단적으로 행한다.

이 최후의 만찬에서는, 예수께서 그러한 중간자적인 역할로 그러한 유사한 기능을 행하신다. 전자에 예수는 듣는 많은 군중에게 충격을 준 설교를 하신 일이 있다.

내 살은 참된 양식이요

내 피는 참된 음료로다.
내 살을 먹고 내 피를 마시는 자는
내 안에 거하고 나도 그 안에 거하느니라.

요한복음 6:55~56

저들 속에 주가 사시는 생명으로 주는 저들의 지상 생활, 즉 저들의 시간 안에서의 생활에서 저들의 인간 기능을 요구하시는 것이 된다. 예수의 지상 생활이 끝나는 때, 저들을 통하여 계속되는 것이다. 저들의 공동체적인 현존이 서로 상호관계로 계속하므로 예수께서 육신으로 저들과 지금 계시지 않는다고 해도 견디어 낼 수 있게 된다. 에스더서의 유대인들처럼 과거 하나님이 일일이 제공하여 준 것과 같이 서로 도와주고 제공할 수 있었던 것이다.

이 최후의 만찬에서 시행된 성찬식에 대한 여러 가지로 불리게 된 명칭 중에 "거룩한 교제"(Holy Communion)라고 칭하는 명칭이 있다. 그 자리에서 주의 살과 주의 피를 먹고 마시는 의식으로 주와 하나가 되며—"우리가 다 그의 충만한 데서 받으니"라고 요한은 그의 복음서 서언에서 언명하였고, 성도 하나 하나는 같은 충만한 교제(communion)로 서로가 하나가 된다. 그 때부터 지금까지 제병(祭餅)에는 어린양의 이미지가 찍혀 있다.

끝으로 저들을 육신 생활에서 하나 되게 묶는 일이 영생의 차원에서 저들을 주와 하나 되게 하며 하나 됨의 상징은 나아가 최후의 가장 중요한 싸움, 말하자면 죽음과의 싸움에서 승리됨을 상징한다.

4. "담대하라 내가 세상을 이겼노라"
("Take heart, I have conquered the world")

내가 아직 너희와 함께 있어서
이 말을 너희에게 하였거니와
보혜사 곧 아버지께서 내 이름으로 보내실 성령
그가 너희에게 모든 것을 가르치시고
내가 너희에게 말한 모든 것을 생각나게 하시리라.
평안을 너희에게 끼치노니
곧 나의 평안을 너희에게 주노라.
내가 너희에게 주는 것은
세상이 주는 것 같지 아니하니라....
세상이 너희를 미워하면
너희보다 먼저 나를 미워한 줄을 알라....
내가 너희더러 종이 주인보다 더 크지 못하다 한 말을
기억하라.

사람들이 나를 핍박하였은즉 너희도 핍박할 터이요....

제자들이 말하되 지금은 밝히 말씀하시고 아무 비사도 하

지 아니하시니 우리가 지금에야 주께서 모든 것을 아시고

또 사람의 물음을 기다리시지 않는 줄을 아나이다. 이로

써 하나님께로서 나오심을 우리가 믿삽나이다.

예수께서 대답하시되 이제는 너희가 믿느냐.

보라 너희가 다 각각 제 곳으로 흩어지고

나를 혼자 둘 때가 오나니 벌써 왔도다....

세상에서는 너희가 환난을 당하나 담대하라.

내가 세상을 이기었노라

예수께서 이 말씀을 하시고

눈을 들어 하늘을 우러러 가라사대

아버지여 때가 이르렀사오니 아들을 영화롭게 하사

아들로 아버지를 영화롭게 하게 하옵소서!

아버지께서 아들에게 주신 모든 자에게

영생을 주게 하시려고

만민을 다스리는 권세를 아들에게 주셨음 이로소이다.

이후에는 내가 너희에게 말을 많이 하지 아니하리니

이 세상 임금이 오겠음이라.

그러나 저는 내게 관계할 것이 없으니

오직 내가 아버지를 사랑하는 것과 아버지의 명하신 대로

행하는 것을 세상으로 알게 하려 함이로라.

일어나라 여기를 떠나자 하시니라.

요한복음 14:25~27; 15:18, 20; 16:29~17:2; 14:30~31

애굽에서 이스라엘의 자녀들이 억압되어 주께 소리쳤을 때 "종이 상전보다 크지 못하다. 이 세상이 나를 핍박하였으며 너희들도 핍박을 받으리라"는 대답을 하신 것이 아니다. 하나님은 그러한 답변을 하실 수가 없었다. 누가 감히 하나님을 핍박할 수 있었다는 것인가? 또한 "담대하라 내가 세상을 이기었노라"는 말씀도 하실 수 없었다. 이 세상이 하나님의 것이 아니었는가? 처음으로 하나님에게 저항하는 일이 애굽에서처럼 생겨나기 전에는 하나님은 싸워야 할 상대가 세상이 아니었다. 그러므로 하나님을 전투 자(a warrior)로 부르지도 않았다. 그러나 이 밤 시간부터는 자기 백성들이 전투자로서 도움을 주고 대신 싸워 주기를 구하는 소리침을 언제나 거부하실 수 있다. 이러한 맥락이 주께서 성전에 최후로 나타나신 계기에 하신 말씀의 진정 요지이다. 다시 말해서,

지금 내 마음이 민망하니 무순 말을 하리요.
아버지여 나를 구원하여 이때를 면하게 하여 주옵소서.
그러나 내가 이를 위하여 이때에 왔나이다.
아버지여 아버지의 이름을 영광스럽게 하옵소서".

요한복음 12:27~28

하나님께서 "이 때에 와" 자신을 이러한 조건 아래 두셨다.

자신에 대한 어떤 악조건의 대가를 치르게 될지라도 이러한 조건 아래 오신 것이다. 그리하여 미래에 박해 받는 자들의 기도를 응답하실 수 있도록 마치 과거에 그러한 응답을 하지 못한 것과 같이, 말하자면, 그 답은 "세상이 너희를 미워하면 그 세상이 너희들보다 먼저 나를 미워하였음을 알라"의 대답이다.

광범위하게 서방교회에서 기도가 무엇인가 하는 이해의 본 줄거리는 위에서 말한 이해에 바탕을 둔다. 물론 세계 제 1차 대전까지만 해도 전쟁에서 싸우는 병사들을 위한 국가의 기도는 공적으로는 전투에서의 승리였다.

그러나 개인 기도에서는 더 많은 기도가 보혜사 성령의 도우심으로 박해를 제한할 수 없으면 주의 도우심으로 그러한 위험을 잘 인내하고 감당할 수 있는 힘을 주시기를 위한 기도였다. 그러나 이러한 기도는 주님이 직접적으로 그러한 간구(懇求)의 정당성을 새로운 도덕적 권위로 변증하여 주시고 그리고 입증하여 주시지 않으셨다면 그러한 기도가 단지 소망의 결핍증이라고 거부되기 쉬운 것이다.

새로운 원리(the new rationale)는 사탄을 이기는 승리이고 그리고 영생의 소유를 위한 종말로의 인도이다. 새로운 도덕적 권위(the new moral authority)는 자신의 핍박과 고난과 죽음이다. 즉, 만일 소망이 끝나고 용기가 필요하면, 우선하여 하나님이 이 용기를 요구하신 것이다.

우리가 세례 요한의 억울한 죽음을 생각하면서 유대인의 기도서인 시편의 말씀을 명상하면, 그 곳에도 유사한 정황이 나온다. 지금의 박해, 시편 기자의 경우에는 자기가 경험한 편견과 불공정에 대하여 시편의 하나님은 그러한 역경을 대처하실 것을 믿었을 것이다. 몇 가지의 대표적인 시편에서 보면 개인의 사사로운 슬픔은 비극의 원리로 대치되고 있다(replaced by rational tragedy). 그리고 슬픔으로 깊이 상처 입은 소망의 정서로 하나님께 접근한다. 불공정한 처우에 놓인 자의 동기가 그처럼 정당한데 어찌 하나님은 응답을 하시지 않으시는가?

마땅히 대답이 있어야 하는 이 문제는 참으로 문제이다. 진정 하나님이 그러한 부르짖음에 왜 묵묵부답인가? 하나님은 계속 하나님이시면서 응답이 없는 선택이 필요하신 것이다. 그 하나님의 새로운 선택이 두 번째의 유월절, 하나님의 성육신 자신이 전 세계의 온 백성을 초대하시는 고난과 죽음과 그리고 부활이다. 하나님의 성육신이 당하시는 이 신성한 위대한 드라마가 보상하지 못할 어떤 억울함도 변호 받지 못한 무죄도 있을 수 없다. 단 한 번의 초월론적이 인격으로 모든 인간의 소망과 하나님의 명예가 일시에 보상된다.

체포당하시고 심문과 채찍과 언도 받으시다

He is arrested, tried, scourged, and sentenced

보기스(Jorge Luis Borges) 교수는 유서로 남긴 강의록에서, 자기 생각에 이 세상에서 가장 위대한 이야기는 〈일리어드〉(The Iliad) 〈오디세이〉(The Odyssey) 그리고 "복음서"이고, 그리고 계속적으로 재구성이 되고 있으나, 그러나 복음서의 경우에는 유독 다른 것과는 다르다. 왜냐하면 예수 그리스도의 이야기는 그 이상으로 더 잘 서술할 수가 없다고 생각이 되어서 하는 말이라고 하였다. 보기스 교수는 복음서의 내용을 재구성해서는 안 된다는 의미가 아니다. 〈일리어드〉나 〈오디세이〉처럼 지금까지 수없이 다시 이야기되곤 한 것이 사실이다. 그리고 또한 그는 복음서는 앞으로도 여전히 끝없이 반복적으로 다시 서술될 것이라고 그는 알고 있다. 그러나 보기스 교수의 판단, 즉 누가 다시 서술을 한다고 할지라도 얼마 안 되어 즉각 원래대로 되돌아가거나 재구성의 의도를 포기 또는 좌절하게 될 것이라는 말은 정확하다.

복음서 내용에서 특히 아무도 감히 손을 댈 수 없는 그런 신비한 최후 완성이라는 부분이 바로 예수의 체포로 시작하여 예수의 죽음으로 끝나는 이야기이고, 그리고 특히 마지막 부분이다. 요한복음은 전체의 길이로 생각할 때 예수의 체포 이전의 이야기들을 비상하게 긴 문장으로 자세하고도 수사학적으로 현란한 해석으로 나오고 있어서 주목을 끈다. 예를 들어, 요한복음은 오병이어(五餠二魚) 이적 이야기는 10구절의 길이인데, 그 뒤를 따르는 그의 "생명의 떡" 논쟁 이야기는 44구절의 길이로 나온다. 그러나 체포당하신 후에 이어지는 이야기에는 예수의 말씀이 지극히 적고 "이후에는 내가 너희와 말을 많이 하지 아니하리니" (요 14:30) 하신 대로 예수님은 그 약속을 지키신다.

여기까지 오는 동안 예수께서는 제자들에게 충분한 교훈과 설명을 주셨기 때문에 이후에 더 추가할 것이 없다는 의미이다. 그의 적수들에게는 이미 전자에 복음서 안에 나오는 상당히 긴 부분에서 주고받은 언쟁이 있었으므로 더 이상은 할 말이 없으시다는 의연한 결정이다.

가룟 유다가 예수를 배반하기 위해서 그 만찬 자리를 떠나간 후, 예수의 말씀은 "네 하는 일을 속히 하라"(요 13:27)였다. 요한복음 18~19장에 나오는 이야기에는 의도적인 속도가 주목된다. 예수의 말씀은 대담하나 간결하고 짧고 적중한다(What Jesus says may be bold, but it is always terse as well). 예수는 종말을 향한 노정에서 그 과정을 늦추게 할 아무 일도 행하지 않을 뿐더러 세 번 찾아온 중요 순간에 그 행보를 더욱 빠르게 촉구하셨다.

최후의 만찬은 예수가 제자들을 위한 참으로 긴 내용의 기도를 하시므로 끝이 난다. 그럴 즈음의 분위기는 신비한 것으로 바뀌어져 예수의 행위는 클라이맥스라고 하기보다는 더 이상 대담할 수 있는 지상 인간이 아니라 심리적으로 이미 아버지께 돌아가 하나가 된 상태가 된다. 아들이신 하나님과 아버지와의 동일인격화는 그의 기도가 확실히 현실 시간에서 행하신 것이면서 동시에 그 만큼 자신에게 하는 기도 내지는 자신을 포커스로 정한 자신에게 하는 기도이다.

하나님이 기도를 하실 수 있는 일인가?(Can God pray?) 하나님이 기도를 하시면 누구에게 하시는 기도인가?(To whoa would God address a prayer?) 이러한 질문에 대한 복음서의 답변은 하나님은 아들의 기도로 아버지께 하시고 그리고 기도를 들으시는 이는 자신이심을 아시는 기도라고. 요한복음에서는 이러한 예수의 신격의 위치를 체포당하시기 직전에 표시가 된다. 그리고 실질적으로 그 후 예수의 신격은 그대로이고 다시는 떠나신 일이 없다. 이러한 분위기가 그 순간부터 계속 되면서 다른 사람이 예수께 말씀을 드리거나 자신이 그들에게 말씀을 주실 필요가 있을 때에는 중단처럼 또는 스스로 중단하시는 것처럼 보인다.

이러한 과정을 촉구하시는 예수의 행위의 첫 번째 순간은 "등과 홰와 병기를 가지고" (요 18:3) 성전의 경호병과 로마 군인들이 포함된 체포대가 겟세마네 동산에 도착하였을 때에 일어난다. 예수는 자기를 찾아낼 때까지 기다리는 일이 없이 스스로 앞으로 나와 그들이 누구를 찾는지 질문하여 저들이 "나사렛 예수"라고 하자 큰 목소리로 여호와 하나님의 칭호를 사용하여 "내로라(I AM)고 대답하시고 저들은 뒷걸음을 치고 땅에 부복한다 (요 18:4~6). 그리고는 예수께서는 여전히 명확한 어조로 "나를 찾거든 이 사람들의 가는 것을 용납하라" 하시니 (요 18:8) 그 체포대는 그대로 하였다.

그 다음에 예수는 전 대제사장이었던 안나스의 저택으로 구인(拘引)된다. 예수를 본 안나스는 예수의 제자들과 예수의 교훈에 말을 걸어 알아볼 속셈이었으나 그러나 예수님은 "내가 드러내어 놓고 세상에 말하였노라. 모든 유대인들의 모이는 회당과 성전에서 항상 가르쳤고 은밀히는 아무것도 말하지 아니하였거늘 어찌하여 내게 묻느냐. 내가 무슨 말을 하였는지 들은 자들에게 물어보라. 저희가 나의 하던 말을 아느니라"(18:20~21)고 말씀하심으로 그의 의도를 거부하신다.

하속(下屬) 중 한 사람이 예수를 손으로 쳐서 대제사장에게 그렇게 대답하느냐 했으나 심문은 그것으로 끝난다. 예수는 결박된 채로 안나스의 사위이고 대제사장 현직인 가야바에게로 인도된다. 그는 즉시 예수의 사형을 확정하기 위해서 야밤에 원로원을 소집한다. 그리고는 해가 뜨자 예수를 구인하여 로마인 총독의 법정(Praetorium)으로 끌고 간다. 아직 예수는 미결수이다.

빌라도가 나아와 무슨 일로 이 사람을 고소하는지 물으니, 구인해온 자 중에서 이 사람이 범인이 아니면 여기에 인도하지 않았을 것이라고 답하자, "너희가 저를 데려다가 너희 법대로 재판하라"(18:30~31)고 즉시 응수한다. 그러나 저들은 로마법이 사형에 해당하는 자의 재판을 금하므로 그 지시를 거절한다.

그러나 빌라도는 예수를 로마법으로 인계 받아 관정으로 들어오게 한 후 심문을 위해 빌라도 앞에 서게 한다. "네가 유대인의 왕이냐" 빌라도는 묻는다. 예수는 이 질문이 그가 여기에 기소된 피의자의 고소 내용인 것을 (짐작하고) 아시고 피의자의 입장이 아니라 오히려 법조인의 입장에서 "이는 네가 스스로 하는 말이냐 아니면 다른 사람이 네게 일러 준 말이냐” 대답하니, 기분이 상한 빌라도가 “내가 유대인이냐. 네 나라 사람과 대제사장들이 너를 내게 넘겼으니 네가 무엇을 하였느냐”고 즉각 질문한다 (요 18:33~35).

로마인이 자행하는 유대인 압제를 하나님이 어떻게 대하실 것인가 하는 큰 질문이 이 요한복음 전체에 말없이 깔린 문제이다. 요한복음이 클라이맥스로 접근하면서 극적으로 이 대전제가 정면으로 이동하여 나온다. 이스라엘의 역사에서 가장 중요한 순간이 냉엄하고도 정확한 현실로 찾아온다. 예수께서 “그 때”(the hour)라고 여러 번 언급하신 그 순간이다. 출애굽기의 전쟁 사령관이었던 여호와 하나님이 지금에 이르러 그의 우화적인 파워를 행사하시든지 아니면 포기하시든지 양단간에 결정하셔야 한다. 이 두 번째 유월절에 즈음하여 예수와 빌라도의 대결은 첫 번째 유월절에 있었던 여호와와 바로의 일대일의 대결과 흡사하다. 물론 이번에는 구속 상태에 놓인 인격은 여호와 자신이다. 그러나 그 구속을 깨실 것인가?(This time, of course, it is Yahweh who is in bondage, but will he break this bonds?)

만일 하나님이 적을 깨신다면, 누구를 위한 전투인가? 이 유월절에서는 문제가 야기된다. 왜냐하면 지금은 적이 외세만이 아니라 유대인이 적이기 때문이다. 예수를 죽음으로 내모는 자는 로마인만이 아니라 그들과 공모한 유대인들이다. 유대인들이 예수를 체포하고 법정으로 구인한 고소 내용은 로마에 대한 대역이다. 그러나 유대인이 이러한 죄목으로 다른 어떤 유대인을 구인하는 것은 로마인과의 공모가 된다. 이러한 유형의 유대인을 요한복음의 저자는 자주 의중에 두고 집단적으로 "유대인들"이라고 불렀다. 이러한 유대인들은 공식적으로 그리고 외적으로는 경건(敬虔)의 모양을 지닌 자들(officially pious)이고, 내면적으로는 이익을 위해서 로마 당국과 결탁된 계층이다. 이러한 계층을 하나로 묶어 참으로 경건한 유대인들은 멸시한다.

이 대화는 계속 된다. "예수께서 대답하시되 내 나라는 이 세상에 속한 것이 아니라 만일 내 나라가 이 세상에 속한 것이었더면 내 종들이 싸워 나로 유대인들에게 넘기우지 않게 하였으리라. 이제 내 나라는 여기에 속한 것이 아니니라. 빌라도가 가로되 그러면 네가 왕이 아니냐. 예수께서 대답하시되 네 말과 같이 내가 왕이니라" (요 18:36~37). 한편으로 예수는 하나님으로 하여금 로마를 진멸하는 일에서 손을 떼게 하시고 그리고 다른 한편으로는 로마에 협력하는 타락한 유대인들에게서 손을 떼게 하신다.

훗날에 로마에 항거하는 유대인들이 무력으로 봉기하게 되는 때, 열심당의 당원이 아닌 유대인들이 존재하고 이들은 로마에 협력하는 반역자들이다. 그러한 양편과 거리를 둔 중간 지대가 존재하는지 여부는 하나님 자신이 몇 세기 동안이나 불분명한 채로 방치하신다. 그러나 예수께서는 이 대화에서 그러한 유대인들과 저들의 하나님을 위한 중간 지대의 길을 열어 주실 의도이다. 예수는 빌라도와의 대화에서 서구문명에서 최초로 비폭력적 저항의 전통을 세우고 계신다. 하나님을 위해서는 싸움에서 실패할 권리를 세우시고 그리고 동시에 자신을 위해서는 평화를 세워놓으실 권리이다. 다른 말로 설명하자면, 비군사적인 정치의 성공이 무엇인가 하는 프로필을 처음으로 수립하신다.

그의 왕권이 다른 세상의 성격의 것임을 밝히자 하나님이 전통적으로 왕이심을 주장해 온 것을 우습게 여긴다는 고발이 이 이야기의 줄거리로 세워진다. 그의 죽음의 날이 다가오면서 유대인들이 그를 빌라도에게는 하나님의 아들이라고 한 것이 고발이지만, 개별적으로는 로마 군병들이 그가 일종의 임금이라고 했다는 이유에서 조롱이 된다. 빌라도는 십자가 처형의 순서를 밟는 태형을 가한다. 채찍을 가한 후 종일 예수와 같이 한 그래서 예수와 빌라도와의 대화를 엿들은 로마 병사가 가시나무로 관을 만들어 예수의 머리에 얹고 홍포를 입힌다. 그리고는 손바닥으로 예수를 치면서 "유대인의 왕이여 평안하라!" 소리친다 (요 19:1~3).

예수가 제시한 왕권은 과거의 묵은 왕권의 견해를 조롱하는 성격을 지닌다. 예수의 새로운 견해가 지닌 이질성을 납득하지 않고서는 그것이 요구하는 대가를 정확히 이해하는 것이 아니다. 세례 요한의 처형은 로마인 관리의 회합에서 여흥 삼아 저지른 끔직한 사건이었고, 유사한 사건으로 지금 또 예수 처형에서 재발하려는 와중이다. 악을 폭력으로 저항하지 않을 때 그 자리에는 예의와 긍지가 보존될 보장이 없다. 이 문맥에서 조롱은 특히 고유한 현장 자료에 속한다. 왜냐하면 전통적으로 구약성서에 보면 조롱과 변증은 미묘하게 자리를 같이 하는 연결 고리이다.

시편 37편 12~13절은 그런 많은 언급 중에서 하나일 뿐이다.

악인이 의인 치기를 꾀하고
향하여 그 이를 가는도다.
주께서 저를 웃으시리니
그 날의 이름을 보심이로라.

(그와 같은 일은 왕왕 벌어진다) 악인이 의인을 조롱할 때에, 의

인은 하나님을 향하여 원망한다. 그런 원망은 하나님이 마땅히 웃음을 의인의 입에 돌려주시리라는 확신이 바닥에 깔린다. 이러한 원망은 시편과 같은 맥락에서 흔한 일이다. 그러나 지금에 이르러 하나님 자신이 조롱을 당하시는 것이다. 예수께서 불과 몇 시간 전에 제자들에게 일러 주신 바와 같이 이제는 하나님이 참으시는 것과 같이 하나님의 백성도 참아야 한다. 그러므로 이제는 이런 맥락에서 하나님의 백성이 조롱을 당해도 하나님께 이러한 가혹한 조롱에서 구해 주실 것을 부르짖을 수가 없다. 만일 하나님이 이러한 조롱을 피할 수 있다면 의인들도 피할 수 있기를 간구할 수 있을 것이지만 말이다. 이제는 시편을 다시 새로운 방법으로 읽어야 한다. 예수께서 제자들에게 미리 일러 주신 대로 종은 상전보다 크지 못하다.

온 몸이 피투성이가 된 예수가 다시 자기 앞에 서자 빌라도는 질문한다. "어디에서 왔는가?" 이러한 질문 형식은 여러 가지로 받아들여지고 그리고 다중적인 의미를 지닌다. 만일 예수가 자기의 처지가 더 이상 악화일로를 달리지 않게 하기를 원한다면 이런 질문에 무엇이라고 답할 것인가? 수사학적으로 모호한 표현을 사용할 수도 있는 기회이다. 그러나 지금까지도 예수는 머뭇거리지 않고 신속하게 사태가 전개되기를 바라는 터다. 이 두 번째 기회에서도 전자에 안나스 앞에서처럼 대답을 거부하신다.

> 빌라도가 가로되 네가 말하지 아니하느냐. 내가 너를 놓
> 을 권세도 있고 십자가에 못 박을 권세도 있는 줄 알지
> 못하느냐. 예수께서 대답하시되 위에서 주시지 아니하셨
> 더면 나를 해할 권세가 없었으리니 그러므로 나를 네게
> 넘겨 준 자의 죄는 더 크니라 하시니.
>
> 요한복음 19:10~11

빌라도는 하나님의 권세에 의해서 지배하는 것이 아니다. "위에서 주시지 않으면"이 구체적으로 무엇을 의미한 것이든, 빌라도는 이 세상의 임금인 사탄의 권세에 의해서 권력을 행사한다. 가룟 유다가 사탄에게 항복하지 아니하였다면 빌라도의 법정에 예수는 서 있게 되지 않았을 것이다. 빌라도의 이 말은 광야에서 시험하는 자가 모든 권세와 그 영광은 "내게 넘겨 준 것이므로 나의 원하는 자에게 주노라"(눅 4:6)고 한 말을 상기시켜 준다. 당시에 예수는 모세의 언급을 인용하여 "기록하기를 주 너의 하나님에게만 경배하고 다만 그를 섬기라 하였느니라" (눅 4:8) 하셨다. 궁극적으로 권세는 하나님께로서 온 것이다. 그러나 잠정적으로 사탄이 그 권세를 소유한다는 사실을 아시는 예수는 빌라도가 자기에게 권세가 있다는 주장을 같은 맥락에서

부인하신다. 그러나 빌라도는 당황한다.

이러하므로 빌라도는 예수를 놓으려고 힘썼으나 유대인
들이 소리 질러 가로되 이 사람을 놓으면 가이사의 충신
이 아니니이다. 무릇 자기를 왕이라 하는 자는 가이사를
반역하는 것이니이다. 빌라도가 이 말을 듣고 예수를 끌
고 나와서 박석(히브리말로 가바다)이란 곳에서 재판석
에 앉았더라. 이 날은 유월절의 예비일이요 때는 제 육
시라. 빌라도가 유대인들에게 이르되 보라 너희 왕이로
다. 저희가 소리 지르되 없이 하소서. 없이 하소서. 저를
십자가에 못 박게 하소서. 빌라도가 가로되 내가 너희
왕을 십자가에 못박으랴. 대제사장들이 대답하되 가이사
외에는 우리에게 왕이 없나이다 하니 이에 예수를 십자
가에 못 박히게 저희에게 넘겨 주니라.

요한복음 19:12~16

만일 과거의 첫 번째 유월절 때 이스라엘에게 "우리에게는
바로 외에는 임금이 없다"라고 여호와 하나님께 대답을 했다고
가정하면, 하나님이 저들을 종의 멍에서 해방시켜 주셨겠는가?
예수께서 하신 답변인 "내 나라는 이 세상에 속한 것이 아니요"
라고 하신 말씀이 비평자들에게는 소극적인 냉소처럼 들릴 것
이지만, 그러나 예수를 구인 한 유대인들이야말로 자국을 지키

기 위해서 이 정도로 정치적인 작기(作技)를 몸부림 쳐야 하는 가 하는 치졸함을 주목하게 된다. 더구나 가야바가 전자에 한 사람이 죽어서 이 나라가 보존된다면 유익한 일이라고 말한 일도 있다. 예수가 죽어야 자국이 보존된다는 선택 없는 궁지에서 "가이사 외에는 우리에게 왕이 없나이다"라고 소리친다.

요한복음이 그 날을 가리켜 "유월절의 예비일"이라고 주석을 달았다. 전통에 의하면, 그 날의 제 육시, 우리의 시간 개념으로는 정오이다. 관행에 따라 다음 날 먹을 어린양들을 죽이는 날이다. 하나님의 어린양이신 예수는 성전의 어린양들이 도살자들에게 넘겨지는 그 시각에 십자가에 넘겨진다.

> 저희가 예수를 맡으매 예수께서 자기 십자가를 지시고 해골(히브리 말로 골고다)이라 하는 곳에 나오시니 저희가 거기서 예수를 십자가에 못 박을새 다른 두 사람도 그와 함께 좌우편에 못 박으니 예수는 가운데 있더라. 빌라도가 패를 써서 십자가 위에 붙이니 나사렛 예수 유대인의 왕이라 기록되었더라....많은 유대인이 이 패를 읽는데 히브리와 로마와 헬라 말로 기록되었더라. 유대인의 제사장들이 빌라도에게 이르되 유대인의 왕이라 말고 자칭 유대인의 왕이라 쓰라 하니 빌라도가 대답하되 나의 쓸 것을 썼다 하니라.

요한복음 19:17~22

유대인에게 있어서 예수의 죄명은 거짓 메시야, 유대인의 왕이다. 로마인들에게 있어서 예수는 저들의 고발이 정확한 것이라면 유죄이다. 그러므로 빌라도가 가야바에게 주는 메시지는 지금 진행되는 게임을 꿰뚫고 있다는 말이 될 것이다. 빌라도는 가야바에게 로마인은 항상 이러한 게임이 벌어지면 승자라는 점을 상기시키려고 한다. 가야바는 도박을 하고 그리고 도박에서 이겼다. 가야바는 판에 들어 온 목적을 취한 것이다. 그러나 로마는 카지노이다. 그리고 카지노는 룰에 따라 결코 손해 보는 일이 없다.

그러나 이 로마 사람들의 카지노가 진정 이기고 있는가? 과거 나다나엘이 예수를 한 번 뵈옵고 "당신은 이스라엘의 임금이로소이다"라고 했을 때 예수께서는 그 찬양을 거부하시면서 "이보다 더 큰일을 보리라" 말씀하셨다 (요 1:49~50). 예수의 자아 인식은 단지 이스라엘의 임금이 아닌 권세와 지배와 영광을 넘겨 받으실 "인자"(the Son of Man)이시고, "그에게 권세와 나라들과 각 방언하는 자로 그를 섬기게 하였으니"(단 7:14)라고 구약이 예언한 실체이다.

통상 십자가의 처형은 공개적이고 그리고 행인이 번잡한 도로변에서 시행하여 유사한 사건을 예방하기 위한 의도가 있다. 로마 전역에 산재한 유대인들이 유월절에는 예루살렘으로 주입된다. 빌라도는 그러한 통행인이 확인할 수 있도록 "유대인의 왕"이라고 히브리어, 헬라어, 그리고 라틴어로 죄목을 달게 하였다. 빌라도는 일부 다니엘의 예언을 성취한 행위이었으며 또한 예수께서 요한복음에서 반복적으로 언급하신 것으로 나오는 말씀인 "인자가 들리면" 온 백성을 자기에게 이끌 것이라 하신 것을 완전히 성취한 행위가 된다.

예수께서 공생애의 사역을 마치시는 계기에, 어떤 헬라인들이 (완전한 이방인일 수도 있고 또한 헬라어를 말하는 유대인일 수도 있다) 예수와 면접하기를 청해온 일이 있다. 이제는 빌라도가 세 나라 말로 쓰게 한 이 죄패를 이들 예수와 면접한 헬라인들도 자국어로 예수께서 "유대인의 왕"이심을 읽었을 것이다. 요지는 헬라인이나 로마인이나 누구이든 이 현장의 사건을 자국어로 읽고 주목하고 그리고 자기 고향으로 귀가하여 빠짐없이 전하는 소식이 된 것이다.

더 중요한 사실로서, 만일 예수가 실제로 메시야였으면, 실제로 유대인의 왕이었으면, 그리고도 실제로 죄인으로서 죄인과 같이 처형이 되었다면, 그러면 그와 같은 지식의 전통적인 이해를 소유하여 온 자는 이제는 그러한 전통적인 기대에 격렬한 수정을 가해야 할 필요 앞에 서 있게 만드는 것이다. 빌라도의 의도야 어떠하든 이것이 바로 예수의 의도이다. 즉, "내가 이를 위하여 이때에 왔나이다"(요 12:27)라는 것이다. 그는 메시야, 유대인의 왕의 역할을 자기 몸에 두고 그리고 그러한 정체로 죄인 중에 죄인으로서 처형된다.

시편과 예언서에는 사람이 당하는 불행을 자주 어떤 이와 "한 가지가 된다"(with whom one is "numbered")라고 표현하였다. 다시 말해서, 산 자와 죽은 자와 의인과 죄인과 복 받은 자와 저주 받은 자 등과 비교된 표현이다. 예수께서 죄인들과 같이 처형이 되심은 그들과 한 가지가 되신 것이다. 물론 죄패에 그러한 명기가 있다거나 그러한 공시가 나온 것은 아니나 그러나 이사야서를 깊이 주해하면 그러한 의미의 확대가 성립된다. 다음의 이사야의 글은 기독교가 구약 전체에서 단 하나의 완전히 잘 묶인 기독론으로 애송하는 구절이다.

고운 모양도 없고 풍채도 없는 즉
　우리의 보기에 흠모할 만한 아름다운 것이 없도다.
그는 멸시를 받아서 사람들에게 싫어버린 바 되었으며
　간고를 많이 겪었으며 질고를 아는 자라.
마치 사람들에게 얼굴을 가리우고
　보지 않음을 받은 자 같아서
　멸시를 당하였고
　우리도 그를 귀히 여기지 아니하였도다.

그는 실로 우리의 질고를 지고
　　우리의 슬픔을 당하였거늘
우리는 생각하기를 그는 징벌을 받아서
　　하나님에게 맞으며 고난을 당한다 하였노라.
그가 찔림은 우리의 허물을 인함이요
　　그가 상함은 우리의 죄악을 인함이라.
그가 징계를 받음으로 우리가 평화를 누리고
　　그가 채찍에 맞음으로 우리가 나음을 입었도다.
우리는 다 양 같아서 그릇 행하여
　　각기 제 길로 갔거늘
여호와께서는 우리 무리의 죄악을
　　그에게 담당시키셨도다.
그가 곤욕을 당하여 괴로울 때에도
　　그 입을 열지 아니하였음이여
마치 도수장으로 끌려가는 어린양과
　　털 깎는 자 앞에 잠잠한 양 같이
　　그 입을 열지 아니하였도다.
그가 곤욕과 심문을 당하고 끌려갔으니
　　그 세대 중에 누가 생각하기를
그가 산 자의 땅에서 끊어짐은
　　마땅히 형벌 받을
　　내 백성의 허물을 인함이라 하였으리요
　　그는 강포를 행치 아니하였고

그 입에 궤사가 없었으나
그 무덤이 악인과 함께 되었으며
그 묘실이 부자와 함께 되었도다.
여호와께서 그로 상함을 받게 하시기를 원하사
질고를 당케 하셨은즉
그 영혼을 속건제물로 드리기에 이르면
그가 그 씨를 보게 되며 그 날은 길 것이요
또 그의 손으로 여호와의 뜻을 성취하리로다.
가라사대 그가 자기 영혼의 수고한 것을 보고
만족히 여길 것이라.
나의 의로운 종이 자기 지식으로
많은 사람을 의롭게 하며
또 그들의 죄악을 친치 담당하리라.
이러므로 내가 그로 존귀한 자와 함께 분깃을 얻게 하며
강한 자와 함께 탈취한 것을 나누게 하리니
이는 그가 자기 영혼을 버려 사망에 이르게 하며
범죄자 중의 하나로 헤아림을 입었음이라.

이사야 53:2~12

보편율로 말하면, 주 하나님의 메시야가 죄인과 같이 하는 일은 결코 없다. 더구나 메시야인 자신이 죄인 중의 하나로 간주되는 일은 있을 수 없는 일이다. 그러나 다시 생각하면 이러한 착상은 절대로 불가능한 사상인가? 이런 일은 절대로 일어

날 수 없는 일이라고 여호와 하나님이 아무런 예시를 주신 일이 없는가? 그렇지는 않다. 이사야 53장의 내용은 이미 과거 역사적으로 오랫동안 깊은 명상을 일으키게 만든 때 구절이다. 유대인의 왕을 두 강도 사이의 십자가에 올려놓음으로써 빌라도는 자신의 생각과는 상관없이 이사야서의 의도를 흉내 내는 행위를 자행하고 만 것이 된다.

메시야, 유대인의 왕은 사자의 포효(咆哮)가 아닌 어린양의 침묵으로 오셨다. "마치 도수장으로 끌려가는 어린양과 털 깎는 자 앞에 잠잠한 양 같이 그는 입을 열지 아니하였다" (사 53:7). 그러나 하나님이 침묵으로 지금의 고통을 참으심은 종말의 가장 위대한 승리를 보장하신 것이다.

그는 유대인의 왕으로
십자가에 달리시다

He is crucified as King of the Jews

군병들이 예수를 십자가에 못 박고 그의 옷을 취하여 네 깃에 나눠 각각 한 깃씩 얻고 속옷도 취하니 이 속옷은 호지 아니하고 위에서부터 통으로 짠 것이라. 군병들이 서로 말하되 이것을 찢지 말고 누가 얻나 제비뽑자 하니 이는 성경에 저희가 내 옷을 나누고 내 옷을 제비뽑나이다 한 것을 응하게 하려 함이러라. 군병들이 이런 일을 하고.

요한복음 19:23~24

기도를 통하여 이스라엘의 하나님께 가장 은밀한 깊은 것까지 소원이 표현되고, 시편이 이스라엘의 기도서이기 때문에 이 책이 복음서의 어느 순간, 말하자면 가장 적절하게 십자가 처형의 서술에서 과거의 전통적인 소원이 가장 선명하게 개정된다. 인용구 "저희가 내 옷을 나누고"는 시편 22편에 나온다. 그리고 역시 유대 메시야에 대한 모욕적인 장면을 서술한 것이고 벗은 몸이 되어 원수의 병졸들 옆에서 죽임을 당하고 그 병졸들이 그의 옷을 가지고 도박을 벌인다. 그러한 장면의 서술은 22편 16~18절에 나온다.

개들이 나를 에워쌌으며
　　악한 무리가 나를 둘러
　　내 수족을 찔렀나이다.
　　내가 내 모든 뼈를 셀 수 있나이다....
　　내 겉옷을 나누며
　　속옷을 제비뽑나이다.

같은 22편의 6~8절에 보면,

나는 벌레요 사람이 아니라
　　사람의 훼방거리요 백성의 조롱거리니이다.
　　나를 보는 자는 다 나를 비웃으며
　　입술을 비쭉이고 머리를 흔들며 가로되
　　저가 여호와께 의탁하니 구원하실 걸
　　저를 기뻐하시니 건지실 걸 하나이다.

마가가 이 장면을 서술하면서 염두에 둔 것은 이 시편의 서술이다.

> 지나가는 자들은 자기 머리를 흔들며 예수를 모욕하여 가로되 아하 성전을 헐고 사흘 만에 짓는 자여 네가 너를 구원하여 십자가에서 내려오라 하고 그와 같이 대제사장들도 서기관들과 함께 희롱하여 서로 말하되 저가 남은 구원하였으되 자기는 구원할 수 없도다. 이스라엘 왕 그리스도가 지금 십자가에서 내려와 우리로 보고 믿게 할지어다 하며 함께 십자가에 못 박힌 자들도 예수를 욕하더라.
>
> 마가복음 15:29~32

마태복음이나 마가복음은 (누가나 요한복음은 아니다) 시편 22편의 시작하는 문절 "내 하나님이여 내 하나님이여 어찌 나를 버리셨나이까"를 가지고 십자가의 예수가 하신 말씀을 언급한다. 마태와 마가는 각기 약간의 차이는 있으나 이 시편의 언급을 아람어와 히브리어가 혼합된 문절 "엘리 엘리 라마 사박다니"라고 하였다. 이 문절은 극적으로 상호간 큰 차이가 있는 두 가지의 번역이 가능하다. 아무런 맥락적인 관계없이 들으면 절망자의 절규이다. 시편의 인용으로 받아들이면, 처형자들이 자기 옷을 제비뽑는 작태를 보시고 영감이 떠올라 시편 22편 전체가 포함된 내용을 예수께서 인용하신 것으로 해석된다. 후자의 입장이 네 복음서에 서술된 예수의 죽음의 현장과 더 일치하는 적절한 견해라고 할 수 있다. 네 복음서 어디에도 자비를 구걸하는 소리침이 없다는 것이 특징이다. 왕으로서 그리고 하나님의 신성으로서 예수의 자중은 누가와 요한복음에서 더 돋보인다. 그러한 분위기를 가급적 자제한 마태와 마가복음에서도 역시 그러하다. 요한복음에 나오는 예수의 최후의 말씀 역시 시편 22편의 인용이다.

그러나 여기 이 장면에서 예수의 통으로 된 속옷이 언급된 것은 희롱 이상 또는 희롱의 초월적인 어조(語調)라고 해야 한다. 왜냐하면 당시에 이러한 통으로 된 속옷은 대제사장이 입은 옷이기 때문이다. 대제사장의 옷을 입으시고 죽음으로 나아가신 예수를 언급함으로 저자 요한은 예수께서는 유월절에 죽임을 당하는 어린양이시며 동시에 그 희생양을 제물로 바치는 대제사장이심을 유대인 독자들에게 제시하고 있다.

요한복음과 같은 시간에 저술이 된 신약의 히브리서는 같은 환경에서 예수께서 대제사장이심을 장문으로 논술하고 발전시킨다. 히브리서의 저자는 당시의 신학자로서 히브리 사람 일반에게 보내는 서신에서 하나님 자신의 희생으로 말미암아 사탄

이 패하고 온 인류가 다시 영생을 얻게 되며 아울러 예수의 박
해 받는 제자들과 추종자들이 죽음을 두려워하지 말 것을 상기
시켜 격려한다.

자녀들은 혈육에 함께 속하였으매 그도 또한 한 모양
으로 혈육에 함께 속하심은 사망으로 말미암아 사망의
세력을 잡은 자 곧 마귀를 없이 하시며 또 죽기를 무서
워하므로 일생에 종 노릇 하는 모든 자들을 놓아 주려
하심이니 이는 실로 천사들을 붙들어 주시려 함이 아니
요 오직 아브라함의 자손을 붙들어 주려 하심이라. 그러
므로 저가 범사에 형제들과 같이 되심이 마땅하도다. 이
는 하나님의 일에 자비하고 충성된 대제사장이 되어 백
성의 죄를 구속하려 하심이라. 저가 시험을 받아 고난을
당하셨은즉 시험 받는 자들을 능히 도우시느니라.
대제사장이 해마다 다른 것의 피로써 성소에 들어가
는 것 같이 자주 자기를 드리려고 아니하실지니 그리하
면 그가 세상을 창조하실 때부터 자주 고난을 받았어야
할 것이로되 이제 자기를 단번에 제사로 드려 죄를 없게
하시려고 세상 끝에 나타나셨느니라.

히브리서 2:14~18, 9:25~26

자신이 직접 희생양이 되시는 대제사장, 어린양 자신이 직접

대제사장이 되시고, 자기 아들이 된 아버지, 자신이 아브라함인 이삭으로 자기 손에 칼을 취하여 제물을 죽인다. 이러한 접목된 정체로 하나님의 삶에 일어난 위기가 해결된다. 그리고 바로 이 정체의 접목으로 하여 하나님의 성육신은 동시에 "자신이 희생제물이 되어" 그리하여 히브리서의 저자는 대담하게 그리스도의 죽음이 스스로 결정하신 것이라고 언급한다.

예수는 십자가에서 최후의 말씀을 모친과 그 사랑하는 제자에게 그리고는 아버지 곧 자기 자신에게 말씀하신다.

예수의 십자가 곁에는 그 모친과 이모와 글로바의 아내 마리아와 막달라 마리아가 섰는지라. 예수께서 그 모친과 사랑하는 제자가 곁에 서 있는 것을 보시고 그 모친께 말씀하시되 여자여 보소서 아들이니이다 하시고 또 제자에게 이르시되 보라 네 어머니라 하신대 그 때부터 그 제자가 자기 집에 모시니라. 이후부터 예수께서 모든 일이 이미 이룬 줄 아시고 성경으로 응하게 하려 하사 가라사대 내가 목마르다 하시니 거기 신포도주가 가득히 담긴 그릇이 있는지라. 사람들이 신포도주를 머금은 해융을 우슬초에 매어 예수의 입에 대니 예수께서 포도주를 받으신 후 가라사대 다 이루었다 하시고 머리를 숙이시고 영혼이 돌아가시니라.

요한복음 19:25~30

만일 "이후부터"라는 연결어, 즉 전에 언급한 에피소드를 가리킨 것이라고 결정하면, 그렇다고 보면 즉 전에 언급한 에피소드와 "모든 일이 이룬 줄 아시고"라는 예수의 결론은 같은 현장의 맥락으로 연결된다. 예수께서 주신 마지막 증언의 테마(the theme of the Lord's last testament)가 사랑이었음을 회상하면, 그리고 이 제자가 예수께서 가장 사랑하신 제자인 것을 감안하면, 예수께서는 이 제자를 통하여 그의 사랑이 계속 살아 움직이게 됨을 보셨다는 의미가 된다.

예수의 모치는 그 제자를 아들로 받아드렸으면 어떤 의미에서 예수는 죽는 것이 아니다. 제자들을 향한 예수의 사랑을 통하여 그리고 저들의 예수께 대한 그리고 그의 사역에 대한 사랑은 모친에 대한 예수의 사랑을 포함하여 계속이 될 것이다. 이 순간 이 사랑 받은 제자는 첫 번째 크리스천이 된 것이다(The beloved disciple becomes, at this moment, the first Christian).

"내가 목마르다"라고 말씀하신 예수의 갈증은 때 22편의 내용이 성취된, 정확하게 말하여 예수께서 그 내용의 성취를 의도하신 언어이다. 시편에 나오는 "내 힘이 말라 질그릇 조각 같고"의 성취이다. 시편 22편은 "내 하나님이여 내 하나님이여 어찌 나를 버리셨나이까"로 서언이 시작된 심연(深淵)에서 기어오름의 고통이다. 이때 22편의 결론 구절인 흥분의 환희는 시편 기

자에게 찾아온 위로가 아닌 하나님 자신을 위한 감격의 시구(詩
句)이다.

땅의 모든 끝이 여호와를 기억하고
　　돌아오며
열방의 모든 족속이
　　주의 앞에 경배하리니
나라는 여호와의 것이고
　　여호와는 열방의 주재심이로라....
후손이 그를 봉사할 것이요
　　대대에 주를 전할 것이며
와서 그 공의를 장차 날 백성에게 전함이여
　　주께서 이를 행하셨다 할 것이로다.

시편 22:27~28, 30~31

　　시편 22편의 최후의 어구는 히브리말로 "키 아사"(kiy 'as'ah)
인데, "키"는 "왜냐하면"을 의미하므로 "아사"와 합쳐서 그 의미
가 "그가 행하였다"가 된다. 그런데 히브리와 아람어의 어법에
서는 그 문절을 한 단어의 동사로 의미가 축소가 되며 그래서
"다 이루었다"나 "행위는 끝났다"로 일반적으로 통용된다. 그러
므로 십자가에서 최후를 고하시는 주의 말씀은 시편 22편의 끝

말(31절)을 인용하시므로 구성될 수 있다. 헬라어나 히브리어로 이 끝말은 한 마디의 언어, 즉 한 단어로 축소될 수 있는 의미의 언어이므로 우리말 번역처럼 "다 이루었다"라는 한 문절로 되어 있으나 "성취!" "끝!" 등의 의미를 지닌 축소어로도 가능한 것이다.

"성취!"(Done!). 인간의 고통에서 최고인 고난의 죽음을 자신에게로 이동시킴으로 하나님이 성취하신 것이 무엇인가? 깨어진 꿈을 다시 살려낸 것이다. 자신의 성육신을 통한 곧 하나님 자신의 죽음으로, 하나님은 시편 22편의 결구(結句)와 함께 구약성서에 많이 나오는 유사한 문절의 과거의 의미에 새로운 지평을 여는 길을 여신 것이다. 이러한 문절의 의미가 벽에 부딪쳐 진퇴양난이 되고만 그 자리에서 성취를 이루신 것이다. 예수는 머리를 떨구시고 마지막 숨을 거두신다.

생명으로 일어나
형체 없는 영체가 되시고
하늘로 승천하시고 혼인하시다

He rises to Life, Incorporates,
Ascends to Heaven, and Marries

니고데모와 아리마대 요셉은 근 거리에 있는 무덤으로 서둘러 예수의 시신을 매장한다. 금요일이고 유월절 전야(前夜)이다. 모든 유월절 절기는 해가 지면서 시작된다. 상기 두 사람은 공적으로 절기가 시작되기 전 그 시신을 매장하는 마무리를 짓는다. 그 시신은 금요일 밤과 토요일 낮과 토요일 밤 그 무덤에 있게 된다. 일요의 이를 아침에 (금요일과 토요일을 세면 예수의 삼 일이 된다) 막달라 마리아가 그 무덤을 찾아간다. 무덤 어구를 막았던 큰 돌이 굴려진 것을 보고 시신을 도둑맞았다고 직감하고 베드로와 그리고 이름을 밝히지 않으나 통상 요한이라고 알고 있는 또 다른 제자에게 달려간다. 그 두 제자는 달려와 무덤 안으로 들어간다. 안에 빈 것을 보고 즉시 귀가한다. 두 사람은 누구도 예수를 보지 못한다. 성경 본문은 "저희는 성경에 그가 죽은 자 가운데서 다시 살아나야 하리라 하신 말씀을 아직 알지 못하더라"(요 20:9)고 하였다. 그 두 사람이 돌아간 후 무덤으로 다시 돌아온 마리아에게 예수는 나타나신다. 그녀는 그러한 사실을 전하지만 다른 사람들이 그녀의 말을 믿었는지 확실하지 않다.

그러나 아직 그 일요일이다.

저희 중 둘이 예루살렘에서 이십오 리 되는 엠마오라 하는 촌으로 가면서 이 모든 된 일을 서로 이야기하더라. 저희가 서로 이야기하며 문의할 때에 예수께서 가까이 이르러 저희와 동행하시나 저희의 눈이 가리워져 그인 줄 알아보지 못하거늘 예수께서 이르시되 너희가 길 가면서 서로 주고받고 하는 이야기가 무엇이냐 하시니 두 사람이 슬픈 기색을 띠고 머물러서더라. 그 한 사람인 글로바라 하는 자가 대답하여 가로되 당신이 예루살렘에 우거하면서 근일 거기서 된 일을 홀로 알지 못하느뇨. 가라사대 무슨 일이뇨. 가로되 나사렛 예수의 일이니 그는 하나님과 모든 백성 앞에서 말과 일에 능하신 선지자

여늘 우리 대제사장들과 관원들이 사형 판결에 넘겨주어
십자가에 못 박았느니라. 우리는 이 사람이 이스라엘을
구속할 자라고 바랐노라. 이뿐 아니라 이 일이 된 지가
사흘째요 또한 우리 중에 어떤 여자들이 우리로 놀라게
하였으니 이는 저희가 새벽에 무덤에 갔다가 그의 시체
는 보지 못하고 와서 그가 살으셨다 하는 천사들의 나타
나심을 보았다 하는지라. 또 우리와 함께 한 자 중에 두
어 사람이 무덤에 가 과연 여자들의 말한 바와 같음을
보았으나 예수는 보지 못하였다 하거늘 가라사대 미련하
고 선지자들의 말한 모든 것을 마음에 더디 믿는 자들이
여 그리스도가 이런 고난을 받고 자기 영광에 들어가야
할 것이 아니냐 하시고 이에 모세와 및 모든 선지자의
글로 시작하여 모든 성경에 쓴 바 자기에 관한 것을 자
세히 설명하시니라. 저희의 가는 촌에 가까이 가매 예수
는 더 가려 하는 것 같이 하시니 저희가 강권하여 가로
되 우리와 함께 유하사이다. 때가 저물어 가고 날이 이
미 기울었나이다 하니 이에 저희와 함께 유하러 들어가
시니라. 저희와 함께 음식 잡수실 때에 떡을 가지사 축
사하시고 떼어 저희에게 주시매 저희의 눈이 밝아져 그
인 줄 알아보더니 예수는 저희에게 보이지 아니하시는
지라. 저희가 서로 말하되 길에서 우리에게 말씀하시고
우리에게 성경을 풀어 주실 때에 우리 속에서 마음이 뜨
겁지 아니하더냐 하고.

누가복음 24:13~32

엠마오로 가는 길에서 동행하신 예수는 다니엘에게 나타난 천사 가브리엘과 비교될 만하다. 다니엘에게 천사가 행한 일은 이적이 아닌 주석이다. 그러나 엠마오의 길에서도 예수는 두 제자에게 성서주석을 하신다. 마치 가브리엘이 저에게 행한 것을 다른 사람들에게 전한 것과 같이 이 두 제자들도 예수께서 자기들에게 하신 일에 대하여 전한다. 빌립이 구시 내시에게 한 것도 예수께서 실의에 잠겨 길을 가는 제자들에게 하신 일과 흡사하다.

이 제자들은 누군가가 이스라엘을 구속하여 줄 것을 희망하고 예수가 그런 일을 하실 자라고 희망하였다. 예수께서 저들에게 보여 주신 것은 하나님이 결코 저들을 (그리고 자기 자신을) 버리신 것이 아니라, 이스라엘을 새로운 방법을 모색하여 놓아 주신 것이다. 저들이 성경 말씀을 정당하게 이해하였으면 예수는 과거의 하나님이시고 지금의 하나님이신 것이다. 창의적 석의(釋義)는 유대 종교에서 전혀 새로운 것이 아니다.

그리고 또한 기독교는 이 에피소드의 시간에서 시작하여 하나님의 말씀을 같은 성실성으로 읽고 그리고 창의적인 다른 해석을 내리는 독보적인 입장이다. 떡을 떼어 주실 때 이것 자체가 새로운 주석의 행위이다. 저들은 예수신 줄 알게 된다. 그리고 즉시 예수는 보이지 않으신다. 이 만남의 제의(祭儀, ritual)에서 완성은 저들의 몫이다.

이 두 사람은 즉시 일어나 오던 길을 되돌아가 예루살렘으로 간다. 그리고 늦은 밤에야 도착했을 터인데, 한 자리에 있는 열한 제자와 동료들을 찾아가 이미 베드로에게 주가 나타나셨다는 소식 하나를 알고 있는 저들에게 저들도 자기들의 소식을 추가하여 막 말을 마치자 예수께서 그 자리에 나타나시어 "평강이 있을지어다"고 하셨다.

이 말씀을 하시고 손과 옆구리를 보이시니 제자들이 주를 보고 기뻐하더라. 예수께서 또 가라사대 너희에게 평강이 있을지어다. 아버지께서 나를 보내신 것 같이 나도 너희를 보내노라. 이 말씀을 하시고 저희를 향하여 숨을 내쉬며 가라사대 성령을 받으라. 너희가 뉘 죄든지 사하면 사하여질 것이요 그대로 두면 그대로 있으리라 하시니라. 열두 제자 중에 하나인 디두모라 하는 도마는 예수 오셨을 때에 함께 있지 아니한지라. 다른 제자들이 그에게 이르되 우리가 주를 보았노라 하니 도마가 가로되 내가 그 손의 못 자국을 보며 내 손가락을 그 못 자국에 넣으며 내 손을 그 옆구리에 넣어보지 않고는 믿지 아니하겠노라 하니라. 여드레를 지나서 제자들이 다시 집안에 있을 때에 도마도 함께 있고 문들이 닫혔는데 예수께서 오사 가운데 서서 가라사대 너희에게 평강이 있

을지어다 하시고 도마에게 이르시되 네 손가락을 이리
내밀어 내 손을 보고 네 손을 내밀어 내 옆구리에 넣어
보라. 그리하고 믿음 없는 자가 되지 말고 믿는 자가 되
라. 도마가 대답하여 가로되 나의 주시며 나의 하나님이
시니이다. 예수께서 가라사대 너는 나를 본고로 믿느냐.
보지 못하고 믿는 자는 복되다 하시니라.

요한복음 20:20~29

예수님은 최후의 만찬에서 하신 약속을 지켰다. 예수는 제자
들에게 저기의 영이신 보혜사를 불어넣으시기 위해서 돌아오
셨다. 이제부터는 저들이 말할 때 그것은 저들의 입술을 통하
여 나오는 예수의 숨결이다. 저들이 행동을 취하면 그것은 예
수의 동작이다. 그들의 모든 행위는 예수께서 이 땅에 계속 계
시면 하실 행위가 된다. 그의 숨결을 받는 사도들은 에스겔 골
짜기의 마른 뼈들이 일어난 것과 똑같이 의심에서 거듭난 것이
다. 저들이 모두 그를 "주"라고 불렀으나 도마는 "나의 주 나의
하나님이여"라고 부름으로 요한복음의 집약적인 정점에 이르
게 한다.

예수께서는 40일간이나 더 제자들과 함께 머무신다. 그리고
는 최후의 계기에 예상 못할 충격으로 또 출싹거림이 찾아온다.
"저희가 모였을 때에 예수께 묻자와 가로되 주께서 이스라엘

나라를 회복하심이 이때니이까"라고 질문한다 (행 1:6). 누가 감히 이 질문을 했는가? 여기까지 와서 주께서 이스라엘의 주권을 회복하실 것인지 여부를 질문한 자가 누구란 말인가?

최후의 만찬석에서 "주여 어찌하여 자기를 우리에게는 나타내시고 세상에는 아니하려 하시나이까" (요 14:22) 질문한 일이 있는 가룟 유다가 아닌 유다인가? 수백 년이 흘러간 후 역사에서 소위 상실된 원인과 해답이 없는 질문이 발생할 때만 그러한 경우를 가장 동정하는 수호자로 유다가 존경을 받게 된다. 왜냐하면 그가 감히 예수께 "주여 어찌하여...그런 일을"이라는 수사학적 질문을 그가 최초로 하였기 때문이다.

많은 교사의 경험에서 시험 직전에 와서야 때로는 모든 과정을 마치는 종강에 와서야 지금까지의 모든 것을 복습하는 과정에서 이러한 가장 기본적이고 가장 초보적인 의외의 질문을 하는 학생이 튀어나오는 일을 만난다. 교사는 대답을 모색하면서 지금껏 결국은 아무것도 아무 노력도 전달되지 않았다는 실망감을 갖게 된다. 신약성서의 모든 저자들 중에서 유독 누가만이 사도행전으로 넘어와서 이러한 얄궂은 질문이 독자들에게 조용히 쓴웃음을 자아내게 한 사실을 놓치지 않고 언급한다.

그러나 경험이 풍부한 교사는 역시 잘 알고 있다. 이러한 출싹거림의 질문, 이러한 우둔해 보이는 질문이 기적을 일으켜 그 경험이 많은 교사는 지금까지 전개한 일련의 강의의 총 집약을 제공하는 기회가 되게 한다. "주께서 이스라엘 나라를 회복하심이 이때니이까"라고 한 질문은 과거 이스라엘이 로마의 통치 아래 예속이 되면서 예수가 태어나실 때 2000개의 십자가가 세워진 희생을 지불하고야 가라앉은 그 초기의 무장 봉기가 발발할 때의 질문이요, 그리고 신약의 모든 복음서를 정의 내리게 하는 질문이다. 이 질문에 대한 대답은 "아니다"이다.

이 아니오라는 대답은 원론적으로 준 대답이 아니라면 실제적인 대답이요, 영원의 시간으로 본 아니오의 대답이 아닐지라도 불특정적으로 현재는 "아니오"일 것이다. 그러나 우리가 맥락을 읽고 아는 바와 같이 예수께서는 그 엄청난 고난을 자심의 몸으로 몸소 겪으신 후에도 이 오래된 질문에 대한 대답은 지금은 개정(改定)으로 답을 주시는 것으로 답하신다.

이 오래된 질문이 다시 마지막으로 나오자, 예수께서는 이제와서 더 이상 상실할 것도 얻을 것도 없이 조용히 답을 주신다.

때와 기한은 아버지께서 자기 권한에 두셨으니 너희가 알 바 아니요 오직 성령이 너희에게 임하시면 너희가 권능을 받고 예루살렘과 온 유다와 사마리아와 땅 끝까지 이르러 내 증인이 되리라 하시니라.

그러므로 너희는 가서 모든 족속으로 제자를 삼아 아
버지와 아들과 성령의 이름으로 세례를 주고 내가 너희에
게 분부한 모든 것을 가르쳐 지키게 하라. 볼지어다 내가
세상 끝 날까지 너희와 항상 함께 있으리라 하시니라.

이 말씀을 마치시고 저희 보는 데서 올리워 가시니 구
름이 저를 가리어 보이지 않게 하더니 올라가실 때에 제
자들이 자세히 하늘을 쳐다보고 있는데 흰 옷 입은 두
사람이 저희 곁에 서서 가로되 갈릴리 사람들아 어찌하
여 서서 하늘을 쳐다보느냐. 너희 가운데서 하늘로 올리
우신 이 예수는 하늘로 가심을 본 그대로 오시리라 하였
느니라 하니라.

사도행전 1:7~8; 마태복음 28:19~20; 사도행전 1:9~11

예수께서 하늘로 올리워 가시는데 제자들은 아직도 이해를
못하였다. 그러나 이해가 되었다. 저희들은 성전에 되돌아가 예
수께서 잡히신 후 온갖 편견과 행동을 개의치 않고 예수께서 저
희들과 같이 계실 때에 행하신 것과 같이 담대하게 설교와 변증
을 시작하였다. 제자들은 그들의 영적인 후예로서 가장 대표격
인 다소의 바울을 통하여 땅 끝까지 찾는 증인이 된다. (그들의
생애에서) 예수의 돌아오심은 실현되지 않았으나 그러나 "때와
기한은 아버지의 권한 두셨으니" 예수의 재림은 그러한 시간과
순서에서 이해하기 시작을 하게 된다.

저들 대부분은 순교로 생애의 종말을 맞는다. 저들의 이야기의 연속이 이러한 특징의 것이면, 예수의 이야기의 연속은 하늘에서 이루어진다. 밧모 섬에서 체험한 요한의 환상으로 구성된 계시록은 하늘에 계신 하나님의 어린양을 추적한다.

앞으로 지상 교회의 앞날에 무엇이 닥쳐올 것인지 두려움에 통곡하는 요한에게 초기 환상에서 하늘의 한 장로가 그에게 격려의 말을 한다. "울지 말라, 유다 지파의 사자 다윗의 뿌리가 이기었으니 이 책과 그 일곱 인을 떼시리라 하더라" (계 5:5). 유다의 사자(창 49:9)가 하나님의 어린양이시다. 그러나 미래의 두루마리는 참으로 그 내용이 공포의 것이고 어린양의 소관이다. 사도 요한 은 담대해야 한다. 외관상으로는 비관적일지 모르나, 어린양이 이 세상을 이기셨다.

어린양이 두루마리의 인을 떼시기 전, 그리고 오늘과 그리고 예수 재림의 사이의 시간에 무엇이 벌어질 것인지 그 가공할 환상의 내용이 펴지기 전 우주의 승리를 개선가로 찬양하는 헨델의 〈메시야〉 "할렐루야"의 대합창이 비공식적으로 표현하고 있거니와 어린양이 그 두루마리를 펴시기 위해 앞으로 나오신다.

내가 또 보고 들으매 보좌와 생물들과 장로들을 둘러선

많은 천사의 음성이 있으니 그 수가 만만이요 천천이라 큰 음성으로 가로되 죽임을 당하신 어린양이 능력과 부와 지혜와 힘과 존귀와 영광과 찬송을 받으시기에 합당하도다 하더라. 내가 또 들으니 하늘 위에와 땅 위에와 땅 아래와 바다 위에와 또 가운데 모든 만물이 가로되 보좌에 앉으신 이와 어린양에게 찬송과 존귀와 영광과 능력을 세세토록 돌릴지어다 하니.

요한계시록 5:11~13

아이러니는 헨델의 "할렐루야" 합창의 가사 중 마지막 가사이다. 그러나 참으로 큰 아이러니는 어린양이 왕권의 권좌에 등극하신다는 사실이다. 인간 상식으로는 하나님의 역사가 이와 같은 종국으로 귀결되서는 안 될 일이다. 그러나 이러한 정점에 이루게 된다는 예언 그대로라는 사실이 참으로 아이러니이다. 이러한 종국의 현상은 유다에게 약속한 하나님의 영광된 승리가 아니다. 그러면서도 아이러니는 이러한 종국은 조목조목 모두가 승리의 기준에 일치한다.

성서는 고차원적으로 그리고 저차원적으로 철저한 신곡(神曲, a divine comedy)이다(The Bible is a divine comedy in both the high and the low sense of the word comedy). 어린양의 등극(The enthronement of the Lamb)은 진실로 존엄이며 그리고 이상한 형

상이다(truly sublime and ridiculous). 이 합창의 성격은 정당한 음악을 정당하게 표현하면 관중은 그 속에서 함께 쓸려간다. 그러나 약간 사시적(斜視的)으로 수용하고 그리고 음향 설비가 먹통이 되면 당신은 큰 소리로 웃음을 터뜨리고 말 것이다.

"하늘 위에와 땅 위에와 땅 아래와 바다 위에와 또 그 가운데 모든 만물이" 한 자리에 집합하여 왕좌에 앉은 어린양에게 박수를 보낸다는 장(場)은 낮은 희극의 소재라고 해도 월트디즈니 제작소의 기술이 요구되고, 그것을 고차원 중의 고차원의 희극으로 수용하면 그것은 이사야를 통하여 여호와의 잔치의 약속하신 것의 성취이다.

그 때에 이리가 어린양과 함께 거하며
　　표범이 어린 염소와 함께 누우며
송아지와 어린 사자와 살찐 짐승이 함께 있어
　　어린 아이에게 끌리며
암소와 곰이 함께 먹으며
　　그것들의 새끼가 함께 엎드리며
　　사자가 소처럼 풀을 먹을 것이며
나의 거룩한 산 모든 곳에서
　　해됨도 없고 상함도 없을 것이니
이는 물이 바다를 덮음 같이

여호와를 아는 지식이 세상에 충만할 것임이니라.

이사야 11:6~7, 9

"사자가 소처럼 풀을 먹을 것이며...." 디즈니는 이것도 표현하기 곤란할 것이다. 그러나 이것은 농담이 아닌 심각한 깊이의 서술이다. 이것이 해학이면 이 종교적 해학은 촬영용 아크 등과 돌비시스템이 추가되어야 할 터이다.

그리고 어린양의 등극은 요한계시록 서두에 나온다. 이 계시록의 장엄한 결론은 처음의 장면보다 더 격렬한 것으로 나오며 처음의 장면보다 더 처절하게 해학과 하나님의 말씀이 충돌하는 서술로 이번에는 백마 탄 전사의 이미지로 등장하여 종국적으로 모든 전쟁을 종결짓는다.

또 내가 하늘이 열린 것을 보니 보라 백마 탄 자가 있으니 그 이름은 충신과 진실이라. 그가 공의로 심판하며 싸우더라. 그 눈이 불꽃 같고 그 머리에 많은 면류관이 있고 또 이름 쓴 것이 하나가 있으니 자기밖에 아는 자가 없고 또 그가 피 뿌린 옷을 입었는데 그 이름은 하나님의 말씀이라 칭하더라. 하늘에 있는 군대들이 희고 깨끗한 세마포를 입고 백마를 타고 그를 따르더라. 그의 입에서 이한 검이 나오니 그것으로 만국을 치겠고 친히

저희를 철장으로 다스리며 또 친히 하나님 곧 전능하신
이의 맹렬한 진노의 포도주 틀을 밟겠고 그 옷과 그 다
리에 이름 쓴 것이 있으니 만왕의 왕이요 만주의 주라
하였더라.

요한계시록 19:11~16

전개된 싸움의 결과로 사탄이 사술에 결박되어 1000년 간 무
저갱에 던져지게 된다. 그 천 년이 지나 그는 다시 풀려난다.
그러나 잠시 동안이고 그 다음은 "불과 유황 못에 던지우니 거
기는 그 짐승과 거짓 선지자도 있어 세세토록 밤낮 괴로움을
받으리라"라고 하였다 (계 20:10).

상술한 성경 본문으로 영감과 자극을 얻어 기독교는 2000년
간 군사 행동 내지는 군사주의의 정당성을 내세워 자위하여 왔
다. 그러나 어린양에 의한 승리라는 이야기의 시각에서 얼마나
심각하게 고증하였는가 물어야 한다. 요한계시록은 솔직하게
아무런 무장이 없는 저항이 완전 무장된 역전(歷戰)의 로마군과
의 대치에서 결과가 무엇이겠는가? 그 두려움의 결과를 초기
기독교 신도들에게 잘 말해 준다. 로마 권력에 의하여 옥중의
몸이 된 세례 요한은 사람을 보내어 "당신이 우리가 기다려 온
자인가?"라고 질문하였다. 그러나 계시록은 충분히 그리고 확

실한 증언으로 그 싸움의 최후 승리는 어린양의 승리임을 일러
준다.

그리하여 이 기독교의 희극 서사시는 다른 모든 희극의 대단
원이 그와 같이 종결이 나는 순서대로 축제가 벌어지는 혼인잔
치로 종결된다. 드디어 참으로 오랫동안 기다려 온 하나님의
어린양이 혼례 식장으로 입장하신다. 그가 대동하고 입장하는
동반자는 영원한 의도인 인류 자신이다.

또 내가 들으니 허다한 무리의 음성도 같고
많은 물소리도 같고
큰 뇌성도 같아서 가로되
할렐루야
주 우리 하나님 곧 전능하신 이가 통치하시도다.
우리가 즐거워하고 크게 기뻐하여
그에게 영광을 돌리세
어린양의 혼인 기약이 이르렀고
그 아내가 예비하였으니
그에게 허락하사 빛나고 깨끗한 세마포를 입게 하셨은즉
이 세마포는 성도들의 옳은 행실이로다.

요한계시록 19:6~8

그 혼인잔치에는 모든 짐승들, 짐작컨대 하늘의 나는 것들,

땅을 기는 것들, 수중에서 헤엄치는 것들 그리고 굴 속에 숨은 것들 등 모두가 잔치에 초대되어 몰려올 터이다. 그리고 그 초대의 글은 금박으로 새겨진 호세아서의 본문이 될 것이다.

> 그 날에는 내가 저희를 위하여
> 들짐승과 공중의 새와 땅의 곤충으로 더불어
> 언약을 맺으며
> 또 이 땅에서 활과 칼을 꺾어 전쟁을 없이 하고
> 저희로 평안히 눕게 하리라.
> 내가 네게 장가들어 영원히 살되
> 의와 공변됨과 은총과 긍휼히 여김으로
> 네게 장가들며
> 진실함으로 네게 장가들리니
> 네가 여호와를 알리라.
>
> 호세아 2:18~20

상술한 표현이 지나친 것으로 느낌이 오는가? 성경이 일러 주는 신비의 경험은 항시 지나침이 없는 법이다.

또 내가 새 하늘과 새 땅을 보니 처음 하늘과 처음 땅이 없어졌고 바다도 다시 있지 아니하더라. 또 내가 보매 거룩한 성 새 예루살렘이 하나님께로부터 하늘에서 내려

오니 그 예비한 것이 신부가 남편을 위하여 단장한 것
같더라. 내가 들으니 보좌에서 큰 음성이 나서 가로되
보라 하나님의 장막이 사람들과 함께 있으매 하나님이
저희와 함께 거하시리니 저희는 하나님의 백성이 되고
하나님은 친히 저희와 함께 계셔서 모든 눈물을 그 눈에
서 씻기시매 다시 사망이 없고 애통하는 것이나 곡하는
것이나 아픈 것이 다시 있지 아니하리니 처음 것들이 다
지나갔음이러라.

요한계시록 21:1~4

다시는 죽음이 없다. 다시는 곡할 일이 없다. 다시는 슬픔과
고통이 없다. 이전 세상은 먼 과거로 물러갔다. 마지막 눈물을
닦아버렸다. 궁극적인 축복의 현현(顯現, epiphany)이다.

성령과 신부가 말씀하시기를 오라 하시는도다.
듣는 자도 오라 할 것이요
목마른 자도 올 것이요
또 원하는 자는 값없이
생명수를 받으라 하시더라.

요한계시록 22:17

물과 성령....

하나님의 성육신이 공생애 사역의 출발점에서 주제였던 "물과 성령," 하나님이 친히 요단강에서 인간의 회개의 의식에 참여하였고 하늘에서 음성이 그리고 성령이 비둘기 모양으로 그의 머리 위에 가시적으로 나타나심으로 하나님의 결단과 하나님의 성육신되심을 기뻐하셨다. 하나님은 어린양이 되심으로 참으로 기뻐하셨다. 이 하나님의 기쁨은 창조의 날에 보이신 기쁨 이후에 비로소 재현된다.

복음서에 나오는 회개의 헬라어 "메타노이아"(metanoia)는 의사(意思)의 변화이다. 하나님의 의사의 변화는 지극히 중대한 주제이다. 기독교 성서의 내용으로 최대의 변증론이다. 자신의 창조를 접어버리고 자신의 형상이 있는 자에게 저주 내리고 죽음이 오게 하셨고 친히 하나님이 무한한 도전에 직면하셨다. 하나님은 당신의 최선의 창조를 다시 회복시켜야 하며 에덴에서 추방한 자들을 다시 구하셔야 한다는 결의이시다. 피조 인간들만이 아닌 자신을 위해서도 하나님은 상실된 창조의 면류관(the lost crown of his creation)을 되찾아야만 한다는 결의이시다.

그러나 처음 창조의 조용과 확실함 대신에 여러 세기를 걸친 분노와 격정의 전투자가 되신 것이다. 하나님은 최초의 애굽에서의 싸움은 힘들지 않은 승리였다. 자연의 힘 자체로 싸우시는데 무슨 어떤 무기가 가당한가?

그러나 수백 년이 경과하여 하나님이 앗수르와 바벨론의 저항에서는 패배와 퇴전(退轉)을 맛보셨다. 그러나 하나님은 자기 백성에게 불순종과 부실함에 대한 처벌을 주시기 위한 패전임을 일러 주신다. 곧 과거 애굽을 파괴하신 것과 같은 파괴를 이들 새 원수에게 입힐 것이고 산야의 풍경을 변화시키고 임야의 초목을 쓸어버리고 집중하는 인구를 분산시킬 것이라고 언명하셨다. 하나님과 백성은 다시 승리하고 선민은 다시 하나님께 감사할 것이고 온 세계가 하나님이 여호와이심을 깨닫게 될 것이라고 하셨다.

그러한 모든 일을 다시 행하실 것이다. 그러나 이번에는 신비한 이유에서 때가 되었는데도 그런 관행을 밟지는 않을 것이다. 하나님의 의중이 변하신 것이다. 결국에는 이런 전통적인 승리가 무엇을 성취하겠는가? 그런 싸움터의 승리는 하나님 편에서도 더 심각할 폭력이 생겨나야 하고 그 결과인 파괴는 더 심각한 상처로 남아 인류의 멸망이 되고 패자의 종살이는 잔혹성이 더해질 것이고 침묵 중에 겪으실 하나님의 후회는 더 큰 것이 되고 말 것이다.

그러므로 하나님은 약속을 깨시었다. 하나님은 자기에게와 자기 백성에게 더 절망적인 패전과 고통을 겪도록 허락하셨다.

그러나 그러한 고통의 밑바닥으로 하나님도 친히 동참하시기로 그리고 뿐만 아니라 앞으로 겪게 될 고통과 고난을 미리 당하시기로 작심하신 것이다. 그리하여 그러한 고통에서 하나님 자신이 일어나실 때 우리도 동참하여 죽음에서 일어나도록 창조적으로 길을 열어 낙원으로 되돌려 주신 것이고 그와 함께 온 인류가 다 같이 되돌아가게 하신 것이다.

아담과 하와는 자신들을 칭하여 하나님의 자녀라고 한 일이 없고 그리고 하나님은 자신을 칭하여 저들의 아버지라고 하신 일이 없다. 그런 칭호는 뒤에 가서 하나님이 어떻게 아버지가 되는 역할인가를 아시게 되면서 나온다. 그리고 하나님은 또한 어떻게 해야 부부가 되는 것인가의 역할도 뒤에 가서 아시게 된다. 말하자면, 여호와 하나님은 우주의 신랑이며 온 인류의 남편이 되신다.

더욱 중요한 사실은 뒤에 가서야 하나님은 상실을 통하여 얻으시는 것도 아시게 된다. 참으로 많은 시간이 흘렀다. 그러나 아직도 사탄은 완전히 괴멸된 것은 아니다. 그러나 결정적인 승리는 하나님의 어린양이 거두었다. 그것이 중요하다. 복음의 기쁜 소식은 그 어린양이 어떻게 최후의 승리를 거두시었는가를 일러 주는 소식이다.

44

결어

하나님의 삶을 저술하는 것

Epilogue: On Writing the Lives of God

문학 형식으로 성서를 읽는다는 접근은 여러 문학 형식 중에서 하나를 선택하는 것이다. 이러한 다양한 접근 중에서 하나의 고전 문학의 맥락으로 주인공의 시각으로(as the protagonist) 하나님을 서술하는 것 역시 하나이다. 잭 마일스는 전자에 집필한 〈하나님: 하나의 자서전〉(God: A Biography)[1]에서 유대인의 성서인 타나크(Tanakh)가 반드시 기독교의 구약과는 유사하지만 반드시 일치하지는 않는 성문학의 총서에서 하나님의 삶이라는 시각으로 읽고 서술하였다.

이 책에서도 나(Jack Miles)는 기독교의 성서인 구약과 신약을 하나로 묶어 같은 하나님 이해를 서술하려고 시도하였다.

---

1) 1995년에 저자 Jack Miles가 저술한 이 책, *God: A Biography*는 미국의 Pulitzer Prize를 획득하였고 National Bestseller가 된 명저이다.

〈하나님: 하나의 자서전〉을 전개하는 해석학은 두 가지의 전제에 근거한 단순한 두 가지의 규칙을 갖는다.

첫 번째의 규칙은 타나크(유대인의 성서)의 여러 문서에서 발견되는 하나님의 인격의 모순과 불일치를 역사비평학에서 그러한 차질이 타나크의 문서들을 저술한 인간 저자들의 부실과 그들이 역사적으로 일으킨 다양한 시각 차이의 결과라고 설명하는 방법이 아니라 있는 그대로의 문학적인 의도와 목적이 있는 것으로 받아들인다는 것이다.

이 규칙의 배후에 깔린 전제는 음악의 음계가 하나에서 다른 것으로 이동하는 것과 같이 유대인 전통적이 하나님 신앙인 "우리 하나님 여호와는 오직 하나인 여호와이시니"(신 6:4)의 오래 된 유대인의 신앙과 일치하는 문학적인 조율이다.

성서에 나오는 하나님은 전과 후가 상호 배치되는 것과 같은 하나님의 인격이 표출이 되어 긴장을 낳게 한다. 그러나 이러한 긴장의 여건은 하나님의 인격이 항시 동일하다는 사실 때문이다. 역사비평이 상호 차이가 있는 유일신의 역동적 긴장을 차이가 있는 근원 자료 때문이라고 해소함으로 독자들을 편하게 하고 그리고 문서들의 차이가 왜 일어난 것인지를 따르게 하지만, 그러나 유일신의 인격은 소멸이 되고 여러 단편적인 다신론으로 용해되고 만다.

두 번째의 규칙은 조직적인 분석과 서술인 신학에서는 없는 이야기의 추적에서 등장하는 하나님의 인격에 표시되는 갈등의 문제이다. 이러한 프로세스의 배경이 되는 전제는 하나님의 인격 내면에 존재하는 다양성이 하나님이 인간과 구체적으로 이스라엘을 관련 대상으로 대하시는 장구한 시간을 통하여 드러나고 그리고 어떤 성향은 발전한다는 사실이다. 하나님에게 출생과 사망을 있을 수 없으나 처음 하신 말씀과 종국에 하시는 말씀과의 일치성 여부는 표시된다. 이와 같이 인격의 발전이 표시되고 그래서 다른 말로 자서전적인 진행 과정(biography)이 성립된다.

유대인의 성경을 이어받으면서 기독교의 정전인 신약은 전체적인 하나님의 삶의 의미를 심각하게 개정하고 있다. 나(Jack Miles)는 이 두 번째의 저술(하나님의 어린양의 이야기)에서 그 개정된 의미를 결론의 시각으로 읽도록 저술하였다. 다시 정중하게 일러 주고 싶은 말은 나는 하나님의 주제를 신학 이론의 대상도 또한 고전문학의 제목도 아니라 이야기 문학의 중심으로 파악하고 있다는 사실이다. 이러한 접근의 해석학은 기술적으로 다시 두 가지의 전제와 두 가지의 관련이 된 규칙에 묶이게 된다.

〈하나님: 하나의 자서전〉의 첫 번째의 전제가 유대인의 확신인 "신은 우리 하나님 여호와뿐"이라는 주제의 문학적 접근 내지는 전위적(轉位的)인 접근이었던 것과 같이, 이 저서에서도 고전 기독교의 확신인 "예수는 주"(롬10:9)라는 고백이 신약의 전면에 등장하는 도그마이고 뒤에 가서 첫 번째의 에큐메니컬 종교회의에서 예수 그리스도는 과거나 현재나 하나님의 성육신이시고 육신이신 하나님이시다는 교리 형식으로 정의 내려지게 되는 이 "예수는 주"라는 확신을 다시 문학적 내지는 전위적인 접근으로라는 전제로 한 것이 이 두 번째의 저서이다.

이 전제를 뒤따라오는 해석학적 규칙은 신약에 나오는 그대로 예수의 말씀 행동 그리고 고난 일체를 하나님이 말씀하시고 행동하시고 그리고 고난을 받으신 것으로 본다는 것이다. 더욱이 예수의 인격에 일어난 긴장, 다시 말해서 예수께서 하나님이 하시는 말씀으로 나오기고 하고 사람이 하는 말로도 나오는 이 같은 말씀하는 주격의 혼합을 역사비평이 편리한 방법으로 해결하여 여러 형의 예수라고 설명하거나 여러 저자들의 다양한 자료 구성이 빚은 것이라고 설명하는 그런 편한 자세가 아니다. 역사비평과는 달리 문학적인 접근은 한 예수의 인격만이 존재하고 그 예수는 언제나 하나님이시고 그리고 사람이시라는 해석학적 규칙이다.

전자의 〈하나님: 하나의 자서전〉의 경우와 같이 두 번째의 규칙도 신학적인 접근에서 하는 것처럼 이 복합적인 예수의 인격을 체계적인 서술과 분석으로 하는 대신 이야기의 흐름과 진행을 따라간다는 것이다.

하나님은 나사렛 예수로 인간이 되심으로 단번에 하는 한 번의 주장이 아니라 신약이 진행적으로 열어 보여 주는 것과 같이 인간 중간자의 역할을 통하여 모든 국면에서 주장하신다. 그는 하나님의 형상이며 닮은꼴이라는 아담이며 새로운 창조의 처음 나신 자이다. 그는 새로운 토라를 세운 모세이며 온 인류를 위한 새로운 가르침을 주셨다. 그는 "내 나라는 이 세상이 아니요"로 새로운 왕국을 시작한 다윗이다. 그는 엘리야여서 모든 신학의 쟁점을 이적적인 능력으로 단번에 해결 짓고 종말까지 예견하는 자이다.

과거에는 하나님은 다른 인간을 통하여 말씀하셨으나 지금은 "말씀이 육신이 되셨다." 과거에는 하나님이 솔로몬을 양자로 선택하셨고 그로 인하여 모든 이스라엘의 양부가 되셨으나 지금은 자신을 가리켜 "아버지와 나는 하나이니라"(요 10:30)고 선언하심으로 자신을 통하여 온 세상을 양자(養子)로 택하실 길을 여셨다. 주역 인격이 이 같이 다양성을 소유하심으로 빚는 엄청난 긴장은 오로지 예수의 고난의 죽음이 하나님의 인격 속에 일어난 깊은 곳에 자리하는 선재 하는 갈등을 풀 때만이 풀어지는 것이다.

그러면 신약성서를 어떻게 읽어야 하는가의 두 번째의 전제는 예수의 한 인격 속에서 선재하는 하나님이 온 인류와의 갈등의 모든 것이 드러나는 것으로, 그리고 이러한 표현이 바로 본질적이 신약성서의 절묘한 기법이고, 이러한 표현이 예수께서 생존하실 때 심지어는 사후에서도 동시대의 유대인들과 어떻게 만나시고 대하시는가로 나오는 것이다.

전자의 시각으로 하나님의 인격을 자서전적인 연속으로 접근하는 해석이 결국은 신약의 예수의 인격에서 구약의 하나님의 개정으로 받아들이는 해석으로 연속적인 연결을 지을 때 신약성서의 매 쪽마다 읽어 가는 자세의 어떤 변화가 필시로 일어나야 하는가? 하나님의 비상한 인격과 자서전적인 연속이 중국적으로 사람으로 오신 이러한 개정의 문제이다.

첫째로 이러한 안목으로 신약을 읽으면, 매 장면마다 주역인 예수의 인격이 생동적으로 눈 안으로 들어온다. 매 장과 사건들은 결코 역사비평의 주장처럼 저자가 주역의 인격 표현을 그와 같이 한 것이라고 보아서는 안 되는 것이다.

저자 누가가 예수 탄생 때 천사들의 대합창을 서술하고 있거니와 그 천사의 대합창이 실제 사건으로 일어났는가? 역사비평의 입장은 아니오이다. 세속 역사 속에 천사들은 존재하지 않는다. 그러나 이야기로 읽는 문학의 맥락에서는 세속 역사 속에서도 천사들은 사역하며 그 대합창은 존재했다고 답한다. 역사비평학자들은 천사의 합창을 비역사적 서술이라고 정의하며 이러한 시각에서 고전 저자들의 기법의 특징을 언급한다. 그리하여 누가의 경우 그가 역사적 예수에 대하여 아는 바가 없다고 단정한다.

역사비평학의 입장으로는 천군 천사의 합창을 비역사로 여기면서도 "구주가 나셨으니 곧 그리스도 주시니라"(눅 2:11)고 소식을 전하는 천사의 성격을 높이는 데 역할을 하므로 비역사라도 상관없다고 한다.

이야기 맥락, 즉 문학으로 읽는 시각에서는 이 첫 번째의 초자연의 현상을 가볍게 웃어넘길 표현이 아니라 과거의 시편의 내용과 사상을 해일처럼 불러일으키는 사건이며 그 중 하나가 아래와 같이 시편 148편 1~2절이다.

> 할렐루야 하늘에서 여호와를 찬양하며
> 높은 데서 찬양할지어다.
> 그의 모든 사자여 찬양하며
> 모든 군대여 찬양할지어다.

그와 같은 일이 예수의 탄생에서 그리고 그와 같은 일이 그의 성육신이신 그의 여생 일체 전반에서 일어난다. 예수께서 죽은 자를 다시 살리셨는가? 풍랑을 잔잔케 하셨는가? 그리고 산상에서 모세와 엘리야와 더불어 대화를 하셨는가? 부활 이후 가시적인 신체로 제자들의 목전에서 경이롭게 공중으로 들려 가셨는가? 그는 하늘로 복귀하신 후 하나님의 어린양으로서 인류 역사의 결산까지의 과정을 결정하는 두루마리의 인을 여셨는가? 그런 연후에 어린양의 혼인잔치를 치르셨는가?

소위 "역사적 예수" 는 이런 일들을 하지 않았기 때문에 역사 비평학파는 신약에 내용에 나오는 하나님의 성육신의 이러한 드라마틱한 자기 표시를 훗날 저자들이 원인인 것으로 되돌려 보내는 식의 해석이었다. 이것이 첫 번째의 차이이다.

두 번째의 차이 그리고 더 중요한 사실은 독자가 복음서의 주역을 하나님의 성육신으로 수용하면 예수의 행위 하나하나는 그 배후가 단지 나사렛 예수가 아니라 그 이전 선민 이스라엘 백성과의 긴 역사 관계에서 상징적으로 어려움이 많은 혼인 관계라는 하나님 여호와의 삶이 있다는 것이 된다.

예수는 아들이신 하나님으로서 일체의 과거의 모든 아버지 하나님의 부채를 짊어지신다. 과거 여호와 하나님이 유대인에게 불을 지폈던 것들을 아들 하나님이 어떤 것은 끄고 어떤 불꽃은 더 타오르게 하신다. 이러한 아들의 행위는 지극히 중요하고 그리고 유대인들을 위해서도 동일하다.

신약의 책은 매 쪽마다 어는 순간이든 하나님의 성육신이 사실적으로 다시 찾는 성육신(a reincarnation)이다. 주역의 인격이 반복적인 특징의 것임은 "하나님이 전에 여기에 오신 일이 있다"(God has been here before)는 표현의 것이 된다. 하나님이 다시 돌아오셨으니, 예수는 찾아가시는 곳마다 그가 듣고 그리고 말씀하신 것마다 과거의 그들과 관련이 있었던 것의 기억이 되돌아오는 것들이고 지금에 와서는 과거의 약속이 깨진 극적 아이러니로 충전(充電) 에피소드들이다.

어떤 위대한 고전문학을 읽는 단 하나만의 완전한 방법이 없는 것처럼 신약성서를 읽는 법이 단 하나만의 완전한 방법이 있는 것이 아니다. 그러나 여호와 하나님의 성육신 그리스도를 신학적인 편집이라고 거부하지 말고 문학적인 흐름과 줄거리를 받아들이면, 주역 인격은 내부에서, 즉 맥락 안에서 조명(照明)된다.

초기 기독교인의 관점은 처음 요한복음의 서언에서 나타나고 그리고 히브리서에 나타나는 것처럼 여러 시대를 걸쳐 하나님이 여러 선지자들을 통하여 말씀하셨고 그리고 예수는 그 마지막으로 주신 말씀이다. 즉 그의 말씀이 인격으로 오신 것이다. 그러나 이러한 견해와 함께 예수는 하나님의 성육신이심으로 과거에 앞서서 주신 모든 하나님의 말씀들은 역시 그리고 필히 예수의 말씀이며 인격의 증거라고 수용해야 한다.

심각하게 이들 모든 말씀을 예수의 말씀으로 수용하고 동시에 예수께서 하나님의 성육신이시다는 해석은 아이러니하게 하나님의 인격에 변화가 일어나고 있는 긴 과정에서 예수께서 의외로 하나님의 인격의 마지막 표현이고 최후의 결과라는 전제를 설정할 수밖에 없게 된다.

여기에서 "아이러니"라고 표현하는 이유는 이중적인 의미이거나 의미한 바를 개정하기 때문이고, 백성들의 등에서 이야기하는 것이기 때문이고, 저들의 머리 위로 넘어서기 때문이다. 어떤 때는 불성실한 것으로 어떤 때는 성실성으로 보이기 때문이다. 절반이라도 이해하기를 기대하지 않으며 구태여 설명을 하려고 허리를 굽히지 않기 때문이다. 이런 속성들은 종교 문헌에서는 원래 있을 수 없는 것들이다. 그러나 종교 전제로서 오랜 전통에서 기대해 온 바를 졸지에 뒤엎을 때 그 사실에 아이러니가 설정된다.

유명한 문학비평가가 말하기를 아브라함이 신실한 자인가 불성실한 자인가 하는 비판은 그 질문이 절반만 정당하지만 그러나 아브라함이 불성실한 자라고만 하면 잘못된 질문일지라

도 아브라함이 아이러니하다고 말하는 것은 잘못이 아니라고
하였다.

이와 같이 아브라함에게 적용이 된 자는 예수에게는 더욱 짙
게 그리고 더욱 엉클어진 상태에서 해당된다. 왜냐하면 예수가
하신 말씀 거의 전부는 다른 의미가 있고 그리고 거의 전부가
한 가지 의미 이상의 의미가 있기 때문이다. 바로 그 점에서 예
수에게는 신비한 호소력이 있다.

〈하나님: 하나의 자서전〉은 하나님의 삶이 유대인의 성서 타
나크(유대인의 성서, 모세 오경, 역사서, 그리고 시서를 가리키는 머리
말 세 글자로 된 단어) 안에서 충분하고도 완전한 결론에 도달한
다고 주장한다. 그 책의 연속은 그 주장을 다시 되돌아가지 않
는다. 그러나 문학적으로 말하여 신약성서는 결코 무미건조한
책이 아니다. 기독교는 유대인의 성서를 물려받으면서 목적이
있어서 순서를 개정하여 시서를 중간에 그리고 예언서를 권말
부분에 재배치하였다. 그렇게 함으로 구약의 권말이 하나님의
삶의 최후의 장이 되게 한 것이다.

그 결과는 해롤드 부룸(Harold Broom)의 비평처럼 유대 편집
에 대한 강력한 오해 아니면 의도적 태만이면서 그렇게 함으로
유대인의 실수를 들추어내지 않았다는 정당성을 부여하게 되
었다.

　타나크의 독자성을 잠시 그대로 두고 왜 신약성서가 존재하는가 하는 물음을 두 가지로 취급이 가능하다. 그 중 하나로, 역사비평에서는 이 문제를 약간 수정하여 누가 신약을 저술했는가 하는 문제로 본다. 그렇게 함으로 신약성서 배후에 있는 동기, 다시 말해서 신약이 존재하는 이유를 탐색하며 그리하여 지역적으로 시간적으로 조건이 성립하는 저자의 동기와 몇 종류의 당시 사회의 독자 내지 청자(聽者)를 규정짓는다.

　그러나 본인이 추구하는 방법은 두 번째로 역사비평과는 달리 있는 그대로의 문학 맥락의 이야기 안에서 왜 하나님이 그와 같이 행하셨는가, 왜 하나님이 인간이 되셨는가를 질문한다. 왜 인간으로 오셔야 했는가? 그리고 인간으로 오실 불가피한 필요였으면 왜 그와 같이 예상외의 인간을 선택을 하셨는가?

　사자가 어린양으로 행동을 하여야만 했다면 의외의 선택인 거기에는 반드시 충분한 이유가 있어야 하는 것이다. 과거 하나님의 권능이 절정에서 표시된 때에는 이 세상에서 가장 강력한 군대라도 몇 분에 전멸시키고 말았다.

　한 번 이상 하나님은 자신을 약탈하는 큰 짐승으로 비교하신 일이 있다. 어찌하여 하나님이 자기 방어를 생각지도 않는 목수로 오셔서 관원이 사형을 언도하자 아무런 변호도 없이 죄인처럼 그의 생애를 끝내고 마는가? 니체가 언명한 바대로 만군의 여호와 하나님에게 떨어진 처절한 비극의 시작으로 성육신이 비치기 시작하게 하신 이유가 무엇인가? 어린양은 하나님의 인격에 대한 계속 나타나실 과정이 아니라 불행한 종국적인 몰락인가?

그렇다. 하나님에게 이유가 있다. 그리고 신약성서의 문학적인 사실 그대로를 수용하는 독자들에게는 이러한 종국, 이러한 가공할 종국을 그대로 수용하는 것이다. 아들이신 하나님은 세상 사람이 추측하는 그런 인간으로 아버지 하나님이 나타나신 성육신이 아니었다. 예수 자신을 따르는 선택된 소수 중에서도 저들의 선생이 다른 여러 역할 중에서 희생 짐승의 몫을 담당하신다는 사실을 알게 되자 크게 당혹하였다.

그러나 신약성서의 이상성(異常性)은 왜 당초에 신약이 존재하는가의 이유에 놓인다. 타나크(유대인의 성서)의 반복이라고 하기에는 너무나 초라하고 간단하다. 신구약성서가 모두 하나님의 의사 표현의 기록이고 그리고 신약의 경우에는 그 하나님이 자신에 대하여 그처럼 인격 비하의 자기 진술이라는 점이 참으로 특이하다.

구약성서가 전반적으로 사용하는 하나님 칭호는 온 땅의 조물주 여호와이시다. 그러한 하나님이 유대인의 왕으로서 자신을 죽음에 두심으로 소망을 깨버리심이 아니라 잘못된 소망을 실현 가능의 소망으로 대치하신 것이다. 어떤 전투에서도 패전은 없다는 상승을 소망한 오래된 소망에서 벗어나, 불패의 소망이나 그러나 전장에서의 무력으로는 승리할 수 없는 다른 종류의 승리를 일러 주는 소망이다.

이와 같은 일이 그리스도의 양면성으로 가능해진다. 다시 말해서, 아무 인간도 행할 수 없는 공효(功效)를 그리스도는 자신의 죽음으로 당당하게 그리고 도구적으로 행사하실 수 있으시고, 그리고 하나님이 인간이 되시지 않으면 행사하실 수 없는 역할이다. 하나님은 결코 비존재가 되실 수 없기 때문에 인간으로서 인간의 죽음의 고통을 통과하시는 것이며, 말만으로는 도대체 그 격렬한 진리를 표현할 길이 없는 진리를 행동과 사건으로 주신 것이다.

로마에게 굴복 당하심으로 하나님은 과거 바벨론에게 패전하여 성취하려 하시다가 실패한 것을 성취하신다. 다시 말해서, 하나님은 패배를 뒤집어 승리가 되며 굴욕을 뒤집어 찬양과 고양(高揚, exaltation)이 되게 하신 것이다. 그가 죽음에 인도됨으로 마지막으로 제자들에게 일러 주신 말씀처럼 "담대하라 내가 세상을 이겼노라"(요 16:33)를 회상하게 하신 것이다.

물론 역사비평학에서는 이들 말씀이 죽음에 대한 예수의 선행적인 해석이 아니라고 자의로 말할 수는 있다. 그들은 타인이 예수의 죽음 후에 이들 말씀을 예수가 서전에 말한 것처럼 예수의 입술에 담았으며, 그리고 그 후에 자연스러워진 것이라는 해석이다. 그러나 타인이 누구인지 이 대담하고 과격한 언질을 창조주 하나님의 입술에 담았다면 그는 참으로 위대한 저술가이어야 하고 타인이 그런 언질을 만들어 그와 같이 예수의 입에 담았다면 그 후 시간과 역사가 경과하면서 그의 이 언질이 신약성서의 핵심에 자리를 내리게 한 것이라는 불가능의 요행을 고집해야 하는 것이다.

주 그리스도를 나사렛 예수로 되돌리려고 시도한 프로메테우스와 같은 엄청난 독창적인 시도가 있었다. 그러나 역사비평이 아무리 그와 같은 합리적 변화를 감행한다고 할지라도 원천적으로 문맥 자체에 존재하는 경이로운 모순 자체를 가리워서는 안 된다. 거기에 나오는 저항과 반동의 행위는 우선적으로 이스라엘의 하나님이 먼저 그런 어거(馭車) 할 수 없는 긴장을 대결하시지 않고서는 성립이 되지 않는다.

여러 신들이 아닌 이 하나님 그리고 여러 사람이 아닌 바로 이 사람이어야 하고 그리고 과거의 자신이었던 일체의 것을 거부하는 일, 다시 말해서 자기가 택한 백성의 원수로 하여금 자신을 죽음에 처하게 허락하는 일, 이러한 현상을 너무나 과격한 것이므로 처음부터 모든 것을 바꾸는 일이 되는 것이다. 만세

반석(the Rock of Ages)이신 하나님은 그 하나님으로 사망할 수 없다. 그러나 하나님의 성육신은 균열이 생긴 반석(the Rock can be cleft)이 될 수 있다. 깨지고 사망으로 내려가신다. 그리하여 영원한 생명으로 일어나시며, 그 하나님은 모든 인간을 그와 함께 들려 높이신다.

유대인의 원래의 것이나 후기 유대인의 전승을 개정한 기독교의 승리는 연기된 것이다. 그러나 그 확실한 승리가 보장이 된 것이므로 가난한 자, 온유한 자, 심지어 슬픔에 찢어진 심령을 소유한 자, 그리고 이 세상에서 주리고 목마르고 그리고 의를 사모하며 멸시 받는 모든 사람은 스스로 자신들이 복 있는 자로 여겨야 하는 것이다. 예수도 그와 같은 길을 밟으신 것과 같이 하나님의 나라는 저들의 것이기 때문이다.

부록 Ⅰ
(Appendix Ⅰ)

많은 문서들로 구성이 된 한 권의 성경
(어떻게 그와 같이 형성이 되었으며 왜 그 것이 중요한 문제인가)

어떻게 그와 같이 성립이 되었는가
(How it happened)

대체적으로 다른 고전 문헌들과 달리 유대인들의 성경인 타나크(the Tanakh)는 하나가 아닌 두 가지 원어로 집필이 되었다. 고대 이스라엘의 첫 번째의 언어는 히브리어였다. 그러나 이스라엘이 기원전 6세기에 바벨론에게 예속이 되어 한 영토인 야후드(Yahud)로 전락하자 큰 제국의 일반 상용어인 아람어가 유대인의 두 번째 언어가 되었고 그 언어로도 신성한 성경을 집필하기에 이르렀다. 타나크의 후반부는 이 아람어로 집필이 된 것이다. 뿐만 아니라 심지어는 이 아람어의 기초 알파벳이 히브리 문서의 저술에도 원래의 히브리어 알파벳을 대신하였다.

뒤에 가서 기원전 4세기가 되어, 야흐드가 페르시아의 영토가 되어 헬라어를 상용하는 유다야(Ioudaia)가 되면서 이 헬라문화의 헬라어가 히브리어, 아람어와 함께 상용어가 되었고 그리고 동시에 성문서 집필의 언어가 되었다. 이러한 과정에서 애굽에 상주하며 헬라어만을 사용하는 유대인들을 위해서 헬라어로 편집한 유대인 성경판이 기원전 2세기에 나왔다. 이 판을 셉투어진트(the Septuagint)라고 부르고, 그 내용으로 히브리어와 아람어 문서의 번역만이 아니라 처음부터 헬라어로 집필이 된 것들도 몇 권 포함을 시켰다. 이 70인역은 단지 번역만이 아닌 새로운 편집이다. 이러한 특성은 헬라문화가 지배하는 시대에 생존하는 유대인들이 지금에 와서는 히브리어나 아람어보다 헬라어를 더 자유롭게 사용하게 된 세대에 일어난 변화를 반영하는 것이다.

헬라적 사고를 하는 유대인의 의식에서는, 헬라어로 된성경을 기적이라고 밖에는 달리 생각이 안 되는 원본과 축자적(逐字的)으로 동일하고, 이 번역이 하나님의 행위이며 히브리어 원본과 조금도 덜하지 않는 하나님의 영감이라고 판단한다. 그리스도 신앙이 팔레스틴에 거주하는 헬라어 사용의 유대인에게서 지중해의 요지에 산재하는 헬라어를 상용하는 유대인들에게로 확산될 무렵에는 이미 헬라어로 된 성경이 그러한 신앙 전파를 기다리고 있었다 (지중해의 여러 도시에 흩어져 생활하는 헬라어를 사용하는 유대인들은 팔레스틴에 거주하고 있는 유대인 인구의 다섯 배라고 추산된다). 잠시 동안에 70인역은 이 새로운 운동의 성경이 되었고, 그 새로운 운동의 신약성서는 상술한 70인 역을 마음에 두고 집필한 것이어서 말하자면 세계적 문헌이라는 차원에서 헬라문화를 수용한 유대인들의 기여로 가장 위대한 공헌이라고 할 수 있는 것이 되었다.

신약의 저자들은 한 사람을 예외로 전원 종족으로 말해서 유대인이며 그 중 한 사람만이 저술하는 동안 팔레스틴에 머무른 팔레스틴계 유대인이다. 팔레스틴 거주가 아닌 지중해 연안 거주자들인 디아스포라가 신약성서의 고향이고 특히 복음서의 저자들을 포함하여 그러하다. 심지어 요한복음도 그 수사학적 특성이 사해 두루마리와 친근하다는 사실을 고려할 때 요한복음의 저자 역시 팔레스틴의 유대인이라고 추측이 되고 그리고 원문이 헬라어이며 그리고 근간을 이루는 구성이 헬라문화에 영향을 입은 유대인의 사고임을 말해 준다.

기원후 70년 예루살렘이 로마 군에게 멸망이 된 후 많은 잔

류자가 유다를 떠나고 지금까지 명맥이나마 유지하여 온 유대인의 독자성이 끝나고 보니 이제는 히브리어와 아람어 언어가 로마제국 내에서 유대인이라는 구분을 지어주는 새로운 경계선의 중요한 의미를 지니게 되었다. 비록 헬라화 된 유대인이 초기 기독교 개종의 중요 대상이 되었다고까지는 말할 수 없어도 헬라문화권 안에 거주하는 유대인이 대세를 이루게 된 변화는 확실하다.

사회학자 러드니 스타크(Rodney Stark)는 신약이 완성이 된 후에도 상당히 오랜 동안 기독교가 유태계 운동의 대표적인 사례라고 설득력 있는 논술을 한다. 우리가 잊지 말아야 할 것은 당초는 유다를 떠나는 이 새로운 난민이 본래부터 자기의 거처를 정한 디아스포라에 비하여 다수가 아니었다. 만일 스타크 교수의 이론에 근거하여 디아스포라 유태인의 80%가 기독교의 초대를 거부하였다고 가정하면 나머지 20%의 디아스포라 유대인이 기원 250년까지는 이방인 개종자를 제외하고도 100만 명의 교회 회중을 만들어 냈다는 계산된다.

물론 많은 이방인들이 기독교에 참여하였고 그리고 그들이 개종할 때 유태인을 기피하는 행위는 보이지 않았다. 사실적으로는 정반대 현상으로서 이방인들이 기독교로 개종할 때 저들의 기존 이방종교는 청산을 했어도 말이다. 헬라 로마의 다신교 신봉자들에게 있어서 기독교로 개종한다는 의미는 신앙의 내용이나 구성원의 의미로 보나 유태주의의 분위기에 소속하는 변화와 같은 일이었다. 여기에서 이 문제를 심도 있게 취급할 수는 없다고 해도 적어도 그것이 분위기였다는 것은 정확하다.

구체적으로 성서가 형성이 되고 있을 때 이것이 주변 분위기 였음을 이해하면, 기원후 70년의 붕괴를 경험하고 팔레스틴을 떠나와 살아남은 (기독교와 쌍벽을 이루는) 또 하나의 랍비주의 유태종교는 더욱 더 헬라어로 번역한 성경을 기독교의 성서라고 생각하거나 정확하게 그들의 안목으로 말하여 배교자(背敎者)의 성경이라고 평가하게 된다. 그러나 그러한 감정과는 상이하게 기독교인들과 헬라어를 상용하는 초기 디아스포라의 유대인들은 이 헬라어로 된 성경 말씀이 계속 살아남은 하나님의 말씀일 뿐이었다.

원어로 된 문서(a work in the original)를 읽지 않으면 그 문서를 읽은 것이 아니라는 현대의 상식은 적어도 1세기의 사회에서는 일반적인 견해가 아니었다. 그러한 견해는 사실적으로는 인쇄 문명이 시작이 되면서 원래의 판권이 문제시 된 인쇄물과 함께 보편화된 견해이다. 인쇄가 시작되기 이전의 사회에서는 거의 저작권이나 판권 같은 견해가 존재하지 않았다. 저작물과 저자의 권리가 중시된 일이 없다는 정황을 전제하면 왜 많은 고전 문서와 책들이 저자미상(著者未詳)이고 저자가 자신을 밝힌 일이 드물었는가 하는 사실을 이해하게 된다.

다시 말하여, 당시에는 정신적인 생산을 자산적(資産的)인 물질소유로 생각하는 판권의식이 아직 없었던 것이다. 이러한 저자와 저작물의 분리는 왜 당시에는 저작물의 번역을 원문 저작과 동일시했는가 하는 문제가 풀린다. 현대는 명확하게 원저작물과 번역물 그리고 원저자와 번역자는 상당한 거리를 두고 구분한다. 고전문서는 이미 저작물과 저자와의 거리가 이미 너무나 크기 때문에 별도로 번역자의 거리를 따로 떼어놓을 수가 없다. 이러한 상황에서는 본문과 저술은 저자 개인이 소유가 아니라 차라리 배급자의 소유였다.

방금 언급한 바와 같이, 가장 최근에 본토를 벗어난 유태인 난민이 외지에 정착하고 보니 히브리어를 사용하여 온 그들이 압제자의 헬라어로 번역이 된 자기들의 성경을 만나게 된다. 그러한 만남의 결과는, 그렇게 오랫동안 번역이라는 실제를 무관심해 오다가 그 번역이 진정 정확한 번역인가의 여부를 살피게 되는 지극히 과민한 분석의 안목으로 대하게 된다. 그리하여 이제 와서는 번역이라는 실제를 수용하게 되는 것이다. 그러나 전부터 지중해 연안에서 디아스포라의 생활을 해온 헬라어 상용의 유대인들에게는 그러한 헬라어 역본으로 된 성경에 대한 거부감이 거의 없다. 원칙적으로 기독교인들이 사용하는 성서가 두 권의 전서로 구성된다는 출발은 이들로부터이다.

기독교의 새 성경은 시간이 흐르면서 정확해지고 그리고 정전(a canon)에 더욱 가까운 것이 된다. 기원후 367년에 이르러 알렉산드리아 감독인 아다나시으스(Athanasius)가 27권으로 된 책을 가리켜 정전(canon)이라는 용어를 사용하였고, 지금도 그대로 사용하는 신약성서에 대한 정전화의 과정은 사실상 종결이 난다.

가능성 있는 이야기는 아직 기독교의 정전이 형성이 되고 있는 과정에서 기독교의 편집자들은 헬라어로 된 구약전서를 읽으면서 그리고 구약의 이사야, 예레미야, 에스겔, 그리고 열두 소선지서에 있는 예언자들의 간절한 소망을 느끼면서 기독교의 정전으로 수용하는 과정으로 이들 예언서들을 구약 각 권의 권말에 재배치하는 변경을 하였다는 것이다. 그러나 역사적으로 보면, 이러한 위치의 변화는 크리스천 이전에 알렉산드리아의 유태인들이 선호하는 성경 각 권의 순서로서, 팔레스틴의 전통인 토라, 예언 그리고 시서의 순서는 결국 랍비 유태종교의 표준이 된다. 결과적으로는 기독교가 위치를 재조정한 것이든 아니든 간에 기독교는 유태인의 성경문서인 각 권을 기독교 성서의 구약으로 수용한 것이다.

구약성서의 형용사 '구'(舊, old)는 원천적인 용례로서, 옛 세상에 활용이 된 의미였고, 말하자면 하나님과 옛 선민과의 계약관계에서 성립된 내용의 문서라는 의미였다. 종종 기독교 인간에 새로운 계약에 대한 묵은 계약관계라고 평가 절하하는 과오도 보이나, 그러나 결코 구약의 포기를 의미해서는 안 된다. 2세기 중엽에 그러한 양자택일의 협소한 이단의 주장이 야기되기도 했으나 기독교의 공동체는 그러한 이단의 주장을 용납하지 않았다.

여기에서 우리가 처음 어의로 돌아가 구약전서나 신약전서나 전서(testament)의 의미가 결코 여러 권의 문서가 묶였다는 것이 아니라 구약이든 신약이든 하나님과 하나님의 백성과의 관계(the relationship)를 의미하였음을 잊어서는 안 된다. 라틴어로 '테스타멘툼'(testamentum)은 영역으로는 '카버넌트'(covenant) 곧 하나님과의 계약이고, 구약은 선민과의 계약 신약은 나머지 인류와의 계약이다.

정전화를 넘어 서서 성경 말씀을 하나라는 통합성의 문제가 성찰되어야 한다. 헬라어를 상용어로 생활하는 크리스천들은 성경 각 권을 구약과 신약으로 묶은 후에도, 아직 성경을 복수 개념으로 생각하고 있었다. 성경 각 권을 한 권으로 통합이 되는 개념은 성경이 이태리의 서쪽으로 옮겨가 라틴어만이 상용어로 생활하는 지역에서 일어났다. 헬라어로 복수로 존재하는 여러 권의 책 '비블리아'(biblia)가 그 곳에서 단수를 의미하는 라틴어 '비블리아'(biblia)로 착각하면서, 이 오해가 그대로 고정된 것이다. 그리하여 최초로 오늘의 우리 개념으로 '성서'(the Bible)라는 표현이 나왔다. 서구의 크리스천들은 성경의 각 권을 아무런 어려움 없이 한 권이라고 생각한다. 문법적인 오해와 결정적인 전기에 발생한 문화적인 수용이 하나라고 작용한 것이다.

반복해서 말하자면 헬라어 '비블리아'(biblia)는 일반 명사이다. 여러 다른 각 권이 전집처럼 함께 있어도 같은 명사로 충분히 표시할 수 있었다. 그러나 라틴어의 '비블리아'(biblia)는 대문자로 표기해야 하는 고유명사가 된 것이다. 그리하여 전혀 새로운 개념, 단 한 권의 책, 단수(單數)의 것이 되었다.

정관사가 있는 헬라어는 유태-기독교인의 성경을 지칭할 때에도 관행적으로 관사를 사용하여 정상적인 표현이 '타 비블리아'(ta biblia)가 된다. 그 의미는 영문으로 표시하면 "the books" 또는 "the Scriptures"이다. 고전 라틴어에는 관사가 별로 없었다. 이 라틴어가 발전하여 네오 라틴어 또는 '로만스 언어'(라틴말 계통의 근대어)가 되었다. 이러한 언어의 변화가 일어나자, '비블리아'(Biblia)가 불어로 '라 비블레'(la Bible)처럼 기독교 왕국의 성경 이해가 단권만이 아닌 고유명사처럼 되었다. 언어학적인 문제는 차치(且置)하고 기독교 문화가 지배하는 전 유럽은 성서가 고유적이면서 동시에 단권(a singular thing)으로 이해하게 된 것이다.

이 사실이 왜 중요한가
(Why it matters)

헬라어가 두 가지 형식의 것, 말하자면 카리스마적인 바울이 새로 세워진 교회에 써 붙인 거칠고 손쉬운 새로운 형식의 것이든, 수세기 동안 헬라어를 사용하는 지중해 연안의 법정에서 사용한 장문화되고 형식을 중시하여 온 것이든, 그것은 위대한 문학사의 결과이다. 헬라어의 옛 것과 새것의 언어학적 동질화는 양자간의 상호작용과 함께 초기의 헬라신화 전체와 헬라비극과의 상호작용을 일으키게 하였다. 무대 위에서 연출되는 '오디프스 렉스'(Oedipus Rex)는 오디프스가 알아 낸 자기 족보에 대한 사실을 결코 넘어서지 못한다. 소포클레스(Sophocles)는 그의 연극이 전제하는 신화 전체를 다시 반복하려고 시작하지 않는다. 그는 아덴 시민들이 극장에 찾아올 때에 신화에 관한 충분한 사전 지식을 가지고 올 것으로 전제로 생각한다.

실제적인 중요성으로서 시민들이 연극에 찾아오기 전 그리하여 무대에서 다시 연출이 되기 이전에 그들은 오디프스가 사고로 자기 부친을 살해한 것을 이미 알고 있다. 이런 공감을 전제로 하여 극작가는 자기의 해석을 단순화하여 그 사건이 주는 감정의 전달(immensely enhance its emotional impact)을 무한히 고양시키는 일에 주력한다.

헬라어를 사용하는 유대인이 신약의 각권을 저술하면서 그리스도의 삶과 그리고 그 이전에 존재한 유태 문서와 구전 전승에 대하여 그렇게 비교될 만한 지식을 전제한다. 저자들이 안디옥이나 고린도시의 독자들을 위해서 간혹 아람어나 후기 유다 및 갈릴리 풍습을 설명하기는 하나 그러나 저들이 자유롭게 인유(引喩)하는 유태인의 성경 말씀을 정확하게 일치하는 제공보다는 독자들이 그러한 정확한 지식이 있는 것으로 전제한 것이다.

두 권의 전서로 구성이 된 기독교 성경 안에 있는 구약은 신약성서의 음률 아래에서(beneath the melody of the New Testament) 직접 간접으로 조화를 이룬다. 모든 멜로디는 음악학에서 간접 조화라고 말하는 것이 있다. 바흐-구노의 "아베마리아" 멜로디를 통상하는 바대로 원래의 아르페지오 화음(화음을 이루는 음을 연속해서 급속히 연주하는 법) 없이 노래를 한다고 해도 서방 관중의 청각으로는 이미 이러한 화음이 있는 것으로 듣는 것이다. 유태인의 타나크(the Tanakh)가 구약정전으로 들어 앉고 그리고 신약성서와 함께 한 권의 성서로 묶이고 보니 기독교의 성서학자들은 동률의 내재적인 화음 속에서 신약과 구약을 읽어야 하는 것으로 인식이 서게 되었고, 심지어는 그러한 조화를 증명하는 명확한 언급이 없어도 그와 같이 하게 된다.

이와 같은 방법을 진행하면, 신약성서의 주석은 단지 신약성서의 저자들의 의도에 일임하고 가는 것이 된다. 기독교를 기초 놓은 이들의 이해와 그들의 의사 표현을 물려받은 유태인의 범주 안에서 경험한 종교 지식이라는 것 이상으로 더 명백한 사실은 없다. 신약성서가 새롭다는 것은 명확한 창조보다는 경이로운 종합 때문이다. 문자 그대로 구약성서는 모든 문학범주, 현상, 용어, 그리고 이야기체로 엮어 전하는 의사 전달이나 기억 방법을 제공하여 신약성서가 의도하는 자기 메시지를 전하도록 한 것이다.

종종 어떤 때, 신약의 저자는 다만 구약을 드러내는 언급으로 상기하게 한다. 더 많은 경우에, 암시적인 인유이지만, 그러나 들을 귀가 있는 자들에게는 용이하게 들어 이해하는 말씨이다. 양자 어는 것이든, 문학구조론적으로 말하자면 다 같이 원초적이고(primitive) 그리고 힘이 실린다(powerful). 가령 내가 한 청중에게 연설을 하는 중에 저들의 머리가 수긍하는 표시로 움직이면 내 이야기를 자기들의 이야기로 인정하는 저들과 나 사이에 즉각 물리적으로 하나로 묶는 띠가 형성된다. 수궁의 머릿짓(the nod)이 내 주장에 동조한다는 뜻이 아니어도 좋다. 중요한 문제는 그 머리 짓이 알아듣겠다는 표시이다. 바울과 그리고 그 다음에는 복음서 저자들이 유태인의 성경을 인유로 사용하고, 유태인 청중과 설교자 사이에 바로 이러한 친근성의 띠를 만들었고, 결과적으로 이스라엘과 하나님의 묵은 계약과 온 인류를 모두 끌어안는 무한히 확대된 새로운 하나님의 계약과의 연속성을 설득하게 된 것이다.

구약성서는 두 가지의 기능, 말하자면 새로운 종교의 판을 표현하게 하고 그리고 신뢰성의 권위를 갖게 하는 것이다. 누가복음의 서언에 나오는 글에,

우리 중에 이루어진 사실에 대하여 처음부터 말씀의 목격자 와 말씀의 일꾼 된 자들의 전하여 준 그대로 내력을 저술하려고 붓을 든 사람이 많은지라. 그 모든 일을 근원부터 자세히 미루어 살핀 나도 데오빌로 각하에게 써 보내는 것이 좋은 줄 알았노니 이는 각하가 알고 있는 바를 더 확실하게 하려 함이로라.

누가복음 1:1~4, 개역개정판

데오빌로에게 누가가 약속하는 바는 이 서문에 그러한 견해
가 전혀 없는 것은 아니나 객관적 사실의 정확성이 아니다. 누가
가 약속하는 바는 그가 일러 주는 그 사건들이 (데오빌로가 다른
신뢰성 있는 자들로부터 알게 된 사건들을 포함하여) 누가와 데오빌
로가 이미 그 안에 일부로 속하게 된 어떤 큰 성취(a fulfillment)임
을 입증하는 것이다. 누가는 그러한 의도를 중요한 부분에서 이
미 익숙하게 기억되는 구약의 사건들, 즉 하나님의 섭리가 역사
를 지배하는 사건들과 연결을 지어 보여 준다.

기독교인의 가르침이 확실한 근거에 서있음은 그 가르침이
객관적 경험론으로 검증된 기록이라는 뜻이 아니라 과거에 하
나님이 이 세상에서 행하신 역사와 사건들과 확실하게 하나로
연결된다는 의미이다. 이러한 지식의 근거는 성경 말씀만이 아
니라 그 성경을 이야기 맥락으로 그대로 이해하는 것, 그것이
열쇠이고 근거이다.

의심할 여지가 없는 사실로서 신약의 저자들은 당시 그들을
둘러싼 엄청난 그레꼬 로마의 문화의 조수 속에서 영향을 받는
다. 그들이 업적에 관한 역사적인 해석(a historical assessment of
their works)은 어느 순간이든 이 영향력 속에 존재한다는 것이
정당한 평가이다. 그러나 그들의 문학의 해석(a literary
assessment)은 그러한 요구가 없거나 최소한 그런 정도의 제재

를 받는 것이 아니다. 이와 같이 역사주의자는, 사형으로 처형된 자, 그를 신성시하여 세상을 구원하는 젊은 그리스도, 그를 추종하는 자들이 상징적으로 그의 살을 먹고 그의 피를 마시는 유사 비밀종단의 지도자로서 로마제국의 범 신비종교들과 비교해야 한다고 단연코 외칠 것이다.

그러나 문학비평의 안목으로는, 이 문화의 맥락을 수용한다고 할지라도 이러한 타 비밀종교와의 비교는 필요한 것이 아니다. 실제로 이 기독교의 성경을 저술한 유대인 저자들은 의도적으로 저들의 유태인 성경만을 비교하는 입장을 고수하였다. 인간 예수를 신격화한 이 신흥종교를 예를 들면, 당시의 신격화의 디오니서스(Dionysus)와 비교해야 한다는 주장을 많은 근거를 가지고 주장할 수 있을 것이다. 그러나 문학비평의 입장에서는 텍스트 안에서 디오니서스와의 비교가 전혀 나오지 않으며 동시에 디오니서스를 무시해버리는 당당한 근거를 갖는다. 문학적인 이해는 외적인 비교보다 더 중요한 자신들의 미학적인 실효성을 위한 내적인 연결성을 발전시키면서 자신들의 역사적 지식을 평가 받는 길을 터놓은 것이다.

인유법(引喩法)은 한 문절을 다른 문절과의 융화를 허용하며 그러한 진행은 한 문절이 속하는 문항과 다른 문항을 융화하는 길을 터 준다. 고도의 텍스트 종합의 기법(the "hypertextual" syncretism)은 그러한 성향의 독자로 하여금 일종의 저자의식이 되게 한다. 더욱이 이러한 성향을 계속 밀고 가는 독자는 미쳐 원저자가 의도하지 못한 정도까지도 종합과 연결의 해석을 스스로 작업한다. 이리하여 신약이 구약의 성취라고 들은 기독교인들은 신약의 각 저자들이 그와 같이 작업한 것처럼 수세기를 이어 신약이 구약의 성취라는 시각으로 해석을 진행하여 왔으며, 나아가 신약의 저자들이 취급하지 않은 다른 구약의 본문들도 원저자들이 그것을 원했을 것이나, 미쳐 손을 대지 못한 부분까지 그러한 해석의 작업을 확대하였다.

종합대학교에 병립된 신학부에서 시작된 성서의 역사 비평이 성서 원저자들의 의도는 가혹한 비평을 내리면서 스스로 자기들은 원저자들도 그렇게 한 일이 없는 각 저자의 글을 서로 비교 해석하고 있다는 것은 어쩌면 아이러니이다. 성서 해석의 규칙, 그러한 이유에서 유태인이든 기독교인이든 포스트 성서 해석의 규칙(the post biblical rule)은 현대에 이르기까지 원저자의 의도에 매인 규칙이 아니라 창조적 재평가의 규칙이다(but the rule of creative reuse).[1]

---

1) 이 원고는 Jack Miles, *Christ*, p. 257~63에서 온 것.

부록 II
(Appendix II)

장미의 창문 같은 성서
(The Bible as Rose Window)
(Or, How not to see through the Bible)

문학적으로 작업하는 행위는 마치 채색 창과 같은 기술이다. 다시 말해서, 본래의 의도가 외계를 보지 않도록 차단시키는 역할과 함께 주목하게 만든다. 이러한 접근이 바로 문학비평의 길이었고, 심지어는 주목하는 대상이 역사적인 경우에도 그와 같은 접근으로 한다. 역사적 연구의 대상으로 햄릿을 다룰 수는 있다. 그러나 셰익스피어 전문 학자들은 그러한 역사비평에 별로 시간을 쓰지 않는다. 또는 당시의 덴마크의 역사적 재구성으로 그 햄릿이 정당한가 여부를 추구하지 않는다.

왜 신약학에서는 유별나게 역사비평이 득세하는가? 본문의 채색 창으로 예수를 응시하는 무한한 노력을 왜 마다하는가?
역사비평이 자신 있다는 신약에 대한 주장은 아무리 몇 줄만이
라도 역사비평이 신약의 본문을 대신하는 무엇을 캐내어 그리
하여 초기의 신약저자들의 신학적 노력을 빈 것으로 만들어 저
들이 소원하는 가장 원초적인 맥락을 다시 수립한다는 것이다.
왜, 그런 노력을 기울이는가? 예수에 대한 어떤 별개의 역사적
정보나 지식을 입수하면 그것을 무시해버릴 수가 없는가? 왜,
복음서를 읽을 때 아무런 강요도 받지 않는 독자들처럼 신학적
인 편견이나 기교적으로 의도된 것이 아닌 단순한 안목으로 읽
을 수가 없다는 것인가? 상상미학의 문서(a work of imagination)
에 대하여 왜 그렇게 고정된 편견으로 접근하는가?

**왜 신약비평학은 채색 창을 통하여
밖을 보려고 애를 쓰는가**
(Why the New Testament criticisms strains to see
through the stained glass)

신약성서의 비평학에는 거부 기질을 품은 청교도의 영웅심
리가 심중에 숨겨져 있다고 해야 문제가 풀리는 그런 것이 있

다. 언제부터 이러한 협소한 부정주의가 역사에 등장하기 시작을 했는가 알기 위해서는, 16세기로 돌아가야 하며 개신교 개혁운동이 신약성서의 그리스도와 기독교에 관한 역사적 진리가, 로마 가톨릭교회의 교리와 신앙 행위를 개혁할 수 있는 기준인 텍스트를 묶었다고 생각한 것에서 시작된다. 신약성서에 이러한 기능이 있는 것으로 전제하므로 개혁주의는 더욱 열을 내어 신약성서를 역사비평학적으로 탐구할 수 있는 동기를 얻은 셈이 되었다. 처음에는 이러한 접근에 의한 탐구가 가톨릭교회의 권위를 허무는 일에 상당히 도움을 주기도 하였으나 신약성서의 권위를 허무는 일에는 별로 손해를 끼치지는 않았다.

그러나 한 번 18세기 계몽주의의 회의주의(懷疑主義)적인 접근이 신약의 이적을 비평하는 일이 추가되고 그리고 19세기의 역사비평이 신약성서의 내용에서 역사적으로 가능성이 있는 것까지를 일단은 회의적으로 비평하는 경향이 더하게 되면서 처음 시작이 된 것과는 급격하게 상황이 다른 것이 되고 말았다. 이럴 쯤에 나온 독일의 스트라우스(David Friedrich Strauss)와 프랑스의 르낭(Ernest Renan)의 비평적인 예수의 생애는 지금까지 수세기 동안 서구 학문의 골격이었던 신약성서의 역사적인 신뢰성에 대한 강한 의문을 제기하게 된다.

가톨릭교회의 입장으로는, 스트라우스나 르낭을 거부하는

일은 간단한 일이었다. 왜냐하면 그들의 저술은 단지 합리주의 역사의 나뭇가지에 불과하며 이 합리주의 역사관은 이미 가톨릭교회가 오래 전에 정죄(定罪)하므로 정리하였기 때문이다. 개신교의 입장에서는 사정이 더 복잡한 것이었다. 왜냐하면 부분적으로 기독교의 개혁운동이 신약성서의 역사적 확실성이라는 근거 위에 세워진 것이기 때문이다. 이러한 처지가 슈바이처가 해박한 지식과 단호한 접근에서 저술한 "역사적 예수의 탐구"(the Quest of Historical Jesus)가 영역이 되어 널리 주목을 받으면서 더욱 진퇴양난의 형편이 되고 말았다.

한 세기 이상의 비평학을 종합하여 슈바이처가 내린 결론은 나사렛 예수는 자기의 생애의 종국과 세상의 종말을 동시에 일어날 하나의 묵시문학의 사건으로 오판을 하였다는 판단을 내린다. 슈바이처는 예수의 여타에 설교에 담고 있는 사상을 다시 풀 길이 없으나 단적으로 예수가 역사적으로 오판을 하였다는 이 과실을 인정하지 않고서는 누구도 역사적 예수를 지적으로 수용하기 곤란하다고 단언을 하였다.

모순 같은 이야기이지만 현대주의를 피하지 못한 슈바이처 자신은 기독교를 버리지도 못하였고 그의 기독교에의 결단은 오늘에 와서 지적인 것이라고 하기보다는 영감의 의한 것이라고 비쳐진다. 슈바이처는 자신의 딜레마를 신학적인 의지로 돌파한 것이 아니라 영웅적인 기독교의 실천으로 극복하였다. 다시 말해서, 의사가 되어 평생을 아프리카에서 봉사하겠다는 결심은 마치 바울이 고린도전서 13장 13절에서 언급한 "믿음 소망 사랑 이 세 가지는 항상 있을 것인데, 그 중의 제일은 사랑이라"를 생각나게 만든다.

슈바이처는 확신하기를 역사적 예수는 가능할 뿐 아니라 본질적으로 회복이 되었다고 생각하였다. 그가 그 저서에서 언급하여, "예수의 생애에 대한 탐구의 결과는 참으로 부정적이다"고 했을 때 그는 의심의 여지없이 그 탐구가 성공하였을 뿐 아니라 그러한 성공과 관련이 되는 단호한 리얼리즘의 정립이 중요하다는 주장이었다. 그는 이렇게 말한다.

착오는 오늘의 우리 인간처럼 오늘의 현실 속에 예수가 들어올 수 있다는 생각이다. 그것은 불가능하다. 왜냐하면 첫째로, 그러한 예수는 존재한 일이 없기 때문이다. 두 번째의 이유는 물론 역사적 지식이 영적 생활에 더 분명한 선명도를 제공할 터이지만, 그러나 생명을 존재로 불러 들일 수는 없다. 역사는 현재를 파괴할 수 있다. 역사는 현재를 과거와 화해시킬 수 있다. 어는 정도는 현재를 과거로 되돌아가게 할 수도 있다. 그러나 현재를 창조하는 기능은 그것에 없다.

슈바이처 이후 한 세기가 지나면서, 지성적 개신교주의가 신약성서의 역사성의 신뢰 문제에 대한 태도는 두 가지의 선택을 놓고 흔들려 왔다. 하나는 세계 1차 대전을 치른 후 얼마 안 되어 시각이 그 세기말에 즈음하여 퇴색되어 말하자면 슈바이처 정신에 근거한 시도로써 역사를 사용하기보다는 중성화시키려는 경향이다. 다른 또 하나의 선택은 19세기 중간 때부터 시작하여 21세기 초에서 절정을 흐름으로, 전에 없는 노력을 경주한 종교적으로 유용한 역사를 만들어 내려고 한 시도이다.

첫 번째의 선택은 누구보다도 루돌프 불트만이 대표적인 신학자이다. 많은 사람을 주목하게 만든 불트만의 전략은 개혁주의의 표제인 "성서만으로"(sola scriptura, "by scripture alone")에서 나와 더 근본인 "믿음만으로"(sola fide, "by faith alone") 돌아가야 한다는 주장이다. 불트만과 그의 동조학자들은 질문한다: 사도 바울에게는 별로 중요하지 않았던 예수의 생애 지식(biographical information about Jesus)이 왜 오늘의 기독교인들에게는 그처럼 중요한가?

바울이 예수와 동시대의 인물이면서 왜 예수의 생애에 대한 지식을 말하자면 자서전적인 지식이 중요하다면 신약에 대부분을 차지한 교회에 부친 서신에서 그처럼 언급이 없는가 하는 문제는 사실 문제가 되는 질문이다. 예수께서 십자가에 죽으시고 부활하사 온 세상의 구주이심을 알고 있다. 그러나 바울은 거기서 끝나는 것으로 만족하였다.

마틴 루터의 관심사는 역사가 아닌 신학적 문제였기 때문에 역사 문제인 예수의 생애 지식 문제는 그대로 덮어두기를 원했다. 그러한 출발점에서 불트만도 그대로 두기를 원한다. 중요한 것은 얼마나 예수 개인에 관한 역사적 지식이 정확한가가 아니었다. 오히려 중요한 문제는 예수를 설교하였을 때 믿음으로 그 부름에 응답할 수 있는가의 여부라는 것이다. 이리하여 바울은 믿음의 대표적인 표준이 된 것만이 아니라 예수의 생애의 알려진 것에서 판단을 내린, 말하자면 역사 문제를 유보한 대표적 표준이 된 것이라고 생각하였다. 그리하여 불트만은 전략적으로는 16세기의 개신교 신학이 로마 가톨릭교회에 도전하는 데 있어서 신약성서를 무비판적으로 사용한 것과 일치하면서 죄인과 구주 사이를 가로막는 역사주의의 권위를 대치하는 원천적 위치로 되돌아가며, 같은 중재적 위치에서 역할을 한다는 위치에 로마 가톨릭교회를 대신하는 다른 인간의 권위를 세우는 일보다는 우월한 처지에 서게 되었다.

불트만은 21세기의 역사주의를 19세기의 역사주의와 대치시킴으로 그의 해박한 지식을 동원하여 복음서는 초기 기독교의 설교와 교훈에 집중된 내용이고 결코 그들은 역사적 신뢰성 여부는 관심사가 아니며 불트만의 표현에 의하면 무엇이 발생했는가는 그것이 발생했다는 것에 비하여 별로 중요한 것이 아니라는 이론이다(What happened was vastly less important than that it happened).

두 번째의 선택은, 최근에 주류를 형성한 입장이다. 이 선택의 입장은 첫째로 어는 누구도 슈바이처나 불트만의 중요성을 인정하지 않으나, 신약성서의 규범적 기능을 주장하고 그리고 그 주장은 텍스트만이 아니라 역사적 진리의 핵으로 신약에 담겨진 것으로 말한다(as the carrier of a "kernel of historical truth.") 둘째로 그 역사의 핵을 추구하는 과정에서 정경의 텍스트에 비평학을 응용하는 것이 마치 16세기의 개혁주의가 기존 교회(가톨릭)를 비평할 때에 보인 열기와 유사한 것이 있다. 이러한 과정에서 20세기 마지막 10년에 접어들어, 신약 안에 담겨진 역사적 오류를 폭로하는 일이 일종의 종교의 사명처럼 정립이 되고 말았다. 그리하여 정전 본문의 많은 부분이 교회가 제작한 것이라고 하여 부정되었으나 그러나 무엇인가가 남아 그것이 모든 크리스천에게 작용할 뿐 아니라 심지어 비기독교인들에게도 영향을 주는 무엇, 말하자면 처음 젊은 개혁주의자들이 열망한 그런 것이 남아 있다는 희망이었다.

몇 가지 점에서 개신교 개혁운동과 유사한 개혁운동이 잠깐이나마 가톨릭교회 내부에서 일어났고 그것이 제 2바티칸 회의(1962~65)에서 절정이 된다. 이 가톨릭의 개혁운동이 개신교의 개혁운동과 유사한 점 하나가 교회 전통과 교회 권위와 대치적으로 성서를 이해하는 시각이다. 이러한 기질을 공유한 많은 가톨릭 신도들이 위에서 언급이 된 개신교가 두 가지 기본 선택을 한 것 중에서 제 2의 선택에 참가한 셈이 되는 것이 된다.

개신교 정신의 근간에서 추진하려고 한 신약성서의 역사비평이 단순한 문제가 아니라는 사실은, 채색 유리의 채색 부분을 어디까지 지워야 하는가가 역사비평이 원한 바가 아니라는 것이다. 채색 창의 창문 하나 하나를 검색하는 중 미술가나 종교 이상주의자가 손을 대지 않는 채색이 안 된 창문 하나가 있는 것으로 족하다. 더욱이 한 학자가 이 창문은 깨끗한 창이라고 표시를 하면, 가까이 검사를 한 다른 학자는 그것도 얼룩진 창이라고 말할 것이다. 한 세기가 지날 때마다 거의 모든 창에 표시를 하고 지나간다. "오로지 성경만으로"(sola scriptura)라고 용기로 시작한 지적 모험이 그 종점이 결국은 "오로지 교회만으로"(sola ecclesia)에 근사치로 되돌아오고 만다. 성경을 규범으로 개혁이 되어야 하는 교회가 반전하여 자기 목적을 위해서 성경 말씀을 창조했다는 것이 된다.

세속적인 다른 선택: 교회사와 본문의 문학적 이해
(The secular alternative:
church history and literary appreciation)

물론 전적으로 세속적인 역사가들에게는 역사적으로 중요한 교회가 그 교회가 주장하는 믿음을 중심으로 성장하였다는 확실한 사실이 아닌 한 신약성서에 별로 관심이 없다. 실제로 세속적인 영역으로 탐구하는 신약성서의 학자들은 (확실히 그런 범주에 속하는 몇 학자들이 있다.) 자신들을 규정하여 초기 교회의 역사가라고 부른다. 마태와 요한복음은 그 종결이 예수께 제자들로 하여금 세상에 나아가 널리 메시지를 전하라고 명하는 장(scenes)으로 되어 있다. 두 권 중의 절반인 누가복음은 그 종결이 최초 교회의 구성으로 되어 있다. 바울의 편지들은 대체로 새로 세운 교회들에게 부친 것들이다. 이러한 상황은 세속적 역사가로 하여금 용이하게 교회의 발상을 역사적 현상(as a historical phenomenon)으로 인정하고 탐구하게 만든다.

그들이 그러한 작업을 하기 위해서는 신약성서의 텍스트를 연구하게 되고 그러한 과정에서 실제는 아니지만 이론적으로는 크나 큰 역설적인 변화가 일어났다는 견해를 갖게 만든다.

이러한 견해를 갖게 만드는 이유가 신약의 텍스트에 나오는 문절들이 (그 문절 자체는 역사적인 자료가 아닌데) 그 내용으로 보면 막연하고 모호하여 무엇이 일어나고 역사적 예수가 실제로 어떤 인물인지 확실하지 않은 상태이지만 끝에 가서는 결과적으로 역사적 중요성을 요구하는 교회를 성장시켰기 때문이다.

그리하여 "죄 없는 자가 먼저 돌로 치라"(요 8:7)의 문절은 아마도 초기 교회의 창작일 터이지만, 그 구절이 온 세상의 상상력을 사로잡게 되었다. 그리하여 그 절은 결국은 역사적인 문절이라는 서술이 되었다. 신약성서에는 이러한 많은 역사적 기록이라는 혼합적인 성격의 것이 많다. 그렇지 않다면 지금에 와서 아리송하면서도 진정성의 것인 "죽은 자들로 죽은 자를 장사하게 하고"(마 8:22)를 기억할 사람도 없을 것이다.

다시 말해서, 신약성서 텍스트의 역사적 진리가 살아남게 된 것은 보편 세계에 지속적으로 역사적인 관심을 갖게 만든 창조력을 간직하고 있기 때문이다. 그러나 기억이 된 사실보다 그 창조력을 더 평가하는 것은 학문이 있는 전제의 전도(顚倒)이고 많은 역사비평학자들에게 있어서 거의 어불성설이다. 예수주의(Jesusianity)라고 부르는 영웅적 창조를 버리는 것, 기독교가 세계 종교가 된 부인할 수 없는 사실을 포기하는 것은, 다시 말해서 신약성서 자체가 초기에 보여 주는 예수께서 그리스도이시며 계속하여 하나님의 성육신이 되셨다는 자연스러운 추이를 포기하면, 오늘 그러한 역사적 예수 문제에 흥미를 갖게 될 사람은 아무도 없을 것이다.

종교가 역사와 상관관계가 있다는 사실은 자명의 것이거나 스스로 정립이 되는 문제가 아니다. 그 상관성을 정립하기 위해서는 구조적으로 한 발 전진한 과정을 밟아야 하고, 이러한 전진 자체는 중성적인 역사가 아니라 신앙고백의 것이다. 종교가 역사적으로 중요한 의미를 지니는 행위는 발굴에서 얻는 것이 아닌 신앙 결단이어야 함을 요구한다. 그러기에 "예수 세미나"(Jesus-seminar)의 창시자 펑크(Robert W Funk)는 그의 저서 〈예수에게 솔직히: 새로운 천년의 예수〉(Honest to Jesus: Jesus for a new Millennium)의 머리말에서 "나는 고백한다, 나는 어부 베드로와 천막제조업자 바울이 어떻게 예수를 보았는가 하는 것보다 예술가 하나님의 지배를 어떻게 생각했을까에 더 관심이 있었다는 것을. 나는 고백한다, 나는 아무것도 아니라는 것을 이와 같이 대답하는 것은 지극히 적절한 답변이다"라고 기술하였다. 그 저서의 권말에 가서 펑크는 신앙 개혁의 21개 제의를 공개하면서 마틴 루터를 상기한 것이 명확한 어조로 자신의 신앙고백을 펼쳐 다음과 같이 술회하였다.

....5. 우리는 이제 더 이상 베드로나 바울의 신앙에 머무를 수는 없다 나는 남이 만들어 낸 고물 신앙이 내 신앙이기를 원치 않는다. 그러므로 나는 초기 신앙을 탐색하여 그 신앙의 판(versions)을 이어가는 것만으로는 만족하지 않는다. 진정한 믿음 가장 근본적인 신앙은 어떠하든 반드시 나사렛 예수에게 직접 연결이 되는 것이어야 한다.

그러나 혹자가 베드로와 바울과 예수 신앙의 근원적 자료 위에서 한 고백이 아무런 근원적 자료를 수용하지 않고 예수만을 수용하는 것보다 더 우월한 신앙이라고 생각을 한다면 어떻게 되는 문제인가? 예수의 명확한 교훈은 (공관복음과 바울의 고린도전서 7장 10~15절에 의하면) 어떤 경우에서도 이혼을 금하였다. 그러나 바울은 이혼이 성립이 되는 예외를 두었다. 펑크는 전자의 예수의 선언을 택하고 다른 학자들은 후자의 바울을 선택한다.

19세기의 많은 학자들은 종교적인 근거에서 의식적으로 열린 사회에 속하는 바울의 해결을 종족 중심의 사고인 예수보다 더 선호한다. 이 문제는 역사적 논쟁이나 역사적 사실과 연관된 어떤 선례도 없으며, 결국 그 해결은 종교적인 견해 차이고 개인의 신앙 결단의 문제이다. 역사비평의 학자들이 즐겨 주장하는 바, 모든 상황에서 맞춤식으로 베드로와 바울의 영향을 고수하는 것이 역사 진행의 유동성이라는 차원에서 기억이 문서화하면서 얼마나 왜곡되기 쉬운가를 제시하는 일에서 거둔 성공이 이 신학 문제, 말하자면 적절한 이 문제의 질문을 전에 없이 더 불가피한 문제로 등장시킨다.

흥미 있는 사실은 이 신학 문제가 표면에 나오면서, 신약학에서 더 세속적인 자세와 방법이 더 정체를 드러낸다. 이전의 역사비평의 출발이 순수하였고 그리고 세속적인 역사 차원의 분석이 그 출발이었지만, 이미 이제 와서는 그러한 범주에 속하는 학문의 정의를 텍스트보다는 시대 구분에 더 역점을 두는 그런 변화가 일어났으며, 그리고 텍스트를 중시하는 입장에서도 기원후 1세기와 2세기의 초기 문서보다는 서방교회의 정전 사본을 중시하는 고정된 편견이 지배한다.

공정하고 진정한 세속(일반) 역사 연구라고 하면 연구 대상을 확대시켜 지극히 초기의 기독교를 탐구해야 하며, 그러한 공정한 연구분야로서 비교적 등한하게 여겨온 수리아나 애굽의 기독교(처음 팔레스틴을 넘어 기독교화 된 지역)가 탐구되어야 하고 놀라운 일로 비교적 초기에 출현한 수도원제도의 영향을 규명하여야 할 것이다. 진정 공정한 역사탐구라고 하면 저들이 연구를 집중하는 선택한 텍스트는 원초적 역사자료라고 캐낼 것이 아니라 종교문학의 작품이라고(as a work of art rather than mining it as historical source) 판단함으로 출발되어야 할 것이다. 상술한 두 가지의 변화가 일어나면, 새로운 후속 동료들 그리고 연구 분야가 조정이 될 것이고 그리고 목회학적으로 또는 신학적으로 교회 생활에 관련이 된 성경 말씀을 존중하는 계속적인 연구에 대하여 편견이 없게 될 터이다.

역사와 문학과 종교가 한 요리 속에 자료로 함께 있는 한, 옛 저자가 어떻게 역사의 부분들을 결합하였으며 여러 근원 자료를 통하여 입수한 연설과 그 문학적 창작을 어떻게 기억해 냈을까 하는 순수한 역사 위주의 역사적 관심은, 그 결과보다 역사의 과정을 종교적 신념으로 더 중히 여기는 학자들에게는 계속 중요한 문제가 될 것이다. 사실은 기본적으로 이 구성의 역사자체가 대체로 상상의 의한 것이며, 그러한 상상을 증명할 근거가 지극히 단편적인 것인데도 역사비평은 그것에 신념을 걸고 있는 형편이다. 그러나 근자에 이러한 역사비평의 결의에서 파열음이 들리고 있다.

최근까지 이러한 탐구의 마지막 단계에서 적지 않은 재정 지원을 해왔고 그리고 어떤 모양이든 그 혜택을 기대해온 오늘의 교회는 그러한 발견에 대한 이상한 무관심 때문에 오히려 상처를 받은 셈이 되었다. 신약성서가 어떻게 구성이 되었는가의 구성론(a composition story)은 결국은 융통성이 없는 심각한 탁

상론에 불과하다. 그 이론을 수용한다고 해서 우리 심정이 뜨거워지는 것이 아니다.

껍데기를 벗겨낸 역사적으로 변증이 가능한 예수의 말씀이라는 결과, 다시 말해서 일반 헬라주의의 예수가 아니며 그리고 유대-헬라 지혜의 예수가 아니라는 결과를 놓고 결국 그러한 결과는 전혀 클라이맥스가 성립이 되지 않는 단순한 것이 되고 만다(are anticlimactic in their plainness). 논쟁이든 비논쟁이든 간에 가장 초기 기독교적인 배경을 가장 가능성 있다고 인정이 되는 그런 재구성에 성공했다고 해도 결과는 무미건조와 권태의 것이 되고 말 것이다. 결과론적으로 신약성서의 역사적 비평은 마치 알코올 대신에 유사 알코올을 가지고 제조한 술과 같아서 마신 사람은 다음 날에 더 큰 후유증에 시달리게 되는 꼴이 되고 만다.

수년 전 많은 개신교 비평학자들이 소위 본문의 배경을 탐구하고 재구성함으로, 처음 사건을 왜곡하여 만든 본문을 대신하는 종교적 근거로 제시하겠다는 주장이 나오면서 오히려 "정전론 비평"이라 칭하는 반작용을 일으키게 만들었다. 이 사상의 학파에서는 정전 안에 자리 잡고 있는 모든 것은 역사비평학자에게는 여하 간에 교회에게는 모두 중요한 것이라는 생각이다.

지난 과거의 옛 정의에 의하면, 소위 목회적인 외곽 껍질로 포장이 된 역사적 진리의 알맹이를 가리켜 "정전 안에 있는 정전"(the canon within the canon)이라고 불렀다. 정전비평(Canon criticism)에서는 이러한 정전 안에 존재하는 무엇을 캐내려는 이런 시도들 거부한다. 왜냐하면 그런 길로 나가 정전을 위축시키면 다른 많은 결과론적인 양상 이전에 개신교를 창조한 시조격인 위대한 인물들의 성서주석들, 예들 들어 누구보다 존 칼빈의 주석을 사용할 수 없게 되고 만다.

정전비평학은 깊은 사료와 정확한 직관에서 출발한다. 첫째로, 성서의 문절 배후에 있다는 역사적 사실을 찾는 게임(game)은 궁극적으로 성과가 없는 게임이고, 그 게임은 승자가 나오지 못하는 게임이라는 판단이다. 둘째로, 역사비평이나 역사 탐구로 텍스트 뒤로 넘어가는 것보다 본문에 머물러야 하는 것이 새로운 게임의 첫 규칙으로 결정한다. 그러나 실제에 있어서, 이러한 자숙의 위치를 고수한 성실한 학자들은 그 텍스트 자체를 바르게 이해하기 위해서 역사적인 것과 비역사적인 것을 키로 날려 분간하기 위해서 누구 못지 않게 역사 탐구적이라는 사실이다. 가령 저자 문제 그리고 최초의 청자와 독자 문제 등등 과거의 역사비평학자들이 경주하는 것 이상의 각고의 탐구를 전개한다는 사실이다. 사실 이 정전비평론은 새로운 게임이 아니다. 단지 역사비평의 과격을 지양한 온건한 역사연구이다.

과거의 역사비평이 과격으로 내닫는 진행에서 실제적인 신앙 생활의 범주 안에서 더 넘어가기를 꺼리는 온건한 자세이다.

그러한 흐름에서 최근에 와서는 종교사적인 것(개혁을 위한 기준으로서 역사적 예수)도 아니고 그렇다고 세속자적인 것(역사적인 현상으로서의 기독교 교회)도 아닌 새로운 선택의 가능성의 전망이 트이기 시작했다. 정전비평론(canon criticism)의 토의에 참여한 한 사람으로서 제임스 바(James Barr)[1]는 그러한 새로운 선택을 아래와 같이 서술하였다.

> 사실 역사적 탐구가 결코 아닌 형식(shape), 스타일(style), 그리고 동기(motifs)에 근거한 성서의 문학연구가 참으로 흥미로울 수 있다. 사실에 있어서 이러한 탐구가 정전비평학보다 더 근원적인 연구이다. 왜냐하면 정전비판은 아직도 그 자리가 역사적 계승인 신학 문제에 매여 있기 때문이다. 오래인 과거의 (역사적) 성서학을 교정하려는 끝도 없는 시도보다는 그 과거의 성서학 비평을 적절하게 받을 것은 받아들이고 버릴 것은 버리면서 그 자체의 학문 방향을 전진하자는 것이다.

이러한 세 번째의 선택은 아직 1982년까지는 그 전도가 어떻

---

1) James Barr, *Holy Scripture: Canon, Authority, Criticism* (Philadelphia: The Westminster Press, 1983), p. 159.

게 판가름이 날는지 불확실한 것이 사실이지만, 제임스 바가 상술한 언급한 하였을 때 그의 입장은 역사적 예수의 흐름도 그리고 신앙의 그리스도의 흐름도 아닌 채색 유리를 통하여 밖의 세계를 보자는 것이 아닌 그대로 채색 창을 보자는 선택이었다.

일체의 모든 신학적 논쟁과 비평을 조용히 무관심하면서 성서를 있는 그대로 문학적으로 읽는 행위는 몇 가지의 이점을 제공한다. 하나는 오래된 계몽시대의 이상이라는 시각의 지평이 열린다. 제임스 바의 주장은 작금의 투쟁적인 학문과는 달리 학문적인 자세에서 출발하면서도 거의 200년이나 비평적 학문의 주석보다 더 많은 영역에서 역사적 주석으로 받아들인 성서주석을 성실하게 연구하고 존중한다는 것. 그리고 성서학자들이 등한하게 여겨온 10여 년 전보다 더 계획적이고 더 탐구 의지가 세워진 연구 행위라는 것. 그러니까 10여 년 전은 한즈 프라이(Hans W. Frei)가 저술한 〈18세기와 19세기의 해석학: 성서 이야기의 일식(日蝕)〉(The Eclipse of Biblical Narrative: A Study of Eighteen th and Nineteenth Century Hermeneutics)이 나온 때이다.

프라이 교수는 다른 학자들이 해내지 못한 몫을 한 셈이 되는데, 말하자면 역사적 고찰과 일치하여야 성경 말씀의 권위가 인정된다는 가치 기준과 비교의 관행을 이상한 일이라고 꼬집은 것이다. 그는 이러한 관행이 어디에서 시작이 됐는가를 잘 알고 있었고, 그리고 역사주의가 일식처럼 그늘지게 차폐(遮蔽)한 성서문학의 힘을 회복시켜 줄 미학적인 응답을 꿈꾸고 있었다. 그러한 문학의 힘은 외적인 일치성이 아닌 내적인 결과를 향유하는 곳에 존재한다. 다시 말하여, 한 부분의 문맥에서 다른 것으로 옮겨지는 내적 공감에서 오는 것이고 본문 외적인 근거에서 오는 것이 결코 아닌 것이다.

프라이 교수가 꿈꾸는 패러다임이 현실이 되려고 하면 먼저 역사주의와 신학적 비평이 해석학을 그와 같이 양극화로 단절시켜 놓은 상태에서는 탐구의 목적이 역사주의도 신학적인 것도 아닌 그런 비평학의 가능성이란 있을 수 없다. 역사주의는 자체에 대한 정당한 이해로서 그것이 심각하고도 일반 역사(secular)의 안목에 의한 비평인 것을 자인해야 한다. 그러한 자세가 심각하고도 일반 역사의 세속적 기준에 매이지 않으려면 신학 주석을 필요로 한다. 역사비평이 하찮은 결과로 떨어지지 않으려면 다른 것이 아닌 신학주석이 요구되는 것이다. 정전론비평(正典論批評)이 바로 이러한 양극화라는 덫을 깨야 한다는 요청에 응하여, 역사적으로도 완벽한 신학적 성서비평을 쓰려고 한 시도이다. 그러나 그러한 시도는 절반의 성취이다. 다른 절반, 다시 말해서 이 문제 전체의 핵심인 그것을 장악하기 위해서는 어떠한 판이든 그 성서의 정전론 그리고 그것만을 연구하기 위한 역사 일반 율의 합리적 탐구가 있어야 한다는 것이다.

18세기에 세속 역사적 비평론(secular historical criticism)이 대두하였을 때, 그러한 시도의 제 1단계는 성서를 다른 일반 서적과 동등하게 취급하는 일이었다. 논리적으로 성서를 당시의 다른 종교적인 권위의 서적 모두와 구분한다는 성서정전론을 인정하지 않는다는 전제이다. 그러나 결과적으로 이러한 현상은 정전이라는 보장을 경시하는 것만이 아니라 전통적으로 그리고 과거 조심성으로 취급하여 온 유사정전(類似 正典)을 더 중요시하는 경향이 되고 말았다. 겨우 20세기가 되어 무관심하여 온 이러한 역사비평이 안고 있는 내부적 모순을 자각하기 시작한 것이다. 역사비평은 정전비평론을 신학의 되풀이로 여겨 무관심하려는 경향이 되었고, 이러한 현상은 절반의 정답이고 실상은 더 큰 몫의 위험을 떠안게 된 것이다.

만일 정전이 처음 종교적인 판단으로 특별히 존중을 받은 책이라는 인정을 지금 세속 역사의 비평에서 한다면, 문제는 처음 어떠한 근거에서 원초적으로 그러한 구별된 인정을 받게 되었는가를 풀어내야 한다. 그러나 고전 역사는 그러한 설명을 한 일이 전혀 없다. 어디에서 찾아야 하는가?

커머드(Kermode)는 현대의 문학비평논자 중에서 성서에 대한 고전 역사비평을 배제하지 않으려고 고심한 예외자라고 할 수 있다. 그러면서도 여전히 문학비평의 입장에서 성서를 자족적인 전체로 보면서 언급한 그의 균형 잡힌 성서 옹호를 위한 접근에서, 철학자 한즈 게르그 가다머(Hans-Georg Gadamer)의 아래 같은 말을 적절한 것으로 인용하였다.

가다머가 서술한 바, 역사비평학자들은 언제나 텍스트 안에서 텍스트가 의도하지 않은 의미를 찾아내려고 하였다. 그는 지적하여, "그는 언제나 텍스트의 배후로 넘어가려고 한다. 그리하여 본문이 의도하지 않는 사실에 도달하려고 한다." 그러나 텍스트가 제시한 의미에 관심을 모아야 한다. 그렇게 하는 것이 정당한 문학비평의 정도이다. 가다머는 너무나 오랫동안 그와 같이 해야 하는 것을 단지 "역사의 부차적인 원리"라고 잘못 알아왔다고 단호하게 말한다.[2]

철학적으로 그리고 문학적으로 말하여, 성서를 넘어가 다른 배후의 실재를 탐구하려는 시도는 언제나 그리고 반드시 과오이다.

---

2) Robert Alter and Frank Kermode, ed., *The Literary Guide to the Bible* (Cambridge: Belknap Press, Harvard University press, 1987), p. 607.

어떻게 해야 성서 너머로
탐구하는 것을 피할 수 있는가
(Learning how not to see through the Bible)

현대 이전의 지성은 진리의 반대가 허구(fiction)가 아닌 거짓이라고 판단하였다. 다시 말해서, 사기, 날조, 그리고 의도된 거짓말이라는 것이다. 그러므로 성경 말씀에 대한 외증적(外証的)인 질문과 탐구는 의도이든 아니든 간에 끔직한 거짓이었다. 그러한 외증적인 탐구와 질문이 무엇인가 하는 문제가 전반적으로 일단락이 되고 보니 지성인은 안심하고 성서 내의 세계로 즐거운 답사를 시작하게 된다. 그 세계는 마치 오솔길을 따라 초원과 못과 동굴이 끝없이 이어지고 계속 되는 비경과 같은 경험이다.

트우센(Peter J. Thuesen)이 〈성서와의 불협화음에 관해서〉(In Discordance With the Scriptures)라는 서명으로 최근에 저술하면서 한즈 프라이의 꿈을 수용하는 언급한 바 있다. 트우센에 의하면 한즈 프라이의 방법은 "진리 탐구를 배제하는 것이 아니라 성서를 마치 실재론적인 소설처럼 올바르게 석의하기 위해서 성서 외적인 접근 방법을 괄호 안에 넣는 접근법이다"라고 나름대로 평가하였다. 한즈 프라이의 주장은 소설과 같은 (문학

구성인) 성서의 진미를 경험하기 위해서는 '실제 역사'와의 외적인 관련을 추구하기보다는 내적으로 해당 문절을 더 큰 이야기와의 관련을 찾아 읽는 그런 방법이다"라고 해명하였다.

사실주의적인 소설(a realistic novel)의 기법으로 내용이 취급이 된 것은 그것에 수장이 된 문절의 하나 하나의 텍스트를 마치 전문가의 손으로 꾸며진 정원처럼 그 안에서 산책을 하다가 마치 한 번 들어선 정문으로 되돌아가는 것처럼 다시 처음 시작하는 글로 되돌아가 다시 익숙한 풀럿으로 그 정원의 구성을 있는 그대로 감상하는 것과 흡사한 경험이다. 커머드는 프라이가 저술한 〈성서 이야기의 일식〉가 나온 후 5년이 지나, 한 강연에서 이 문제가 성서비평과 어떤 관련이 되는지를 다음과 같이 언급하였다.

원칙적으로 구약성서의 본문에 이야기 형식으로 가능한 어떤 것이 존재하다가 신약성서에서 그것이 완성이 되었다고 말할 수 있을 것이다. 이러한 구성은 다른 데서 그 유사한 것이 없는 형식이라고 말할 수도 있을 것이다. 그러나 어떤 긴 소설문학이든 처음 부분과 뒤에 나오는 부분이 관련이 있는 일반적인 통례와 전혀 다른 것이 아니다. 처음 부분은 생명 또는 종자와 같은 부분이고, 뒤에 가서 성장하게 될 모든 것이 다 거기에 있는 것이 아니다. 그러면서도 거기에 이야기가 될 자세한 여러 가지가 이미 덩어리로 존재한다.

그리하여 부분적으로 성취가 있기는 하나 뒤에 가서 성취될 것이 아직은 존재하지 않는다. 고전 탐정물 소설은 마크벳(Macbeth)에 등장하는 무당의 언사처럼 뒤에 가서 어떤 종자가 싹이 날거며 클 것인가 그리고 어떤 것이 그렇지 못할 것인가 서로가 엇비슷하여 혼돈을 주나 실제로 독자들과 우리의 판단을 기대한다.

이러한 필연적인 성취를 제시하는 소설은 오늘의 개념으로 말해서 다름 아닌 바로 이야기 문학형식(a form of narrative)이다. 다시 말해서, 그런 형식의 내용은 우리가 수시로 그 내용 전후를 왔다 갔다 하면서 읽어야 하는 것이다. 두루마리에 집필한 소설은 또 다른 종류이다. 그래서 초기 기독교는 일찍부터 두루마리보다는 코덱스(the codex) 사본을 더 선호하였다.[3]

성서가 기쁨을 주고 가치를 제공해 주는 것임을 외적인 변증보다 내증적인 문장이 제공해 준다는 문서로, 어떻게 그리고 얼마나 진지하게 독자가 읽느냐 하는 문제는 그 독자가 완성품인 예술을 얼마나 감상하는 능력이 있는 독자인가 하는 것과 같은 접근법에 달렸다. 다시 말해서, 시인이 그 시의 마지막 구절을

---

3) Frank Kermode, *The Genesis of Secrecy: On the Interpretation of Narrative* (Cambridge: Harvard University Press, 1970)

끝낸 상태, 그리고 화가가 그의 붓을 대는 마지막 동작을 끝낸 상태의 그 완성에 관한 이해에 달려 있다.

정전이 완성과 완결로 받아들일 때, 그러한 완성이 된 것을 대하는 경우는 "아직도 검증이 되어야 할 많은 것이 있다"라는 전제를 갖는 막중한 역사비평의 문제로 대하는 것과는 크게 차이가 있다. 미켈란젤로의 다윗 조각은 마지막 끌이 일을 끝낸 그런 완성의 상태이다. 얼른 보기에 성서가 거칠게 보인다고 해도 이미 더 이상 추가도 그리고 더 이상 제외도 못하는 완성으로 닫혀진 정전이고 그와 같이 수용하면 그것은 지극히 진지한 감정의 반응을 요구하는 책이며, 마치 다윗의 조각을 철학 이후의 세대가 경이로운 우상으로 대하는 이상의 경이감을 요구하는 것이 된다.

나는 설명을 위하여 여기에서 디자인의 우상숭배라는 예를 사용하였다. 왜냐하면 그러한 심취 현상은 종교 안에서의 미술의 위치와 작용을 상기시켜 주기 때문이다. 성서의 미술에 대한 접근은 일종의 무관심에서 적대 감정에 이르는 자세이다. 그러한 이유는 성서학자들이 지녀온 신미주의에 대한 거부감 같은 것이 동기가 된 경향이라고 보인다. 내 생각에는 이러한 성격에 대한 가장 적절한 성경 말씀은 이사야 44장 13~17절이다.

목공은 줄을 늘여 재고 붓으로 긋고 대패로 밀고 곡선자로 그어 사람의 아름다움을 따라 사람의 모양을 만들어 집에 두게 하며 그는 자기를 위하여 백향목을 베며 디르사 나무와 상수리나무를 취하며 숲의 나무들 가운데서 자기를 위하여 한 나무를 정하며 나무를 심고 비를 맞고 자라게도 하느니라. 이 나무는 사람이 땔감을 삼는 것이거늘 그가 그것을 가지고 자기 몸을 덥게도 하고 불을 피워 떡을 굽기도 하고 신상을 만들어 경배하며 우상을 만들고 그 앞에 엎드려 기도하는구나. 그 중에 절반은 불에 사르고 그 절반으로는 고기를 구어 먹고 배불리며 또 몸을 덥게 하여 이르기를 아하 따뜻하다 내가 불을 보았구나 하면서 그 나머지로 신상 곧 자기의 우상을 만들고 그 앞에 엎드려 경배하고 그것에게 기도하며 이르기를 너는 나의 신이니 나를 구원하라 하는도다.

　구약 문서에서 비교적 후기에 속하는 이 산문의 문절은 당초에 시 문절로 구성이 된 것이라고 쉽게 추측이 되고 헬라-로마의 문화권에서 유대인의 지역이라는 변경지만이 아니라 널리 보편적으로 야기된 질문, 종교적인 생활에 있어서 신들의 우상이 차지하는 자리가 무엇인가 하는 문제를 반영하는 언급이다. 이 글이 나온 당시 이러한 질문은 개척자의 소리이며, 지금에 이르러 이러한 질문은 우리의 종교 생활에 있어서 성문서가 지니는 의미가 무엇인가 하는 질문으로 어느새 넘어와, 이 질문은 성서적 풍자로 표현이 될 만한 질문이다.

서기관이 두루마리를 펴 오징어 먹물로 폭과 자리를 표시한 후 갈매기 깃털의 송곳 끝에 흑색 잉크를 찍어 한 자 한 자 치수대로 반듯이 써나간다. 그는 회당에 모인 사람들이 듣고 이해할 수 있는 통상어로 표현한다. 그는 가축을 잡고, 자기가 먹이고 기른 암소와 어린양을 선택하여 잡아도 좋은 것은 죽여 더러는 식사로 하고 그들의 피혁을 가지고 두루마리를 제작하여 회당에서 하나님께 예배하는 두루마리로 존중시한다. 그 안에 말씀을 기록하고 그리고 그 두루마리를 경배한다. 그가 잡은 가축의 가죽의 절반으로는 천막을 제조하고 그 안에서 생활하고 취침한다. 그는 누어 천장을 바라보며 혼잣말을 한다. "내가 얼마나 광인적인가 더러는 두루마리를 만들어 신성시하고 그 주변에서 춤을 추고 그 피혁 두루마리로 옷을 누비고 그리고 이것이 여호와의 말씀이라고 선언한다."

성서는 조각가가 조각을 예술로 보는 것과 같이 기술의 솜씨를 예술로 보지는 않는다. 조각을 감상할 때는 그 작품을 내 놓은 조각가의 솜씨를 세밀한 데 이르도록 살펴보는 것이 안목이다. 그러므로 작품으로서의 조각은 그것을 조각한 인간의 품위와 연결이 되는 것이 일반율이다. 그러나 성서는 어느 누구도 그것을 기술한 서기관의 품위로 판단이 되어야 한다고 강변하지 않는다. 성서의 내용으로 기재된 사실을 결코 그것을 기술한 서기관의 작품이라고 연결을 짓는 일은 없다.

현대의 서구신학의 비평에서는 여러 단계의 단계적 차이를 집중 분석하므로 이러한 연결을 시도하였다. 내 생각으로는, 18세기의 텍스트에 대한 비신화화의 학문적 접근이 19세기에 와서 저자들의 반 신화적인 조명으로 이어지고 그리고 그 다음에 가서 저자와 본문을 모두 사회학적으로 존재하는 비인격적인 여러 요인이 반영하는 것으로 규명하는 20세기의 학문적인 분위기와 다시 연결이 되고 있는 경우와 일치하는 시각이라고 판단된다. 이러한 진행의 마지막 단계, 즉 안과 밖으로 뒤집는 문학 분석은 지금에 이르러 퇴색이 되어가고 있는 1967년에 출판된 떼리다(Jacques Derrida)의 *De La Grammatologie*가 절정이 아닌가 싶다.

성서 비평학으로 말하면, 어떤 경우는 예시적으로 앞서 나오고 어떤 때는 일반 비평학 뒤에 쳐지기도 하나 18세기에 시작이 된 본문에 대한 비신화적인 조명은 19세기로 이어지고 그리고 20세기에 와서는 소위 공동체의 저자라는 당연한 저자의 입장에서 다시 신비적 성격의 것으로 되돌아가고 있는 형편이다.

다시 말해서, 신명기적 역사 전통이라든가, 당연한 "요한의 학파," 상상적으로 소위 "예수 사람들"의 초기 기독교의 Q-공동체가 존재한 것으로 설정하는 것 등이 그 예이다. 성서 비평학은 오랫동안 지켜 내려온 저자론적 권위를 등한히 생각하여 소위 비저자론적으로 기울기 시작하면 멀리 못 가서 일반 문학비평의 나락으로 떨어지고 만다고 생각을 한다. 근자에 아직도 미련이 있어 사회적인 요인으로 저자 문제를 해석하려는 접근이 그러한 몰락의 길을 더듬게 된다는 말이다.

그러한 어간에 비신비적 문학의 해석인 일반 비평은 저자 문제를 그러한 시각으로 시도하다가 성과를 얻지 못하자 같은 맥락을 좀 더 심미적 가치를 인정하고 추가하는 새로운 역점에서의 재시도를 시작하는 경향이 되어가고 있다. 한 마디로 말해서, 문학적으로 제시된 아름다움을 새롭게 보는 접근이다. 전자에 장미의 채색 유리창으로 비교하여 예를 들어 설명한 필자는 말하자면 성서의 역사적 성서비평이 일일이 모든 창의 구조와 재료 등을 면밀하게 전반적인 조사를 끝내고 보니 결국은 과거의 옛 비평학이든 현재의 새로운 비평론이든 간에 역설적으로 결국은 아름다운 전체를 하나로 보는 눈이 열리게 된 것이라고 생각이 되는 것이다.

전통적인 성서학자들은 비록 저들의 학문 활동이 정상적으로 항시 역사 이해에 도움을 준 것이 사실이면서 실제적으로는 형상과 동기와 뛰어난 유추와 직접과 간접법과 그리고 그 외에 참으로 많은 여러 가지의 성서의 문학적 이해를 위한 기여를 해온 것이다. 이러한 기여는 심지어 철저한 학문적인 훈련이 부족한 그러한 문학비평학자들에게서도 동일한 공헌이 인정이 되는 것이다. 그러므로 문학비평을 비사회적인 반발이라고 도외시할 것이 아니라 역사적으로 훈련이 된 비평학자들 역시 스스로 문학비평의 접근을 수용하여 좋은 이웃이 되어봄이 바람직하다고 생각한다.

이러한 패러다임 이동이 보여 주는 가장 큰 변화는 기독교 성서 전공과 학위과정의 도입이라고 말할 수 있을 것이다. 이상한 일이지만 사실이 그러했던 것이 성서에 관한 석사과정이 없고 그리고 대학의 교육에서도 이 분야는 별로 없는 현실이었다. 유대인은 저들의 성서인 타나크 연구의 석사과정을 열었다. 기독교인들은 구약전공에서 학위를 취하거나 아니면 신약전공에서 학위를 선택해야 한다.

그러나 기독교 성서 전체를 연구하는 학위과정은 없는 실정이다. 기독교 학자들은 구약이나 신약을 전공하여 학위를 취득한 연후에 기독교 성서에 속하는 자기 전공이 아니었던 다른 분야를 그 후에 연구하여 그리하여 전체 성경을 강의하거나 종합적인 연구서를 내 놓는 경우는 매우 드문 형편이다. 이러한 분할을 제도화하게 된 것을 밖의 문학과 종교의 학자들은 이러한 분단이 된 과비대 현상이 과거 광야사회가 구약과 신약의 중간기적인 방대한 두루마리를 생산하므로서 충격을 주었음에도 여전히 그러한 관행인 것을 이상하게 생각한다.

이러한 분할이 된 양단적인 교육의 정당성을 주장하자면, 성서의 특정 부분만을 정밀적으로 연구하여 성서의 역사 비평을 저술하려고 한다면 말이 된다. 결과적으로는, 사무엘상에 나오는 저주 받은 기스의 사울 왕에서 이방인의 사도 다소의 사울까지는 1000년의 문화 진화가 중간에 끼어 갈라놓는다. 우리는 프랑스 역사가라고 해서 샤르망에서 드골까지 통달해야 한다고 요구하지는 않는다. 어찌 고대 구약의 성서를 전공한 역사가에게 그런 무리한 요구를 하겠는가?

그러나 역사가의 목적이 아니라 문학적 이해가 목적이면, 하나의 초점을 설정하고 구약과 신약을 하나의 영상으로 처리가 되는 것이고 그리하여 그 한 권의 표지에 두 인물 사울 왕과 사도 바울의 두 사울의 표상이 한 자리에 놓이는 그림이 가능하다. 그렇다면 교육적인 목적에서 반드시 양극단으로 분할되어야 한다는 주장은 변호 받지 못한다.

만일 기독교 성서의 전권을 연구하는 학위과정이 있다면, 마태, 마가, 누가, 요한복음이 기술된 헬라어를 충분히 이해하고 사도 바울이 그러한 문서를 읽은 그러한 상태의 지식으로 충분하며 구태여 구약을 히브리 원어로 필히 이해해야 하는 전제는 필요하지 않을 것이다 (여기에서 독자는 예수 나시기 훨씬 이전에 이미 하나님의 말씀이 원초적으로 보편 헬라어로 번역이 된 사실을 상기해야 할 것이다).

그러나 물론, 성서 전체를 연구하는 기독교 학자가 히브리어를 이해하고 그리하여 타나크를 원래의 히브리어로 읽을 수 있다면, 4세기에 나온 영지주의자들이 내놓은 원래의 콥틱어로 된 보충서를 읽는 것보다 비교가 되지 않을 큰 성과를 기대할 수 있게 될 것이다. 콥틱어를 이해하는 신약학자들의 모임에서 얻는 확실한 인상은, 히브리어를 숙달하여 그래서 신약에 나오는 구약의 인용이 가치 절하하여 그래서 요점을 상실하는 경우보다 더 예의 바른 사람들의 모임이라는 느낌이다.

예수가 무엇보다 유대인이라는 그 점을 강조하려는 학자들 역시 신약에 나오는 타나크의 소리를 들어 그런 주장을 하기보다는 예수 시대의 유대주의를 재구성하므로 그와 같이 주장을 하는 것이다.

의식적으로 구약의 학위과정을 제도적으로 신약의 학위 과정과 분리하려는 경향성은 이러한 통제가 없는 다양한 결과를 피할 길이 없다. 습관적으로 신학적 동기에 의해서 여러 텍스트를 종합하는 전통을 간직하는 인용 연구에서는 신약학으로 하여금 구약에 깊이 몰입하게 만드는 필요를 기피하지 않는다. 다시 말해서, 어떤 인용 연구도 잘 기억이 된 기억이 축적이 된 심성을 대신할 수 없다.

성경 연구에 있어서 역사주의는 여전히 중요한 자리에 있다. 비록 한즈 프라이가 자기가 속하는 시대정신에 의해서 그의 지적 역사주의를 파악이 되었다고 해도, 그가 남긴 성경 연구의 충격은 당시에는 적은 것이었으나 지금에 와서는 정당하게 취급된다. 왜냐하면 성경을 철저하게 역사적 분석으로 역설적으로 판단하든 아니면 그러한 접근법을 동의하지 않거나 해도 집중적으로 역사 방법이라는 것에 비하면 성경을 예술이라는 접근법은 하찮은 것으로 보이기 때문이다.

억울하게 그를 가리켜 자유주의자라고 당시 혹평을 내렸고 한 번쯤(지금도 심각하게) 성서의 역사적 신뢰성을 놓고 맹렬하게 싸운 그런 입장이었던 근본주의자들도 이제는 "한 가죽 속에 있는 형제"(siblings under the skin)이다. 견해의 차이는 있어도 역사의 중요성을 놓고 저들은 모두 하나이다.

같은 이야기를 성서에 대한 퍼스트모던의 문학비평에 대해서도 말할 수 있을 줄 안다. 저들은 좌측(左側)의 관점으로 고

전 역사비평주의를 공격한다. 그러나 자신들은 정확하게 신역사주의자(neohistoricist)라고 해야 정당할 것이다. 이제 와서 한즈 프라이는 더 이상 그러한 역사주의의 선지자가 아니다. 마치 에릭 아우어바크(Erich Auerback)가 1946년에 내놓은 〈모사(模寫): 프라이가 인정한 서방 문학의 실제〉(Mimesis: The Representation of Reality in Western Literature Frei Admitted)가 그러한 유가 아닌 것과 같다.

프라이와 마찬가지로 아우바크 역시 한 사상가로서 종교적 금욕주의로 해석하였더라면 적용은 아니더라도 존경의 대상은 되었을 것이다. 왜냐하면 저들은 너무나 시대착오적으로 광범위하고도 깊게 문학을 안일하게 취급하였기 때문에 아무도 그 모방을 못하게 하고 있다.

만일 프라이가 자기 통찰을 더 열성적으로 그리고 당시의 역사비평의 성서주석으로 응용하는 일에 집중했으면 그의 영향은 훨씬 큰 것이 되었을 터이다. 그는 확신하기를 다른 선택, 즉 문학적인 연구는 18세기 말과 그리고 19세기에 발생한 과오로 그 앞날이 막혔다고 생각하였다. 그러자 당시에,

문학적인 실제, 즉 성경에 나오는 역사에 준한 이야기의 본질이 다수는 그렇기를 희망하는 바이지만 그것들이 자족적인 의미가 있는가의 여부를 음미하고 검토하는 대신에,

그런 사실의 이야기들이 역사적인가 아닌가 하는 명제로
비약이 되고 말았다.

이 두 가지 맥락적 의미와 해석의 단순한 교체와 혼돈은
그 이후에 아무런 해결을 보지 못하는 이야기로 영원히 남
게 되었다. 우리가 20세기의 성서해석학이라는 주제를 탐
구하게 된다면, 나의 소견으로는, 성서의 사실적 이야기들
과 그것들을 해석과 역사적 비평과 그리고 신학에 어떻게
적용해야 하는가의 차이와 구별을 인정하지 않을 수 없게
될 것이고 이 이야기는 다시 이전 그대로 남게 되는 것이라
고 확신한다.4)

엄격하게 말해서, 그 이야기는 이전 그대로 남아 있는 상태
이다. 현대의 실력 있는 학자들, 가령 루돌프 불트만, 칼 레너,
유르겐 몰트만 같은 독일의 석의가와 해석자들 같은 경우, 우연
한 지나가는 언급으로 말할 뿐이었다. 프라이는 전망하기를 만
일 저들이 좀 더 집중적으로 이 논제를 추구하였더라면, 놀라운
성서비평이 되었을 터이다라고. 그러나 프라이가 제시한 문제
의 속성은 격론을 불러 들일 속성의 것이었으나, 프라이 자신은
논쟁 신학자가 아니었다고 생각된다.

프라이는 1974년에 그의 대작(magnum opus)을 출판하였다.

---

4) Hans Frei, *The Eclipse of Biblical Narrative* (New Haven: Yale University Press, 974), p. 16.

그 날에 그가 논리적으로 "가장 자연스러운 것"이라고 본, 한 길, 그의 서술로 말하자면 "(역사적) 해명"이 아니고 "(신학적) 적요" 도 아닌—성서의 대체를 그와 같이 저술한 저자들에게 가장 공정한 것으로 남겨 놓은 것이 되었다.[5] 금세기 말에 프라이와 커머드에게 감사해야 한다는 느낌이고 위에 양자의 대열에 뒤에 가서 해롤드 부룸, 로버트 알터(Robert Alter), 가브리엘 요시포비치(Gabriel Josipovici) 그리고 몇 사람의 학자들이 더 그 대열에 참여한다. 그리하여 지금껏 등한히 하여 온 것에 대한 탐구가 시작이 된 셈이다. 그러나 지금에도 역사비평과 비교하면 이 이야기의 이해는 아직도 여백적인 선택이다(a marginal option).

---

5) "해석학적으로 말해서, 이러한 처리가 바로 메시야 예수의 이야기에 자연스럽게 해당된다고 할 수 있다. 비록 이러한 인간 인격이 흔한 존재가 아니고 그리고 그가 사실적으로 메시야가 아니었다고 해도 그렇다. 이러한 문제의 연관성은 예수 자신이 그러한 메시야 의식이 없었다고 해도 그렇고 그리고 현대의 맥락에서 이러한 메시야 이야기가 아무런 상관이 없다고 해도 그렇다. 이 이야기가 납득이 가게 하는 과정에서 많은 것이 그 속에 들어갈 수 있을 것이다. 그러나 그 이야기의 형식 자체가 중요하며 독특하여 다른 것과 혼돈되어서는 안 되며, 특히 영원한 종교적 의미의 평가와 그 이야기가 소화하고 있는 그 안에 담겨진 이야기의 문화적 맥락과 '사실'의 신뢰성은 다른 것과 혼돈되어서는 안 된다"(앞에서 말한 책, pp. 133~34).

모순의 예술
(The art of contradiction)

만일 여백의 자리에서 성서의 예술적 이해가 성서 연구의 핵심으로 자리 이동을 한다면, 그러한 자리 이동은 분명 심각한 문제를 수반하게 될 것이다. 왜냐하면 교리적으로 명확하게 서술되어 오던 것들이 이야기나 시의 맥락에서는 그렇게 단순하게 화판에 그린 것처럼 용이하지 않기 때문이다. 런던국립미술화랑의 책임자 네일 맥그리거(Neil MacGregor)은 16세기의 잔 고사올트의 걸작품 "왕의 찬양"(The Adoration of the King)에 관한 논의에서 다음과 같이 서술한 바 있다.

인간이 되신 하나님의 이미지를 창작하는 것은 참으로 까다로운 작업이다(a tricky business). 미술가는 저자가 알지 못하는 일련의 시각적인 문제들을 논의해야 한다. 파라독스는 서술하기는 쉬우나 미술로 표현하기란 용이하지 않다. 복음서는 강보에 쌓여 구유에 누인 어린 아기가 하나님의 성육신이신 사실을 직설적으로 선언한다. 그러나 어떻게 표현해야 그 아기가 죽음을 통하여 세상을 구원하실 목적이 있는 것으로 표현이 되는가? 어떻게 미술의 브러시를 움직여야 그 화가는 잔인하게 십자가에 처형이 된 다른 사

람과 똑같은 인간이면서 동시에 하나님의 무한한 권능과
사랑으로 그 고난과 죽음에 스스로 순종한 사실을 표현할
수 있는가?

고사올트의 찬양(Gossaert's Adoration)은 다른 모든 위대
한 화상처럼 단지 그 종교 이야기를 형상화한 것이고 결코
화가가 스스로의 자의로 해석을 한 것이 아니다. 서구 교회
가 간직한 그리스도의 이원론적 품성, 말하자면 동시에 하
나님이시고 그리고 인간이라는 교의의 마지막 앙금, 수세
기 동안 성문절에 집중한 경건한 신앙과 숨은 의미와 이치
를 남김없이 찾아내면서 그렇게 전제된 것을 시각언어로,
즉 회화적 신학으로 전의를 한 것이다. 고사올트의 그림은
그리스도의 탄생을 우리에게 보여 주지 않는다. 다시 말해
서, 그 그림은 그리스도의 탄생의 의미에 관하여 그리고 오
늘의 우리에게 왜 관계가 있는가에 대한 중간자적인 표현
미술이다.[6]

맥그리거는 당당하게 프라이가 직면한 도전을 언급하면서
그러나 그가 복음서의 저자들이 당면한 그와 유사한 도전에 관
해서 정확한 이해에 미치지 못하였다고 제시한다. 다시 말해서,
현대의 독자들이 당시의 복음서 저자들이 당면한 도전을 해결
하기 위해서 복잡한 수단들을 사용한 것을 현대의 독자들이 이

---

6) Neil MacGregor with Erika Lanagmuir, *Seeing Salvation; Images of
Christ in Art* (London:BBC Worldwide Limitted, 2000) p. 13.

해하기 쉽지 않다는 것은 말고라도 복음서 저자들이 당면한 유사한 도전에 관해서 사실을 비하한다고 하였다. 당시의 복음서 저자들이 당면한 도전이 무엇인가 하는 사실을 마가복음으로 용이하게 두 가지로 예증이 가능하다.

마가복음 14장 34~38절에 의하면 예수는 불과 한 시간이 지나면 당신이 체포당하시게 됨을 친히 아셨다. 그래서,

> 말씀하시되 "내 마음이 심히 고민하여 죽게 되었으니 너희는 여기 머물러 깨어 있으라" 하시고 조금 나아가서 땅에 엎드리어 될 수 있는 대로 이때가 자기에게서 지나가기를 구하여 가라사대 "아바 아버지여 아버지께는 모든 것이 가능하오니 이 잔을 내게서 옮기시옵소서. 그러나 나의 원대로 마옵시고 아버지의 원대로 하옵소서" 하시고 돌아오사 제자들이 자는 것을 보시고 베드로에게 말씀하시되 "시몬아 자느냐 네가 한시 동안도 깨어 있을 수 없더냐. 시험에 들지 않게 깨어 있어 기도하라 마음에는 원이로되 육신이 약하도다" 하시고....

이 문단으로 보면 예수는 하나님으로서 말씀하시는 것이 아니라 한 인간으로서 하나님께 말씀하신다. 그는 이 고통으로부터 놓여나기를 소원한다. 마치 시편 59편 1~4절에 나온 시편 기자의 기도와 같다.

나의 하나님이여 내 원수에게서 나를 건지시고
　　일어나 치려는 자에게서 나를 높이 드소서.
사악을 행하는 자에게서 나를 건지시고
　　피 흘리기를 좋아하는 자에게서 나를 구원하소서.
저희가 나의 생명을 해하려고 엎드려 기다리고
　　강한 자가 모여 나를 치려하오니
여호와여 이는 나의 범과로 인함이 아니요
　　나의 죄를 인함도 아니로소이다.
내가 허물이 없으나 저희가 달려와서 스스로 준비하오니
　　주여 나를 도우시기 위하여 깨사 감찰하소서.

그리고 이러한 맥락에서 전자에 마가복음 6장 45~52절에 나오는 이야기에서는 예수는 뒤에 여기 동산에서 보이신 고통스러운 인간의 모습이 아닌 창조주 하나님의 권능으로 간단하게 도전을 극복하신다.

예수께서 즉시 제자들을 재촉하사 자기가 무리를 보내시는 동안에 배타고 앞서 건너편 벳새다로 가게 하시고 무리를 작별하신 후에 기도하러 산으로 가시다. 저물매 배는 바다 가운데 있고 예수는 홀로 뭍에 계시다가 바람이 거스리므로 제자들이 괴로이 노 젖는 것을 보시고 밤 사경 쯤에 바다 위로 걸어서 저희에게 오사 지나가려고 하

시매 제자들이 그의 바다 위로 걸어오심을 보고 유령인
가 하여 소리 지르니 저희가 다 예수를 보고 놀람이라.
이에 예수께서 곧 더불어 말씀하여 가라사대 안심하라.
내니 두려워 말라 하시고 배에 올라 저희에게 가시니 바
람이 그치는 지라 제자들이 마음에 심히 놀라니....

　　이 문절에 보여 주는 예수는 전적으로 인간이 아닌 존재(as
un-human)이고 전자에 언급이 된 맥락에서는 신이 아닌 존재
(un-divine)로 나타나신다. 이 문절에 나타난 인간이 아닌 권능
은 구약의 맥락으로 대조하여 확실하게 그러하다. 왜냐하면 구
약에 나타나신 여호와 하나님의 권능의 확인은 바다에서 나타
난다. 그러므로 시편 107편 23~30절로 그런 많은 예증 중에서
하나로 택하여 인증하면,

선척을 바다에 띄우며 큰 물에서 영업하는 자는
　　여호와의 행사와 그 기사를 바다에서 보나니
여호와께서 명하신즉 광풍이 일어나서
　　바다 물결을 일으키는도다.
저희가 하늘로 올라갔다가 깊은 곳에 내리니,
　　그 위험을 인하여 그 영혼이 녹는도다.
저희가 이리 저리 구르며 취한 사람 같이 비틀거리니
　　지각이 혼돈하도다.

　이에 저희가 그 근심 중에서 여호와께 부르짖으매

　　그 고통에서 인도하여 내시고

　광풍을 평정히 하사

　　물결로 잔잔케 하시는도다.

　저희가 평온함을 인하여 기뻐하는 중에

　　여호와께서 저희를 소원의 항구로 인도하시는도다.

　이 두 가지의 상반된 그림에서 어느 것이 정확한 예수의 이미지인가? 기원후 325년에 열린 교회사 최초의 에큐메니칼 회의인 니가야 회의에서는 성격상 전 근대적 문학비평이라고 할 수 있는 시각에 의해서 양쪽이 모두 정당하다고 결론을 내렸다.[7] 그 회의 당시 콘스탄틴 대제는 교회 지도자들로 하여금 지금에 와서 100여 년이 된 신약성경이 드러내는 일종의 본문상의 불일치성을 개의치 말 것과 각기 교회 지도자들의 지역적인 견해 차이를 개의치 말 것을 강력하게 주장하여 그리스도의 존재 본성이 온전히 하나님이시고 동시에 온전히 인간이라고 정의 내리게 하였다.

　역사비평주의는 신약에 나오는 그리스도를 신성으로 증언하

---

7) Richard E. Rubenstein, *When Jesus Became God: The Epic Fight over Christ's*
   Divinity in the Last Days of Rome (New York: Harcourt Brace, 1999)

는 부분을 후기에 와서 생긴 착상이라고 거부하여, 내부적으로 일치하는 예수를 인간으로만 증언하는 부분을 초기의 것으로 재구성함으로 이 교리를 삭제할 수는 있을 것이다. 십여 년 간 소위 현대주의자들의 이러한 시도로 말미암은 흥분이 존재하였다.

그러나 시간이 흘러 변화는 온다. 오늘 우리 시간에 와서는, 목회 정통주의가 도구로 사용한 일이 없음에도 포스트모던의 비평주의가 이러한 상충성과 가치에 대한 비상한 흥미와 아울러 심지어는 발전에 대한 아이러니한 흥미를 가지고 탐닉하여 이러한 미심적인 것을 예술적인 창작이라고 표현하였다. 콘스탄틴 황제가 니케아 회의에 일방적인 압력을 행사한 일을 지지하지는 않는다고 해도 그러나 그 후 초기 몇 백 년 간의 미술, 건축, 시와 음악에 자극을 끼쳐 준 것은 사실이고 그리고 오늘 우리가 신약의 텍스트 자체 안에서 그와 유사한 모순율(표현을 달리하기를 원한다면 진리의 불일치성)을 다시 경험하지 못할 이유가 없다.

현대의 역사 비평주의는 아직 그의 정당하다는 목적을 추구할 수 있는 운신의 자유가 주어져 있고 그리하여 마가복음에 나오는 두 가지 증언의 모순 하나는 인간으로 그리고 다른 하나는 신으로 제시된 증언의 불일치성을 해결하기 위하여 원초적으로 분리된 두 종류의 근원 자료를 추적할 수 있어야 한다. 그러나 포스트 모던 문학비평은 적어도 신역사주의자(neo-historicist)가 아닌 포스트(post-)이므로 또한 이 일견 모순인 두 종류가 같은 하나의 복음서 안으로 들어와 자리를 갖게 된 그 경위를 탐색할 수 있어야 하고, 그러한 결합이 처음 독자들에게 준 경험과 동일의 경험을 오늘의 독자들에게 제시할 수 있어야 공정하다.

수 세기의 모던 이전의 독자들은 깊이 젖은 문화적인 유산으로 필요한 대로 비교적 열려 있는 심성의 소유자들이다. 포스트 모던의 독자들도 그러한 유사한 관용성을 표시할 수는 있을 것이다. 만일 그러한 관용성으로 문제를 다루었다면 그 결과는 지극히 중요한 것이 될 터이다. 왜냐하면 본문에 나오는 인물 예수의 극적인 능력은 그 모순율에서 분리되지 않기 때문이다. 성육신론은 이미 그 전의 유대주의가 간직한 장구한 하나님의 모순율에 관한 목록에 대한 기독교의 숨 멎게 하는 추가이기 때문이다.

신약성서 안에 보면 그리스도의 신성에 관한 증언보다는 훨씬 많은 증언이 그의 인간됨에 관한 언급이다. 그러나 그의 신성에 관한 언급이 마치 글라스 한 컵의 가득한 맑은 물을 한 방울의 염색수가 그 한 컵의 모든 물을 물들이는 것처럼 작용한다. 헬라 신화에 나오는 신들은 계보가 있고 자녀가 있고 신(神)

사회를 구성하고 인간들과 유사한 갈등과 경합과 그런 이야기 속에 존재한다. 그러나 여호와 엘로힘은 유대인의 제우스 (Jewish Zeus)가 아니다. 유대인의 신은 전 우주에서 단독적 존재이다. 하나님이 당신의 형상으로 인간을 창조하시고 그리고 백성을 형성하여 애정으로 아버지의 이미지로 관계를 성립하실 때 계보적인 개념이 아닌 양아버지의 개념으로 출발한다. 그와 같은 출발을 하나님이 선택하신 것이다. 이러한 개념은 신성에 있어서 자연스러움이 아니었다. 이미 일종의 스캔들이다. 이러한 스캔들의 충격은 복음서 안에 나오는 예수의 신성에서 찬연히 빛을 발한다. 그러한 경의의 사실은 다른 신적 인격이 아닌 여호와(Yahweh) 자신이 예수(Jesus)가 되신 사실이다

혼합 문학으로서의 복음
(Gospel as a mixed genre)

복음서를 문학으로 읽는다는 것은 역사, 만든 이야기(fiction) 그리고 동화 같은 이야기(fary tale)를 하나로 묶은 문학형식으로 전제한다는 말이다. 시인 아우덴(W. H. Auden)은 조지 맥도날드 (George MacDonald)의 현대판 동화이야기 "황금 열쇠"(The Golden

Key)가 나온 다음, 그것을 꿰뚫는 언급에서 간략하게 만든 이야기와 동화의 양자를 역사를 이해하는 전제에서 만든 이야기(fiction)와 동화 같은 이야기(tale)의 성격을 구분하는 서술에서 아래와 같이 말한다,

인간 모두는 두 종류의 세계, 말하자면 자기가 감각으로 알고 있는 일상의 기본 세계와 그 인간이 상상으로 창조할 능력이 있을 뿐 아니라 그러한 창조를 멈추지 못하는 두 번째의 세계라는 두 종류에 관심을 갖는다.

자기의 타고 난 감각 기능으로 다른 세계를 상상하는 능력이 없는 사람은 저급 인간(sub-human)이다. 그리고 자기의 상상의 세계를 현실의 감각 세계와 동일시하는 사람은 정신이상이다.

기본 세계의 이야기는 당연시하는 역사(Feigned History)라고 부를 수 있고 두 번째 세계에 관한 이야기는 신화(myths)나 동화이야기(fairy tales)라고 부를 수 있다. 기본 세계의 이야기가 허구가 될 수 있는 경우는 그 이야기 안에 나오는 인물과 사건이 저자에 의해서 만들어진 경우이다. 그러나 독자에게 역사 이야기처럼 효과를 준다. 독자들은 심중에 "맞다. 나도 그런 사람들을 만나본 일이 있다. 그런 경험으로 그런 사람의 말과 행동을 안다"라고 동의한다.

두 번째의 세계는 비정상의 존재가 많이 등장할 수 있다

....그리고 비정상의 사건도 나온다. 그러나 기본세계의 경우와 같이 설득력을 지니기 위해서는 우연만이 전부가 아니라 법칙이 다스려야 한다. 이 두 번째의 세계를 창조하는 자는 한 깨임의 발명자처럼 어떤 법칙이든 결정할 자유가 있다. 그러나 한 번 규칙이 결정되면 그의 이야기는 그 규칙을 지켜야 한다.

역사는 사실이든 가정이든 독자로 하여금 두 가지를 동시적으로 요구한다. 즉 즉각 그 안으로 들어와 그 이야기의 느낌과 사건을 공감해야 하며, 동시에 밖으로 나와 그 안에서 경험한 것들을 자신의 경험으로 검증해야 한다. 반면에 동화 같은 이야기는 독자들에게 그 세계 안에 들어와 있는 한 전적인 굴복을 요구한다. 그 독자에게 다른 선택이 없어야 한다.[8]

아우덴의 입장을 따라가면 최후의 고난에서 면하기를 기도하신 예수 이야기를 어떻게 받아들여야 하는 것일까? 이 기도의 이야기를 만들러 낸 이야기라고 양보한다고 쳐도 (상황적으로 예수의 고독한 기도를 하고 있을 때 제자들은 모두 잠을 자고 있었다. 현장의 목격자는 없었다는 말이 된다.) 그 맥락을 읽는 우리는 현장목격자가 증언하는 생동적 충격을 받는다. "그렇소. 우리

---

8) George MacDonald, *The Golden Key* with pictures by Maurice Sendack, afterword by W. H. Auden (New York: Farrar, Straus and Giroux, 19670, pp.81-4.

는 그러한 증언과 행동을 우리에게 제시하는 사람들을 만나본 경험이 있소. 그래서 그 증언의 진정성을 아는 것이요"라고 말할 것이다. 당연한 것으로 여기는 역사(feigned history)의 연속적 진행 속에서 예수는 친구가 자기의 가장 필요로 하는 경우에 친구로서 도움을 주지 못할 때에 누구나가 일으킬 행동을 취하신다.

예수의 고통의 기도 내용이 시편 59편을 상기시켜 준다는 사실에 대해서, 역사가들이 현장적 사실을 의심할 만한 호재라고 생각할 것이고, 그래서 이 겟세마네의 기도의 에피소드를 시편과 일치하도록 구성했거나 수정하였다고 판단을 내릴 것이다. 그러나 반대로 문학비평에서는, 이 이야기가 부분적으로 또는 전체를 만들었다고 수긍할지라도 그런 의문을 떠나 당연한 역사와 사실 역사가 혼합이 되었다는 것과 상관없이 그들 저자의 의도한 바를 나타낸다는 점에서 만족한다.

첫 번째의 에피소드에 관해서는 그 정도로 언급하고 두 번째의 것인 폭풍 속에서 물 위를 걸으신 이야기는 어떠한가? 아우덴의 이론을 따른다면, 이 이야기의 핵심인 이적에 대해서 정당하게 대해야 한다. 그것이 무엇인가? 이 이야기를 통제하는 규칙만을 따라가야 하며, 그 규칙이란 이 경우에 있어서는 하나님의 성육신이신 예수께 대한 전적인 신뢰와 헌신이다. 우리는 증언자가 요구하는 이 사상에만 매여야 한다. 그러나 복음서는 단순한 동화가 아니라 혼합된 형식이므로 그 에피소드 전체에 대한 우리의 응답은 단순한 순응 이상의 것이어야 한다. 결국은 역사적 예수가 존재하고 그리고 그의 추종자들이 존재한다.

더욱이 동화의 요소가 존재하는 이야기면서도 동화와 성격을 달리하는 만든 이야기의 요소(elements of fiction)가 일어날 수 있다. 이러한 요소에 대해서는 정당하게 질문을 해야 한다. 예를 들면, 어찌하여 제자들이 폭풍을 만나게 되어 구조할 때까지 산에서 온 밤을 기다리셨는가? 저들이 이 난사를 당하게 될 일을 미리 알았으면, 어찌하여 일찍 구조하지 않았는가? 이런 질문은 역사나 동화에게는 해당되지 않고 만든 이야기에 해당된다.

오늘의 21세기에 살고 있는 어느 누구도 2000년의 지성 역사를 모른다 버리거나 신약성서에 있는 환상적이고 이적적인 것에 대한 반응이 1세기의 독자나 청자들처럼 응답하려는 시도는 할 수 있는 일도 아니며 그렇게 해야 한다고 권해서도 안 된다.

이적 기사에 대한 프리모던의 반응(a premodern response)은 현재에 살고 있는 성인은 누구에게도 불가능하다. 아우덴은 그것을 요구하지 않았다. 그의 제언은 본문이 정당하게 보상이 되는 심각한 플레이 양식으로 접근해야 한다고 권고하는 것뿐이다. 심각한 플레이의 분위기(the mood of serious play)란 어느 정도의 개발이 요구되나 그러나 그 가능성은 우리의 것이다. 신약이 무엇인가 역사적 사실을 우리에게 제시하고 있음을 부인하지 않으면서, 만일 우리가 그 환상과 만든 이야기를 역사의 중요성과 동일하게 응답하는 길을 알면 새로운 방법으로 그 힘을 소유하게 될 자신을 여는 것이 된다는 것이다.

이것에 추가하여 내가 하고 싶은 말은 다만 신약성서 안에 나오는 구약의 소리를 들으면서 신약 문제를 대하라는 것이다. 왜냐하면 그 사실이야말로 바로 신약의 문학이 취급한 가장 독특한 양상이요 특성이기 때문이다. 바로 커머드가 그 점을 언급하여,

> 복음서가 문학적으로 구약과 연결이 되고 있는 사실은(같은 언급을 신약 전체에 대하여 할 수 있다), 어느 누가 봐도 두 텍스트가 지극히 밀착이 되어 있다는 사실일 것이다. 복음서 저자는 이러한 밀착성을 설정하므로 저들의 이야기의 진정성을 증명한 것만이 아니라 그와 같은 자료 자체를 본 것이다. 이 같은 비상한 방법으로 사실적으로 역사 같은 이야기를 구성하면서 저자들은 독특한 문학 종류(장르)를 창조한 것이다. 다시 말해서, 문학 장르라는 차원에서 유일한 예술창작을 이룬 것이다.[9]

마가복음에 나오는 문절을 논의할 때에 역사적으로 상당한 거리가 있는 시편을 인용하므로 설교자가 수 세기를 거쳐 좋은 효과를 보았기 때문에, 역사비평만이 아니라 세속 비평학이 저들도 같은 일을 하였을 것으로 의식된다면, 저들 역시 교회에 참여하게 될 것이다. 복음서 저자들이 그러한 행위의 반향이 조화뿐 아니라 종교적인 진정성이었다고 말한 커머드의 언급은 정당하다. 그러나 우리의 시대에 와서 이러한 유추에 진정성을 인정하지는 못한다고 할지라도 조화라는 (as harmony) 차원은 수긍을 할 것이다. 그리고 그들이라고 할지라도 신약성서 행위가 주는 줄기찬 고상함과 역설적인 덕목을 억지로 비하하려고 하지 않는 한 그 점에서는 동의해야 하는 것이다.

바다는 무엇을 말할 것인가
(What the sea would say)

오늘 평신도 독자의 수가 경의적으로 증가하면서, 역사적인 시각으로 진실인가 아니면 거짓인가 하는 가치 문제보다는 선악간 그리고 신성과 세속간에 예술이라는 시각으로 보는 성서

---

9) Kermode, *The Literary Guide to the Bible*, pp. 382~3.

의 가치가 더 중요시되는 정황으로 이동하였다. 물론 성서가 고유의 가치의 것임을 믿고 그리고 성서만이 신성하여 그래서 내용으로 제시된 사건들이 그러한 본질적인 신성과 결코 모순되지 않는다고 확신하는 사람들은 이러한 시각의 발전을 거부할 것이다. 그러한 입장의 사람들에게는 성서가 예술이라는 해명이 마치 도서관 같은 의미로 여겨지고 그래서 성전과 비교하여 불필요한 개념이라고 할 것이다. 나 개인의 소신도, 성서가 예술이라는 관점이 종교예술과 세속예술이라고 엄격히 구분이 되는 조건에서 그러한 관점에 동의하는 터이다.

현대주의가 크게 대두되면서 성서의 성격을 이러한 구분으로 보는 경향이 일반화되고 있으며 심지어 이러한 일반화가 종교예술을 경시하는 경향이 있음에도 그러하다는 것이다. 예술은 받아들이는 자에게 제공하기 위해서 만들어진다. 수집이 된 종교의 환상은 개인 미술가가 창작으로 만든 성격의 환상보다 질이 떨어지는 것으로 여겼다. 그러한 가치판단의 기준을 여기에서는 유보하기로 하고, 가장 가치 있는 것으로 판단하는 그 자체의 차이가 무엇인가 하는 문제에만 집중하려고 한다. 종교미술은 독특하다. 그러한 의미에서 세속미술과 다르다. 같은 시각에서 종교의 역사는 세속역사와 다르다. 복음서가 세속 역사가가 포기하게 하는 이유가 저들이 역사를 기술하는 방법으로 역사 자체를 위해서 작성이 된 것이 아니라 신앙을 위해서 저술이 되었기 때문이다.

복음서 저자들은 이야기를 서술하기 전 사건들의 의미를 알고 있다. 저자들은 무엇을 탐색하는 일을 시작하기 전 이미 그 의미를 알고 있다. 예를 든다면, 중세의 미술조각가가 첫 끌을 대고 파기 전에 이미 완성이 된 조각을 영상으로 알고 있는 것과 같다. 이와 같이 범주를 결정하고 보면 종교와 세속의 구분은 여전히 유효한 것으로 남아 있는 것이 되며 예외가 있다면 신종교적인 현대주의에 속하는 예술가의 경우이고, 저들은 특정 대상을 위한 예술이 아니라 교육적인 소재로서만 특정 대상에게 자신의 환상과 예술작품을 이해시키는 경우이다.

런던국립미술화랑에서 "눈으로 보는 구원"(Seeing Salvation)이 행사로 진행 중일 때 견해를 말한 네일 맥그리거는 다음과 같이 말한다.

이번 전시의 목적 중 하나는 종교 작품이라고 할지라도 넉넉히 영적인 차원으로 화랑에 전시될 수 있다는 것을 공시하기 위해서이다. 관람자는 누구나 자유롭게 선택하여 감상한다. 그러나 종교미술은 일반 세속 작품과는 달리 관람자의 영성을 변화시키기 위한 특수한 목적이 있는 작품이다.[10]

맥그리거는 서로 관련이 있는 두 가지를 지적한다. 첫째로 특정 대상을 목적으로 한 미술제작도 저자에게 본래 대중적인 목적이 아니었다고 해도 대중적인 대상이 그 앞에 서게 되는 경우 전혀 차이가 없다는 것. 교회가 없는 제단의 한 기구가 예배예전이 없는 미술관에 옮겨진 경우 본래의 목적에서 많은 것이 상실되나 그러나 모든 것이 상실하는 것은 아니다.

두 번째로, 미술가의 차이는 분명하다. 한 사람은 보는 자의 영혼을 변화시키려는 의지가 목적이고 다른 한 사람은 그러한 의지가 없는 미술가라는 차이이다. 나는 추가하여 말하고 싶다. 미술가라고 하면 모든 이에게 공감을 불러일으키게 하는 미술가 본인도 미처 알지 못한 모든 미술가 공유의 의지가 있는 법이다. 이 말은 순전히 세속적이라는 직접 간접적으로 전혀 종교성이 전무한 그런 완전한 자유가 있는 미술가는 존재할 수 없다는 것이다.

모든 저술이 본질적으로 예술/미학의 성격을 지닌다는 것과 종교적인 것과 세속적인 것의 차이가 어떤 것인가를 한 번 인지하면 훗날에 가서 그 안에 나오는 사건들에 대한 증언의 신뢰성보다는 예술이라는 성격에 근거하여 성서의 종교적인 존엄성이 존재한다는 근거에서 상술한 차이가 있는 두 가지가 서

---

10) Interview in *The Art Newspaper*, No. 100, February, 2000.

로를 수용한다는 것이다.

성서에 나오는 사건의 신성한 의미가 그 사건 자체에 있는 것이 아니라 해석에 의해서 그들에게 주어진 것이면 해석은 또한 상상의 사건들에 대해서도 협력해야 한다. 창조와 해석은 역사와 만든 이야기 양자 간의 심성의 일치 문제이다(points on a mental continuum). 역사비평의 행위는 어떤 사건을 근접시각으로(interpretive vis-a-vis) 행한 해석이다.

다시 말해서, 창조는 해석이 따라와야 한다. 반대로 뒤에 가서 같은 제공이 근접시각으로 해석을 내리는 행위는 불가피하게 원초적 사건에 대한 근접시각에 의한 반(反) 창조가 된다. 다시 말해서, 여기에서는 해석이 재창조에 참여하는 것이 된다. 유사한 일로서, 만든 이야기(fiction) 하나가 창조될 때에 저자가 아직은 언어 서술을 하기 이전의 경험, 즉 이야기의 원천을 근접적으로(vis-a-vis) 해석한 것이다. 다시 말해서, 저자의 창조는 저자 자신의 경험을 해석하는 일이 일어나야 한다. 다시 유사한 이유로, 그 만든 이야기가 뒤에 가서 비평된 것은 불가피하게 처음 구성이 된 이야기의 근접적으로 행하여지는 재창조나 반창조가 될 것이다. 다시 말해서, 해석은 어는 정도의 반복적인 창조가 되는 것이다.

사실 사건과 상상이 추가된 것과의 경계선을 지우지 않으면서 우리는 한편으로는 역사적인 사실과 가능성을 그리고 다른 한편으로는 만든 이야기(of fiction)의 사실성과 가능성을 고수하게 되는 것이다. 양자의 경우 모두, 창조자와 해석자, 말하자면 역사가나 역사비평자, 또는 이야기를 말하는 자(the storyteller)나 이야기의 비평자는 두 사람의 대화이거나 아니면 독자의 독백이라고 해야 한다.

양자의 경우에 그 동기가 종교이면, 그 결과는 종교적인 것이 된다. 간단하게 말해, 사건이 실제로 발생해도 그 사건 자체가 스스로 종교성을 갖게 되는 것이 아니며 그리하여 종교성을 전수하기 위해서 사실 사건이 발생하지 않아도 된다는 말이다.

이러한 관점을 예수께서 주신 선한 사마리아 사람의 비유로 예증이 될 것이다. 이 비유는 기독교 설교자가 항시 만든 이야기이면서 동시에 "네 이웃을 사랑하라" 구약이 명령(레 19:18)한 바를 기독교가 재해석하는 중요한 패러다임의 표현이라는 소신으로 받아드린다. 이 누가복음의 에피소드는 사실적으로는 사마리아 사람이 유대인을 구조한 것이 아니라 예수가 사마리아 사람을 구조한 의미의 파장을 던진다. 이 이야기는 원래는 한 이야기에 불과했으나 지금에 와서는 언제나 결실을 맺는 설교가 되고 그리고 구분선을 넘어 지금은 일종의 한 역사가 되고 있다.

만일 이 이야기와 동의하는 자에게 예수의 생애에 있어서 사실적으로는 이러한 사건이 결코 발생한 일이 없다고 역사주의자가 강변을 한다면 어떻게 되겠는가? 만일 역사가의 의견이 일치하게 묶여져 예수가 사실 역사에서 사마리아 사람을 구조한 일이란 전혀 없었다고 강변을 하면 어떻게 되겠는가? 그렇게 상황을 뒤집으면, 우리가 잃게 되는 것이 무엇일까? 이 선한 사마리아 사람의 이야기는 예수의 만든 이야기가 아니라 저자 누가가 지어 낸 이야기가 될 것이다. 그러나 다시는 그 의미성이 동등한 것이 못되며 동시에 더 이상 계시로서의 막중한 작용이 끝장이 나고 말 것이다.

지금도 많은 학자들은 그런 주장의 확실한 증거를 찾지 못해서 그럴 뿐 대부분의 누가복음에 나오는 많은 예수의 이야기 말씀이 저자 누가의 만든 이야기라고 생각을 한다. 더욱이 역사가의 다수 의견이 일치를 보여 예수가 그의 생애를 거쳐 실제로 여러 번 사마리아인들을 구조한 사실이 있다고 할지라도, 그러한 행위는 결과적으로는 종교적인 동기의 것이라는 결과를 빚게 되며 그래서 그러한 행위는 패러다임의 힘을 지니는 것으로 끝난다는 생각이다. 나름대로 친절이 드러난다. 그러나 그 이야기에서 예수께서 "나는 패러다임이다"(I am a paradigm)고 하지는 않는다.

이와 같이 성서가 한 예술이라는 종교적인 연구로 접근을 하면, 내 생각은 종교적인 예술이 아닌 완전히 세속적인 예술이라는 안목으로도 성경 연구의 접근의 길이 열린다는 것이 된다. 이상주의를 향한 인간이 지닌 동질화의 능력이 결코 없는 것으로 부정해서는 안 될 것이다.

레니 리벤스탈의 뛰어난 영화 "의지의 승리"를 이해하기 위해서 굳이 나치당원이 될 필요는 없다. 맨해튼의 마천루를 감상하기 위해서 반드시 미국 물질주의를 수용하는 것은 아니다. 물론 이러한 통념은 위험이 따른다. 하나의 이해는 다른 하나의 저쪽으로 쉽게 기울게 하기 때문이다.

국립미술관에 전시된 기독교 미술의 힘을 처음 감동으로 수용할 것이다. 그러다가 결국은 기독교의 세례를 받고 마는 일이 비일비재이다. 그러나 한쪽의 입장에서 다른 한쪽의 입장을 넘어가는 일이 있다고 해서 반드시 그런 것은 또 아니다. 이러한 관점에서 서구사회의 근거를 둔 역사주의는 열려 있는 선택이다. 단지 긴요한 것은 자기 소신의 입장과 다른 소신의 입장과의 균형 감각이다. 같은 이유에서 종교적인 선택이 그렇다고 생각한다. 우리 세대에 와서는, 불신앙의 예술과 문학이라는 것이 갖는 거리감에도 불구하고 신도들이 이해의 폭을 뛰어 넘는 것이 반대로 불신자들에게 어려운 일이 아닌 것처럼 그리 어려운 일이 아니다.

신자이든 불신자이든 종교적인 의식 참여와 종교적인 단절
이든 지적 또는 정서적 접근은 불가피하게 동류적인 상황이라
는 사실이 아주 유명한 시와 그리고 그리 유명하지 않은 답변
을 상기하게 한다. 매튜 아놀드(Matthew Arnold)가 쓴 시 "비둘
기 해안"(Dove Beach)의 일부를 인용한다.

들어라, 너는 닥치고 후퇴하는 파도에 짓눌린
자갈돌들의 신음소리를.
파도가 저만치 후퇴하여 높이 키를 세우고
시작하다가는 쉬고 쉬다가는 다시 시작하는
웅대한 이 하나의 느린 음률에서
영원한 비애의 의미가 자리한다.

오랜 과거 소포클레스는
에게해 바닷가에서 그 소리를 듣고
그 소리가 마음속에 깊이 저며 들어
그 들고나는 흙탕물이
인간의 불행이라고 여겨
우리 생각 속에서 일어나는 소리,
그 소리에서 아득히 먼 북해의 소리를.
믿음의 바다.

한때는 이 땅 해벽 위로 높이 솟아오른 파고
눈부신 허리띠처럼 말아 기다렸건만,
지금은 그러나 내가 겨우 듣는 소리는
우울한 후퇴 중인 긴 탄식의 신음소리
물러서는 한밤의 바람으로 죽어가고
광대한 세상의 모서리와 퇴락한 판자 지붕의
숨소리가 되었구나.[11]

반세기가 지나서 이것에 응답으로 예이츠(W. B. Yeats)는
지극히 간결한 시를 다음과 같이 지어냈다 (이것은 그의 시 전
문이다).

비록 위대한 노래가 돌아오지 않아도
우리가 간직한 예민한 기쁨이 있어
매양 파도는 뒤로 물러가도,
바닷가 조약돌은 종알거리네.[12]

만일 종교의 조수가 뒤로 후퇴하다가 다시 그 파도가 시야에

---

11) *The New Oxford Book of English Verse 1250~1950*, chosen and edited
   by Helen Gardner (New York and Oxford: Oxford University Press,
   1972), p. 703. Jack Miles, *Christ*, p. 288에 나와 있는 대로.
12) *The Collected Works of W. B. Yeats*, Volume 1. *The Poem*, revised
   and edited
   by Richard J. Finneran (New York: Macmillan , 1989), p. 240.

보이지 않게 된다고 해도, 예이츠가 하는 말은 물러가고 있는 조수나마 조약돌이 재잘거림이 남아 있어 다행이라는 뜻이다. 그러나 예이츠의 속내는 그 조수가 멀리 물러간들 내일 아침에 일어나 아주 바다가 없어진다고는 보지 않는다는 입가의 미소인가?

예이츠의 응답 이후 반세기 이상이 지났다. 21세기의 시작이 틀 무렵은 개신교와 구교간의 논쟁이 지금에 와서 개신교나 구교나 모두에게 아주 먼 이야기로 가물가물해지는 시간대이다. 더 중요한 것은 19세기와 20세기 초에 벌어진 종교와 세속 사상의 논쟁이, 그리고 아놀드와 예이츠를 연결 지워 준 문화적 불안과 분노가 거의 모두 멀리 후퇴해버린 격이 되고 말았다. 스스로를 특별나게 종교적이라고 의식하거나 그렇다고 반종교적이라고 생각하는 일이 없는 그런 다수의 인구가 무한히 확대되면서 성서의 내용 상당 부분이 비역사적이라고 결과가 나왔다고 해서 히죽거리거나, 또한 그렇다고 해서 상당 부분이 결과적으로 역사와 일치한다는 판단이 나온다고 비상한 관심이 촉구되는 일이 없는 다수이다.

텍스트가 지니는 매력(the fascination of the text)은 그 이유가 다른 곳에 있으며 결코 그 문장이 제시하는 사건과 그 문장이 그와 같이 구성이 되게끔 배후에 어떤 역사가 있다는 사실 때문이 아니다. 조수가 밀려나간 후의 조약돌인가? 그렇다고 할 수 있겠지. 그러나 나는 처음 내가 시작한 유추를 선택한다. 신앙인이든 불신앙인이든 관람자가 위대한 성서의 장미창을 감상하는 이유는 그 창문으로 밖을 내다보기 위함도 아니며 또한 그 창문의 채색이나 창문이 어떻게 제작이 되었는가도 아니라 내부에서 그것이 주는 작용을 그대로 수용하고 그 빛이 어떻게 분산되고 교차되고 집합이 되는가를 응시자가 망막을 통하여 받아들인다는 것이다.[13]

---

13) Jack Miles, *Christ*, p. 289.